다가오는
서태평양 전쟁

대만을 두고 벌어질 전쟁은
그 파급력이 제2차 세계대전에 맞먹을 것이며,
세계를 근본적으로 바꾸어 놓을 것이다.

• 케빈 러드Kevin Rudd, **전 호주 총리** •

미국은 중국의 대만 침공을 어떻게 억지할 것인가

다가오는 서태평양 전쟁

로버트 해딕 지음 | 장성준·박남태 옮김

FIRE ON THE WATER

Fire on the Water
China, America, and the Future of the Pacific

Copyright © 2022 by Robert Haddick
Korean Translation Copyright © 2025 by KIM & KIM BOOKS

Korean edition is published by arrangement with Naval Institute Press
through Duran Kim Agency.
All rights reserved.

이 책의 한국어판 저작권은 DuranKimAgency를 통해
Naval Institute Press와 독점계약한 김앤김북스에 있습니다.
저작권법에 의해 한국 내에서 보호를 받는 저작물이므로
무단전재와 복제를 금합니다.

다가오는 서태평양 전쟁
미국은 중국의 대만 침공을 어떻게 억지할 것인가

초판 1쇄 발행 2025년 11월 27일

지은이 로버트 해딕
옮긴이 장성준·박남태

펴낸이 김건수
펴낸곳 김앤김북스

출판등록 2001년 2월 9일(제12-302호)
주소 서울시 마포구 월드컵로42길 40, 326호
전화 (02) 773-5133
E-mail apprro@naver.com
ISBN 978-89-89566-92-2 (03340)

차례

추천사 ·· 9
서문 ··· 12
한국어판 서문 ·· 15
서론 ··· 23

01 충돌을 향한 40년의 질주

다시 부상한 중국, 세계적 이익을 갖는 국가가 되다 ············ 35
중국의 전략적 목표 ·· 38
동중국해와 남중국해에 대한 중국의 이익 ··························· 43
동아시아와 남아시아에 대한 미국의 이익 ··························· 47
후진타오와 시진핑 치하 중국의 전략적 행동 변화 ············· 50
미국과 중국의 안보 경쟁은 왜 피할 수 없는가 ···················· 53

02 누가 태평양을 지배하는지가 중요하다

아시아 지역의 4가지 향후 경로 ··· 60
이 지역은 어떤 경로를 선택할 것인가? ······························· 62
핵무장한 아시아: 훨씬 더 나쁜 것일 수 있다 ······················ 67
역외균형은 답이 아니다 ·· 72
미국과 중국은 지속적인 타협에 이를 수 있는가? ··············· 74
대만이라는 화약고 ·· 78
비용이 들더라도 미군의 전진 배치가 최선이다 ·················· 82

03　미국의 태평양 지역 군사력 전개의 기원

서태평양 지역 미국 군사전략의 기원 ······ 88
한국 주변에 고착된 전진 배치 ······ 91
냉전의 정체 상태가 만들어낸 군사문화 ······ 96
공군의 작전 범위는 왜 이렇게 축소되었는가? ······ 98
해군의 작전 범위도 축소되었다 ······ 101
소련과의 조약으로 사라진 육군의 장거리 타격 능력 ······ 109
미 국방부가 중국의 위협을 등한시했던 이유 ······ 110

04　중국의 전략: 미사일 혁명과 정치전

중국 군사현대화의 기원과 목표 ······ 123
육지를 기반으로 해양을 지배하려는 중국의 비전 ······ 125
중국 미사일 전력의 임무 ······ 128
지배적인 미사일 강국이 된 중국 ······ 131
중국의 정찰 및 표적설정 네트워크 ······ 135
서태평양에서 점점 가시화되는 중국의 공중우세 ······ 139
세계 최대의 해군을 건설한 중국 ······ 141
중국은 무엇을 이루어냈는가? ······ 144
전 세계적 반발로 심각한 타격에 직면한 중국공산당의 정치전 ······ 146
점점 더 군사화되는 중국공산당 전략 ······ 152

05　미국의 아시아 회귀와 이후의 시행착오

"정찰-타격 복합체"에 대한 우려 ······ 159

문제를 설명할 뿐 해답을 제시하지는 못하는 합동작전 접근 개념 ········ 160
공해전투 개념은 어떻게 현실에 뒤처졌는가 ········ 166
봉쇄가 쉬운 해법이 아닌 이유 ········ 170
중국의 위협을 직시했으나 변화는 최소한에 그치다 ········ 176
차세대 폭격기 사업을 망쳐놓고 허둥대다 ········ 177
이길 수 없는 군비경쟁을 원하는 해군 ········ 185
미국 해병대의 급진적인 신개념 ········ 194
인도–태평양 지역의 경쟁 전략이 필요하다 ········ 198

06 인도-태평양 지역 대중국 경쟁 전략 설계

왜 전략에 신경 써야 하는가? ········ 213
전략은 진단에서부터 시작된다 ········ 215
경쟁 전략의 설계 ········ 219
중국에 적용된 전략 프로세스: 몇 가지 어려운 가정에서 시작하기 ········ 225
적의 취약점을 찾아내고 자신의 취약점을 보호하라 ········ 229
지속 가능한 억지력의 추구 ········ 232
비용을 부과하고 자원을 보존하고 장기적인 게임을 하라 ········ 236

07 중국의 기정사실화 전략 저지하기: 항공우주력의 최우선 과제

대만: 중국의 군사적 우선순위, 미국의 난제 ········ 243
항공기는 수상함의 천적 ········ 249
왜 폭격기가 태평양을 지배하는가 ········ 252
폭격기는 지원 전력이 필요하다 ········ 257
중국 본토에 대한 공격: 너무 위험한가, 아니면 불가피한가? ········ 262

08 센서와 미사일 시대 해군력의 역할

해군 전력은 더 이상 무엇을 할 수 있는가: 미래 위협 환경에서 해군의 전통적 임무 ····· 275

새로운 해군 설계, 과거와 미래 ··· 276

재래식 억지력에서 해군의 역할 ··· 282

최종국면 기다리기: 전쟁 종결에서 해군과 해병대의 역할 ··············· 285

적에게 비용을 부과하는 새로운 함대 설계 ······································ 287

미래의 해군으로 나아가기 ·· 292

09 인도-태평양의 기나긴 마라톤에서 승리하는 법

중국에 대해 우려하고 있는 미국인들 ·· 298

미국은 중국에 대한 억지를 장기간 지속할 수 있는가? ··················· 299

처방: 중국의 약점을 미국의 강점으로 공략하라 ······························ 304

어떻게 끝날 것인가: 미사일 전쟁을 점진적으로 종결하기 ··············· 310

혁신에 대한 저항을 극복할 자신감과 리더십이 필요하다 ··············· 316

감사의 말 ··· 321

역자 후기 ··· 323

NOTES ·· 327

참고문헌 ··· 352

| 추천사 |

2021년 공군협회Air Force Association 주관으로 워싱턴 DC에서 열린 항공, 우주, 사이버 컨퍼런스Air, Space, and Cyber conference에 참석한 공군성 장관 프랭크 켄달Frank Kendall은 의원들과 함께한 조찬에서 세 가지 최우선 관심사를 물어보는 질문을 받자 "첫째도, 둘째도, 그리고 셋째도 중국입니다."라고 답했다고 한다. 최근 급격하게 강화되는 중국의 군사적 역량을 감안한다면 분명 적절한 답변이라 할 것이다. 21세기 들어 중국의 군사력 증강이 가속화되면서 남중국해에서는 군사 전초기지 건설을 위한 우려스러운 영토 점거들이 함께 진행되어 왔다. 2021년에는 중국이 신형 전투기와 폭격기를 동원해 주기적으로 대만의 방공식별구역을 침범함으로써 인민해방군의 공격이 임박한 것이 아닌가 하는 우려를 야기하기도 했다.

민간 상업위성이 찍은 영상들은 중국이 사일로(silo) 기반의 대륙간탄도미사일 건설을 통해 핵 전력의 대폭 확장을 추진하고 있다는 사실을 드러냈다. 이러한 증거는 중국이 최소 억지(minimal deterrence)에서 핵 선제 공격 능력으로 전환하고 있으며, 핵 전력을 미국과 동등하거나 그보다 더 높은 수준으로 증강할 잠재력을 갖추고 있음을 보여준다는 점에서 중요하다. 따라서 중국이 글로벌 강대국 지위를 향해 나아가는 과정에서 재래식 침공이든 핵 침공이든 어느 것이라도 고려하는 것을 단념시킬 수 있는 효과적인 재래식 억지력을 구축하기 위해 미국과 동맹국들의 획기적인 행동이 필요한 시점이다.

때마침 그러한 목적을 달성하는 데 필요한 통찰력과 식견을 제공해주는 로버트 해딕의 책이 나오게 되었다. 2014년에 초판이 출간되었지만 이후 변화상을 반영하여 가장 시의적절한 시기에 개정판이 나오게 되었다. 이 개정판은 단지 초판 발간 이후 이루어진 중국의 군사력 강화만을 반영한 것이 아니다. 세계 무대의 지배적인 행위자로 떠오른 중국에 미국이 어떻게 대응하고 있는지 알기 쉽게 정리한 것에 더하여, 중국의 군사력 증강이 향하는 지점이 어디인지에 대한 예리한 시각을 제공한다는 점에 더 의미가 있다고 할 것이다. 이 책은 언제 어떻게 끝날지 알 수 없는 중국과의 경쟁에 접어든 미국과 동맹국들이 어떻게 재래식 전력으로 인도-태평양 지역에서 억지력을 유지할 것인지에 초점을 맞추고 있다.

해딕은 중국의 기술 발전으로 인해 수상함의 효용성이 감소하고 있는 현실을 인정하지만, 수상함들이 중국과의 장기적 경쟁에서 수행할 결정적인 역할—특히 새로운 인도-태평양 전략의 비용 부과(cost-imposing) 요소의 일부로서—에 대해서도 설명한다. 광범위한 센서와 장거리 정밀유도무기로 구성된 전투 네트워크(battle network)는 전쟁의 성격을 근본적으로 바꾸어놓았다. 결과적으로, 인도-태평양 지역은 더 이상 해군이 전투를 주도하는 전구(theater)라 할 수 없게 되었다. 이제부터는 장거리 항공력과 우주 전력이 어떤 효과적인 전략에 있어서든 성공의 핵심이 될 것이다. 그럼에도 불구하고 미국 공군은 그 어느 때보다도 규모가 가장 작고 노후화된 상태에 있다. 미국이 중국의 군사력에 대한 확전 우위(escalation dominance)를 유지하고자 한다면, 현대적이고 침투 능력을 갖춘 장거리 항공기와 이와 연계된 해상 운용 가능한 무기를 확보하는 것을 최우선 과제로 삼아야 한다. 해딕은 현대적인 폭격기 전력의 부족을 바로잡을 신속한 조치 없이는, 확전 우위가 중국으로 넘어갈 수 있으며, 이는 미국과 동맹국들에게 파국적인 결과를 가져올 것이라고 말한다.

해딕은 또한 인도-태평양 지역에 대한 더 나은 군사전략의 실행을 가로막는 가장 큰 장벽이 방위 사업의 변화에 저항하는 기존 관료적, 제도적 이익이라는 점을 인정한다. 이러한 장벽을 극복하기 위해서는 현재 인도-태평양 지역에서 혁신적인 전략의 실행을 가로막는 수십 년의 전통을 넘어설 수 있는 비전을 가진 리더십이 필요할 것이다.

『다가오는 서태평양 전쟁fire on the water』은 중국이 더 이상 내일 걱정해도 되는 미래의 위협이 아니라, 당장 대처해야 하는 현실적인 위협이라는 점을 인정하는 사람이라면 반드시 읽어야 하는 책이다. 이런 관점을 알고 있지 못한 이들에게는 이 책이 훨씬 더 중요하다.

데이비드 뎁튤라 David A. Deptula
예비역 공군 중장, 미첼 항공우주연구소장

| 서문 |

『다가오는 서태평양 전쟁fire on the water』 초판이 2014년 9월에 출간되었을 때, 이 책의 목표는 중국의 급격한 군사력 증강, 악화되어 가는 인도-태평양 지역의 안보 상황, 그리고 그러한 추세가 바뀌지 않고 지속될 경우 발생할 수 있는 결과에 대한 인식을 제고하는 것이었다. 아마도 가장 중요한 부분으로는, 이 책이 미국 정부가 이 지역의 자국 군사력과 정책에 대한 대대적인 변화를 기해야 하는 이유를 설명한 부분일 것이다. 이 책의 초판이 나올 당시에도 미국과 동맹국의 일부 안보분석가들 사이에서는 이 지역의 추세에 대한 우려가 제기되고 있었으나, 대부분의 사람들에게 이 문제는 여전히 멀게 느껴졌으며 시급한 사안으로 여겨지지 않았다.

그러나 오늘날에는 미국이나 동맹국 어디에서든, 중국의 군비 증강과 눈에 띄게 공격적인 대외정책과 행동에서 위협을 인식하지 못하는 이들을 찾아보기 어렵다. 경험 많은 외교 및 안보 분야 고위급 인사들은 이제 대만이나 인도-태평양 지역 다른 어딘가에서 전쟁의 기운이 감돌고 있고, 이미 임박했을지도 모른다 우려하고 있다. 이 책의 초판에서는 중국의 군사현대화 사업을 소개하고, 2020년대에 접어들면 강화된 중국의 군사적 역량이 미군과 군의 작전 개념을 위협하게 될 것이라 예측한 바 있다. 그리고 그러한 예측의 대부분이 현실이 되었다.

그러나 그 외의 많은 부분에 있어서는 지난 8년 동안 많은 변화가 있었다. 결과적으로, 해군연구소Naval Institute는 필자에게 개정판을 쓸 것을 요구했다. 이번 개정판에서는 2014년 이후 태평양을 사이에 둔 두 나라에서 발생한 정치적, 군사적, 그리고 전략적 측면의 발전을 다룬다. 개정판은 그러한 새로운 정보를 포함하고 있고 예측의 시계를 2020년대를 지나 2030년대로까지 확장한다. 개정판은 또한 오늘날 중국의 군사력과 점점 더 공세적인 행동이 제기하는 도전에 대응하기 위해 미국이 어떻게 국방 사업을 개혁해야 하는지에 대한 새로운 결론과 권고를 담고 있다. 아주 많은 부분이 최신화되었기 때문에 2014년 나온 초판과 비교한다면 거의 새로 집필한 것이라 보아도 크게 틀리지 않을 것이다.

초판의 서문은 중국의 급격한 경제적, 정치적, 군사적 역량 강화가 아마도 향후 20년간 미국이 직면할 가장 중요한 국가안보적 도전이 될 것이라 강조한 바 있는데, 이는 이제 미국과 다른 국가들의 안보전략가들 사이에서도 공감대를 이루고 있는 것으로 보인다. 초판 서문에서 언급되었던 또 다른 요점은, 중국의 경제적 역량과 겉으로 드러난 역동성이 그러한 도전의 심각성을 과거 냉전 시기 소련이 제기했던 정도로 중대한 것으로 만들 것이라는 점이었다. 미국과 파트너 국가들에게 있어 중국의 도전에 대응하는 일은 엄청난 노력을 기울여야 하는 과제가 될 것이다. 하지만 이번 개정판에서 분명히 밝히고 있듯이, 미국의 정책결정자들과 일반 국민은 적절한 전략을 통해 미국이 합리적인 비용으로 미국의 이익에 바람직한 결과를 성취할 수 있으며, 중국까지 포함한 인도-태평양 지역 국가들이 평화와 기회의 세기를 향유할 수 있다는 점에 대해 자신감을 가져야 한다.

그러한 결과를 얻어내기 위해서는 미국 정책결정자들이 시대에 뒤떨어진 미국의 방위 사업을 개편해야 하고, 변화에 저항하는 일부 이해관계자들의 반대를 무릅쓰고 중대한 개혁을 관철해 나가야 한다. 이 책의 일부 결론은 많은 독자들에게 논쟁의 여지가 있다고 느껴질 것이다. 그렇다면 잘된 일이다. 아시아 지역에 걸려 있는 미국의 이익이 막대한 만큼, 이 지역에 대한 미국의 정책을 둘러싼 활발한 논쟁은 환영할 일이다. 이 책이 이러한 이슈에 대한 추가적인 연구를 자극하고 정책결정자들과 일반 대중들 사이에서 더 많은 토론을 촉발한다면 이 책은 소기의 목적을 달성한 셈이 된다. 이 책의 초판이 나오고 10년 가까운 시간이 흘렀지만, 인도-태평양 지역의 미군 전력은 그 이후로 더욱 심화된 중국의 위협에 대비하는 데 있어 별반 나아진 것이 없다. 위험이 눈앞까지 다가와 있고, 이제는 정책결정자들이 행동을 취해야 할 때이다.

| 한국어판 서문 |

　미 해군연구소 출판부The U.S. Naval Institute Press는 2014년에 『다가오는 서태평양 전쟁fire on the water』 초판을 출간했다. 초판 서문에서 필자는 책의 목표를 "인도-태평양 지역의 악화되어 가는 안보 상황과 그러한 추세가 바뀌지 않고 지속될 경우 발생할 수 있는 결과, 그리고 미국이 이 지역의 군사력과 정책에 대대적인 변화를 기해야 하는 이유에 대한 인식을 미국 내부와 그 밖의 지역에서 제고하는 것"이라고 밝힌 바 있다. 또한 필자는 초판 서문에서 이렇게 주장했다. "중국의 경제적, 정치적, 그리고 군사적 역량의 급격한 성장으로 촉발된 동아시아 지역에서의 점증하는 안보 경쟁은 미국이 향후 20년 동안 직면하게 될 가장 중대한 국가 안보적 도전이 될 가능성이 높다. 실제로, 중국의 경제적 역량이 구 소련을 훨씬 능가한다는 점 하나만으로도, 그러한 도전의 심각성은 미국이 냉전 시기 직면했던 것보다 더 클 수도 있다." 마지막으로, 당시에 필자는 "『다가오는 서태평양 전쟁fire on the water』이 이러한 문제들에 대한 추가적인 연구와 정책결정자들과 대중들 사이의 논의를 촉진한다면, 그 책은 성공한 것이다. 아시아-태평양 지역에서 미국의 역할과 전략에 대한 정책결정자들과 대중들의 공개적 논의는 이미 오래전에 했어야 할 일이다."라고 생각했다."[1]

　그로부터 10여 년이 지난 지금, 다행히도 당시 필자가 기대했던 성과가 이루어지고 있음을 보고 있다. 중국의 팽창하는 군사력과 그것이 인도-태평양 지역의 안정성에 제기하는 문제는 이제 미국 군사기획에서 핵심적 초점이 되었는데, 2014년에는 그렇지 못했었다. 더욱이 중국의 군사력에 대한 우려는 오늘날 미국의 국방 관련 기관들 사이에서 당파적 성향과 무관하게 폭넓게 공유되고 있으며, 이로써 중국의 군사력은 앞으로도 오랜 기간 미국의 국방기획에서 핵심 사안으로 남아 있을 가능성이 높아졌다.

한반도와 이를 둘러싼 동북아시아 지역의 안보 이슈는 인도-태평양 지역의 더 거대한 지전략적(geostrategic) 경쟁의 핵심 요소였고, 앞으로도 핵심 요소로 남아 있을 것이다. 한국의 2018년도 〈국방백서〉가 밝히듯이, 북한의 위협은 한국 정부의 가장 중요한 안보 관심사이자 국방기획의 핵심이다. 그렇기는 하지만 〈국방백서〉는 다른 아시아 국가들의 군사력 증강뿐만 아니라 초국가적 비국가 행위자의 위협, 사이버 안보, 그리고 한국 국민의 안전을 위협할 수 있는 잠재적인 인도주의적 재난과 자연 재해를 포함하는, 지역 안보에 대한 보다 광범위한 위협들을 다루고 있다. 이와 같은 진단을 토대로 〈국방백서〉는 "확고한 국가 방위"를 위해서는 보다 복잡해진 안보 환경에 맞는 현대화된 "전방위적 군사대비 태세"를 설계하고 갖추어야 한다는 결론을 내리고 있다.[2]

중국 군사력의 성장은 인도-태평양 지역과 그 너머에 있는 다른 나라들만큼이나 한국의 지도자와 국민들에게도 우려 사항일 것이다. 한국의 정책결정자들은 이 지역의 다른 안보전략가들과 마찬가지로 중국의 전략적 의도에 대해 여전히 불확실한 상태에 있을 것이다. 분명한 것은 중국이 점점 더 정교하고 강력한 군사력을 보유할 것이라는 점이다. 중국의 의도가 불확실하고 어떠한 경우에는 급속히 변할 수 있는 상황에서 중국의 증가하는 군사력은 한국이 직면한 추가적인 위험이며, 이는 〈국방백서〉에서도 논의한 결론이다.

북한의 위협이 여전히 존재하고 "전방위적" 위협(2022년도 〈국방백서〉부터는 '포괄적 안보위협'으로 지칭하고 있다—옮긴이)이 증대하고 있는 상황에서 한국과 미국의 방위 동맹은 양국 모두에게 그 어느 때보다 중요해지고 있다. 1950년 이래 변함 없는 이 논리적 결론은 거의 확실하게 양국의 정책결정자들이 훨씬 미래까지 동맹 관계를 지속하도록 만들 것이다.

북한의 침공을 억지하는 것은 앞으로도 한국 정부의 국방기획에 있어서 최우선 과제로 남아 있을 것이다. 이러한 억지력을 유지하기 위해서는 대규모 재래식 지상 전투, 육로 및 해상 특수 작전 전술에 대한 대응, 그리고 미사일 방어와 사이버전 대비에 중점을 둔, 한국군의 지속적인 현대화가 필요할 것이다. 한편, 〈국방백서〉에서 언급된 새로운 "전방위적" 위협들—초국가적인 비국가 행위자가 제기하는 위협, 한국의 경제에 중요한 원해에서의 해양 안보, 한국의 어업구역에 대한 "회색 지대(gray zone)" 공격, 그리고 무엇보다도 급속도로 성장하고 있는 중국의 항공우주, 미사일 및 해군 역량 등과 같은—은 추가적인 방위 자원과, 북한의 침공을 억지하는 데 필요한 것과는 다른 능력들을 요구할 것이다.

위협은 복합적이고 가용자원은 한정된 상황에서 미국과의 동맹이 한국에 지니는 가치는 그 어느 때보다 분명하다. 미국이 동맹을 통해 제공하는 군사적 능력과 전력 규모 없이, 한국 혼자서 한반도에서 전쟁을 억지하면서 날로 늘어가는 전방위적 위협들로부터 국가를 보호하기란 매우 버거운 일일 것이다. 하지만 한국의 안보에 있어 훨씬 더 중요한 것은, 한국이 인도-태평양 지역에서 미국이 주도하는 포괄적인 공식, 비공식 안보 체계에 참여하고 있다는 사실이다. 한국이 그러한 안보 체계의 일원이라는 사실이 지닌 가치는 눈에 보이지 않지만 매우 강력하다. 이러한 모든 이유로, 한국의 정책결정자들이 미국과의 동맹 관계를 계속 유지할 것으로 예상해볼 수 있다.

그런데 오늘날 미국은 한국과의 동맹을 어떠한 시각으로 바라보고 있을까? 미국 국민의 상당한 다수는 한국과의 방위 동맹을 포함해, 전 세계에 걸쳐 미국이 오랜 기간 유지해온 전략적 관여를 여전히 지지하고 있다. 이러한 국민 다수는 지전략적 안정성이 미국과 세계의 나머지 나라들 모두의 경제적 번영을 위한 더 나은 여건을 조성한다는 점을 이해하고 있다. 우리는 미국의 전 세계적 관여에 대한 국민들의 지지와 한국과의 동맹을 포함하여 방위 동맹 유지를 선호하는 미 의회와 워싱턴 국방 기구 내의 초당적 합의가 직접적으로 연결되어 있음을 알 수 있다.

중국의 군사력 성장은 단지 이러한 결론을 강화시킬 뿐이다. 미국은 미군의 전진배치(forward military presence)와 종심방어(defense-in-depth)라는 인도-태평양 전략을 실행하기 위해서는 한국과 같은 동맹과 파트너 국가가 필요하다. 호주, 필리핀, 일본, 한국 등과 같은 동맹국들은 미국의 방어적 전진 전략(defensive forward strategy)에 정치적 정당성을 제공한다. 이러한 국가들은 또한 안보 활동을 수행하는 미국과 동맹국의 군대를 위한 기존 및 잠재적 기지를 제공한다. 미국의 입장에서 이 지역에서의 동맹은 지역 내 모든 국가의 자유와 주권, 평화, 안정, 그리고 번영을 추구하는 미국의 전략에 도덕적 정당성을 제공한다. 미국의 관점에서 이러한 논리는 한국과 미국의 동맹을 먼 미래까지 지속시킬 것이다.

급변하는 인도-태평양 지역 안보 상황은 한국의 해양 방위 요구와 관련하여 특별한 함의를 가질 것이다. 중국 해양 전력의 성장만이 한국의 유일한 우려 사항은 아니다. 새로운 기술과 인구구조 변화, 문화적 트렌드도 한국의 전략가와 기획자들이 이 지역 해양 안보 상황의 변화에 대응하는 방식에 상당한 영향을 미칠 것이다.

앞에서도 언급했듯이, 한국의 군사 기획자들은 북한으로부터의 위협과 "전방위적" 안보 도전이라는 뚜렷이 구분되는 두 가지 위협에 직면해 있다. 이러한 구분은 한국의 해양 방위 기획에도 해당된다. 그 결과, 두 가지 서로 다른 종류의 해양 능력에 대한 요구가 발생하며, 이러한 요구는 한국이 전반적인 해양 안보를 위해 투입할 수 있는 자원에 상당한 부담을 줄 것이다.

북한으로부터의 해양 위협과 관련하여, 한국 해군이 직면한 가장 어려운 과제는 소형 잠수함에 대응하는 것이다. 이러한 잠수함은 어뢰와 미사일로 상선과 동맹국의 전투함을 공격할 수 있으며, 특수 작전 부대를 한국에 침투시킬 수도 있다. 이러한 위협에 대응하기 위해 한국은 소형 수상 전투함과 연안 초계정, 대잠초계기 전력을 지속적으로 현대화하고 있다.

그러나 새롭게 대두하는 "전방위적" 해양 위협에 대응하는 것은 한국 연안에서 멀리 떨어진 원해(blue water)에서 장기간 작전을 수행할 수 있는 해군 전력을 필요로 할 것이다. 이러한 전력은 비정규 해상 민병대부터 첨단 해군 전력에 이르기까지 다양한 적에 맞서 싸울 수 있어야 한다. 이는 북한의 소형 잠수함 위협에 대응하도록 설계된 해군 능력과는 전혀 다른 능력이다.

이러한 두 가지 상이한 임무를 수행하기 위한 해군 전력을 구축하는 것은 한국 해군의 한정된 예산에 부담을 줄 것이다. 하지만 해양 안보를 위한 충분한 재원 확보가 제약 요인이 되지 않더라도, 한국의 국방부는 자국 군대에 필요한 병력과 해군 인력을 찾고 모집하는 데 점점 더 어려움을 겪게 될 것이다. 출산율 저하의 결과인 인구구조의 변화는 한국의 군사 기획자들에게 새로운 도전 요소로 떠오르고 있으며, 이는 〈국방백서〉에서도 인정하고 있는 사실이다.

예산과 인력의 제약이라는 현실로 인해 한국의 국방 기획자들은 군사와 해양 안보에 대한 근본적으로 새로운 접근을 취하지 않을 수 없을 것이다. 한국의 국방 정책결정자들은 자신들이 직면한 이러한 파괴적 도전(disruptive challenge)을 현대화된 작전 개념과 함께 첨단 방위 기술을 실행에 옮길 기회로 인식해야 한다. 동일한 재원 조달 및 인력 제약에 직면해 있는 한국의 이웃 국가들, 방위 파트너들, 그리고 경쟁 국가들 대부분은 유사한 결론에 이를 수밖에 없을 것이다. 이러한 모든 이유들로, 한국의 해양 방위 전략은 향후 10년간 상당한 변화를 겪게 될 것이다.

향후 10년간 무인 항공기, 무인 수상함, 무인 수중함의 급속한 확산이 일어날 것이다. 미국 해군과 중국 해군은 이미 무인 전투체계에 막대한 투자를 하고 있으며, 아시아와 다른 지역의 강대국들 또한 이러한 추세를 따를 것으로 보인다. 한국의 경우 무인 항공 및 무인 해군 전투체계가 해양 안보 개혁의 중심이 되어야 한다. 세계적인 기술 선도 국가로서 한국은 이 분야에서 비단 북한에 비해서 뿐만 아니라 〈국방백서〉에서 논의했던 다양한 "전방위적" 해양 위협에 대비함에 있어서도 경쟁력 있는 기술 우위를 보유하게 될 것이다. 동일하게 중요한 점은, 무인 해양 전투체계가 앞서 언급한 인력의 제약 상황에서 해양 안보 역량을 강화할 수 있는 방안을 한국의 국방 기획자들에게 제공한다는 것이다.

정보 우위는 미래에 군사적 성공의 열쇠가 될 것이다. 우월한 양질의 정보는 언제나 군사적 성공의 결정적인 요인이었다. 전투수행에서 이러한 측면은 그 중요성이 급속도로 커지고 있는데, 무기체계와 이를 지원하는 정보 시스템 및 표적설정 시스템이 이제는 그 임무를 성취하기 위해 방대한 양의 데이터를 획득하고 분석하는 일을 중심으로 설계되고 있기 때문이다.

여기서 다시 한번, 세계적인 기술 선도국가로서 한국은 자신의 전투체계와 작전 개념을 정보 우위(information domination) 패러다임을 중심으로 설계함으로써 경쟁 우위를 확보할 수 있다. 해양 안보를 위한 정보 우위를 달성하기 위해서는 한국의 군사 기획자들은 센서와 컴퓨터 처리, 통신 네트워크 및 체계 통합 등에서의 기술적 우위를 활용해 공중과 지상, 해상과 해저, 우주와 사이버 영역을 아우르는 전투 환경을 명확히 파악해야 한다. 현대 무기의 정확성을 고려한다면, 이러한 명확성을 먼저 확보한 전투 집단이 결정적인 우위를 차지하게 될 것이다. 한국의 해양 안보 전력은 군 지휘부와 기획자들이 필요한 개혁에 전념한다면 정보 우위를 달성할 수 있는 좋은 위치에 있을 것이다.

마지막으로, 전투 집단이 접근할 수 있는 정보원이 많을수록 적에 대한 정보 우위를 성취할 수 있는 가능성이 높아진다. 한국과 인도-태평양 지역의 다른 모든 국가들에게 있어, 이는 해양 안보 임무에 유용한 센서 데이터와 정보를 보유하고 있고 기꺼이 공유할 의사가 있는 우방국가와의 관계를 구축하고 지속하는 외교를 현명하게 활용하는 것이 중요하다는 것을 의미한다.

실제로, 서태평양과 동남아시아, 그리고 인도양 지역을 아우르는 광범위한 해양 안보 네트워크의 가능성이 존재한다. 그러한 네트워크에서는 해양 안보 센서 데이터와 정보를 공유하고, 그것을 "공동작전 상황도(common operating picture)"로 통합한 뒤 회원국들에 배포하게 된다.

지역 외교가 이러한 해양 안보 정보 네트워크를 구축하는 데 성공한다면,

그 결과는 지역의 일상적인 해양 안보에 기여하게 될 것이다. 더 나아가, 그러한 네트워크는 침략자가 기습을 달성할 가능성을 낮춤으로써 무력충돌에 대한 억지력을 크게 강화할 것이다. 당연히 한국과 미국의 군사 동맹은 그와 같은 지역 네트워크를 형성하는 하나의 주춧돌이다. 한국이 일본과 맺은 정보공유협정(2016년 체결된 한일 군사정보보호협정GSOMIA—옮긴이) 또한 매우 중요하며, 한국이 필요로 하는 해양 안보 정보 우위를 달성할 수 있으려면 계속 유지되고 심화되어야 한다. 다음 단계로, 한국의 군 지휘부와 외교관들은 데이터 및 정보 공유를 신뢰할 수 있는 더 넓은 범위의 네트워트로 확대해야 하며, 이를 통해 우방국가 네트워크 차원에서 해양 정보 우위를 달성하고 지속시켜야 한다.

초판에 이어 개정판에서도 『다가오는 서태평양 전쟁fire on the water』은 중국의 군사력 성장에 대한 정확한 분석과 함께 그러한 성장이 인도-태평양 지역의 안보에 던지는 함의를 제시하고 있다. 한국은 급속히 변화하는 역학의 한가운데에 있으며, 이러한 위치는 북한으로부터의 지속적인 위협으로 인해 이미 과중한 상태에 있는 안보 부담을 더욱 가중시키게 될 것이다. 다행히도, 한미 안보 동맹의 논리는 그 어느 때보다 명확하며, 양국 모두 이 동맹 관계를 필요로 하고 있고 미래에까지 그 혜택을 누리게 될 것이다.

중국의 군사력 증강과 안보 상황에 있어서의 다른 변화가 몰고 오는 도전은 한국의 정책결정자들이 한국의 군 전력, 특히 해군에 대한 실질적인 개혁에 착수하게 만들 것이다. 한국에게 좋은 소식은, 이러한 개혁의 많은 부분이 한국이 이미 경쟁 우위에 있는 기술들을 활용할 것이고, 자동화 기술이나 로봇 공학 같은 기술들이 한국의 군 전력이 직면하고 있는 문제들을 해결하는 데 기여할 것이라는 점이다.

따라서, 중국의 군사적 부상이 지역의 전망에 암운을 드리운다고 할지라도, 한국이 기존 동맹 관계들을 유지하면서 필요한 국방 개혁을 추진한다면, 그것이 바로 안보와 평화, 그리고 번영의 시대로 가는 길이 될 것이다. 이것이 『다가오는 서태평양 전쟁fire on the water』의 메시지이고, 이는 앞으로도 여전히 유효할 것이다.

| 서론 |

2021년 2월, 중국의 대만 공격 전망에 대해 다룬 외교협회Council on Foreign Relations 보고서가 발행되었는데, 이 보고서는 로버트 블랙윌Robert Blackwill과 필립 젤리코Philip Zelikow에 의해 작성되었다. 전직 직업외교관이자 국가안보회의 고위직으로 민주당 정부와 공화당 정부를 모두 경험한 두 저자가 공동으로 내린 결론은 아래와 같다.

지금 중국은 전쟁을 예상하고 대비하는 정도의 속도로 정치적, 군사적 준비를 갖추어 나가고 있다. 이는 중국이 곧 전쟁을 일으킬 것이고, 이를 우리가 알고 있다는 의미가 아니다. 우리가 관찰한 바는, 지금 중국 정부는 어떤 국가가 전쟁 준비 상태로 돌입할 때 취하는 조치들을 하고 있다는 것이다. 내치에 있어서는, 무력충돌에 대비하여 대만과 인접한 지역의 주민들을 대상으로 대비태세를 갖추도록 훈련을 시키고 있다. 군사적으로는, 해상, 공중, 육상, 사이버 또는 우주 공간에서 발생 가능한 다양한 우발적 상황에 대응할 수 있도록 군의 대응능력을 정예화하고 확대하는 방향으로 속도감 있게 관련 준비와 훈련을 해나가고 있다.[1]

2021년 5월까지 인도-태평양사령부 사령관을 역임한 필립 데이비슨Philip Davidson 제독도 2021년 초에 있었던 의회 청문회에서, 2020년대의 어느 시점, 아마도 수년 내에 중국이 대만 침공을 시도할 가능성이 높다고 보고한 바 있다.[2] 2021년 3월에는 오바마 행정부의 국무부 동아태 지역 담당 차관보로 재직했으며 바이든 행정부에서는 국가안전보장회의 인도-태평양 조정관으로 근무했던 커트 캠벨Kurt Campbell은 캘리포니아대학 샌디에이고 캠퍼스가 주최한 컨퍼런스에서 대만을 본토에 합병시키는 문제와 관련하여 베이징 지도부의 "인내심이 바닥을 드러내고 있다."고 평가했다.[3]

인도-태평양 지역은 오랜 기간 미국에 도전으로 다가왔던 지역이다. 지난 20세기에는 미국은 이 지역에서 네 번의 전쟁을 치렀고 소련과 40년간의 위험한 경쟁을 벌였다. 하지만 이러한 도전과 비극으로 인해 태평양을 사이에 두고 양측에 거주하는 수많은 이들에게 기회와 무역, 부와 문화적 융성이 찾아왔다. 미국과 인도-태평양 지역의 강한 연계는 수백만 개의 일자리와 삶의 질 향상, 투자의 증대와 문화적 교류를 가져다주었고, 이를 통해 모두를 풍요롭게 해주었다.

2014년 해군연구소 출판부가 『다가오는 서태평양 전쟁fire on the water』 초판을 출간했을 당시, 중국은 그동안 입 다물고 있던 동중국해와 남중국해의 해양 영토에 대한 영유권 주장을 본격적으로 제기하기 시작했다. 그 이후로 중국의 행동이 가속화되었는데, 남중국해 파라셀 제도Paracel Islands와 스프래틀리 군도Spratly Islands에 중무장한 해군기지와 공군기지 건설, 중국의 남중국해 영유권을 부정하는 국제사법재판소 판결에 대한 일방적 부정, 해경이나 해상민병(평시에는 생업에 종사하다 유사시에는 군에 편입되어 각종 군사임무를 수행하는 사실상의 군사조직—옮긴이) 어선단을 이용한 일본, 베트남, 인도네시아, 필리핀 등 주변 국가들의 배타적경제수역EEZ에 대한 지속적인 침범, 중국 공군 폭격기와 전투기를 동원한 대만에 대한 주기적인 괴롭힘 등이 그 사례들이다. 중국의 분명한 목표는 주변 국가들을 기죽게 하고 그들로 하여금 서태평양의 근해the Near Seas에 대한 근거 없는 영유권 주장을 수용하도록 겁박하는 것이었다. 만약 그러한 겁박이 성공한다면, 중국은 세계에서 가장 중요한 경제적 교통로의 일부에 대한 통제력을 강화하고, 막대한 탄화수소 에너지원(석탄, 석유, 천연가스, 메탄하이드레이트 등의 화석연료들은 모두 탄화수소 계열 화합물이다—옮긴이)

과 광물, 그리고 어족 자원까지 손에 넣게 될 것이다. 하지만 그러한 이익은 주변 국가들의 희생을 대가로 얻어지는 것이며, 그들 대부분은 현재 점증하는 중국의 압박에 저항하고 있다.

공군과 해군, 미사일과 우주 전력에 대한 중국의 잘 설계된 현대화는 마찬가지로 지난 10년간 가속화되었고 1930년대 독일의 사례 이래로 평시에 가장 빠르고 지속적으로 추진된 군비 증강 사례가 되었다.[4] 스톡홀름국제평화문제연구소SIPRI가 세계 각국의 군사비 지출액을 집계한 데이터베이스에 따르면 중국이 국방 부문에 투입하는 비용은 1995년부터 2019년 사이에 17배가 증가했는데, 연평균 12%씩 증가한 셈이다.[5] 최근 몇 년간은 증가폭이 다소 감소했으나, 그렇더라도 중국의 국방예산 규모는 10년마다 2배 속도로 증가하고 있다. 한 분석 결과에 따르면, 2024년이 되면 중국이 매년 무기 및 군사장비 조달에 투입하는 비용이 미국을 추월할 예정이다.[6] 군사력 증강을 위한 막대한 투자로 중국은 서태평양 지역의 공중 및 해상 교통로에 대한 미국과 그 동맹국들의 지배에 도전할 수 있는 역량을 확보하게 되었다.

인도-태평양 지역에 걸려 있는 미국의 이익은 막대하다. 이 지역은 오랫동안 세계에서 가장 경제적으로 역동적인 지역이었다. 이 지역에서 중대한 분쟁이 발생한다면 세계 경제가 심각한 손상을 입게 될 것이다. 미국의 가장 중요한 교역 상대국들이 이 지역에 존재하며, 1,000만 개가 넘는 미국의 일자리가 이 지역으로 수출하는 상품 및 서비스와 직간접적으로 연계되어 있다. 전략적 관점에서 본다면, 미국은 이 지역의 6개 국가와 공식적인 안보협력 관계를 맺고 있고 더 많은 국가들과 비공식적 안보협력 관계를 유지하고 있으며, 이는 미국의 안보에 도움이 될 뿐만 아니라 동맹으로서 미국의 신뢰도를 보여주는 척도이기도 하다. 마지막으로, 미국은 건국 이래로 항행의 자유(freedom of navigation)와 국제 공유지(global commons)에 대한 권리에 의존해 왔고 그것들을 수호해 왔다. 오늘날 서태평양 지역에서 중국의 영유권 주장과 관련된 분쟁들은 이러한 원칙들을 위태롭게 만들고 있다.

『다가오는 서태평양 전쟁fire on the water』 초판에서는 중국과 미국 및 그 파트너들 사이에서 고조되는 안보 경쟁을 설명하기 위해 제1차 세계대전 이전 시대를 비유 대상(metaphor)으로 사용하면서, 전임 미 국무장관이었던 헨리 키신저Henry Kissinger의 다음과 같은 말을 인용했다. "주요한 아시아 국가들의 서로에 대한 관계는 19세기 유럽의 세력균형 체제(balance of power system)가 가진 대부분의 속성을 지니고 있습니다. 어느 한 국가의 세력이 두드러지게 증가하면, 균형을 맞추려는 다른 나라들의 조치를 거의 확실히 유발하게 됩니다."[7] 2013년 케빈 러드Kevin Rudd 전 호주 총리는 제1차 세계대전을 촉발한 민족주의의 온상을 언급하면서, 동아시아 지역을 "21세기에 해양에서 재현된 100년 전 발칸반도이자, 물 위의 화약고(a tinderbox on the water)"[8]라고 묘사했다. 커트 캠벨도 마찬가지로 동중국해의 조그만 섬(센카쿠 열도, 중국명으로는 다오위다오—옮긴이)을 둘러싼 일본과 중국의 지속적인 긴장을 20세기 초 유럽에서의 긴장 상황에 비유했다. "1914년의 공기가 떠도는 듯한 느낌이다. 20세기 초 유럽 군대들 간의 긴장과 마찬가지로, 일본과 중국 모두 자신의 입장이 정당하다고 절대적으로 확신하고 있다. 이보다 더 중요한 점은, 양측 모두 조금만 더 압박을 가하면 상대방이 눈치를 보다가 뒤로 물러날 것이라고 믿고 있다는 것이다."[9]

2021년 외교협회에 제출한 보고서에서 블랙윌과 젤리코는 비유 대상을 불길하게도 제2차 세계대전 직전의 시기로 바꾸었다. 보고서에서 블랙윌과 젤리코는 대만을 1938년의 체코슬로바키아에 비유하면서, 미국과 동맹국들이 중국의 대만 침공에 대해 맞설 것인지, 또는 전쟁을 피하길 바라면서 중국을 달래기 위해 대만을 포기할 것인지 궁금해했다. 대만이 체코슬로바키아라면, 미국과 일본은 각각 1938년 독일의 요구에 대한 대응 방안을 두고 분열했던 영국과 프랑스에 해당한다고 볼 수 있다. 독일에 맞서 단결하지도 대비하지도 못한 두 나라에 남겨진 선택지는 체코슬로바키아를 포기하는 것밖에 없었다. 오늘날 워싱턴과 도쿄의 지도자들이 유념해야 할 교훈이다.[10]

2014년 『다가오는 서태평양 전쟁』 초판에서는 어떤 위협의 정도를 경쟁자의 능력과 의도의 결과물로 설명했다. 초판은 전략가들에게 의도보다는 역량에 주목하라고 촉구했다. 의도는 우호적이다가도 적대적으로 바뀔 수 있지만, 그것을 뒷받침할 능력 없이는 아무 의미가 없다. 2014년에도 이미 가공할 만한 수준이던 중국의 군사적 역량은 이제 인도-태평양 지역에서는 미국과 그 동맹국들에게 이전보다 훨씬 더 심각한 위협이 되고 있다. 중국의 지도부 역시 이 사실을 알고 있으며, 2014년 이후 중국의 호전성이 눈에 띄게 증가한 이유를 상당 부분 설명한다―이제 중국은 자신의 의도를 뒷받침해줄 군사력을 보유하고 있다.

국가안보를 담당하는 미국 관료들의 중국에 대한 시각은 2014년 이후로 점점 더 강경해지고 있다. 태평양사령관이 인민해방군의 능력과 공격성 증가보다 자연재해와 기후변화를 더 걱정하던 시절은 지나가버렸다. 오늘날 군 지휘관들은 대만을 두고 전쟁이 벌어질 것인지보다는 언제 벌어질 것인지를 놓고 논의하고 있다. 마찬가지로, 1969년 닉슨 행정부에 의해 수립된 정책 기조를 따라서 미국의 정책결정자들은 최근까지도 중국에 대한 포용정책이 중국을 "책임감 있는 국제사회의 일원"이 되도록 이끌 것이라는 기대를 버리지 못하고 있었다. 그러나 2019년 9월 자 〈포린 어페어즈Foreign Affairs〉에 기고한 글에서 커트 캠벨과 바이든 행정부의 국가안보보좌관을 역임한 제이크 설리번Jake Sullivan은 중국에 대한 포용정책이 "초라한 종언(unceremonious close)"을 고했다고 단언했다.[11] 트럼프 행정부와 바이든 행정부의 국가안보전략 문건에 따르면, 중국과 국제질서에 대한 중국의 도전이 미국의 국가안보에서 최우선 순위를 차지하는 이슈라는 점에 대해서 의문의 여지가 없다.

이 책의 초판이 나온 이후 많은 것이 변했지만 미국의 군사문화와 이를 뒷받침하는 제도는 변하지 않았다. 미국의 각 군은 대부분 인도-태평양 지역에서 중국에 대한 재래식 억지력을 유지하기 위해 필요한 혁신을 실행하는 데 여전히 소극적인 모습을 보이고 있다. 군사기술과 작전 개념에서의 혁명이 이미 30

년 이상 진행되고 있다. 미국의 경우 그것은 베트남 전쟁이 끝난 후 시작되어 1991년 걸프전에서 그 결실이 나타나기 시작했다. 이러한 군사기술 혁명은 방대한 센서망을 가공할 정확성으로 원거리 타격을 할 수 있는 저비용 미사일과 결합하고 있다. 지역 전체를 아우를 수 있는 이러한 전투 네트워크는 기존 군사 체계와 교전 개념을 뒤흔들어 놓았다. 중국 인민해방군은 그러한 군사기술 혁명을 치명적 효율성(lethal efficiency)으로 활용하고 있다.

군사기술의 혁명은 미국의 방대한 국방 관료 조직 내에서 승자와 패자를 만들어냈으며, 잠재적인 패자들은 변화에 완강히 저항하고 있다. 비록 이제는 미국의 각 군은 새로운 시스템과 아이디어를 실험하고 있지만, 이미 오래 전부터 인도-태평양 지역에서 진행되어 온 경쟁에 너무 뒤늦게 뛰어든 셈이다. 행정부와 의회에 있는 미국의 고위 국방 지도자들은 아직까지 중국의 위협에 대응할 경쟁력 있는 군사 전략을 개발하지 못하고 있으며, 좋은 전략이라면 수반되어야 하는 어려운 결단을 내리지도, 그리고 그 결과를 완고한 국방 관료조직에 강제하지도 못하고 있다. 인도-태평양 지역에서의 미국과 동맹국의 군사 태세는 이제 이러한 저항이 초래한 위험한 결과에 노출되어 있다.

『다가오는 서태평양 전쟁』의 이번 개정판은 그 끝을 알 수 없는 중국과의 기나긴 경쟁에서 미국과 동맹국들이 인도-태평양 지역에서 재래식 군사력으로 어떻게 억지력을 유지할 것인가에 전적으로 초점을 맞추고 있다. 미중 경쟁의 이 단일한 측면만으로도 책 한 권 분량의 분석이 필요할 만큼 충분히 방대하며, 어떻게 나아갈지를 두고 전략가들 사이에 많은 의견 불일치가 존재하기 때문에 그와 같은 분석의 가치가 있다. 무역정책, 기술 이전과 경쟁, 공공외교, 금융, 사이버 스파이, 그리고 "회색 지대" 경쟁과 같은 미중 경쟁의 다른 영역들 또한 중요하지만, 각각 별도의 책 한 권으로 다루어야 할 만큼 방대한 주제이기에, 여기서는 다루지 않기로 한다.

재래식의 군사적 균형은 미국과 중국의 경쟁에서 가장 중요한 측면이다. 미국이 재래식 전력으로 군사적 억지력을 유지하는 데 실패한다면, 중국 지도부는 자신들이 결정적인 기정사실화(fait accompli) 군사작전에 인민해방군을 투입하기 위해 필요한 군사적 선택지를 보유하고 있다고 믿게 될 것이다. 그렇게 믿는다면, 그들은 앞서 언급한 다른 영역의 경쟁에서 어느 쪽이 앞서 나가든 상관없이 이러한 군사적 선택지를 사용하려 할 수도 있다. 서로 핵을 주고받는 최악의 상황을 제외한다면, 재래식 전력을 통한 억지력 확보에 실패했을 때 치러야 할 대가가 가장 크다고 할 수 있다. 2021년 5월 의회 청문회에서 데이비슨 제독은 "인도-태평양 지역에서 우리가 직면한 가장 커다란 위험은 중국에 대한 재래식 억지력의 약화입니다. 유효하고 설득력 있는 재래식 억지력이 없다면 중국은 대담해질 것입니다."[12]라고 경고했다.

　이번 개정판에서는 미국이 재래식 전력으로 중국에 대한 억지력을 장기적으로, 그리고 감당할 수 있는 비용으로 유지할 수 있는 방안에 대해 설명할 것이다. 이것은 단순한 문제가 아니다. 중국은 미국이 강대국이 된 이후 한 세기 이상 지나오는 동안 직면한 적이 없었던 진정한 동급의 경쟁자이기 때문이다.

　제프리 블레이니Geoffrey Blainey는 자신의 기념비적인 저서 『전쟁의 원인The Causes of War』에서 두 국가가 그들의 상대적인 국력에 대해 동의할 때—즉, 양국의 지도자들이 어느 쪽이 더 강하고 어느 쪽이 더 약한지 동의할 때, 또는 그들이 막상막하라고 동의할 때—전쟁이 발생할 가능성이 낮다고 설명했다. 하지만 그들이 어느 쪽이 더 강한지 동의하지 않을 때, 또는 균형이 존재할지라도, 어쩌면 양측이 자국이 더 강하다고 생각할 때, 전쟁이 일어날 가능성은 훨씬 더 높아진다.[13] 10년 전만 해도 미국과 동맹국들이 인도-태평양 지역에서 우위를 점하고 있다는 점에 대해 의심하는 이는 거의 없었지만, 이제 그런 확신은 사라져버렸다. 최근의 추세를 본다면, 미국과 중국은 곧 어느 쪽이 가장 강한지에 대해 동의하지 않을 것이고, 그러한 불일치는 충돌 가능성을 심각하게 고조시키게 될 것이다.

　2030년 이내에 중국 지도부는 미국과 그 동맹국들이 아닌 중국이 확전 우위 역량을 보유하고 있으며, 서태평양 지역의 위기가 발생할 경우 중국의 영향력이 강화될 것이라는 결론을 내릴지도 모른다. 그러한 위기 상황에서 중국 인민해방군은 점점 더 많은 지상 기반의 항공 전력과 미사일 전력을 준비태세로 전환하거나 어쩌면 작전에 투입할 수도 있다. 미국의 지휘관들은 자신들의 해군력과 공군력을 그와 같이 전술적으로 불리한 환경에 투입해야 할 가능성을 달가워하지 않을 것이다. 그들은 아마도 이러한 분석을 워싱턴의 정책결정자에게 보고해야 할 것이고, 정책결정자들도 마찬가지로 가시적이고 실질적인 군사적 실패가 초래할 결과에 대해 숙고해야 할 것이다. 정책결정자들은 불가피하게 체면을 유지하면서 위기를 완화하는 방향으로 관심을 돌릴 수밖에 없으며, 이는 미국의 협상력을 희생시키게 될 것이다.

미국의 정책결정자들은 확전 우위의 역량을 보유하고 있는 적을 상대하는 데 익숙하지 못하며, 이 점은 위기 상황에서 값비싼 대가를 불러올 계산 착오나 굴욕적인 후퇴로 이어질 수 있다. 발생 가능한 모든 결과 중에서 가장 위험한 것은 양편 모두 갈등 고조를 통해 이득을 볼 수 있다고 인식하는 경우일 것이다. 그러한 경우 무력충돌은 거의 확실히 벌어진다고 볼 수 있을 것이다. 한때 상상할 수도 없었던 이 시나리오가 이제는 실제 일어날 수 있는 상황이 된 것이다. 중국공산당 지도부와 인민해방군 지휘부는 자신들의 해군력과 미사일 및 항공우주 전력에 커다란 자신감을 가질 수 있는 반면, 위기 상황에서 미국 정책결정자들의 자신감은 안심을 주지만 어쩌면 잘못된, 군사적 우위의 기억에 근거할 수도 있다. 말할 필요도 없이, 양측이 모두 긴장 고조를 통해 이익을 얻는 상황은 있을 수 없다.

이번 개정판에서는 더 희망적인 결과를 위한 전략, 즉 인도-태평양 지역에서 평화와 안보를 보존하기 위한 프로그램에 대해 설명한다. 그러기 위해서는 미국이 이 지역의 안보 보장자로서 남아 있어야 한다. 중국과 같은 강대국에 맞서서 그렇게 한다는 것은 물론 부담이 되겠지만, 미국은 중국의 군사적 도전에 대한 재래식의 군사적 억지력을 감당할 수 있는 비용으로 유지할 수 있다. 아마도 가장 중요한 점으로, 이번 개정판에서는 미국의 정책결정자들과 시민들이 미국이 이번 세기가 끝날 때까지 그러한 책임을 지속할 수 있다는 점에 대해 자신감을 가져야 하는 이유를 설명할 것이다.

제1장과 제2장은 아시아 지역 갈등의 원천을 살펴보고, 왜 미국의 최선의 선택지가 이 지역에서의 적극적인 전진 배치를 유지하는 것인지를 설명한다. 제3장에서는 인도-태평양 지역에 미군이 주둔해 온 역사에 대해 논의하고 왜 그러한 주둔이 이제 취약한 상황에 있는지 설명한다. 제4장에서는 중국의 군사현대화 사업과 군사기술 혁명의 영리한 활용, 그리고 왜 중국이 이제 미국과 그 동맹국들의 이익에 심각한 위협을 제기하는지에 대해 상세히 설명한다. 제5장에서는 중국의 군사현대화에 대한 지난 10년 동안의 미국의 대응을 살펴보고, 그러한 대응이 설득력 있는 경쟁 전략으로서 왜 미흡한지를 설명한다.

이 책의 나머지 부분은 인도-태평양 지역에서 중국에 대한 재래식 억지력을 유지하기 위한 새로운 접근법을 설명한다. 제6장에서는 미국이 이 지역에서 직면한 문제들에 적용되는 전략 원칙들을 설명한다. 제7장은 인도-태평양 지역에서 항공우주력의 핵심적인 역할과, 대만이라는 가장 어려운 사례에 초점을 맞춰서 미국이 침략을 억지하려면 항공우주 개념을 어떻게 시급히 재구성해야 하는지를 살펴본다. 제8장은 군사기술의 혁명이 어떻게 인도-태평양 지역에서 해군 전력의 잠재력을 급격하게 바꾸어놓았는지, 그리고 미국의 정책결정자들과 기획자들이 왜 이 지역에서 해군 전력에 대한 그들의 기대와 계획을 조정해야 하는지를 살펴본다.

마지막으로 제9장에서는 미국 정책결정자들이 과거의 강대국 경쟁으로부터 어떤 교훈을 적용할 수 있는지 논의하고, 현재의 경쟁에 영향을 미치는 장기적 추세를 검토하며, 이 지역에 대한 미국의 새로운 전략적 접근법을 요약한다. 그리고 정책결정자가 더 나은 전략을 가로막는 제도적 장벽을 어떻게 극복할 수 있는지를 제시하고, 정책결정자들과 국민이 이 지역에서 장기적으로 억지력과 평화를 유지하는 것에 대해 왜 확신을 가져야 하는지에 대해서도 설명한다.

아시아에서 미국의 새로운 전략의 목표는 모두에게 이익이 되는 기존의 국제질서를 유지하며 충돌을 방지하는 것이다. 미국은 중국이 장차 기정사실화(fait accompli) 공격의 형태로 군사력을 사용하는 것을 억지하기 위해 특정한 군사적 개혁을 실행해야 할 것이다. 이는 전쟁 계획이 아니라, 대단히 역동적인 지역에서 평시의 경쟁을 관리하는 전략이다. 위기 상황이나 전쟁이 발생하지 않고 이 지역의 번영과 발전이 오래도록 지속된다면 그 전략은 성공적이라 평가할 수 있을 것이다.

인도-태평양 지역은 미국의 경제에 지극히 중요하지만 이 지역에 대한 현재 미국의 정책은 기대에 미치지 못하고 있다. 정책결정자들이 진로를 바로잡는 것은 쉽지 않은 일이지만 그렇게 할 경우 얻게 될 보상은 막대할 것이다. 인도-태평양 지역에서 전쟁의 위험이 고조되고 있다. 그러나 미국과 이 지역의 파트너 국가들은 또 다른 비극을 방지하고 모두에게 이익이 되는 더 나은 미래를 만들어갈 힘을 갖고 있다.

01

충돌을 향한 40년의 질주

A Four-Decade Drive to a Collision

중국과 미국이 끝을 알 수 없는 기나긴 안보 경쟁에서 충돌하게 되는 것은 불가피한 일이었다. 두 나라 모두 이제는 전 세계적이고 중첩되는 이익을 가진 강대국이다. 하지만 이 사실 하나만으로는 외교적 경쟁과 다차원적으로 추진되는 군비 경쟁, 그리고 서로를 염두에 둔 전쟁 계획의 이유로 충분치 않다. 점점 더 위험해지고 있는 안보 경쟁에는 추가적인 요인들—투키디데스Thucydides가 『펠로폰네소스 전쟁』에서 논의했던 "두려움(fear), 명예(honor), 이익(interest)"—이 작용하고 있는 것처럼 보인다. 서로의 군사력과 이데올로기에 대한 두려움 말고도, 양국의 지도자들은 자국의 문화와 세계에서의 자국의 지위를 수호해야 한다는 국내정치적 압박을 받고 있다. 그리고 그들은 자국이 주권을 가진 강대국으로 남아 있기 위해서는 자국의 세계적 이익을 방어하는 것이 필수적이라는 점을 이해하고 있다.

비록 10년 전에는 중국의 군사력이 인도-태평양 지역에서 미국의 지위를 위협할 만큼의 능력 수준에는 도달하지 못했지만, 당시에도 중국의 군사현대화 추세는 분명했다. 당시 미국의 정책결정자 대부분은 중국 자신에게도 큰 이익이 되는 기존의 글로벌 제도와 질서에 도전하지 않을 것이라는 희망을 여전히 품고 있었다. 그때만 해도 중국의 부상이 주변 국가나 미국과의 분쟁 위험성을 높일 것이라는 점이 반드시 자명하지는 않았다. 중국 경제와 주변 국가들, 미국, 그리고 세계의 나머지 국가들의 경제 간의 교류가 확대되면서, 관련된 모든 국가들이 큰 혜택을 누리고 있었다. 어떤 국가에게도 이처럼 소중한 상호의존 관계를 뒤집어버릴 동기가 없는 듯 보였다.

그럼에도 불구하고 지난 10년간 중국의 행동은 점점 더 공격적으로 변했다. 후진타오 집권 말기부터 나타난 그러한 양상은 시진핑 집권기에 들어 더욱 강해지고 있다. 가속화된 군사현대화의 성과에 힘입어 중국 지도부는 기존 질서를 바꾸려는 의도를 명확하게 드러내고 있다. 증대되는 자신감과 고조되는 민족주의, 그리고 여기에 더해진 미국과 다른 서방 국가 내부의 취약성과 혼란에 관한 새로운 가정은 중국의 군사적, 외교적 영향력을 전 세계적으로 확대하고 중국인들이 해결되지 않은 역사적 문제로 인식하는 사안을 해결하기 위한 여건을 조성하는 방향으로 중국의 최근 행동을 촉발시켰다.

두 강대국이 그로 인하여 발생하는 마찰을 평화롭게 관리해 나갈 수 있을지는 2020년대의 가장 중대한 질문 중 하나이다. 충돌을 방지하고 이 지역의 자유와 번영을 보존하며 더 나은 안보 구조를 구축하기 위한 비용은 미국에 막대한 부담을 안겨줄 것이다. 미국이 그런 의무를 감당해야 한다고 주장하기 위해서는 중국과 미국 간의 잠재적 갈등의 원천과 그러한 갈등이 가져올 결과, 그리고 미국 정책결정자들이 선택할 수 있는 방안이 무엇인지 먼저 설명할 필요가 있다. 오늘날 중국이 제기하는 도전은 워싱턴의 정책결정자들로 하여금 인도-태평양 지역에서 미국의 지위 유지에 따르는 증가하는 비용을 평가하고, 군사적 주둔에 대한 더 나은 그리고 더 저렴한 대안이 있는지 고민하도록 만들고 있다. 이번 장과 다음 장에서는 이 두 가지 주제를 다룰 것이다.

다시 부상한 중국, 세계적 이익을 갖는 국가가 되다
China Rises again, and Acquires a World of Interests

1979년경 덩샤오핑이 시행하고 후계자들이 계승한 경제개혁은 역사상 가장 크고 극적인 경제 확장 중 하나를 촉발했다. 1970년대 후반 중국 지도자로서 덩샤오핑의 등장은 현대 중국사에서 그 당시에는 거의 인식되지 않았던 중대한 전환점이었다. 중국을 관찰해 온 이들은 중국의 유구한 역사, 과거의 강대국 지위, 그리고 거대한 인구가 지닌 잠재력을 알고 있었다. 하지만 마오쩌둥의 오랜 이념적 통치와 1930~40년대 일본의 침략과 잔혹한 점령은 중국을 극도로 쇠퇴하게 만들었다. 덩샤오핑이 집권하기 이전의 오랜 정치적 혼란 시기와 중국 사회 대부분이 입에 풀칠하기 급급한 수준의 자급농업에 매달려 있던 상황을 감안한다면, 그후 40년에 걸쳐 등장한 경제 대국은 덩샤오핑이 집권할 당시의 가장 낙관적인 예측보다도 한참 더 나간 것이었다.

1980년대 초 광둥성에서 시작하여 서서히 전국으로 퍼져나간 경제개혁은 이전에는 생산활동에 종사하지 못했던 잉여인력을 동원함으로써 역사적으로 가장 규모가 크고 전략적으로 경제를 활성화시킨 사례 중 하나가 되었다. 경제성장에만 정신없이 매진한 40년 동안, 중국은 외부와 통하는 창을 의도적으로 걸어 닫은 폐쇄국가에서 세계 어느 곳과도 관계를 맺고 이익을 주고받는 강대국으로 변모했다. 역사상 가장 급격하고도 인상적으로 이루어진 군사현대화에 필요한 재원 조달도 중국의 경제성장 덕분에 가능했다.

덩샤오핑의 경제개혁이 시작된 1980년부터 2019년까지 중국의 연간 생산 총액은 물가성장률 반영시 17배 증가했는데, 연평균 증가율은 6.4%에 달한다. 같은 시기 미국 경제의 연평균 증가율은 2.7%를 기록했다.[1] 1980년 당시 중국의 경제 규모는 구매력평가지수(국가 간 물가수준을 고려하여 실제 구매력을 측정하기 위해 개발된 지표―옮긴이) 기준으로 할 때 미국의 24%에 지나지 않았지만, 2019년에 이르러서는 96%까지 따라잡았다.[2] 미국 중앙정보부 자료에 따르면, 이제 중국은 농산물과 공산품, 전력(電力) 세계 제1의 생산국이고 가장 많은 노동력을 보유한 국가이기도 하다.[3]

세계적 차원의 전략적 이익 충돌과 관련하여 가장 중요한 부분은 아마도, 중국이 상품과 서비스 세계 1위 수출국이면서 세계 2위 수입국이라는 점이다.[4] 마오쩌둥 집권기 자급자족과 자력갱생 원칙 하에 운영되던 중국 경제는 무역을 통해 바깥 세계와 교류하는 부분이 지극히 제한되어 있었다. 마오쩌둥이 사망한 1976년도 중국 경제에서 수출과 수입이 차지하는 비중은 각각 2%에 지나지 않았다. 2019년에 이르러서는 세계 거의 모든 국가와 상품과 서비스를 주고받으며 수출과 수입이 국가 경제에서 차지하는 비중은 각각 19%와 17%로 올라갔다.[5] 마오쩌둥 이후 국제사회를 향한 문호 개방으로 중국은 최정상급 경제력을 가진 국가로 뛰어올랐다. 하지만 이제 무역은 국가 경제에 없어서는 안 되는 부분이 되어버렸고, 무역이 보장되고 안정적으로 이루어져야 국가 경제가 돌아가는 상황이 조성되었다.

이러한 엄청난 경제적 성취로 수억 명의 중국인들이 빈곤에서 벗어났고 전 세계의 소비자들에게는 저렴한 상품을 소비할 기회가 제공되었다. 중국의 원자재와 소비재, 자본설비 수입으로 세계 각지에서 수백 만 명의 고용이 창출되었다. 하지만 중국의 경제적 부상은 가격 경쟁력을 따라갈 수 없는 세계 다른 시장의 고용과 투자를 대체해버리는 결과를 초래하기도 했다. 중국의 1인당 국민소득은 세계에서 128위에 불과하여 상대적으로 낮은 수준이다. 그러나 중국의 경제력은 이제 인도-태평양 지역과 그 외 지역에서 미국 및 그 동맹국들과 겨룰 수 있는 군대를 건설하는 데 필요한 재원을 중국 정부에 어렵지 않게 제공하고 있다. 그러한 군대의 건설은 인민해방군이 1990년대 초부터 심혈을 기울여 추구해 온 목표였다.

경제성장에 필요한 에너지원으로서 수입 원유에 대한 의존도가 점점 높아지고 있다는 점은 중국의 전략적 이익과 관련하여 특히 중요한 부분이다. 2019년 한 해 동안 중국이 수입한 석유량을 일별로 환산하면 매일 1,010만 배럴 이상인데, 일일 평균 소비량의 70%를 해외에서 들여온 셈이다.[7] 에너지 효율성 제고와 대체에너지 개발, 탄소배출 감소와 서비스업 기반 경제로의 전환을 위한 각종 구상이 쏟아져 나오고 있으나 중국의 원유 소비량은 계속 증가할 것이고 국내 생산이 이를 따라잡지 못할 것이다. 2030년에는 일일 수요량의 80%를 해외 수입에 의존할 것으로 예상된다.[8]

중국이 원유를 들여오는 지역은 라틴 아메리카와 아프리카, 중동, 중앙아시아, 러시아로, 중국의 전략적 이익은 지구상 모든 대륙에 걸쳐 있다고 할 수 있다. 중국의 원유 수입량 중 77%, 일일 소비량의 절반 이상은 말라카Malacca 해협과 남중국해를 거쳐 들어오는데, 이들 지역을 경유하는 해로는 중국의 일상적인 경제활동을 한 번에 마비시킬 수 있는 단일장애지점(single point of failure, 장애나 고장이 발생하는 경우 전체 시스템 혹은 네트워크 가동이 멈추게 되어 서비스의 중단을 초래하는 시스템 자원 혹은 지점—옮긴이)이자 숨통이다.

중국의 전략적 목표
China's Strategic Goals

중국의 국가 목표를 결정하고 이를 달성하기 위한 전략을 설계하는 주체는 중국공산당 지도부이다. 중국공산당 지도부의 지상 목표는 중국에 대한 당의 절대적인 지배력을 유지하는 것이다.[10] 앞서 살펴보았듯이, 1970년대 말 국제사회에 문호를 개방하겠다는 덩샤오핑의 결정은 중국을 오늘과 같은 세계 경제와 국제정치의 거인으로 이끌었다. 하지만 내부적으로는 국가와 사회에 대한 당의 통제력을 유지해야 하는 과제가 이전에 비해 까다롭고 어렵게 된 측면도 있었다. 바깥 세계와의 경제적 연계를 통해 중국은 한층 더 번영하게 되었지만, 그로 인해 새롭게 나타난 취약성을 관리하기 위한 전략과 자원이 필요하게 되었다. 대외무역과 해외 유학생 증가에 따른 외국 문화의 유입 또한 내부에 대한 통제와 치안 유지에 더 많은 자원을 투입해야 하는 상황을 조성하는 데 일조했다. 실제로, 중국 재정부는 치안 부문에 투입한 예산이 국방예산보다 약 20% 많다고 보고한 바 있다.[11]

결국, 중국을 개방하기로 한 덩샤오핑의 선택은 중국공산당에 대내외적으로 새로운 취약성을 감수하는 대가로 막대한 경제적 번영을 가져왔다고 할 수 있다. 그가 내린 중대한 결정은 불가역적인 것으로, 그를 이은 후계자들에게 거의 완전한 자급자족적 고립경제를 지향하는 마오쩌둥 시대의 정책으로 회귀한다는 것은 상상도 할 수 없는 일이다.

덩샤오핑 이후 중국은 국제사회에 대한 참여를 확대하는 데 전념하면서, 중국 지도부는 그가 물려준 전략적 상황을 유지하기 위한 몇 가지 목표를 설정했다. 가장 중요한 목표는 중국공산당의 우월적 지위를 유지하고 당의 힘을 확대하는 것이다. 다음으로, 홍콩과 대만에 대한 통제권을 확립하고 티베트와 신장 지역에 대한 평정을 완성함으로써 국가를 재통합하는 것이다. 세 번째, 무역이나 강압을 통해 주변 국가들이 중국의 지도적 역할을 수용하도록 유도함으로

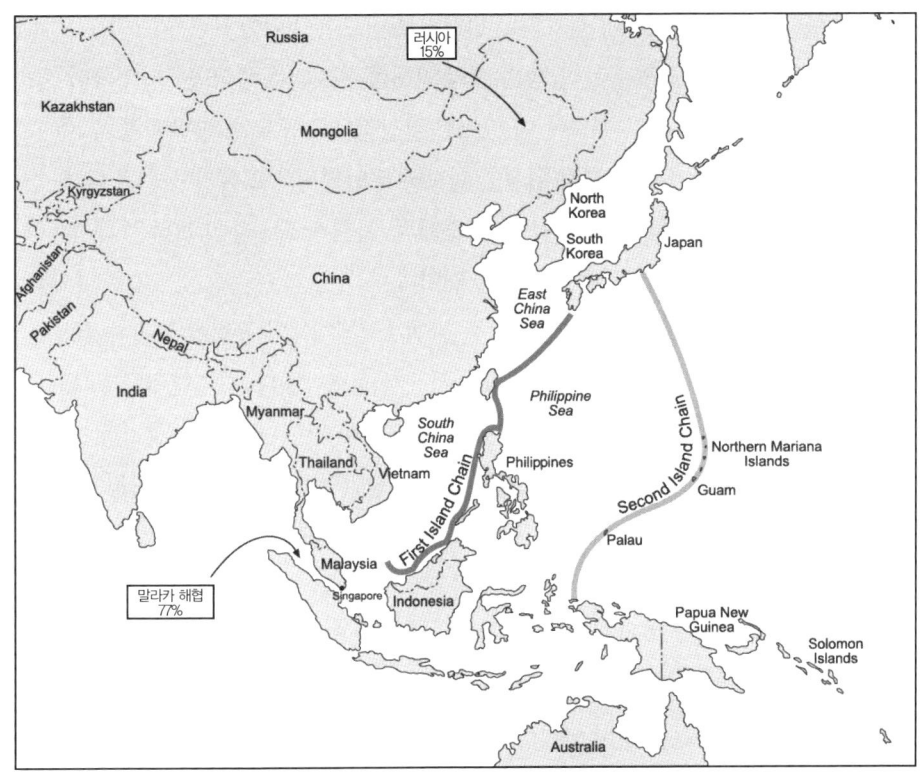

〈지도 1〉 중국의 태평양 도련선과 원유 수입 루트
제공: Charles David Grear

써 중국 주변에 완충구역을 확보하는 것이다. 이러한 구상 하에서는 중국의 주변 지역에서 미군 기지나 전력이 할 수 있는 역할이 존재하지 않게 될 것이다. 마지막으로, 자신의 다른 이익과 목표를 지원하기 위해 국제적 제도나 행동규범을 형성하려는 목표를 갖고 국제적 영향력을 추구하는 것이다. 중국 지도부는 기회가 있을 때마다 자신들은 중국의 내부적 발전과 저소득 국가에서 중진국으로 넘어가는 어려운 과정의 관리에 집중할 뿐이라 주장하지만, 그들의 네 번째 목표는 권위주의 정부 형태를 선거로 선출된 대표들이 국정을 운영하는

체제보다 정당하고 심지어 선호되는 선택지로 만드는 것이다.[12]

경제적, 사회적 발전 목표 달성은 당의 지배력 유지라는 중국공산당의 최우선적인 전략적 목표를 성취하는 데 있어서 결정적으로 중요할 것이다. 중국 지도부는 중국의 지역적, 국제적 위상을 확보하고 안정적으로 유지하게 될 다른 세 가지 전략적 목표들 또한 지속적인 경제적, 사회적 발전을 담보하는 데 필수적인 전제조건이라고 결론을 내렸을 것이다.

아시아의 작은 국가의 지도자들은 현존하는 국제체제와 규범에 도전하기보다는 순응함으로써 경제적, 사회적 발전 목표를 성취해왔다. 하지만 중국을 통치하는 집단은 강대국으로서의 국가적 위상이 박살 났던 장기간의 정치적, 사회적 혼란을 성공적으로 종식시킨 권위주의 정권의 전통으로부터 배출되었다. 이런 유형의 리더십은 문제가 발생할 경우 직접적으로 통제하는 것이 효과적이라 믿는다. 중국의 지도부가 바깥 세계로의 노출이 중국의 지속적인 성공을 위험에 빠뜨리고 따라서 영속적인 당의 지배를 위협할 수 있다고 결론을 내린다면, 그런 위험에 대응하기 위해 직접적인 통제방식이나 수단을 동원하려 하더라도 이는 놀라운 일이 아니다.

중국인의 시각에서 중국은 분단된 국가이다. 대만은 다루기 힘든 중국 영토 중 가장 눈에 띄는 사례이고, 중국의 지도부에게 대만의 위상은 그 해결이 중요한 우선순위에 있는 핵심적인 영토 분쟁 중 하나일 뿐이다.

중국 지도부의 두 번째 전략적 목표—중국이 주장하는 국경선에 부합하게 중국의 통일을 완수하는 것—는 중국공산당 지도부와 중국에 몇 가지 이점을 가져다줄 것이다. 남아 있는 영유권 주장 지역에 대한 지배권을 확립한다면 내부적으로 당의 위신이 크게 높아지고 당의 지배에 대한 정당성이 강화될 것이다. 그러한 성공에 기여한 이들에게도 엄청난 명예와 당직이 보상으로 주어질 것이다.

마찬가지로 중요한 것은 중국이 세 번째 전략적 목표대로 인도-태평양 지역에서 자신의 지배 범위를 확대할 수 있다면 얻게 될 잠재적인 안보 이익이다.

다른 모든 강대국처럼, 중국 역시 자국의 주변부에 인접한 지역으로 영향력을 확대하는 데 이해관계를 갖고 있다. 시카고 대학의 국제관계 전문가인 존 미어샤이머John Mearsheimer는 과거 강대국들의 역사를 통해 이러한 행태를 설명하는 "공격적 현실주의(offensive realism)" 이론을 창안했다.[13] 미어샤이머는 중국이 자신의 지역에서 패권국(hegemonic power)이 됨으로써 미국을 포함한 역사상 거의 모든 강대국들이 따랐던 전략적 논리를 따를 것이라고 결론을 내렸다. 이러한 패권국 지위를 달성하려는 목적은 역내의 잠재적 라이벌 국가들을 약화시키거나 그들이 지역 패권국의 안보적 요구사항에 순응하도록 위협함으로써 자국을 둘러싼 광대한 안보 영역을 구축하는 것이다.

중국은 자신의 오랜 역사 동안, 모든 방면에서 중국의 영토에 침투했던 이민족 침략자들로 인해 고통받아 왔다. 북방과 서방으로부터 육상을 통한 침입의 역사는 수천 년 전으로까지 거슬러 올라간다. 바다에서는 여러 세기에 걸쳐 일본과 싸워 왔다. 보다 근래인 19세기에는 유럽 국가들의 침략으로 쓰라린 기억을 가지게 되었는데, 팽창주의적인 유럽 열강들이 우월한 해군력을 앞세워 홍콩 같은 식민지를 구축하고 중국 본토 깊숙이까지 영향력을 행사했다. 그 결과는 사회적, 문화적 혼란과 경제적 쇠퇴, 그리고 외세의 손에 농락당한 "100년의 국치(a century of humiliation)"였다.[14]

1991년 소련의 갑작스러운 해체로 중국의 안보 환경이 급격하게 변하면서, 이로 인해 새로이 생긴 기회를 중국 지도부는 재빨리 이용했다. 북쪽과 서쪽에서 중국을 위협하던 재래식 군사력이 소련의 몰락으로 사라지면서 베이징의 지도부는 소련군을 막기 위해 투입하던 자원을 동쪽과 남쪽으로 돌려 해양으로의 진출을 꾀할 수 있게 되었다. 1998년부터는 인접한 여섯 개 국가와 지상의 국경선을 두고 겪고 있던 11건의 분쟁을 해결하여 육로를 통해 자국의 안보가 위협받을 위험성을 제거하였다.[15] 인도와의 영토 분쟁이 미해결 상태로 남아 국제사회의 주목을 받고 있지만, 인도-태평양 지역에서 현재 가장 긴장을 불러일으키는 사안은 동중국해와 남중국해에 대한 중국의 영유권 주장이다. 이들 해역을 통과하는 해상무역에 크게 의존할 수 밖에 없는 현재의 상황과 19세기 들어 해양을 지배하는 유럽 열강에 압도당했던 기억 때문에 중국은 전략적 차원에서 해양진출에 주목하게 되었는데, 이는 이들 해역에서 충돌이 점점 더 빈번해지는 이유이다.

중국은 해양에 대한 또 다른 전략적 이해관계를 갖고 있는데, 이는 중국이 핵보유국이기 때문이다. 중국이 전략 핵무기를 확보한 것은 그것이 다른 핵보유국의 잠재적 위협을 억지하는 데 필수적인 수단이라고 지도부가 믿었기 때문이었다. 다른 핵 강대국들과 마찬가지로 중국은 장거리 핵탄도미사일을 발사할 수 있고 장기간 항행이 가능한 핵추진 잠수함단을 건설하는 데 관심을 가지고 있다. 이 해상 기반의 핵 억지력은 냉전 기간 중 미국과 소련, 영국, 프랑스가 최우선적으로 확보하려 노력했고, 오늘날에는 이들 국가 모두 그것을 보유하고 있다. 오랫동안 전략 기획자들은 해상 기반의 억지력이 가장 생존성이 높고, 따라서 가장 안정적인 억지 수단이라고 생각해왔다. 다른 핵 강대국들과 마찬가지로 중국도 미사일을 발사할 수 있는 잠수함이 적의 공격을 억지하는 수단이 될 것이라고 믿고 있다.

2020년 기준으로 중국 해군은 탄도미사일 발사가 가능한 094형(晉級) 핵추진잠수함을 6척 운용하고 있으며, 각 잠수함마다 추정 사거리가 7,400km에 이르는 핵탄도미사일 쥐랑-2(巨浪-2)를 12기씩 탑재하고 있다. 현재 중국은 사거리가 더 긴 신형 탄도미사일을 발사할 수 있는 신형 핵추진잠수함 096형(唐級)을 개발하고 있다. 이러한 신형 잠수함 2척을 운용할 수 있게 되는 2030년에 이르면 중국은 탄도미사일을 발사할 수 있는 8척의 잠수함단을 보유하게 될 것이다.[16]

이러한 탄도미사일 잠수함 전력은 앞서 언급한 냉전 시기 핵 강대국들이 보유했던 보복 능력에 필적하는 확실한 제2격 능력(타국의 제1격, 즉 선제 핵공격에 대한 보복 반격 능력—옮긴이)을 중국에 제공할 수 있다. 하지만 이들 핵잠수함은 타국의 대잠 전력이 가하는 위협으로부터 비교적 안전한 순찰 구역을 반드시 가져야 한다. 자국의 탄도미사일 잠수함의 안전을 보장하기 위한 영역을 확보하는 것은 해양 통제력을 서태평양으로 확장하려는 중국의 또 다른 동기이다.

마지막으로, 네 번째 전략적 목표—중국과 그들의 목표에 유리한 방향으로 국제적 제도와 행동 규범을 재형성하는 것—달성은 국제사회에서 중국의 위상을 확보하고 중국공산당의 계속적인 지배를 보장하는 데 있어서 결정적인 조치가 될 것이다. 제2차 세계대전 종전 당시 서구 연합국에 의해 형성된 기존 국제 제도와 규범은 법의 지배, 개방 경제, 모든 국가의 주권, 인권과 민주적 가치, 그리고 법과 규칙의 공정한 적용을 보호하고 확대하는 것을 추구하고 있다. 이와는 대조적으로 중국공산당은 기존 제도를 재형성하거나 아예 새로운 별개의 제도를 구축함으로써, 중국과 세계의 몇 안 되는 우방들이 행하는 것과 같은 권위주의적 통치와 규범을 용인하거나 심지어 지지하는 체제를 추구하고 있다. 더욱이, 중국의 지도부는 중국과 같은 크고 지배적인 국가들의 이익에 부합하는 국제적 위계질서를 용인하고 지지하기까지 하는 새로운 제도와 규범을 원하고 있다. 당연히 중국 지도부는 중국공산당이 그러한 국제적 제도를 이끌고 그 규범을 정해야 한다고 생각한다.[17]

40년 전 급속한 성장과 적극적인 국제적 참여로 방향을 설정했던 중국은 이제 무역, 정보, 안보, 행동 규범, 그리고 군사력에 대한 더 큰 영향력과 통제력을 추구하는 지역 및 세계적 차원의 전략에 몰두하고 있다.[18] 동아시아의 중국 인접국들이 그 결과를 가장 직접적으로 감당하고 있다.

동중국해와 남중국해에 대한 중국의 이익
China's Interests in the East and South China Seas

일본 본토에서 오키나와를 거쳐 센카쿠 열도/댜오위다오, 대만, 서필리핀을 지나 최종적으로 보르네오에 이르는 제1도련선은 무력충돌이 발생하는 경우 현재로서는 서태평양 지역에서의 제한 없는 중국의 해상 및 공중 작전에 대한 장벽으로 작용한다(〈지도 2〉 참조). 도련선을 구성하는 여러 도서에는 미국과 동맹국 군대를 위한 기지들이 위치해 있으며, 그곳에 중국의 군사작전을 차단하고 방해하며 중국 본토를 위협할 수 있는 동맹국 미사일 전력을 분산 배치해 놓을 수 있다. 그리고 제1도련선에 배치된 미국과 동맹국 전력은 중국의 경제가 정상적으로 작동하는 데 결정적으로 중요한 상업 운송을 위협할 수도 있다.

따라서 중국은 군의 작전을 제약하는 장벽을 무너뜨리고 군대와 상업적 운송의 안전한 통행을 보장하게 될, 제1도련선 상의 영구적인 주둔기지를 구축하는 데 강력한 이해관계를 갖고 있다. 대만을 중국의 통제 하에 두는 것은 중국공산당의 위대한 문화적, 정치적 승리가 될 뿐만 아니라, 중국에 인민해방군 주둔지와 해군기지, 공군기지, 미사일기지를 제공함으로써 나머지 중국 군사력이 태평양으로 자유롭게 진출할 수 있는 길을 여는 중대한 조치가 될 것이다(화약고와 같은 대만의 상황에 대해서는 제7장에서 자세하게 다루기로 한다).

군대와 상업 선박의 안전한 접근과 자유로운 이동이 연안 해역에서의 중국의 유일한 전략적 이익은 아니다. 앞서 설명한 바와 같이, 현재 중국의 일일 원유수요량 절반 이상이 말레이시아와 싱가포르, 인도네시아 사이의 비좁은 말라카 해협을 지나 남중국해와 동중국해, 그리고 황해(이 세 해역을 '중국 근해近海'라 통칭한다)를 거쳐 중국으로 들어온다. 2030년에 이르면 중국의 원유수요량 80%를 수입에 의존해야 할 것이라는 점을 감안할 때, 말라카라는 "단일장애지점SPOF"에 노출된 중국의 취약성은 시간이 갈수록 악화될 뿐이다.

중국의 지도부는 남중국해와 동중국해의 해저 깊숙이 매장되어 있을지도 모를 대량의 해양석유를 위와 같은 문제에 대한 잠재적 해결방안으로 볼 가능성이 있다. 미국 에너지부의 추산에 따르면, 남중국해에 매장되어 있다고 밝혀졌거나 추정되는 원유량은 중국의 6년 치 소비량에 해당하는 330억 배럴에 달한다. 이에 반해 중국해양석유유한공사는 중국 전체가 23년 동안 쓸 수 있을

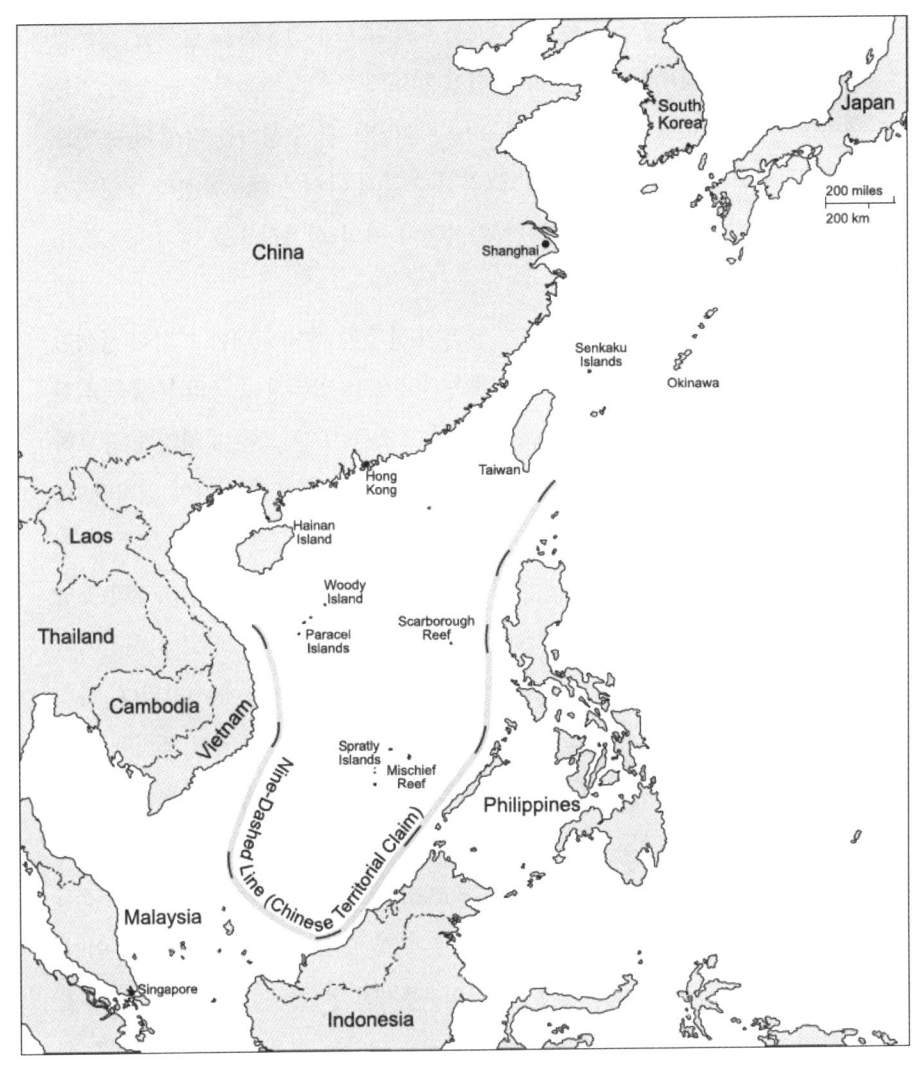

〈지도 2〉 서태평양 지역 작전 전구
제공: Charles David Grear

1,250억 배럴이 남중국해에 있을 것으로 추산하고 있다. 독립적인 연구들은 중국해양석유유한공사의 결론을 지지하지 않지만[19] 중국의 동기와 가능한 전략에 있어 중요한 것은 중국공산당 지도부가 무엇을 믿고 있는가이다.

동중국해의 센카쿠 열도(중국명으로는 다오위다오) 영유권을 둘러싼 일본과 중국의 분쟁은 지속적인 마찰의 원천이자 무력충돌로 비화할 가능성이 있는 화약고이다. 대만도 권리를 주장하고 있는 이 열도를 구성하는 다섯 개 무인도는 양국의 어선단과 해경 경비정, 그리고 순찰에 나서는 해군함정과 공군기가 충돌 직전까지 대치하는 일촉즉발의 상황이 거의 정기적으로 벌어지는 장소이다.

민족주의와 제2차 세계대전 시기 일본의 잔혹한 처사에 대한 여전히 생생한 기억이 센카쿠 열도 영유권을 두고 계속되고 있는 일본과 중국의 분쟁을 격화시키고 그 해결을 어렵게 하지만, 전략적 요소들 또한 그에 못지않게 중요하다. 이 열도는 두 나라가 군침을 흘리는 풍부한 어장으로 둘러싸여 있지만, 더 결정적인 부분은 아마도 동중국해에 매장된 탄화수소계열 에너지 자원일 것이다. 하지만 계속되는 양국 간 분쟁이 지역에서의 탐사와 개발을 가로막고 있다. 미국 에너지부의 추산에 따르면 동중국해에 매장되어 있다고 밝혀졌거나 추정되는 원유량은 단지 2억 배럴로, 중국의 2주 치 소비량에 해당된다. 하지만 중국 측은 30년은 족히 쓸 수 있을 1,600억 배럴의 원유가 이 해역에 매장되어 있다고 믿고 있는데, 이는 중국해양석유유한공사가 전체 남중국해를 대상으로 추산한 양보다도 많은 것이다.[20]

따라서 우리는 중국이 근해를 넘어 제1도련선과 그 너머까지 영유권을 주장하도록 만드는 전략적, 경제적, 역사적, 문화적, 안보적 이유들을 알 수 있다. 강대국의 행태를 설명하는 미어샤이머의 "공격적 현실주의" 이론은 논의의 출발점에 불과하다. 주변 지역들에 대한 패권을 되찾는 것은 안보를 제공해줄 뿐만 아니라, 아시아 위계 질서의 정상에 있던 "중심 국가"로서 아시아에서의 이전 위치를 회복시켜준다.

동중국해에 대한 통제권을 장악하는 것은 일본에 대한 해묵은 원한을 갚는 것일 뿐만 아니라 태평양으로 나아가는 접근로를 여는 것이고, 중국의 일부에서 믿고 있는 에너지 안보 측면에서의 횡재를 제공하는 것이다. 남중국해를 통제하는 것은 이와 같은 이점을 한층 더 확대해줄 것이며, 동시에 중국의 말라카 해협에 대한 의존도를 더욱 줄여줄 것이다. 그리고 마지막으로, 아마도 중국의 지도부에 가장 중요한 것으로, 이러한 목표를 달성하는 것은 중국공산당의 위신을 높여주고 그들의 중국 내 지배력을 공고히 해줄 것이다.

동아시아와 남아시아에 대한 미국의 이익
U.S. Interests in the East and South Asia

제2차 세계대전 종전 후 80년 동안 미국의 역대 대통령들은 미국 외교정책의 이익에 대한 놀랍도록 일관된 관점을 표명해왔다. 동아시아 지역의 안보에 미국의 정치적 지원과 자원을 기꺼이 투입하려고 하는 정도는 행정부마다 차이가 있지만, 이 지역에 대한 미국의 정책은 눈에 띨 정도로 일관성이 있었다.

1945년 이래 이 지역의 지배적 국가로서 미국은 인도-태평양 지역의 국제 질서를 형성하는 데 주도적인 역할을 수행해왔다. 지역 내 거의 모든 국가가 현저하게 안정적이 되었는데, 미국의 정책결정자들은 그러한 안정의 주된 원인으로 이들 국가가 개인의 자유, 민주적인 정부 선택, 소수자 보호와 법의 지배 등 미국이 지지하는 원칙과 가치를 상당 부분 받아들였다는 점을 지적한다. 지난 50년간 지역 국가들 대부분의 경제가 번영을 이루었으며, 몇몇 국가를 제외한 모든 국가가 제2차 세계대전 이후 권위주의와 자의적인 사법 시스템에서 탈피했다.

개방된 국제 경제체제라는 또 다른 지속적인 원칙을 지역의 대다수 국가가 폭넓게 수용한 덕분에 인도-태평양 지역은 지난 70년을 거치면서 어마어마한 경제적 성취를 이루어냈으며, 세계의 다른 어느 지역보다도 더 높은 1인당 국민소득을 자랑하고 있다.[21] 이 지역은 그동안 미국이 옹호하는 원칙과 가치를 받아들인다면 국민의 생활 수준이 얼마나 향상될 수 있는지를 세계의 다른 지역에 보여주는 가장 좋은 본보기가 되어왔다. 미국이 미국의 가치와 정책의 승리를 상징하는 이 지역을 지켜내는 데 이해관계를 갖는 것은 논리적으로 당연한 귀결이다.

미국은 국제 공유지(공해)에서의 항행의 자유를 오랫동안 옹호해왔다. 공해상에서의 자유로운 항행(unrestricted passage)은 인도-태평양 지역에서 특히 중요하다. 세계 무역 총액의 1/4에 해당하는 37조 달러어치 상품이 매년 남중국해를 통과하는데, 이는 중국과 역내 미국의 주요 동맹국 모두에게 있어 나머지 세계와의 지극히 중요한 연결로이다.[22] 일본과 대만, 그리고 한국이 수입하는 원유의 80%가 남중국해를 통과한다.[23] 세계 무역 시스템은 남중국해든 다른 어디에서든 미국의 군사력이 제공하는 안보에 의존하고 있으며, 이 시스템의 붕괴는 세계 경제에 심각한 타격을 가할 것이다.

국제 공유지를 통한 무역은 인도-태평양 지역이 거두었던 경제적 성공의 핵심적인 특성이며, 공해와 해상 및 공중 교통로를 통한 항행의 자유가 없었다면 불가능했을 것이다. 따라서 이 교통로를 열어 두는 것이 미군의 기본 임무이자 미국 정책결정자들이 오랫동안 견지해왔던 목표라는 점은 그다지 놀랄 일이 아니다.

미국이 정식으로 안보 조약을 맺은 인도-태평양 지역 국가는 일본, 한국, 필리핀, 태국, 호주, 뉴질랜드 6개국이다.[24] 이러한 상호방위조약은 군사적 공격이 있을 경우 당사국들은 서로에게 군사적인 지원을 제공하도록 의무화하고 있다.

이뿐 아니라 미국은 자신이 정치적 지원과 자원 제공을 약속하는 비공식적인 안보협력 관계의 대상 국가들을 점점 늘려왔다. 미국은 지난 2010년대 내내 인도, 인도네시아, 싱가포르, 베트남 그리고 이 지역의 다른 국가들과의 외교적, 군사적 협력관계를 갱신하거나 확대해왔다.[25] 이들 국가와의 방위협력은 교류 프로그램, 교육 프로그램 및 훈련, 해군 및 공군 부대의 방문, 군사 장비 판매 및 교육 등의 형태로 이루어지고 있다.

미국의 대통령과 정치인들은 동맹국 및 우방국들에 대한 안보 공약의 신뢰성을 지키는 것에 커다란 중요성을 부여하고 있는데, 미국이 방어 의무를 스스로에게 부여한 지역의 소유권이 불분명한 몇몇 경우에도 그랬다. 센카쿠 열도를 둘러싼 일본과 중국의 분쟁은 계속 진행 중이다. 2020년 11월, 대통령으로 당선된 지 불과 며칠 만에 조 바이든 당선자는 스가 요시히데 일본 총리에게 전화를 걸어 미국의 일본과의 방위조약은 여전히 유효할 것이고, 일본에 대한 미국의 방위 공약은 센카쿠 열도에 대한 일본의 관할권을 명확히 포함할 것이라는 점을 재확인해주었다. 바이든 대통령은 같은 날 한국 대통령과 호주 총리에게도 비슷한 내용의 공약을 전했다.[26] 당선된 직후 바이든이 취했던 신속한 조치는 인도-태평양 지역에 대한 미국의 정책적 연속성을 보여주는 또 다른 사례이다.

미국과 인도-태평양 지역의 경제적 관계는 미국인의 생활 수준과 밀접하게 관련되어 있다. 2019년 미국이 아시아의 주요한 무역 파트너 국가들에 총 5,730억 달러에 상당하는 상품과 서비스를 수출했는데, 이는 미국에 4,500만 명의 직접적인 고용 효과를 창출했다.[27] 간접적인 무역이나 그 외 경제적 관계까지 모두 더하면 여기에 수백만 개의 일자리가 더 추가된다. 인도-태평양 지역 경제는 여전히 세계에서 가장 빠르게 성장하고 있으며, 이로 인해 미국의 노동자와 무역 파트너 국가의 노동자 모두가 그 혜택을 누리고 있다. 무력충돌이나 자유 무역 원칙의 쇠퇴로 이 지역 소비자들에 대한 접근을 잃게 된다면, 직접적 충격과 그 파급 효과로 인해 미국의 경제와 근로자들의 삶의 수준은 큰 타격을 받을 것이다. 따라서 미래의 미국 경제의 번영은 인도-태평양 지역의 안정이 지속될지 여부에 달려 있다.

요컨대, 인도-태평양 지역에 걸려 있는 미국의 국익과 위신은 그 깊이가 얕지 않다. 지난 70여 년 동안 몇 개 국가를 제외하고는 이 지역은 미국이 정책적으로 장려하는 가치와 원칙들을 점점 더 받아들였고, 그렇게 해온 국가들은 복지가 증진되었다. 그러한 성공은 미국의 영향력을 확대하는 명분이 되었고 다른 지역에도 긍정적인 사례로 작용했다. 미국의 정책결정자들은 이러한 성공을 유지하는 데 관심을 갖고 있다.

이 지역에 대한 공식, 비공식 안보 공약을 지키는 것은 미국이라는 국가의 위신과 신뢰성을 유지하는 데 중요하며, 미국의 경제적 산출의 상당 부분과 수백만 개의 일자리가 이 지역에서의 교역 및 발전과 연결되어 있다. 미국 정책결정자들은 이 지역에서의 미국의 이익을 지키고 안보 공약에 대한 신뢰를 증진하는 수단으로서 군사적 전진 배치와 개입이라는 정책을 일관되게 지지해 왔다. 하지만 긴급한 문제로 떠오르고 있는 것은 중국의 커지는 이해관계와 주장, 그리고 군사력이 미국의 그것과 공존할 수 있을지 여부이다.

후진타오와 시진핑 치하 중국의 전략적 행동 변화
China's Changing Strategic Behavior under Hu and Xi

중국의 새로운 안보 이익에 힘이 실리는 상황은 지난 40년간의 경제적 성장이 가져온 일종의 부산물 같은 것으로, 중국 지도부가 세계에서 중국의 역할에 대한 그들의 관점을 수정하도록 만들었다. 경제가 비약적으로 성장하는 추세가 분명히 나타났지만 세계 경제의 거인까지는 이르지 못했던 1990년대 초 중국의 외교정책은 덩샤오핑의 교시―"냉정하게 관찰할 것, 내부 진영을 공고히 다질 것, 침착하게 대응할 것, 능력을 숨기며 때를 기다릴 것, 존재감을 드러내지 말 것, 절대로 리더십을 주장하지 말 것"―에 따라 수립되고 실행되었다.[28] 국내에서 생산된 원유도 다 소비하지 못하여 수출하고, 경제 규모가 작고, 국제 무역과 상품, 금융 시장에서의 존재감이 무시할 정도인 국가를 위한 적절한 조언이었다. 하지만 바깥 세계와의 상품 및 금융 거래가 활발하게 이루어지고 있는 오늘날의 중국은 국제공유지에 대한 의존도가 매우 높은 국가이다. 중국 공산당 지도부는 도전받을 수 없는 당의 절대적 지배를 정당화하는 근거를 경제성장에서 찾고 있다. 그런데 서태평양과 인도양의 국제공유지는 미국과 인도 같은 중국과 경쟁하는 국가들에 의해 관리되고 있다. 따라서, 자국의 이익에 위협이 되는 이 취약성을 미래의 중국 지도부가 얼마나 용인할 것인지가 문제가 된다.

시진핑의 전임자인 후진타오는 덩샤오핑의 교시를 폐기하고 오늘날 우리가 보고 있는 적극적인 국가안보 전략을 추구하기 시작했다. 이 새로운 접근방식은 1990년대 초에는 그다지 폭넓게 존재하지 않았던 세계적인 이익과 취약성을 중요하게 고려하고 중국의 정치력과 외교력, 그리고 군사력의 신장과 이렇게 신장된 국력이 중국의 지도부에 부여하는 자신감을 드러낸다.

2004년, 후진타오 당시 중국 국가주석 겸 공산당 총서기는 인민해방군을 위한 새로운 강령을 발표했다. 〈새로운 세기 새로운 단계에 있는 군의 역사적 사명〉이라는 제하의 발표문을 통해 중국의 세계적 이익이 무엇인지 명시하고 이를 수호하는 책임을 인민해방군에 부여하였다. 이 "새로운 역사적 사명"은 2007년 개정된 중국공산당의 헌법에 해당하는 당장(黨章)에 명문화되었다. 개정된 당장은 당의 영도적 지위를 수호하는 것이 인민해방군의 기본임무라는 점을 재확인하고 "국가발전에 중요한 전략적 기회의 시기"를 맞아 견고하고 강력한 안전보장을 위한 주도적인 역할을 부여하는 한편, "국가의 이익 수호를 위해 강력한 전략적 지원을 제공"할 것을 지시하였다.[29]

시진핑은 2012년 후진타오의 지위를 승계하자마자 그간 내세우지 않았던 국가적 열망을 공공연히 드러내며 국제사회에서의 존재감을 키워가기 시작했다. 2017년 10월 18일 〈제19차 중국공산당 전국대표대회 업무 보고〉를 통해 시진핑은 21세기 중반까지를 대상으로 중국의 발전을 위해 설정한 공산당의 목표와 이정표를 자세히 설명했다. 업무 보고에서 그는 중국이 이번 세기 중반까지는 "완전히 발전된 나라", "혁신의 글로벌 리더", 그리고 "전체적인 국력과 국제적 영향력에 있어서 글로벌 리더"가 될 것이라고 선언했다. 시진핑의 발언은 현재의 국제정세에 대해 "국제적 세력들이 점점 더 균형을 이루어가고 있음을 설명했는데, 이는 미국과 서구 국가들의 국력이 점차 쇠퇴하면서 중국이 국제적으로 더 큰 영향력을 행사하는 길이 열리고 있음을 시사하는 것이었다. 한편 그는 "중국 특색의 사회주의"를 성취한 것을 높이 평가하며, 이러한 체제를 다른 국가들을 위한 발전모델로 제시했다.[30]

시진핑은 인민해방군에게 군의 현대화를 2035년까지 완성하고 이번 세기 중반까지 "일류 군대"로 완전히 탈바꿈할 것을 명령했다. 시진핑은 "군은 싸우기 위해 만들어진 것이다"라고 강조하며, 군의 지휘관들은 "전투 능력을 모든 업무의 기준으로 확고히 삼을 것"을 지시했다.[31] 어느 국가건 정치지도자가 자국의 군대에 위와 같은 내용을 강조하고 촉구하는 것이 이상한 일은 아니다. 그러나 제4장에서 상세히 설명할 최근 중국의 급격한 군비 증강이라는 맥락과 이번 세기 중반에는 국제사회를 이끄는 초강대국으로 올라선다는 목표를 공공연히 내세우는 시진핑의 성향을 감안한다면, 그가 제시하는 목표와 이정표가 지니는 함의는 심사숙고해야 할 것이다.

그로부터 2년 후 인민해방군은 제19차 중국공산당 전국대표대회에서 시진핑이 지시한 사항을 다룬 보고서를 발간했다. 〈새로운 시대 중국의 국방정책〉 제하로 나온 중국의 2019년도 〈국방백서〉는 방어적인 논조와 대담한 자신감이 혼합되어 있다. 먼저, 중국의 군사현대화는 순전히 방어적인 차원에서 이루어지고 있으며 중국의 군사비 지출은 미국과 서구 유럽국가에 비하면 훨씬 낮고 합리적인 수준이라 반복적으로 강조하고 있다. 인민해방군의 군사현대화는 미국의 정책과 군사기술, 무기체계 혁신으로 인한 역내 안보환경의 "불확실성"을 명분으로 정당화하고 있으며, 군사현대화의 성과로 신형 탱크와 전투기를 소개하기는 하지만 개발 단계인 초음속 무기와 신형 핵미사일에 대해서는 언급하지 않았다. 하지만 인민해방군 공군 및 해군을 동원한 대만에 대한 압박, 남중국해에서의 군사 활동과 전력 증강, 그리고 점점 더 늘어가는 해군의 해외 작전과 주둔에 대해서는 보란 듯이 기술하였다.[32]

미국과 중국의 안보 경쟁은 왜 피할 수 없는가
Why a U.S.-China Security Competition Was Inevitable

지난 10년에 걸쳐 변화한 중국의 행태에 대한 반발이 일어나고 있다. 이러한 반발은 전 지구적이고 다차원적이며, 각국의 정책결정자들은 물론이고 평범한 일반인들 사이에서도 일어나고 있다. 지금도 계속 확산되고 심화되고 있는 이러한 반발은 중국이 자신의 전략적 목표를 달성하는 것을 더욱 어렵게 만들 것이다.

지금 중국은 "능력을 숨긴 채 때를 기다리고, 낮은 자세를 유지하면서 눈에 띄지 말고, 그리고 절대로 리더십을 주장하지 말라"는 덩샤오핑의 교시를 폐기한 대가를 치르고 있다. 중국 지도부가 국가의 이익에 반하고 논리적이지 않으며, 심지어는 자해가 될 수도 있는 노선을 선택한 이유는 무엇인가? 덩샤오핑의 교시를 충실히 따르고 조용히 국가의 발전을 추구했다면 중국에 대한 반대는 분명치 않았거나 지리멸렬이었거나, 어쩌면 거의 존재하지 않았을 수도 있다.

그렇다면, 이처럼 비이성적으로 보이는 중국의 행태를 어떻게 설명할 수 있는가? 『중국의 부상과 전략의 논리The Rise of China vs. the Logic of Strategy』에서 군사전략가 에드워드 루트왁Edward Luttwak은 외교와 군사 부문에서의 중국의 공세적 태도(assertiveness)—그의 저서가 출간된 2012년 이후 훨씬 더 강화되어왔다—는 정교하게 조율된 대전략의 표출이라기보다는 문화적 행태로부터 야기된 결과로 보아야 한다고 주장했다.33 중국의 방대한 정부 관료 조직 내에서, 기회주의적이고 기업가적인 중간간부급 관리들이 자신이 통제하는 기관에 할당되는 자원을 증가시키려는 수단으로써 공세적 태도를 보인다는 것이다.34

이는 어느 국가의 관료조직에서도 찾아볼 수 있는 공통된 행태이지만, 중국의 경우 정부 관료들은 그들 지도자의 행동과 목표를 주시하고 그에 따라 반응

한다. 중국공산당의 다양한 사업들에 깨알같이 관여하는 것으로 알려진 시진핑은 중국의 전략적 행동의 궁극적 근원으로 간주되어야 한다.

중국의 제1인자로 등극하기 전에 시진핑과 교류했던 서구의 정책결정자와 외교관들은 그가 자신이 열성적인 마르크스주의자이자 마오쩌둥과 그 노선의 추종자이며, 자신의 중앙집권적 권위 하에 있는 강력한 중국공산당만이 중국이 직면한 여러 문제를 해결하고 전략적 목표를 달성할 수 있다는 확고한 신념의 소유자임을 드러냈을 때 놀라움을 금치 못했다. 이러한 면모는 시진핑의 적극적이고도 민족주의적인 행태, 자신의 노선에 대한 자신감, 그리고 감수해야 할 위험 부담에 대한 놀라울 정도의 인내심을 충분히 설명한다.[35] 중국의 거대한 관료조직 곳곳에 존재하는 야심 있는 관료들이 시진핑의 영도를 따르면서 중국의 공세성을 더욱 강화시키고 있는 것이다.

내부와 외부 요인들 모두 중국 지도부로 하여금 안보 문제와 관련하여 보다 적극적으로 나서도록 압박하는 요인으로 작용한다. 시진핑 자신이 힘을 실어주었던 민족주의 열풍은 앞으로도 더 거세어질 가능성이 농후하다. 경제적, 사회적 발전으로 도시화가 증가하고 교육수준이 높아졌으며, 중국 공산당의 세계적 수준의 검열 시스템에 의해 걸러지고 있지만, 바깥 세상에 대한 중국인들의 인식의 폭이 넓어져왔다. 생활과 교육수준의 향상, 그리고 중국 내부의 세계에 대한 인식 확대는 또한 중국의 역사적 상흔에 대한 인식 증가를 촉발시켰다. 그러한 민족주의의 표현은 급격한 소득 증가를 경험한 사회와 문화에서 공통적으로 발견되는 현상이다.[36] 따라서 중국의 지도부는 당에 대한 통제력을 유지하려는 그들 자신의 바람뿐만 아니라, 중국의 강대국 지위에 대한 존중을 요구하는 각성된 국민들로부터 더 많은 압력을 받게 될 것이며, 이런 민족주의적 호소에 부응함으로써 정치적인 보상을 얻을 수도 있다.[37] 역으로, 중국의 지도부에게 있어서 민족주의는 다른 형태의 그들의 정당성이 흔들릴 경우 사회적 통제를 위해 사용하는 도구가 될 수도 있다.[38]

대외적인 안보환경에 대한 중국공산당의 분석은 지금까지 중국이 보여주었던 것보다 훨씬 더 적극적인 행태를 야기할 수도 있다. 이러한 우려의 시발점은 잠재적인 적대국들에 포위될 수 있다는 중국의 전통적인 두려움이다. 이러한 우려에 대한 오래된 방책은 중국의 군사력을 증가시키고 자신의 핵심 영토를 넘어 영향력을 미칠 수 있는 구역을 확대하면서 방어 가능한 더 많은 공간을 창출하는 것으로, 이는 미어샤이머의 "공격적 현실주의" 이론이 제시하는 바와 같다.

중국의 지도부도 "힘의 역설(the paradox of power)"에 대해 잘 알고 있을 것이다. 즉, 중국이 자기 목소리를 더 높이고 군사력을 증강할수록, 주변 국가들 역시 자국의 군사력 증강과 중국을 봉쇄하기 위한 노력으로 더욱 대응하게 되는 것이다.[39] 하지만 강한 군사력 증강과 약화 중에서 선택하라고 한다면 어떤 정책결정자도 필연적으로 가장 덜 위험한 방안인 군사력 증강을 선택하게 된다. 이는 단지 그들이 잠재적 적대국의 선의에 기대고 싶어하지 않기 때문이다. 중국은 분명하게 군사력을 증강시키는 길을 선택했다.

세계에서 중국의 역할이 커지면서 중국 지도부가 관리해야 할 새로운 취약성들이 생겨났다. 이러한 취약성 중에서 첫 번째는 자신의 경제에 에너지를 제공하는 데 있어 말라카 해협에 대한 의존도가 높다는 점이다. 중국은 미얀마를 지나는 파이프라인, 중앙아시아에서 오는 파이프라인, 그리고 어쩌면 태국의 좁은 지협을 통과하는 파이프라인 등, 원유 수입을 위한 다른 경로들을 개발하려 하고 있지만, 각각의 대안들은 나름의 취약성이 존재하며, 어떤 경우에도 말라카 해협을 통과하는 유조선과 상선의 대규모 운송에 대한 의존에서 벗어날 수 없다.

중국이 1998년 이래 북쪽과 서쪽에 인접한 여섯 개 국가와 지상의 국경선과 관련하여 갈등을 겪어왔던 11건의 분쟁을 해결했으며 그중 다수의 사례에서 원래 주장하던 영역보다 절반 이상을 상대 국가에 양보했던 반면에,[40] 동중국해와 남중국해에서는 자신의 해상 영유권 주장을 가속화하고 있다는 점은 불안한 부분이다. 중국은 이와 같이 영유권 주장을 해결해야 한다는 원칙에 대해서 반대하지는 않는다. 예를 들어, 만약 근해에 대한 중국의 주된 관심이 그 해역에 매장된 것으로 추정되는 막대한 탄화수소 에너지의 개발(중요한 전략적 이익)이라면, 영유권 문제를 일단 접어두고 그 해역의 원유와 가스를 개발하고 공유하기 위해 일본과 대만, 베트남과 필리핀, 그 외 국가들과의 거래를 협상하는 것은 간단한 문제로 보일 것이다. 그럼에도 불구하고 중국이 이러한 길을 거의 추구하려 하지 않았다는 사실은 해양의 이웃 국가들과 상호 이익이 되는 합의를 이루어낼 의사가 없음을 보여주는 것이다. 그 대신 중국이 선택한 길은 해양에서의 우위를 확보하기 위해 해군력과 공군력, 그리고 지상 기반 미사일 전력을 구축하는 것이었다(상세한 내용은 제4장 참조). 중국이 과거 다른 이웃 국가들과의 분쟁에서 사용했던 상호 호혜적인 협상의 경로가 아니라 증가하는 군사력에 의해 뒷받침되는 이러한 대결적 경로를 선택한 것은 분명 경계할 만한 일이다.

최근 중국의 행동과 행태를 근거로, 우리는 중국의 지도부가 군사현대화를 신속하게 추진하고 서태평양에서 "숨 쉴 공간(breathing space)"을 확보하는 것이 점차 확장되고 있는 중국의 이익을 수호하고 불확실성에 대비하는 적절한 방법이라 믿고 있다고 가정할 수 있다. 하지만 이러한 논리는 중국이 미국과 인도-태평양 지역 우방 국가들의 이익과 충돌하는 결과를 가져왔다.

워싱턴과 다른 인도-태평양 국가들의 시각에서 볼 때, 동중국해와 남중국해에 대한 중국의 권리 주장은 국제적 법과 규범을 새로 쓰려는 것이자 영토 분쟁을 협상이 아니라 물리력과 위협—공공연한 군사력은 아니더라도—으로 해결하려는 시도이다. 미국은 자신이 그 구축을 주도했던 "규범에 기반한 국제체제"를 수호하는 데 강력한 이익을 갖고 있다. 이 체제와 미국의 이익은 중국이 일방적으로 자국의 의지를 강요하는 데 성공한다면 타격을 입게 될 것이다.

더 나아가, 미국은 아시아뿐만 아니라 다른 지역의 동맹국들에 대한 자신의 안보 공약의 신뢰성에 대해 신경을 써야 한다. 중국이 인도-태평양 지역의 안보 구조를 야금야금 허물고 있다고 여겨진다면, 어느 지역에서나 동맹으로서 미국의 신뢰성에 의문이 제기될 것이다.

따라서 이제 안보 경쟁의 무대가 마련되었으며, 양국 지도부 모두 각자 자국의 군사력을 강화하는 것이 가장 위험 부담이 적은 방안이라는 결론에 도달할 것이다. 실제로 이러한 경쟁은 적어도 1990년대부터 진행되어왔다. 당시 중국은 군사적 투자를 지상 전력에서 항공우주 전력과 해군으로 전환했고 미국이 중동과 중앙아시아에 매달리고 있는 동안 인도-태평양 지역에서의 미국의 취약성을 이용하는 방향으로 군사전략을 개발했다.

냉전 종식 이후 인도-태평양 지역에서의 미국의 군사적 능력은 축소되었지만 중국 지도부는 군사현대화의 고삐를 늦추지 않았다. 결국 중국의 정책결정자들과 군사 기획자들은 이 지역에서의 미국의 잠재적인 미래 군사력과 미국의 의도—중국 이웃 국가들의 의도는 물론이고—가 여러 이유로 언제든 바뀔 수 있는 가능성을 감안했을 것이다. 이는 미국의 정책결정자들 또한 마찬가지이다. 적어도 무력충돌의 가능성을 배제할 수 없다면 정책결정자들과 군사 기획자들은 중국의 실제적이고 잠재적인 군사 능력에 대응할 준비를 해야 한다.

이러한 과제는 점점 더 복잡해질 것이다. 특히 그것이 인도-태평양 지역에서 미군 주둔을 계속 유지하는 전략과 연결된다면 더욱 그러할 것이다. 이 지역에 대한 미군의 전진 배치는 제2차 세계대전으로부터 이어받은 유산이지만, 많은 이들이 이제 더 나은 접근방법이 있는지 의문을 제기하고 있다.

02

누가 태평양을 지배하는지가 중요하다

It Matters Who Runs the Pacific

제 1장에서는 인도-태평양 지역에서 미국과 중국의 이익이 충돌할 수밖에 없는 이유, 그리고 두 나라의 안보 경쟁이 불가피한 결과인 이유에 대해 살펴보았다. 그런데 왜 이 지역의 안보가 미국의 책임이어야 하고, 왜 미군을 이 지역에 전진 배치하는 것이 바람직한가?[1] 미국은 그 비용과 위험 부담을 피하고, 그 지역의 안보를 인도-태평양 지역 국가들에게 맡겨버릴 수는 없는 것인가?

실제로, 부상하고 있는 중국과의 값비싼 충돌 위험을 무릅쓰는 미군의 역내 주둔을 유지하는 것에 대한 대안이 있는가? 인도-태평양 지역에 미군을 주둔시키는 데 따르는 비용과 위험성이 증가할수록, 워싱턴의 일부 정책결정자들은 회의적인 견해를 가진 많은 사람들과 함께 전진 배치의 부담과 위험을 회피할 수 있는 다른 정책이 없는지 점점 더 의문을 제기하고 있다. 이 장에서는 현재의 미군의 전진 배치 전략에 대한 대안과 함께 이 지역의 안보 구조가 취할 수 있는 다양한 경로에 대해 검토한다.

아시아 지역의 4가지 향후 경로
Four Paths Forward for Asia

1997년부터 미국 정보당국은 매번 대통령 선거 직후에, "핵심적인 동향과 잠재적인 단절 요인들을 파악함으로써 전략적 사고를 자극"[2]하기 위한 목적으로 〈국제동향Global Trends〉 최신판을 발간해오고 있다. 각각의 〈국제동향〉 보고는 국제적인 사안에 중대한 변화를 야기할 수 있는 경제, 정치, 사회, 군사 및 과학 분야의 동향을 전망한다. 〈국제동향〉은 미국 정보기관들에 소속된 선임분석관들에 의해 작성되지만 학계는 물론 산업, 금융, 과학계 및 다른 정부기관에 소속된 연구자나 현업 전문가들의 기고에 크게 의존하고 있다. 국가정보위원회National Intelligence Council가 2012년 12월 공개한 〈국제동향 2030: 대안적 세계〉는 향후 수십 년간 아시아 지역의 전략적 질서가 나아갈 수 있는 네 가지 경로를 소개하고 있다.³

첫 번째 경로는 이 지역에 대한 미군의 전진 배치와 미국의 관여가 계속됨으로써 현재의 질서가 계속 이어지는 시나리오이다. 이러한 조건 하에서, 이 시나리오 현재의 역내 안보 구조 안에서 규범에 기반한 협력과 평화적 경쟁이 계속될 것이라 가정했다. 이 시나리오는 중국 군사력의 지속적인 팽창, 북한의 다양한 도발, 그리고 다른 안보 경쟁의 가능성을 상정했다. 하지만 이 지역에 있는 미군의 존재와 미국이 역내 동맹 국가들과 함께 유지하는 협력적인 안보 구조는 이러한 문제들로 인한 결과를 계속해서 완화하게 된다.

이번 장에서 중점적으로 논의할 가장 불길한 두 번째 경로는 이 지역의 안보를 유지하는 역할로부터 미국의 퇴각이 지역의 주요국과 약소국들 사이의 안보를 위한 홉스적 투쟁을 촉발하는 상황을 상정했다. 이 시나리오에서 인도-태평양 지역 국가들은 안정적인 세력 균형을 이루기 위해 분투하게 된다. 이 과정에서 경쟁 관계가 만들어지고, 동맹 관계가 바뀌거나 재구성되며, 안보를 모색하는 내부적, 외부적 활동들이 전개될 것이다. 미국이 이전의 안보 역할에서 손을 뗀 여파로 생겨난 안보 공백을 메우기 위해 각국이 전력을 기울이면서 핵무기와 미사일 경쟁이 벌어질 가능성이 있다.

이 지역의 세 번째 경로는 유럽연합의 긍정적인 측면을 닮은, 다원적이고 평화적인 인도-태평양 공동체의 발전을 상정했다. 이 시나리오는 중국에서 정치적 자유화가 상당히 진전되고 여러 약소국의 자주성이 역내에서 보편적으로 존중받으며, 민족주의적 정서가 소멸되는 상황을 가정했다. 만약 지난 60년에 걸친 서구 유럽의 정치적, 사회적 발전이 그 모델이라면, 이러한 시나리오는 또한 (아마도 여전히 미국에 의해 보장되고 있는) 지역의 기존 안보 구조, 부분적인 비무장화(demilitarization), 그리고 유럽연합과 같은 지역 기구의 구축에 의해 촉진된 경제적 통합에 대한 집중을 받아들인다는 것을 의미했다.

네 번째 경로는 중국 중심의 위계적 질서로, 중국이 이 지역에 대한 세력권을 구축하는 것이었다. 이 시나리오 하에서는 중국 주변의 국가들이 베이징이 설계하고 조정하는 지역의 정치 및 경제 구조를 지지하게 된다. 이러한 구조는 제2차 세계대전 이후 규범이 된 개방적인 범태평양 및 글로벌 무역과 관여보다는 아시아 지역의 무역과 개발, 협력에 집중하게 된다. 이 시나리오는 지역 안보를 위한 미군의 전진 배치가 끝이 나고 지역의 안보와 외교정책이 베이징의 통제 하에 놓이게 되는 상황을 가정했다. 이 시나리오는 중국의 고대 과거에 존재했던 중국 중심 체제로의 복귀이며, 이러한 체제에서는 중국의 작은 이웃 국가들이 중국의 지도력에 협조적으로 따르게 된다. 이 네 번째 시나리오에서 중국의 이웃 국가들은 안보상의 독자적인 선택지가 허용되지 않으며, 따라서 보호를 얻기 위해 베이징에 "편승(bandwagon)"하게 된다.

이 지역은 어떤 경로를 선택할 것인가?
Which Path Will the Region Take?

첫 번째 경로, 즉 점증하는 안보 경쟁으로 특징지워지지만 전진 배치된 미국의 힘에 의해 지켜지는, 현재의 "규칙에 기반한 체제"는 익숙한 기본적 상황이다. 하지만 중국의 군사력과 자신감, 공세적 태도가 강화되는 상황은 미국의 정치적, 군사적 공약을 새롭게 하고 재구성하도록 요구할 것이다. 이 경로는 미국의 정책결정자들에게 수많은 문제를 야기하는데, 그들은 이 지역에 있는 파트너 국가들에게 미국이 그들을 버리지 않을 것이라는 확신을 심어주면서도, 이들 국가의 위험한 행동을 보증함으로써 미국이 피할 수도 있는 충돌에 휘말리는 일을 방지해야 한다. 미국의 일부 유권자들은 "무임승차"에 불만을 표하면서 부유한 이들 나라가 왜 자국의 방어와 안보에 더 많은 역할을 하지 않는지 의문을 제기할 것이다. 다른 사람들에게는 점점 커지는 중국의 국력이 너무나 압도적이어서 중국에 대항하거나 견제하려는 시도가 돈키호테의 행동처럼 보일 것이다. 현재의 미국의 접근방식에 수반되는 비용, 위험성, 그리고 어려움을 감안한다면, 많은 이들이 대안을 모색하고 있는 것은 그다지 놀랍지 않은 일이다.

세 번째 경로, 즉 발전과 지역적 제도 구축에 초점을 맞춘 "평화롭고 비무장화된 지역"은 미국 정책의 이상적인 장기적 목표처럼 보일 것이다. 그와 같은 결과는 제2차 세계대전 이후 "규칙에 기반한 제도", 인권과 국가 주권에 대한 존중, 그리고 평화로운 발전이라는 미국이 장려해온 모델의 승리를 의미할 것이다. 그것은 또한 유럽에서 그랬던 것처럼, 지역 국가 간 협력적인 정치문화가 자리잡음에 따라 이 지역에서의 미국 안보 부담을 점진적으로 줄여줄 것이다.

유감스럽게도, 이러한 시나리오는 적어도 어떤 타당한 계획 기간 내에서는 일어날 가능성이 매우 낮다. 제2차 세계대전이라는 대참사는 서유럽에서 그랬던 것처럼 아시아 지역에서 국가와 민족 간 반목을 없애지 못했다. 해묵은 원한이 여전히 남아 있는 가운데, 중국의 생활 수준 향상이 그러한 감정 중 일부가 더 불타오르게 만들고 있다.[4] 제2차 세계대전 이후 소련의 위협이 서유럽의 통합을 촉진시켰으며, 지역 안보를 위한 미군 주둔 또한 안보 문제에 대한 유럽의 단합을 지원했다. 역사적으로 오랜 숙적이었던 국가들이 서로 협력하여 훗날 유럽연합으로 발전하는 무역 및 경제협력 기구와 함께 북대서양조약기구NATO를 창설했다. 하지만 인도-태평양 지역에서는 제2차 세계대전 이후로 이와 비슷한 성취를 이룬 바가 없었다. 제2차 세계대전 이후 아시아의 안보 구조는 훨씬 더 복잡했다. 소련뿐만 아니라 마오쩌둥의 중국을 포함하고 있었고, 한국에서 열전이 벌어졌으며, 식민지 독립 이후의 투쟁이 수십 년간 진행되었다. 미국의 아시아 주둔은 소련이 접근하지 못하게 막았지만 역내 국가들 간의 해묵은 반목까지 제거할 수는 없었다.

주변 국가들이 급격하게 커지는 중국의 힘에 대한 불안감을 거두려면, 중국의 정치적 자유화—다원주의와 진정으로 열린 사회가 그 지표임—가 충분하지는 않더라도 필수적인 조건으로 보일 것이다. 그러나 서구식 정치적 자유화가 중국공산당의 목표가 된다는 것은 거의 상상할 수가 없는 일이다. 실제로, 시진핑은 2012년 중국공산당 중앙위원회 총서기로 취임한 후에 인민해방군 장성들을 대상으로 했던 첫 연설에서 1991년 소련의 붕괴 전에 소련군이 당을 수호하는 임무에 실패했음을 거론하며, 그런 일이 중국에서 발생하지 않도록 하겠다고 맹세했다.[5] 중국의 권위주의 체제, 군비경쟁과 민족주의, 그리고 해결되지 않는 앙금들이 여전히 아시아 지역에 존재하는 한, 이 보고서의 세 번째 경로가 묘사하는 칸트적 미래(Kantian future)는 비현실적인 꿈처럼 보인다.

보고서의 네 번째 시나리오, 즉 지역의 다른 국가들이 중국 중심의 위계적 질서에서 조연 역할을 하는 중국 중심 체제의 재구축이 자연스럽게 실현될 가능성 또한 그다지 높지 않다. 이 시나리오는 본질적으로, 제1장에서 설명했던 중국의 세 번째 전략적 목표, 즉 자신의 주변부를 둘러싼 광대한 영역에 대한 통제와 평정을 다르게 표현한 것에 불과하다. 중국은 "인류 운명 공동체 구축"[6]에 대한 열망을 표명해왔는데, 중국의 많은 사람들은 중국 중심의 위계질서를 5천년 중국 문화의 자연스러운 결과라고 여긴다.[7] 그러나 일본, 인도, 러시아, 베트남 등 다른 국가들은 새로운 중국 중심 체제의 구축에 반발할 것이다. 만약 미국이 이 지역에서의 안보 역할을 축소한다면, 그러한 반발이 더 불안정하고 위험스러운 형태로 일어날 것이다.

중국의 이웃 국가들이 인도-태평양 지역에서 미국의 안보 헤게모니를 용인하는—실제로는 환영하기까지 하는—반면, 중국의 패권에는 저항하는 이유가 무엇인지 이해하는 것이 중요하다. 간단히 말하자면, 중국은 거대하고 강력한 이웃이고, 미국 역시 거대하고 강력하지만, 바로 옆에 붙어 있지 않다는 점이다. 미국은 이 지역의 대부분 국가들에게 자신이 안보 보장자로서의 역할을 계속할 수 있도록 허용해 달라고 요구한다. 미국은 태평양을 가로질러 자신의 군사력을 투사하고 안보적 역할을 수행하기 위해 기지와 접근권, 그리고 현지 정부와의 협상을 통한 합의를 요구한다. 만약 이들 정부가 미국의 나쁜 행태를 이유로, 그들의 허용을 철회한다면 이 지역에서 미국 군대의 주둔을 유지하기는 어렵고 비용이 많이 드는 일이 될 것이다.

그에 반해 중국은 이 지역에 영구적으로 자리 잡고 있는 실체이고 그 이웃 국가들이 결코 몰아낼 수도 없는 존재이다. 중국이 나쁜 행동을 한다고 해도 이 나라들은 중국을 쫓아낼 수 없다. 그들은 단지 맞서 싸우거나 중국의 행동을 받아들일 수 있을 뿐이다. 역외의 강대국과 안보 계약을 맺는 것은 중국의 이웃 국가들에게 협상 지렛대뿐만 아니라, 그들이 그러한 계약을 종료시키기로 결심했을 때 면책 조항을 제공한다. 중국과 같은 강력한 이웃 국가를 상대할 때 동일한 협상 지렛대를 얻는 유일한 방법은 그 이웃 국가의 힘, 특히 군사력에서 대등해지는 것이다. 그리고 이는 군비 경쟁과 갈수록 심화되는 안보 경쟁을 의미한다.[8]

따라서 패권국들이 모두 동등한 위치에 있는 것은 아니다. 역내 패권국보다는 역외의 패권국과 합의를 이루기가 더 쉬운 법이며, 이 지역에서 안보 유지를 위한 미군의 주둔이 환영받는 변치 않는 이유이다. 이보다도 더 결정적인 이유는, 지역 국가들이 스스로 안정적인 안보 구조를 형성하도록 내버려두기보다는 미국이 역내 안보를 보장하는 역할을 수행할 때 안정을 이룰 가능성이 훨씬 더 높다는 점이다. 미국이 이 지역의 국제공유지, 즉 공해를 70년 넘게 모든 국가에 개방된 상태로 유지해왔고 중국과 달리 지역 국가들과 영토 분쟁을 겪고 있지 않다는 사실이 이 같은 상황에 도움이 된다. 인도-태평양 지역의 대부분의 국가들이 미국의 안전 보장자 역할을 환영하면서도 동일한 역할을 하려는 중국에는 저항하는 이유에 깔린 논리는 이러한 안보 구조를 유지해야 한다는 강력한 논거가 된다.

이는 우리를 〈국제동향〉에서 제시한 두 번째 경로, 즉 미국이 비용을 줄이기 위해 이 지역에서 손을 뗄 경우 발생 가능성이 가장 높은 결과로서, 역내 국가들이 안보를 위해 각축을 벌이는 홉스적 상황으로 안내한다. 이번 장에서 자세히 다루겠지만, 이러한 상황은 지역 전체에 걸쳐 미사일과 핵무기 경쟁을 촉발할 가능성이 있으며, 그로 인해 예측 불가능하고 불안정한 결과가 초래될 수 있다. 세계에서 가장 중요한 경제 지역에서 군사적 재앙이 발생할 위험이 급격하게 상승할 것이다. 미국의 경제와 삶의 수준은 이러한 전개의 여파를 피할 수 없을 것이다.

안보 보장자로서 미국의 부재가 어떻게 인도-태평양 지역에서 위험스러울 정도로 불안정한 안보 경쟁으로 이어질지는 쉽게 알 수 있다. 중국의 급격한 군사력 증강은 그 이웃 국가들 대부분이 그에 대응하여 동맹을 결성하도록 하는 논리를 만들어낼 것이다. 하지만 일부 국가들은 특히 역사적인 앙금이 중국의 적인 일부 국가와 동맹을 맺는 것을 정치적으로 용납할 수 없게 만든다면, 그 대신에 중국에 편승하는 선택을 할 수도 있다. 일부 국가들의 편승은 그렇지 않은 국가들의 안보 불안을 더욱 가중시킬 것이다. 마지막으로, 러시아나 미래의 통일 한국 같은 일부 중요한 국가들이 비동맹 상태로 남아 있을 수 있는데, 이는 당사국들이 지역의 위기 상황에서 중립국가들이 어떻게 행동할지를 고려해야 하기 때문에 불확실성을 가중시킬 것이다. 하나 혹은 그 이상의 국가들이 지역의 안정을 달성할 수 없고 충돌이 불가피하다는 결론을 내린다면, 계산은 안보 동향(security trends), 시간 압박, 그리고 적국이 더 강해지기 전에 선제공격함으로써 얻을 수 있는 이점의 논리로 전환될 것이다.

이러한 분석을 비판하는 이들은 이 지역의 고도의 경제적 상호의존성은 그와 같은 안보 경쟁을 비논리적이고, 따라서 현실성이 없는 것으로 만들 것이라고(비록 경제적 상호의존이 1914년 유럽의 적대적인 국가들 사이의 전쟁을 막지 못했지만) 지적할 것이다. 그들은 또한 현대 무기의 파괴적인 위력이 잘 알려져 있으므로 모든 정치지도자들이 무력충돌을 불러일으키는 행위를 피하려 할 것이라고 지적할 것이다. 마지막으로, 국가 대 국가의 전쟁은 이제는 과거의 유물에 불과하다는 생각이 널리 받아들여지고 있다.

설사 이와 같은 주장이 맞다고 하더라도, 중국과 인민해방군이 서태평양과 그곳을 지나가는 교역의 패권을 쥐게 된다면 일본이나 동남아 국가들이 느끼게 될 심각한 안보 우려를 제거해주지는 못한다. 중국, 한국, 러시아 그리고 다른 국가들은 만약 일본이 자위(self-defense) 조치라고 여기면서 실질적인 미사일 및 핵무장 국가가 되고 해외의 이익을 보호하기 위해 자신의 해군력을 확장한다면 마찬가지로 놀라게 될 것이다. 그 결과는 몇 가지 다면적이고 불안정한 안보 경쟁일 수 있으며, 그러한 경쟁에서 이 지역 국가들의 의사결정자들은 엄청난 불확실성과 위기 시 대응 시간의 부족을 겪게 될 것이다.

누군가는 20세기의 전쟁들이 초래했던 파괴적인 결과와 현대 무기가 지닌 훨씬 더 파괴적인 위력이 오늘날 정치인들의 공격적인 행태를 억지해주리라는 희망을 가질 것이다. 하지만 현대적 파괴 능력에 대한 두려움이 일부 지도자들을 자제시킬 수 있는 반면, 다른 지도자들은 위기 시에 이 동일한 두려움을 지렛대로 사용할 수도 있다. 우리는 우리가 보다 계몽된 시대에 살고 있기를 희망한다. 하지만 그러한 희망은 많은 이들이 당연한 것으로 받아들이는, 제2차 세계대전 이후 유럽과 인도-태평양 지역에 존재한 팍스 아메리카나Pax Americana의 결과일지도 모른다.

따라서 미국의 정책결정자들은 중국의 군사적 팽창에 맞서 미군의 전진 배치를 유지하는 비용과 인도-태평양 지역이 자체적으로 유지되는 안정을 구축하도록 내버려두는(만약 그러한 노력이 실패한다면, 미국과 나머지 세계에 미치는 결과가 파멸적일 것임을 알면서) 비용 사이에서 선택을 해야 할 것이다.

핵무장한 아시아: 훨씬 더 나쁜 것일 수 있다
Nuclear Asia: It Could Get Much Worse

핵무기를 보유했거나, 보유 의혹을 받고 있거나, 보유가 임박한 10개 국가(미국, 러시아, 영국, 프랑스, 중국, 인도, 파키스탄, 북한, 이스라엘, 이란) 중에서 7개 국가가 인도-태평양 지역에 병력을 계속적으로 배치하고 있다. 전진 배치된 미군의 철수로 인해 〈국제동향〉에서 제시했던 홉스적 상황이 일어난다면 핵무기 보유국이 늘어날 것임은 불 보듯 뻔한 일이다. 그 결과는 역내 국가들 간 다면적인 안보 경쟁이 벌어질 것이기 때문에 더 큰 불안정을 초래할 것이다. 이 지역의 군사 기획자들은 다양하면서도 변화하는 적대적인 동맹 조합에 대비해야 할 것이다. 새로운 핵무기 보유국의 추가로 이전의 핵무장 수준이 더는 충분할 수 없을 것이므로 모두가 더 강화된 준비와 비축을 필요로 할 것이다. 핵 보유국의 증가는 위기 시에 경보 시간이 훨씬 더 줄어들게 됨을 의미한다. 일부 지도자들은 위기의 조짐만 보여도 선제타격을 가하는 것이 생존을 위한 유일한 방안이라고 여길 수도 있다. 두 번째 홉스적 경로 하에서는, 핵 재앙이 발생할 가능성이 실질적으로 증가하게 된다.

일본은 미국이 인도-태평양 지역에 전진 배치한 군대를 철수할 경우 단기간에 강력한 핵무기 보유국이 될 수 있는 역량을 갖추고 있다. 수십 년의 원자력 사업 경험을 가진 일본은 현재 발전용 원자로 50기를 운용하고 있으며 핵연료 재처리 시설과 기술도 완전하게 구비하고 있다.[9] 뿐만 아니라 일본이 이미 보유하고 있는 9톤 가량의 무기급 플루토늄(미국에서는 자발적인 핵분열성이 강한 플루토늄 240 함유량이 7% 미만인 경우 무기급으로 간주한다―옮긴이)은 신전략무기감축협정New START(1991년 7월 미국과 소련이 체결한 전략무기감축협정이 2009년 만료되면서 2010년 새로 체결되었다―옮긴이)에서 미국과 러시아 양국에 실전 배치가 허용된 핵탄두 1,550기보다도 많은 2,000기의 핵무기를 만들 수 있는 분량이다.[10] 일본의 원자력 업계는 세계에서 가장 큰 핵연료 재처리 시설 중 하나인 로카쇼무라 재처리 시설을 가동할 계획을 갖고 있다. 안전 문제에 대한 우려로 전면 가동이 수차례 미루어졌지만(2026년에 준공될 예정이다―옮긴이), 일본 전역의 원자력발전소에서 나오는 핵연료를 재처리하여 연간 8톤 가량의 무기급 플루토늄을 추가로 생산할 수 있는 능력을 갖게 될 것이다.[11]

공업제조와 전자기술 분야의 세계적 선도 국가인 일본이 핵무기 제조에 필요한 특정 부품을 만들어낼 수 있다는 점에는 의문의 여지가 없다. 이러한 일본의 핵 능력에 우려를 표하는 이들에게 일본 정부는 자국의 원자력산업은 국제원자력기구IAEA의 면밀한 감독 하에 있다고 강조하고 있다. 그러나 역내 안보환경의 변화가 일본의 지도자들로 하여금 결단을 내릴 수밖에 없게 만든다면 단기간에 강력한 핵무기 보유국이 되기에 필요한 모든 요건을 갖추고 있다는 사실에는 변함이 없다.

일본은 핵탄두를 역내 어느 곳에 있는 표적에든 투발할 수 있는 수단을 이미 보유하고 있다. 일본의 민간 우주기업은 1955년부터 활동해왔으며 광범위한 액체 및 고체 연료 미사일 기술을 보유하고 있다. 1970년 최초로 인공위성을 지구 궤도에 올린 일본은 이후 저궤도(통상 고도 300~2,000km의 영역—옮긴이)부터 심우주까지 수십 차례 우주 발사체를 성공적으로 쏘아 올렸다. 또한, 일본의 인공위성 제작 경험과 국제우주정거장 프로그램 참가는 이 나라가 탑재체, 센서, 원격 측정, 우주 공간에서의 기동과 관련해서도 전문적인 기술을 지니고 있음을 보여준다.[12] 지금도 중량이 거의 5톤에 달하는 탑재체를 지구 정지궤도에 올려놓을 수 있는 일본의 로켓 추진체는 군사적인 대륙간탄도미사일에 요구되는 성능을 쉽게 뛰어넘는다.[13] 요컨대, 일본은 이 지역에서의 미군 철수로 인해 발생한 안보 공백이 대륙간탄도미사일을 필수적으로 만든다면, 즉시 대륙간탄도미사일 국가가 될 수 있는 기술적 능력과 군사적 역량을 갖추고 있다.

일본만큼 준비가 잘 갖추어진 상태는 아니지만 한국 또한 핵무기 보유국이 될 수 있다. 최근 들어 한국의 정치권에서 핵 보유를 주장하는 목소리가 커지고 있는데, 실제로 핵 보유를 원하는 여론이 반영된 것으로 보아야 할 것이다. 2017년 실시한 여론 조사에서는 응답자 중 60%가 한국의 독자적 핵무기 보유를 지지했으며, 1991년 한국에서 철수시킨 미국의 전술핵무기를 재반입하는 방안에 대해서는 68%가 찬성했다.[14]

2013년, 한국의 지도자들은 미국과 체결했던 원자력협정을 1980년대 초부터 일본에 허용해주었던 것과 동일하게 재처리 시설을 지을 수 있는 방향으로 개정하자고 미국 정부를 압박했다. 실제로 그러한 방향으로 개정이 되면 한국은 22개의 원자력발전소에서 나오는 사용후 핵연료를 재처리하여 무기급 플루토늄을 추출할 수 있는 역량을 갖추게 될 것이다.[15] 2015년, 미국과 한국은 원자력협정을 20년 연장하는 데 합의했다. 이 협정은 한국의 원자력 발전소에 대한 우라늄 공급을 허용하지만 한국이 핵을 농축하거나 플루토늄 추출을 위해 사용후 핵연료를 재처리하는 것을 금지한다. 그럼에도 불구하고 한국의 원자력 기업들은 이러한 임무를 수행할 수 있는 전문기술을 보유하고 있으며, 다수의 한국 관료들은 협정 하에서의 제약이 너무 과중하다는 불만을 제기하고 있다.[16] 일본의 경우와 마찬가지로, 한국 또한 투발 가능한 핵무기에 필요한 다른 구성요소들을 만들 수 있는 제조 및 전자 분야의 전문기술을 보유하고 있다. 한국의 관료들은 한국 정부가 핵무기에 관심을 가지고 있다는 것을 부정하면서, 자국의 원자력산업은 국제원자력기구IAEA의 감독을 받고 있다는 점을 대외적으로 상기시킨다. 하지만, 한국은 많은 국민들이 찬성하는 것으로 보이는, 무기급 핵물질을 상당량 생산할 수 있는 역량을 갖추기까지는 몇 발짝 남지 않은 상황이다.

한국은 모두 8종류의 지상 공격 탄도미사일과 순항미사일을 보유하고 있다. 이 중 2종류는 일본 거의 전역과 중국 동부 대부분에 도달할 수 있는 1,500km의 사거리를 갖고 있다. 현재 개발 중인 신형 순항미사일은 3,000km의 사거리를 갖고 있으며, 이는 서부 변경지역 일부를 제외한 중국 전역을 타격하기에 충분하다.[17] 이 신형 순항미사일이 잠수함에 탑재되면, 훨씬 더 많은 수의 표적들이 사정거리 내에 들어오게 된다. 1980년대에 미국은 유사한 순항미사일에 핵탄두를 장착했고, 이스라엘도 잠수함에서 발사하는 순항미사일로 똑같은 일을 한 것으로 생각된다.[18]

따라서 일본보다는 오래 걸리겠지만, 한국은 이미 핵무기 보유국이 되기에 필요한 원자력 기술과 미사일 능력을 대부분 갖추고 있다. 결정을 내릴 책임을 지고 있는 정치 지도자들에게 똑같이 중요한 것은 그러한 조치에 대한 대중의 지지이다. 미국이 역내 안보를 위한 주둔병력을 감축하거나 일본이 자체적으로 핵무기를 보유하게 된다면 그와 같은 견해의 강도가 더욱 증가하게 되리라는 것이 합리적으로 보인다.

인도는 이미 상당한 핵무기와 미사일 전력을 갖추고 있으면서도, 그 성능과 보유고를 크게 확장할 수 있는 역량 또한 지니고 있는 국가이다. 1998년 3차례 지하 핵실험을 수행한 인도는 자체적으로 설계하고 생산한 플루토늄 코어(plutonium core, 핵폭탄에서 실제 연쇄 핵분열 반응을 일으키는 구 모양의 플루토늄 덩어리를 지칭한다—옮긴이) 기반의 핵무기를 현재 130~140기 가량 보유하고 있는 것으로 추정된다. 인도는 또한 수백 개 이상의 핵무기를 만들기에 충분한 플루토늄 및 처리되지 않은 핵연료도 가지고 있다.[19]

인도는 핵탄두 탑재가 가능한 탄도미사일과 순항미사일을 다수 실전 배치하고 있으며, 더 긴 사거리와 새로운 발사플랫폼을 적용한 신형 미사일을 개발하고 있다. 예를 들어, 신형 아그니 5형Agni-5 탄도미사일의 경우 사거리가 중국 전역은 물론 서태평양까지 충분히 타격할 수 있는 5,000km에 달한다. 인도는 또한 핵전력의 생존성을 향상시킬 잠수함발사탄도미사일을 시험하고 있다.[20] 결국 인도 역시 필요할 경우 서태평양 지역까지 군사력을 투사할 수 있는 능력을 조만간 갖추게 될 것이고, 역내 다른 국가들은 이러한 인도에 맞서 대응해야 할 것이다.

대만은 아마도 핵무기 보유 가능성은 가장 낮지만 현실이 될 경우 가장 폭발력이 큰 국가이다. 1970년대에, 그리고 1980년대에 다시 한번, 대만은 중국에 대한 자신의 핵억지력을 확보하려는 목적으로 사용후 핵연료 재처리 프로그램을 비밀리에 실행했었다. 두 경우 모두 미국은 대만을 압박하여 프로그램을 중단시켰다.[21] 대만은 시설이 건설되면 무기급 플루토늄으로 재처리될 수 있는 사용후 핵연료를 3개의 원자력발전소에 보관해왔다. 대만은 또한 투발 가능한 핵무기를 제작할 수 있는 공업 기술과 전자 기술을 보유하고 있다. 대만은 이론적으로는 핵탄두 탑재가 가능한 장거리 지대지 순항미사일을 개발하고 있다. 사거리가 1,200~2,000km에 달하는 윈펑雲峰이라는 이름의 이 미사

일은 중국 동부 거의 전 지역을 충분히 타격할 수 있다.[22]

대만이 핵무기를 보유하기로 결정한다면, 베이징의 중국 지도부는 이를 최고 수위의 도발적 행위이자 개전 이유(casus belli)로 간주할 것이다. 중국 지도부에게는 그러한 상황 전개는 무력을 써서라도 저지하겠다고 예전부터 천명해왔던, 대만의 독립선언이나 마찬가지일 것이기 때문이다. 현재의 상황 하에서 대만은 핵무기를 확보하는 데 관심이 없는 것으로 보인다. 그러나 미국이 안전보장 역할에서 철수한다면, 특히 그것이 역내 국가들의 핵과 미사일 경쟁으로 이어진다면, 전혀 다른 상황이 전개될 것이다. 그러한 경우에는 대만의 핵 프로그램은 지극히 가능성이 희박한 것에서 이 지역을 전쟁으로 몰아넣는 어쩌면 가장 가능성 높은 계기가 될 수 있다.

역외균형은 답이 아니다
The Case against Offshore Balancing

몇몇 저명한 학자들은 이 지역의 핵확산, 특히 일본의 핵무기 보유를 바람직한 경로라고 여긴다. 이러한 학자들은 미국이 이 지역에 대한 기존의 안보 공약에서 발을 뺌으로써 감당해야 할 비용과 위험을 줄여야 한다고 주장한다. 그렇게 되면 일본과 다른 인도-태평양 국가들은 역내 세력균형을 이루기 위해 대규모의 핵 능력을 필요로 할 것이고, 그와 같은 결과는 논리적이면서 칭찬할 만하다.

텍사스 A&M 대학교의 국제관계 전문가 크리스토퍼 레인Christopher Layne은 『평화라는 이름의 환상: 1940년부터 현재까지 미국의 대전략The Peace of Illusions』에서 역외균형 정책을 주장했다. 역외균형 전략은 유라시아에서 미국의 유일한 전략적 이익이 미국의 이익을 위협할 수 있는 유라시아 패권국의 등장을 막는 것이라고 가정한다.[23] 그런 경우가 아니라면 미국은 유라시아 강대국 간 전쟁에 관여하지 말아야 한다. 역외균형 정책 하에서 미국은 인도-태평양 지역에 대한 (유럽에 대해서도 마찬가지로) 현재의 안보 공약에서 발을 뺄 것이고, 그런 다음 유라시아 지역 국가들이 그들 자신의 안보를 관리하기를 기대할 것이다. 이러한 전략은 유라시아에서 발생하는 충돌의 여파가 미국에 미치지 않게 하며 미국에 행동의 자유를 보장해줄 것이다.[24] 일부 관찰자들에게 역외균형은, 특히 중국의 군사적 역량과 지정학적 이익이 확대됨에 따라 비용과 위험이 증가하고 있는 전진 개입(forward engagement)에 대한 매력적인 대안을 제공하는 것처럼 보인다.

하지만, 역외균형은 미국의 정책결정자들이 다른 형태의 위험들을 감수하고 몇 가지 의심스런 가정을 수용할 것을 요구한다. 예컨대, 레인Layne은 미국이 이 지역의 안보 유지 역할에서 손을 떼면 그 여파로 다면적이고 불안정을 초래하는 핵과 미사일 경쟁이 발생하게 될 것이라는 점에 대해 거의 우려를 보이지 않았다. "유라시아 지역에서 강대국 간 전쟁은 자주 발생하는 일이 아니다."라는 그의 시각은 지난 70년간 미국이 수행해온 안정화 역할을 간과한 것이고 미국이 발을 빼고 또 다른 전쟁이 발생한다면 이 지역에서 야기될 훨씬 더 파괴적인 결과의 가능성을 무시하는 것이다.[25] 레인은 마찬가지로 아시아 지역에서의 재앙적 전쟁이 발생할 경우 미국 경제에 미치게 될 결과에 대해서도 경시하고 있는데,[26] 이는 강대국 간 무력충돌이 세계 경제에 미칠 2차적, 3차적 파급 효과는 차치하더라도 아시아 지역과의 무역에서 비롯된 미국 내 수백만 개의 일자리를 무시하는 것이다.

앞서 언급했지만, 역외균형은 유라시아의 패권국이 미국의 이익을 위협하게 되는 위치를 구축하는 것을 막기 위해 유라시아에 개입해야 할 가능성이 있음을 전제로 한다. 그와 같은 전략은 충돌 시에 안정을 회복하기 위해 미국이 다시 들어가야 할 가능성을 증가시킬 뿐만 아니라(미군의 전진 배치가 없이는 충돌 가능성이 올라가기 때문이다), 그것 또한 미국이 매우 비우호적인 환경에서 임무를 수행하도록 만들 것인데, 미국은 바람직하지 않은 패권국이 승리할 수 있을 것처럼 보이는 경우에만 개입할 것이기 때문이다. 지난 20세기에 미국은 세 번에 걸쳐 이 과업을 수행했고(유럽에서 벌어진 제1차 세계대전, 유럽과 아시아에서 벌어진 제2차 세계대전), 그렇게 하는 데 엄청난 비용을 지불했다. 이 세 가지 사례에서 미국의 개입은 잠재적인 패권국이 미국이 지원하려 했던 동맹국들을 약화시킨 이후에, 그리고 잠재적 패권국이 군사력을 구축하고 전진 기지들을 장악한 후에 이루어졌다. 이들 사례에서 역외균형 정책은 애초에 충돌을 막을 기회를 없애버렸고, 역외로부터 균형을 회복하기 위한 미국의 후속 군사작전은 큰 비용과 희생을 치러야 했다.

이 뼈아픈 경험은 제2차 세계대전 이후 모든 미국 대통령과 대부분의 정책결정자들이 그들의 정치적 신조에 관계 없이 역외균형을 거부하고 대신에 미군의 전진 배치를 지지하게 만들었다. 역외균형을 지지하는 이들은 이 전략이 미국이 감당해야 할 위험을 줄여준다고 주장하지만, 실상은 한 종류의 위험을 다른 종류의 위험으로 바꾸는 것에 불과하다. 1940년대 이후 미국의 정책결정자들은 국제적 사건들에 영향을 미치는 일에 자발적으로 손을 떼고 있다가 나중에 따라잡으려 하는 것보다 전진 관여의 위험이 그들이 관리하고 조정하기가 더 쉽다고 여겨왔다. 20세기 전반에 역외균형이 실제로 적용되었을 때 그 결과는 참담했다. (역외균형 옹호자들의 지지를 받는 정책인) 핵무기와 미사일의 확산은 가상의 역외균형 전략의 결과를 훨씬 더 재앙적인 것으로 만들 수 있다. 따라서 미국의 정책결정자들 대다수가 정치적 성향과 무관하게 이러한 접근방식을 진지하게 고려하지 않는 것은 놀라운 일이 아니다.

미국과 중국은 지속적인 타협에 이를 수 있는가?
Can the United States and China Reach an Enduring Accommodation?

미국과 중국 양측의 안보 우려를 모두 만족시키고 안보 경쟁을 장기간에 걸쳐 완화시킬 수 있는 조정 방안이 존재하는가? 인도-태평양 지역에서 안정적이고 상호 만족할 만한 합의로 이어질 수 있는 조건은 무엇인가? 이번 장에서 이미 언급했지만, 이는 미국과 중국이 전적으로 그들끼리만 결정할 수 있는 문제가 아니다. 이 지역의 다른 국가들도 그들이 그 대화에 포함되어 있든 그렇지 않든, 발언권을 가질 것이다.

호주국립대학Australia National University의 전략 연구 교수이자 호주 정부의 전직 관료인 휴 화이트Hugh White는 『중국의 선택The China Choice: Why America Should Share Power?』에서 강대국으로 부상하는 중국과의 타협을 위한 기본적인 틀을 제시했다.27 그는 중국의 성장하는 국력과 자국의 안보이익을 보장하기 위해 그러한 힘을 사용하고자 하는 열망 때문에 인도-태평양 지역에서 미국이 우위를 유지하는 것이 불가능할 것이라 주장한다. 또한 중국은 이미 미국이 지금까지 상대해본 가장 무시무시한 국가임을 지적하고, 미국이 인도-태평양 지역에서 지킬 수도 없는 지위를 지키려고 하는 시도는 미국의 이익을 심각하게 손상시킬 불필요한 충돌로 이어질 것이라는 결론을 내렸다. 하지만 동시에, 그는 역외균형과 이 지역에 대한 포기에도 반대하면서 미국과 중국 그리고 이 지역의 다른 강대국들이 새롭고 지속 가능한 안보 질서를 형성할 필요가 있다고 주장했다.

화이트는 역내 강대국들의 안보 이익을 만족시킬 안정적인 협정을 협상하기 위한 "강대국 협조체제(concert of powers)"를 제안한다.28 미국과 중국, 인도, 일본이 "세력권"을 협상해야 한다는 그의 제안은 19세기 대부분의 기간 동안 유럽의 안보를 안정시켰던, 나폴레옹전쟁 후 유럽 강대국들의 협상을 본뜬 것이다. 그는 협상 과정에서 배제되는 인도-태평양 지역의 중견 국가나 약소국—자신의 나라인 호주를 포함해—은 어떤 새로운 구조 안에서 자신의 위치를 받아들일 수 밖에 없을 것이라고 인정한다. 하지만 이러한 결과는 이들 국가에게 그 대안이 될 가능성이 있는 강대국 간 충돌보다도 더 나을 것이라고 주장한다. 화이트는 미국의 입장에서 정치적으로 매우 어려운 결정이 되겠지만, 미국의 지도자들이 우월성보다는 다른 세 강대국과의 동등성을 받아들여야 할 것이라고 주장했다. 일본의 입장에서 동등성은 또한 미국-일본 동맹의 종언과 핵과 지역 미사일 강국으로서 일본의 부상을 의미하게 된다.

화이트의 처방은 몇 가지 다소 낙관적인 가정을 하고 있다. 그것은 네 강대국들 각각이 잠재적 세력권과 관련해 비핵심적인 것으로 인정할 용의가 있는 부분과 다른 강대국들이 자국의 안보 이익을 위해 용인할 수 있다고 여기는 부분 간에 어렵지 않은 수렴이 있을 것이라고 가정한다. 기대되는 결과는 상호 수용 가능하고 중첩되지 않는 세력권이다.

예컨대, 화이트는 일본과 미국의 세력권은 서태평양에서의 해양 이익에 집중하는 반면 인도와 중국은 전적으로 대륙 영역에 만족하는 것이다. 그러나 중국의 경제는 남중국해, 말라카 해협, 인도양, 그리고 그 훨씬 너머에 대한 접근을 필요로 한다. 실제로, 강대국이든 아니든 이 지역 대부분 국가들의 사활적인 이익은 서로 중첩되어 있으며, 지리적으로 인접된 세력권들로 깔끔하게 나누어질 수 없다. 특히 이 지역의 광대한 해역이 그런 경우이며, 국제공유지와 그것을 지나는 자유로운 국제 항행이라는 개념이 나온 가장 중요한 이유이다.

화이트는 "아시아 협조체제(concert of Asia)"의 실행은 엄청난 실질적 어려움이 수반할 것이라는 점을 인정한다. 그가 그것을 제안한 이유는 그 대안, 즉 미국의 우월적 지위를 유지하려 하는 것이 훨씬 더 어렵고 위험하다고 보았기 때문이다. 하지만 그의 제안도 여전히 기본적인 갈등을 해결하지는 못한다. 한편으로, 화이트는 중국이 이 지역에서의 규칙에 기반한 현 국제체제를 수용하도록—비록 중국이 시진핑이 집권하기 전까지는 그렇게 했고 큰 혜택을 보았을지라도—설득할 수 없다고 가정했다. 다른 한편으로, 화이트는 중국은 지도부가 사활적이라고 보는 이익의 증진과 별 관련 없는 세력권의 양보는 그들의 안보이익 차원에서 받아들일 것이라고 가정했다.

중국을 수용하려는 화이트의 시도는 별다른 성과가 없으면서 폐해가 클 것이다. 그 결과는 역외균형의 경우와 마찬가지로, 이 지역이 결국 강대국 전쟁으로 귀결되었던 제1차 세계대전 이전의 불안정과 유사한 다면적인 홉스적 안보 경쟁에 빠져드는 상황일 것이다. 너무 많은 영역에서 사활적인 이익들이 중첩되어 있으므로 안정적인 세력권을 협상할 기회가 전혀 없다. 화이트가 1815년 빈 회의the Congress of Wien를 자신의 모델로 보았지만, 제2차 세계대전 직전 유럽 강대국들이 체코슬로바키아를 분할하는 데 동의했던 1938년 뮌헨 협정the Munich Agreement이 오히려 더 적합한 비유이다. 아시아의 중견 국가나 약소국들은 그들의 동의 없이 자국의 운명을 결정해버리는 그런 협정을 수용하지 않을 것이고, 저항과 불안정이 초래될 가능성이 높다. 마지막으로, 미국이 지역 안보의 보장자 역할에서 물러나고 일본이 핵무기 보유국으로 등장한다면 분명히 국가 간 파괴적인 군비경쟁이 촉발되어 화이트의 강대국 협조체제가 꿈꾸었던 바로 그 안정성을 위협할 것이다. 그가 지역 안보의 보장자로서 미군의 주둔에 의해 지탱되는 현 상황이 지속 가능한 것인지 묻는 것은 적절하다. 유감스럽게도 그가 제시한 해법은 지역의 불안정성을 가중시킬 뿐이다.

또 다른 문제는 정치문화와 통치 이념이 너무나 상이한 미국과 중국이 오랜 기간 편안하게 공존할 수 있을 것인지 여부이다. 다른 연구자들 중에서 할 브랜즈Hal Brands는 이에 대해 "아니오"라고 주장한다. 브랜즈에 따르면, 중국 지도부는 민주주의적 사고가 인민들, 특히 늘어나고 있는 중산층에 확산되면서 중국공산당의 권위주의적 통치의 정당성에 의문을 제기하는 상황이 올까 두려워한다. 중국 지도부는 미국을 닥쳐올 민주주의라는 "전염병"의 최초이자 가장 위협적인 근원이라 보고 있으며, 따라서 미국에 대한 항구적이고 열성적인 이념투쟁을 전개해야 한다는 결론에 이르렀다.[29]

'9호 문건'으로 알려진 〈이데올로기 영역의 현 상황에 대한 보고〉는 서구 민주주의 사조의 유입에 대한 중국공산당의 두려움을 잘 보여주고 있다. 이 비공개 보고서는 중국공산당 중앙위원회 판공청中央辦公廳이 작성했고 2013년 시진핑의 개인적 승인을 받았는데, 서구 언론에 유출되었다. 문건은 7가지 이데올로기적 위험 요인들—서구의 입헌 민주주의, 보편적 가치로서 인권, 언론의 독립, 시민 참여, 그리고 시장 지향의 신자유주의—이 중국 공산당의 통치를 약화시키려 하며, 따라서 중국 사회로부터 척결되어야 한다고 경고했다.30

이러한 위험 요인에 대한 두려움은 중국 외교부의 전랑(戰狼) 외교관으로 대표되는, 중국공산당과 중국 정부가 중국 전체주의 통치의 미덕에 대해 뻔뻔하게 자랑하면서 미국 민주주의와 그 내부적 문제점에 대해 조롱하는 이유이다.31 그것은 또한 오늘날 중국공산당과 중국 정부가 중국의 권위주의 통치 모델을 잠재적 우방국들과 국제사회에 홍보하는 전략을 실행하는 이유이다. 분명히 최선의 방어는 좋은 공격임을 믿고 있는 것이다. 중국 지도부는 민주주의를 비난하고 권위주의적 통치를 정당화하는 것이 1989년 천안문 사태에서 그랬을 뻔했듯이, 국내에서 정권을 위협하는 민주화 운동이 발생할 위험을 낮출 것이라는 결론을 내리고 있다.

중국 지도부의 행태는 그들이 여전히 민주주의 강대국인 미국과 평화적으로 공존할 수 있다고 믿지 않는다는 것을 명확하게 보여주는 징표다. 그와 같은 미국은 중국공산당에게 참을 수 없는 위협이 된다. 미국의 지도자들은 그 어느 때보다 현존하는 국제질서를 타파하려 하고, 공격적이고, 잘 무장한 중국을 상대하는 것 외에 다른 선택지가 없다. 그런 중국은 미국의 동맹관계를 와해시키고, 인권을 훼손하고, 세계 경제를 중국에 유리하게 조작하고, 그리고 미국과 그 동맹국들이 수호하고 발전시켜온 자유주의적 국제질서를 폐지하기 위한 끊임없는 노력을 경주하고 있다. 미국이 그와 같은 도전자와 영속적인 합의에 도달할 가능성은 매우 낮다.

대만이라는 화약고
The Taiwan Flashpoint

대만은 이번 장에서 논의된 많은 개념들을 설명할 수 있는 사례이다. 미국의 정책결정자들은 인민해방군이 대만을 봉쇄하거나 기정사실화 공격을 시도할 경우 대만을 방어하기 위해 미군 병력을 투입할 것인지 결정해야 하는 상황에 직면하고 있다. 이러한 고려는 최근에 가설적인 것에서 훨씬 더 실제적인 문제로 변했다.

중국공산당이 오랫동안 견지해온 입장은 대만은 중국의 일부이고 그것에 대한 통치 문제의 해결(베이징의 시각에서 이는 현재의 대만 정부를 축출하는 것을 의미한다)은 중국의 내정이라는 것이다. 중국 정부는 자신의 입장에 대한 국제 법적 지지의 증거로서 수많은 "하나의 중국" 선언과 미국 닉슨 행정부까지 거슬러 올라가는 외교적 합의들을 제시할 것이다.[32] 일부 관찰자들은 대만의 주권에 대한 중국 정부의 법적 주장이 설득력 있다고 보기도 한다.[33]

인민해방군이 적정한 비용으로 대만을 장악하고 평정할 수 있다면 중국이 얻게 되는 이익은 막대할 것이다. 지리적으로, 대만은 제1도련선의 중앙에 자리 잡고 있다. 이 도련선은 중국의 잠재적인 적대국들의 군대가 장악하고 있으며 인민해방군의 태평양 진출을 막는 장벽으로 작용하고 있다. 이 도련선은 또한 인근의 중국 본토에 잠재적인 위협이 되고 있는데, 여기에는 홍콩과 광저우에서부터 닝보와 상하이, 난징, 그리고 더 북쪽으로 산둥성까지 중국에서 경제적으로 중요한 지역들이 포함되어 있다.

중국의 대만 장악은 인민해방군의 해군력과 공군력이 태평양으로 진출할 수 있는 넓은 통로를 제공하고 중국의 동부 지역을 위협하는 적대적인 군사 진지선(the line of military positions)을 허물어뜨릴 것이다. 중국에 의해 평정된 대만은 인민해방군이 제2도련선(괌과 북마리아나 제도, 팔라우 등을 잇는 선)을 따라 배치되어 있는 미국과 그 동맹국 군사기지를 상대로 공군력과 해군력을 투사하고 그 기지들을 축출할 수 있는 기지를 제공할 것이고, 동시에 중국에서 태평양의 주요 해상 및 공중 교통로에 대한 통제력을 부여할 것이다. 이는 중국에게 일본과 한국, 필리핀과 베트남, 그리고 싱가포르를 강압할 수 있는 거대한 지렛대를 제공할 것이다.

원유에 대한 접근은 이 지역에 대한 중국의 국가기획에서 핵심적인 이슈이다. (중국을 포함한) 동아시아는 중동 지역을 출발하여 인도양을 지나 말라카 해협과 인도네시아의 다른 해협을 통과한 후 남중국해와 동중국해 그리고 서태평양으로 이어지는 해상 원유 운송로에 갈수록 더 의존하게 될 것이다. 태양열이나 수력발전 같은 재생 에너지가 인도-태평양 지역 국가들의 에너지 수요를 점점 더 많이 충당하겠지만, 동아시아는 앞으로도 수십 년간 중동과 아프리카산 원유에 대한 높은 의존도를 계속 유지할 것이다. 미국 에너지정보국the U.S. Energy Information Administration의 예측에 따르면, 2050년에 아시아 지역의 일일 원유 수요량이 5,100만 배럴이 될 것인데, 아시아의 일일 생산량은 600만 배럴에 불과해서 수입해야 하는 양이 일일 4,500만 배럴에 이를 것이라고 한다. 2050년에 중국의 일일 필요 수입량은 1,260만 배럴이 될 것이다. 중국은 태양열 같은 재생 에너지 개발에서 혜택을 얻겠지만, 2050년에 원유와 액체 형태의 에너지원이 운송수단용 에너지의 63%를 포함해 중국 전체 에너지 소비의 16%를 차지할 것이다.[34]

요컨대 이번 세기 중반까지 중동 지역은 아시아 국가들의 핵심적인 원유 공급원으로 남아 있을 것이다. 이는 동아시아—미국의 동맹국들과 중국 모두—가 앞으로도 30년은 말라카 해협과 남중국해, 동중국해에 대한 접근에 의존하게 된다는 것을 의미한다. 대만을 장악하고 이를 통해 서태평양의 해상 운송로에 대한 통제권을 갖게 된다면, 중국은 일본, 한국, 필리핀과 베트남, 그리고 싱가포르를 강압할 수 있는 유력한 지렛대를 얻게 될 것이다.

이러한 이유로, 누구보다도 일본 지도자들과 국민들이 중국의 대만 장악을 일본의 주권에 대한 실존적인 위협으로 받아들일 가능성이 높다. 실제로, 일본의 정치 및 군사 지도자들은 잠재적인 대만 충돌에 대한 대비를 해나가고 있다.[35] 대만을 방어하려는 미군이 패퇴하거나 미국의 정책결정자들이 대만을 중국에 넘겨주고 서태평양을 포기하기로 결정한다면 대만은 쓰러질 수도 있다. 어떤 경우이든, 가능성 높은 결과는 일본의 강력한 재무장을 향한 신속한 문화적 변화일 것이고, 재무장에는 핵무기와 전구급 탄도미사일(통상적으로 대륙간탄도미사일의 사거리에는 미치지 못하는 사거리 300~3,500km 미사일을 지칭한다—옮긴이)이 포함될 것이다.[36] 인도의 지도자들 또한 중국의 대만 장악을 동부 유라시아의 패권을 향한 조치로 간주할 수 있다. 인도는 그 시점에 핵무장을 했을 일본의 동맹으로서 그러한 결과에 맞설 가능성이 높다.

따라서 인민해방군의 대만 공격을 억지하는 데 실패한다면, 이는 〈국제동향 2030〉에서 제시한 홉스적 시나리오로 이어질 수 있다. 그리고 일본과 인도가 중국의 패권에 맞서면서 그들의 주권을 보호하려고 하는 과정에서 주요 핵무장국 간 전쟁이라는 대단히 위험한 상황이 초래될 수 있다.[37] 이는 세계 경제 전체에 재앙이 될 것이며, 미국과 미국의 근로자들에게 고통스러운 결과가 될 것이다.

대만이라는 화약고는 인도-태평양 지역의 안보 보장자로서 미국의 역할이 주는 이로운 결과와, 대만 등을 대상으로 한 향후 발생 가능한 인민해방군의 공격을 지속적으로 억지하는 일의 중요성을 보여준다. 경제적 충격은 논외로 하더라도, 자유로운 민주주의 국가인 대만이 중국에 예속되는 사태는 인도주의적 측면에서 비극이며, 미국의 위신 또한 위태롭게 될 것이다. 대부분의 관찰자들은 비록 미국 정부가 공개적으로 약속하고 있지는 않지만 미국이 대만을 방어하기 위해 군사력을 투입할 것이라고 믿고 있다.

중국의 대만 점령이 가져올 전략적 결과는 중국의 주권 주장의 합법성이나 대만이 자신의 방어를 위해 충분히 노력하고 있는지와 같은 문제들을 사소해 보이게 만든다. 대만의 방어태세에 대해 결정을 내리는 것은 대만 국민에게 달려 있다. 미국과 동맹국의 정책결정자들이 유라시아 동부의 패권국이 되려는 중국의 움직임에 맞서기로 결정할지 여부는 대만 해협을 훨씬 넘어서는 파급력을 가진 별개의 문제이다. 중국 인민해방군의 대만에 대한 기정사실화 공격은 미국과 그 동맹들이 그와 같은 결정을 내릴 수밖에 없게 만들 것이다. 제7장은 대만과 서태평양과 관련한 군사적 고려 사항에 대해 논의할 것이다.

비용이 들더라도 미군의 전진 배치가 최선이다
Despite the Costs, U.S. Forward Presence Is the Best Approach

미국과 중국 간 지속적인 합의 가능성이 너무도 낮은 상황에서, 현재와 미래의 미국 지도자들은 강력하고도 집요한 경쟁자인 중국과의 끝을 알 수 없는 경쟁에 직면해 있다. 미국은 언제 끝날지 알 수 없는 기간 동안 이러한 경쟁을 지속할 수 있는 전략을 만들어내야 한다. 현재 미국의 군사적 전지 배치와 중국의 공격에 대한 억지 정책은 대안들 중에서 가장 위험이 적고 궁극적으로 가장 비용이 적게 드는 방안이다.

인도-태평양 지역에 대한 미국의 전진 배치 전략은 동맹국들을 위한 자선사업이 아니다. 미국은 지난 70년 동안 미국의 안보를 보호하기 위해, 불가피하게 미국이 포함될 더 값비싼 강대국 전쟁을 피하기 위해, 그리고 이 지역 무역 파트너들의 안보와 경제적 성장을 증진시킴으로써 미국의 삶의 수준을 향상시키기 위해 이 과업을 수행해왔다. 이는 미국의 전진 배치 접근이 그토록 오랜 동안 잘 작동해온 이유이다.

하지만 이러한 성공을 이어나가는 데 있어 도전들이 계속 늘어갈 것이다. 중국의 부상은 오랜 기간 유지되어온 이 지역의 안보 구조를 뒤흔들고 있다. 앞에서도 언급했듯이, 한국 국민 대다수가 자국이 핵무기를 보유해야 한다고 믿고 있다. 지난 10여 년간의 일본의 총선은 일본 국민들이 국방비 지출과 군사교리를 확장하고 있는 우익 정부를 지지하고 있음을 보여준다. 중국 외에도 지역 국가들의 국방비 지출은 지난 10년간 크게 치솟았으며, 이런 추세는 계속될 것으로 보인다.[38] 이는 어쩌면 이 지역에 대한 미국의 안보 공약에 대한 확신이 흔들리는 것에 대한 반응으로서 〈국제동향〉의 홉스적 시나리오가 현실화되고 있다는 초기 신호일 수 있다.

모든 대안들을 검토했을 때, 미국은 자신의 전진 배치 전략을 지속하는 것 외에는 다른 선택지가 없다. 그러나 전진 배치를 지속하는 것은 미군이 이 지역에서 자국 병력들을 무장시키고 훈련시키고 전개하는 방법에 대한 대대적인 변화를 요구한다. 미국 군대의 가장 중요한 역할은 잠재적인 적국이 미국의 이익에 반하여 군사력을 사용할지라도 패배하고 말 것이라고 결론을 내리게 만듦으로써 충돌을 억지하는 것이다. 중국의 군사현대화와 그에 대한 미국의 지난 20년간 어설픈 대응이 맞물리면서 오늘날 미국이 이 지역에서 억지력과 안정을 유지할 수 있을지에 대한 의문이 제기되고 있다. 왜 이런 일이 벌어졌고 미국 전략에 있어 그것의 함의가 무엇일지가 다음 3개 장의 주제이다.

03

미국의 태평양 지역 군사력 전개의 기원

The Origins of America's Archaic Military Machine in the Pacific

제2장에서는 제2차 세계대전 종전 이후 미국이 일관되게 견지해온 인도-태평양 지역에 대한 미군의 전진 배치가 최소의 비용과 가장 적은 위험 부담으로 미국의 이익을 지킬 수 있는 전략이 되는 이유를 설명했다. 미국의 정책결정자들과 군 지휘부 및 기획자들이 이 전략을 실행해온 역사를 살펴보면 그간 적대국이 바뀌고 혁신적인 군사기술이 출현했음에도 불구하고 군사교리와 장비, 훈련, 그리고 전술은 놀라울 정도로 안정적으로 유지되고 있음을 알 수 있다.

미국이 이 지역에서 전진 배치를 이행해온 방식에 있어 놀라운 일관성은 "고장나지 않았으면 굳이 고치려 하지 말라"는 단순하고도 자명한 이치에 기인한 것일 수 있다. 이 지역에 미군을 전진 배치한 목적은 지역의 안정을 유지하고 주요 국가들 간 전쟁 발발을 방지하는 것이었다. 1945년 이래로 이 지역에서는 주요 국가들 간 중대한 전쟁이 발생하지 않았기 때문에, 지난 70년간 미국의 접근이 성공적이었다고 말할 수 있다. 이러한 성공을 지속하는 것의 막중한 국가적 중요성을 감안한다면, 그동안 미국이 그러한 좋은 결과를 가져다 주었던 기존의 접근방식을 계속해야 한다고 결론을 내리는 것은 자연스러운 일이다.

이번 장과 이어지는 두 장에서는 왜 그러한 결론이 위험스러울 정도로 잘못된 것인지를 설명할 것이다. 이번 장에서는 미국의 서태평양 지역 군사적 주둔과 작전 개념의 역사적 배경을 검토하는데, 이 과정은 1943년 작성된 국방기획문서에서 시작해 워싱턴의 정책결정자들이 마침내 중국의 군사적 위협 증대를 심각하게 받아들이기 시작한 약 10년 전 시점에서 끝난다. 한편, 제2차 세계대전 이후 우발사태 계획(contingency plan)을 위해 만들어진 기지배치 및 작전 개념은 중요한 변화의 여지가 없는 제도적 문화로 굳어져 버렸다.

미국이 자신의 우위에 대한 확신 속에서 지속적인 전진 배치를 유지하는 동안, 중국 지도부는 인민해방군 기획자들의 1991년 걸프전, 1995~96년 대만해협 위기, 그리고 그 이후 미국의 군사작전들에 대한 연구를 토대로 군사현대화 사업을 시작했다. 이 군사현대화 사업은 인도-태평양 지역에서의 정체된 미국의 전력 구조, 교리, 그리고 기획의 취약점들을 활용하도록 특별히 설계된 것이었다. 미군 지휘부가 오랫동안 당연한 것으로 생각해왔던 가정들은 이제 더 이상 타당하지 않다. 이러한 상황에서 이 지역의 미군 전력은 중국과의 충돌에서 좌절과 패배를 경험할 가능성이 크다.

중국의 정책결정자들과 군사 기획자들이 그들의 전력과 계획에 대해 충분한 자신감을 가지고 있다면, 위기 시 중국의 공격성이 더 커질 것이고 무력충돌 가능성이 증가할 것이다. 이 지역에서 억지력을 유지하고자 한다면 미국의 정책결정자들과 군사 기획자들은 국방획득과 전략, 군사교리에 있어 대담한 개혁을 서둘러야 한다. 오랜 기간 고착된 군 문화와 국방획득 관행은 미군이 인도-태평양의 광대한 작전 영역에는 적합하지 않은 단거리 무기체계에 지나치게 경도되는 결과를 가져왔다. 미군 지휘부와 기획자들은 전방의 전구(theater)와 미국 본토 사이의 병참선이 1945년 이후 그랬던 것처럼 도전받고 있지 않다고 가정한다. 마지막으로, 미국의 군사 기획자들은 1945년 이래 전임자들이 일관되게 그래왔던 것처럼, 집중화된 공군기지와 항공모함으로부터의 전투 항공기 출격횟수를 극대화하는 데 중점을 두는 "미국의 전쟁 방식(American way of war)"을 지속할 수 있을 것으로 가정한다.

지난 10년 사이에 미국의 군사 기획자들은 중국이 주의깊게 설계한 군사현대화가 인도-태평양 지역에서 침체 상태에 있는 미국의 입지를 위태롭게 하고 있다는 것을 마침내 깨달았다. 중국의 군사 기획자들은 미군의 작전방식을 연구했고 이를 격퇴할 수 있는 무기체계와 개념을 실전에서 운용해왔다. 오늘날 중국은 자국 연안에서 약 3,000km 떨어진 제2도련선까지 서태평양 지역의 미군 전력을 위협할 수 있는 역량을 보유하고 있다.[1] 이제 미국의 정책결정자들은 주의깊게 설계된 중국의 전략이 수십 년 동안 미국의 기획자들이 당연하게 생각해왔던 가정과 군사교리를 뒤집어 엎으려 한다는 것을 깨닫고 있다. 하지만 그들은 수십 년 동안 의미 있는 개혁에 저항해온 제도적 문화를 다시 만들어야 하는 막대한 난관에 직면해 있다.

서태평양 지역 미국 군사전략의 기원
The Origins of U.S. Military Strategy in the Western Pacific

인도-태평양 지역에서 미군이 점점 더 취약해지고 있는 이유를 이해하기 위해서는 이 지역에서의 미국의 전진 배치 역사를 살펴보아야 한다. 이 지역에 배치된 미군 기지 상황과 작전 방식의 기원은 미군과 연합군이 태평양을 건너 일본과 유라시아 동부를 향해 고통스러운 진군을 막 시작하려던 제2차 세계대전 중반으로 거슬러 올라간다. 그로부터 거의 80년이 흘렀고 동맹 구도와 군사기술에 놀랄 만한 변화가 있었음에도 불구하고, 이 지역에서의 미군의 배치와 작전 구조는 여전히 제2차 세계대전 당시 미군 기획자들이 작성한 전후 구상에서 크게 달라진 부분이 없다.

1943년, 워싱턴의 합동참모본부 기획자들은 종전 후 시행할 미군의 해외 배치에 관한 연구를 비밀리에 수행했다. 1943년 11월 23일에 플랭클린 루즈벨트 대통령이 승인한 JCS 570/2라는 이름의 연구 결과는 당시에 심사숙고된 전후 임무 요구(mission requirements)를 충족하기 위해 접근이 필요한 66개 지점을 식별했다.[2] 이러한 기지 계획에 대한 루스벨트의 승인은 그가 윈스턴 처칠 영국 수상과 요제프 스탈린 소련 지도자와 전후 처리 계획을 논의하기 위한 테헤란 회담Teheran Conference에 참석하기 직전에 이루어졌다.

태평양 지역의 경우, JCS 570/2 문건 작성자들은 중앙 태평양의 주요 도서들을 가로질러 유라시아 본토에 이르기까지 기지들이 필요하다고 보았다. 서쪽 경계선에서는, 이 기지 리스트에 방콕, 필리핀, 포르모사(대만), 하이난다오(해남도)와 중국 본토, 류큐 열도(오키나와)와 일본, 한국, 그리고 쿠릴 열도의 부지들이 포함되었다.[3] 기획자들의 이러한 결론은 추축국이 패전할 것이고, 종전 후에도 반 추축 동맹(1943년에는 소련과 중국을 포함했다)의 결속이 유지될 것이며, 그리고 전후 평화 집행 임무(peace enforcement mission) 수행이 필요할 것이라는 가정 하에 도출되었다. 기획자들은 또한 미국이 인도-태평양 전역에 대해 전후에도 지속적인 안보 이익을 가질 것이라고 가정했다.[4]

JCS 570/2 문건과 그 후속 계획의 설계자들은 이러한 지역들에 거대한 거점 기지와 주둔지를 설치하는 방안을 구상하지 않았다. 그보다는 접근권, 특히 미국 항공력을 위한 접근권을 확보하려 했다. 이는 필요할 경우 미군이 전력을 투사할 수 있는 위치를 확보함과 동시에 불확실한 우발사태에 대응할 수 있는 유연성을 보유하기 위한 것이었다. 기획자들은 또한 이 장소들에 대한 접근권을 먼저 확보함으로써 다른 국가들이 접근하지 못하게 하려 했다.[5] 기지설치 전략의 배후에 있는 더 거시적인 전략은 "주변부 종심방어(perimeter defense in depth)"를 구축하는 것으로, 그 경계선은 전쟁 종결 시점의 중부 유럽, 중동, 남아시아, 그리고 극동 지역의 연합국 군사 배치와 대체로 일치한다. 미국의 기획자들은 이러한 주변부 안쪽, 특히 대서양과 태평양에 대한 완전한 통제권을 가질 것으로 기대했다.[6]

1943년 11월 무렵, 이미 미국의 정책결정자들과 군사 기획자들은 미국의 미래 안보전략으로서 역외균형을 폐기한 것이었다. 제2차 세계대전의 그 시점에 태평양에서 연합국이 확보한 영역은 뉴기니와 솔로몬 제도, 길버트 제도에 불과했고 일본군과의 치열한 혈투를 앞두고 있었다. 유럽 전구에서 연합군은 독일군의 양대 접근 거부 위협, 즉 독일 잠수함단과 북시부 유럽에 대한 방공망을 무력화하기 위해 고군분투하고 있었다. 미국의 지상전은 이탈리아 남부에 국한되어 있었다. 태평양에서와 마찬가지로, 최악의 전투는 서부 유럽에서도 아직 벌어지지 않고 있었다.

하지만 미국의 정책결정자들과 기획자들은 미국이 현재 그토록 많은 비용을 들여 확보하고자 하는 해양 및 공중 통제권을 포기할 의향이 없다는 결론을 내릴 만큼 충분히 알고 있었다. 더 나아가서, 그들은 향후 미국의 제1방어선은 유라시아 자체가 될 것이라고 결론을 내렸다. 대양이 미국을 지켜준다는 19세기의 개념은 1943년에 일찍이 가시화되었듯이 점점 더 상호연결된 세계에서 의미 없는 것으로 드러났다. 마지막으로, 미국의 정책결정자들은 전쟁 이후의 시대에 미국의 군사력은 유라시아 대륙 양단에서 발생하는 예측 불가능한 우발적 상황에 대응할 준비가 되어 있어야 한다는 점을 이미 인식하고 있었다. 계획 수립을 위한 이러한 가정들은 미국이 유라시아 주변 지역에 군사적 전진 배치를 유지했더라면 자신의 이익을 더 잘 보호했을 것이라는 그들의 결론을 반영했다. 제2차 세계대전은 신뢰할 만한 국가 전략으로서 "영광스러운 고립(splendid isolation)"과 역외균형 개념에 종언을 고했다.

제2차 세계대전이 끝나고 한 달이 지난 1945년 10월, JCS 570/2 문건을 계승하는 JCS 570/40 문건은 기지를 설치할 지역에 인도차이나 반도와 인도, 파키스탄을 추가했다. 업데이트된 계획은 또한 소련의 쿠릴 열도 점령으로 그곳에는 미군 기지가 불가능할 것이라는 점도 인정했다.[7] 하지만 이러한 계획과 그 후속 계획들은 추축국이 패배하고 나서 5년이 지나도록 미군 사령관들과 기획자들에게 하달되지 못했다. 미국 국무부와 몇몇 연합국들의 반발은 미군이 1943년 처음 제시된 "주변부 종심방어" 접근을 즉각 구축하는 것을 가로막았다.[8]

소련의 서방 진영과의 결별, 1949년 인민해방군의 국공내전 승리, 그리고 1950년 한국전쟁 발발은 합동참모본부의 미군 해외주둔 구상을 다시 살려놓았다. 하지만 JCS 570/2 문건과 JCS 570/40 문건에서 제시된 대체로 주둔 병력이 없는 군도(archipelago) 접근권 대신, 한국전쟁과 중부 유럽에서의 소련군과의 대치 상태는 독일과 한국, 일본에서의 대규모 작전기지 건설로 귀결되었다. 영국, 이탈리아, 튀르키예, 그리고 필리핀의 대규모 지원기지들은 유럽과 아시아 두 전구의 최전선을 지원하는 역할을 했다. 570/2 문건과 JCS 570/40 문건은 유연하고 즉각 대응 가능한 원정군을 지원할 일련의 공군과 해군의 접근 지점들을 검토했지만, 한국전쟁과 유럽에서의 냉전 대결은 다음 전쟁이 예상되는 지역에 대규모 지상군이 주둔하는 결과를 가져왔다.[9] 이러한 기지 배치, 동맹 관계, 그리고 관련된 훈련 활동은 향후 40년간 큰 변화 없이 그대로 유지되었다.

한국 주변에 고착된 전진 배치
Coagulation around Korea

냉전과 특히 한국전쟁은 워싱턴과 대부분의 주둔지 국가에 남아 있던 미국의 유라시아 전진 배치 전략에 대한 반대 분위기를 모두 쓸어버렸다.[10] 1950년대 중반에 미국은 두 가지 광범위한 임무를 지원하기 위해 영구적인 기지나 기지 접근권을 확보했다. 첫 번째 임무는 소련에 대한 전략적 핵 억지였다. 이 임무는 소련의 주변부 근처에서 미군 공군 폭격기, 재급유기, 정찰 항공기 등을 지원할 공군기지를 필요로 했다.[11] 두 번째 임무는 중부 유럽에 주둔한 바르샤바조약기구 군대의 기습공격으로부터 서유럽을 방어하는 것이었다. 아시아에서는 한국전쟁이 깔끔하지 않게 끝난 여파로 미군은 한국과 일본에서 계속 경계 상태에 있었다.

두 번째 임무인 서유럽과 한국, 그리고 일본에 대한 지상 방어는 유라시아 대륙의 동서 양단에 수십 만 명의 미군이 영구적으로 주둔하는 결과를 낳았다. 두 전구에서의 특정한 전술적 임무는 이러한 병력들이 몇몇 최전방 국가들에 집중되는 결과로 나타났다. 1957년 무렵에는 독일에 244,000명 이상, 오키나와를 포함한 일본에 150,000명 이상, 그리고 한국에는 71,000명 이상의 미군이 주둔하고 있었다. 영국과 프랑스, 필리핀의 대규모 주둔 기지들은 두 전선을 지원했다.[12]

동아시아 지역에서, 미국 군사력은 한국에서의 새로운 전쟁에 대비하기 위해 태평양의 북서부 지역에 압도적으로 집중 배치된 상태로 냉전 시대를 시작했다. 그리고 이 병력은 그곳에 계속 집중된 상태로 있다. 이러한 주둔 패턴으로부터의 실질적인 이탈은 미국의 베트남전 개입이었는데, 1965년부터 1972년까지 육군, 해군, 공군 및 해병대 병력이 베트남으로 대거 투입되었다.[13] 하지만 베트남 전쟁에 참전하기로 한 미국의 결정은 1943년 JCS 570/2 문건에서 처음으로 제시된 "주변부 종심방어" 이론에 따른 것이었는데,[14] 이 문건은 유라시아에서의 미국의 지속적인 안보 이익을 규정하고 예측 불가능한 긴급한 안보 사태에 대응하기 위한 유연성을 요구했다. 비록 베트남에서의 군사 작전은 미국의 전략적 목표를 달성하는 데 실패했지만, 그 이후 어떤 행정부도 "주변부 종심방어" 및 유라시아 전진 배치 개념의 폐기를 진지하게 고려하지 않았다.

베트남 전쟁이 끝나자 동아시아에서의 미군 주둔 패턴은 대략 전쟁 이전 상태, 다시 말해 남한과 일본에 고도로 집중된 상태로 돌아갔다. 군 지휘부와 기획자들은 남한을 방어하기 위해 지상군과 전술공군(tactical air force, 지상군이나 해군 작전과 밀접한 관계가 있는 특정 지역 내에서 적의 군사력을 파괴하는 공중 작전을 주 임무로 한다―옮긴이)을 집중시키는 것에 더하여, 나토와 바르샤바조약기구 간의 대규모 전쟁이 발생할 경우 극동의 소련 군사시설을 타격할 수 있도록 태평양 함대를 배치하는 계획을 세우기 시작했다.

1970년대 말, 태평양 함대 사령관이자 서태평양을 담당하는 제7함대의 전직 사령관이었던 토마스 헤이워드Thomas Hayward 제독은 태평양 함대의 전시 전략을 크게 변화시킬 "해상타격 프로젝트Project Sea Strike"를 추진했다. 이전 전쟁 계획에 따르자면, 유럽에서 나토와 바르샤바조약기구 간에 전쟁이 터지는 경우 태평양 함대는 대서양으로 이동하여 그곳의 해상작전을 지원하도록 되어 있었다. 태평양 함대 사령관으로 있는 동안, 헤이워드 제독은 태평양 함대는 계속 태평양에 두면서 항공모함을 이용해 페트로파블로프스크와 블라디보스토크, 쿠릴 열도의 소련 군사시설을 상대로 재래식 타격 작전을 벌여야 한다고 주장했다.[15]

헤이워드는 유럽 중심 분쟁의 수평적 확전(horizontal escalation, 적이 특정 지역을 공격할 경우 적의 이익이 걸린 다른 지역을 공격해 전선을 확대하는 것—옮긴이)은 소련의 군사 자원을 과도하게 소모시키고, 소련의 자산이 극동에서 유럽 전구로 재배치되는 것을 막고, 소련 정책결정자의 주의를 분산시키며, 아시아 전구의 소련군이 공격적으로 행동을 취할 수 있는 능력을 저하시킨다고 보았다. 헤이워드의 해상 타격 전략은 1986년 발표된 해군의 전반적 해양전략the Navy's overall maritime strategy 개발에 커다란 영향을 미쳤다.[16] 두 전략 모두 이미 높은 수준이던 북서태평양 미군 전력의 집중도를 더욱 높였다.

1991년 소련의 붕괴는 북서태평양에서의 미군 전력의 집중을 완화한 것이 아니라, 역설적으로 가중시켰다. 1992년 필리핀 정부는 베트남 전쟁 중 미군의 핵심적인 후방 지원기지 역할을 수행했던 루손섬Luzon 서부의 대규모 미군 공군기지와 해군기지를 비워달라고 요구했다. 이들 기지는 미국 공군과 해군의 남중국해의 해상 교통로에 대한 순찰을 지원하기에 적합한 위치에 있었고, 이 해상 교통로의 가치는 이후 수십 년 동안 엄청나게 확대되었다.

냉전이 지속되는 동안 필리핀의 정책결정자들은 소련의 후견국이자 소련 해군과 공군의 기착지로 빈번하게 이용되는 베트남을 경계해야 할 이유가 있었다. 그러나 1991년 소련의 붕괴 후에는 준식민지 상태로 인식되는 미군 주둔에 적대적인 국내 여론이 정치인들의 최우선적인 관심사가 되었다. 이러한 시설로부터의 미군 철수는 필연적으로 남중국해에서의 미군 전진 배치의 빈도와 규모를 축소시켰고, 더 나아가 한국과 일본 주위에 미군이 집중되는 상황을 심화시켰다.

그러나 제1장과 제2장에서 이미 논의했듯이, 이제는 한국 인근에 집중 배치된 미군 주력으로부터 남쪽으로 어떤 경우에는 3,000km 이상 떨어져 있는 동중국해와 남중국해가 무력충돌의 화약고로 떠오르고 있다. 그에 못지않게 문제가 되는 것은 이러한 화약고들에 대한 인민해방군 항공 및 해군력의 근접성이 좋다는 사실이다. 중국은 이 분쟁 지역에 군사력을 투사할 수 있는 수많은 기지 선택지들을 갖고 있는 반면 미국의 선택지는 비교적 제한되어 있다.

　2010년대 동안 미국의 외교관들과 군사 기획자들은 남서 태평양에서의 미군의 기지 선택지를 개선하고자 노력했다. 그러나 그 결과로 남중국해 인근 기지들로부터 운영되는 미군 역량은 그리 대단하지 않다. 싱가포르에 수 척의 초계함과 항공기가 배치되어 있고, 호주 북부 다윈Darwin에 해병대 공중-지상 기동부대(air-ground task force)가 대대 규모로 주둔하고 있을 뿐이다. 미군은 필리핀과 수많은 소규모 쌍방 훈련을 실시하고 있지만,17 필리핀 정부는 미군 전투 부대의 영구적인 주둔을 허용하지 않고 있다.

　훨씬 더 동쪽에서는, 미 국방부가 더 많은 잠수함과 항공기, 그리고 오키나와에서 옮겨올 여단급 해병대 공중-지상 기동부대를 지원하기 위해 괌과 인근의 티니안Tinian, 사이판Saipan의 기지 시설들을 계속해서 확장하고 있다.18 하지만 괌 일대에 집중된 미군 전력의 증강은 미국의 군사 기획자들이 서태평양에서 직면하고 있는 근본적인 문제를 보여줄 뿐이다. 다시 말해 상당한 규모의 현대적인 전력을 지원하기 위해 필요한 항만, 공군기지, 병영시설, 보급창 및 기타 시설을 건설할 수 있는 쓸 만한 섬과 땅덩이가 이 광대한 해역에 거의 없다시피 하다는 것이다. 하지만 대륙에 자리 잡은 중국에는 그러한 전략적 약점이 존재하지 않는다.

　최근 미국은 서태평양에서의 기지 선택지를 다각화하고 남서태평양에서의 미군 주둔을 확대하기 위해 노력하고 있지만, 이것만으로는 이 지역에서 미국의 군사적 입지가 약화되고 있는 상황을 막기에는 충분치 않다. 한국과 일본 인근에 집중 배치된 미군은 훨씬 남쪽 지역에서 증가하는 안보 문제와 화약고들에 대처하기에는 분명 부적절한 위치에 있다.

　태평양 북서부의 몇몇 기지에 미국의 군사력이 고착되어 있는 상황은, 만약 그러한 군사력 자체가 보다 유연하고 더 먼 거리에서도 그 위력을 발휘할 수 있다면 그다지 문제가 되지 않을 것이다. 하지만 유감스럽게도 이 경우는 그렇지 않다. 냉전 동안 깊이 뿌리박힌 제도적 문화와 선호는 기지설치의 지리적

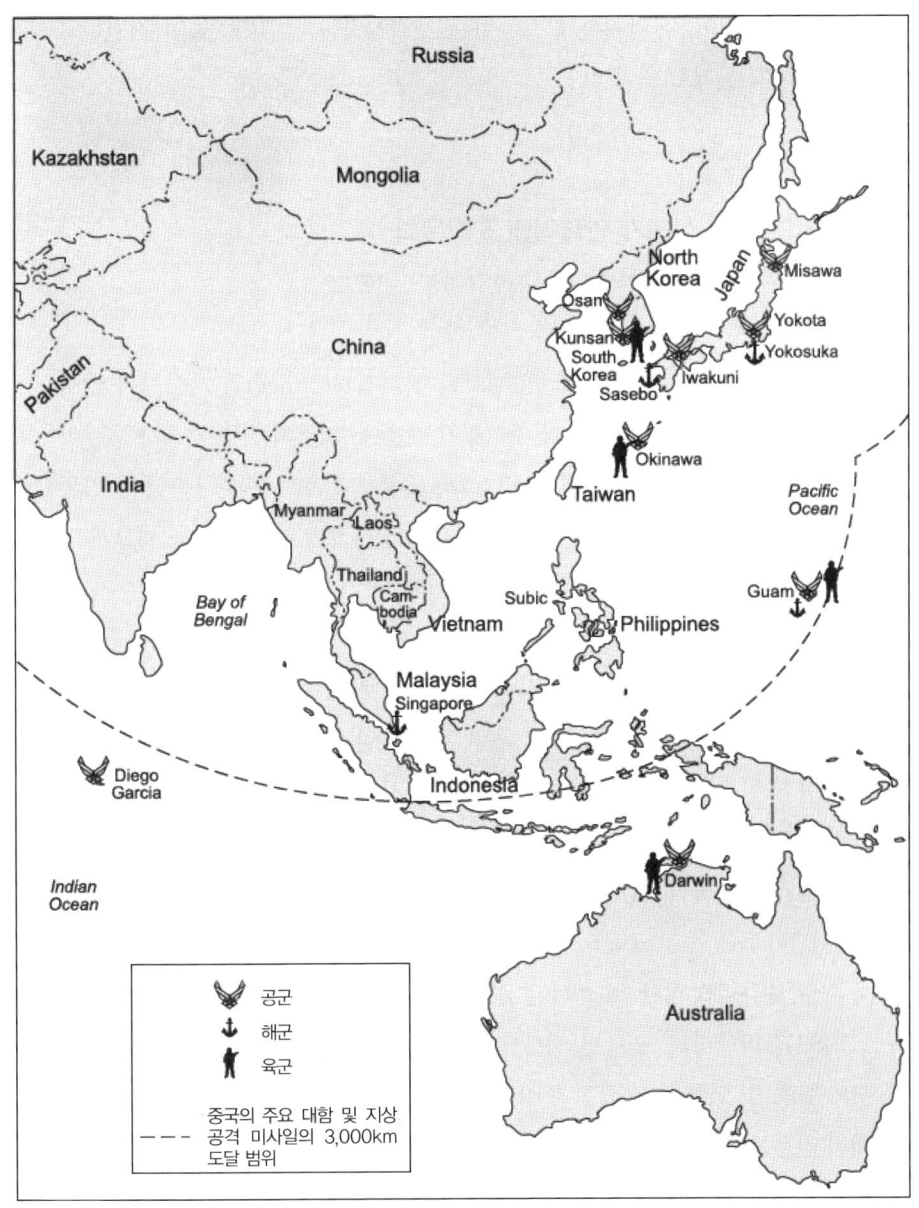

〈지도 3〉 인도-태평양 지역의 미국 군사 기지
제공: Charles David Grear

여건과 결합되어, 불가피하게 오늘날 정책결정자들과 지휘관들이 직면하고 있는 전략적 문제로 이어졌다.

냉전의 정체 상태가 만들어낸 군사문화
Cold War Stasis Creates Its Own Military Culture

냉전 동안 대규모의 고강도, 기계화된 전격전(blitzkrieg)의 가능성에 맞서 독일과 남한을 보호하는 임무가 주어졌기 때문에, 미국의 국방 기획자들은 이러한 도전에 대응하도록 군대, 교리, 그리고 훈련 프로그램을 구축했다. 기획자들은 또한 곧 자신들이 장기적인 계획을 수립하고 있다는 사실을 깨닫게 되었다. 냉전이 이 전선들을 중심으로 고착화되면서 이 두 전구에서의 임무가 언제, 어떻게 끝날지 알 수 없게 되었다.

독일과 남한에서 장기적인 군사적 임무를 수행하는 동안, 미군은 새로운 무기체계의 설계와 획득, 전투교리, 훈련, 인력충원과 진급 정책에 영향을 미치는 고유한 문화를 발전시켰다. 시간이 흐르면서 깊이 뿌리 내린 이러한 문화적 습관은 적어도 예상된 고강도의 소련식 위협을 모방한 적을 상대했을 때만큼은 인상적인 전술적, 작전적 능력을 보여주는 합동군(joint military force, 합동군사령관이 육군, 해군, 공군의 작전을 지휘하고, 각 군 참모총장은 작전을 제외한 인사, 군수, 병참 등의 지휘권을 행사한다―옮긴이)을 만들어냈다.

1989년 파나마와 1991년 페르시아만, 그리고 2003년 봄 이라크에서의 미군의 합동 및 연합 군사 작전은 이러한 전술적 작전 능력을 보여주었다. 이 세 개의 임무는 미국이 냉전 중 독일과 남한에서의 전투에 대비하여 양성한 특정한 군대에 아주 적합했다. 하지만 이러한 오랜 관행이 지속된 결과, 서태평양 지역의 미군은 오늘날 중국이 제기하는 군사적 도전에 대해서는 제대로 준비가 되어 있지 않다.

인민해방군이 재래식 미사일과 센서 기술의 혁명을 이용하게 되면서 인민해방군의 전력, 주로 지상 기반의 전력이 획기적으로 강화되었고, 자신의 영토에서 수천 km 떨어져 있는, 방어체계가 잘 갖추어진 함정과 군사적 목표물조차도 위협할 수 있게 되었다. 해군 차원의 이러한 군사기술 혁명은 1970년대 소련에서부터 시작되었는데, 1980년대에 미국과 다른 국가의 기획자들이 우려할 만한 결과를 낳았다.[19] 제4장에서 다루겠지만, 이러한 군사기술의 혁명과 연관된 기술의 빠른 성숙화와 비용 하락은 인민해방군이 50년 전 소련이 개발하기 시작했던 기법과 전술을 획기적으로 확대할 수 있게 했다.

태평양 깊숙이까지 지상과 해상의 목표물을 지배할 수 있는 중국의 능력 신장에 대처하기 위해서는 미군은 훨씬 더 먼 거리에서 목표물을 효과적으로 타격할 수 있는 능력을 필요로 한다. 유감스럽게도, 지난 60년간 미군 전반의 경향은 장거리 타격 능력을 소홀히하면서 고도의 능력을 지닌 단거리 무기 플랫폼에 과도하게 편중되어왔다. 이러한 해로운 경향은 태평양에 있는 미군을 매우 취약한 상태에 놓이게 만들었다.

따라서 현재 미군 문화의 기원과 그러한 문화에서 비롯된 무기체계의 획득과 전투교리, 훈련, 인사 정책과 관련한 선호는 JCS 570/2 문건, 그리고 제2차 세계대전 이후의 주둔기지와 작전을 위한 계획에 내포된 가정과 정책까지 거슬러 올라갈 수 있다. JCS 570/2 문건과 그 후속 문건들은 미국이 대서양과 태평양에 대한 통제권을 가질 것이고, 따라서 미국 본토의 병력을 유라시아에 있는 전진 기지까지 방해받지 않고 이동시키고 유지할 수 있을 것이라고 가정했다.

이러한 가정 하에서는, 전술적 작전의 출발점이 유라시아 주변부에 있는 수많은 미군 기지 중 어느 곳이든 될 수 있다. 제2차 세계대전 이후 10년간 미군이 설치한 유라시아 주변의 군도 기지들로부터 작전을 수행하는 전술 전력은 통상적으로 기지로부터 전투 지점까지 비교적 짧은 거리를 이동하도록 되어 있다. 이러한 가정은 한때 타당했는데, 1950년 한국전쟁에서부터 이라크와 아프가니스탄에서의 군사 작전에 이르기까지, 미군은 대부분의 경우 군수기지와 공군기지에서 멀지 않은 곳에서 작전을 수행했고, 대양을 가로질러 이러한 기지들에 접근하는 데 방해를 받지 않았다. 이러한 가정이 수 십년에 걸쳐 여러 분쟁을 통해 반복적으로 확인됨에 따라 미군의 획득과 군사교리, 그리고 훈련은 점점 더 이러한 환경에 순응했고, 결국에는 미군 문화의 일부가 되었다.

공군의 작전 범위는 왜 이렇게 축소되었는가?
How the Air Force's Reach Got So Short

항공력은 제2차 세계대전 이래로 미국의 군사교리에서 중요한 역할을 수행해왔다. 미군 지휘부와 기획자들은 항공력을 상당한 예산을 투입할 가치가 있는 경쟁적 이점으로 간주하며, 장거리와 단거리 항공력 모두 한때는 공군 예산의 상당 부분을 차지했다. 하지만 단거리 전술 항공력이 정책결정자들의 관심과 자원을 압도적으로 차지하면서 장거리 타격 역량은 급격히 저하되었다. 이러한 현상은 JCS 270/2와 그 후속 문건의 토대가 되었던 가정과, 미군이 필요한 작전을 수행해야 할 지역과 멀지 않은 곳에 기지를 건설하는 관행에서 나온 결과였다. 군 지휘부와 기획자들은 인도-태평양 지역의 전략적 상황이 예상과 확연히 달라진 이후에도 대체로 의심 없이 받아들여지는 이러한 가정과 문화에 근거해 정책을 결정했다.

1960년에 공군은 단거리 전투기 및 공격기 5,488대와 폭격기 2,194대를 운용하고 있었고, 공격용 항공기 대 폭격기 비율은 2.5 대 1이었다. 1960년대에 공군과 해군의 장거리 전략핵 미사일이 등장하면서 그때까지 핵 억지력의 수단으로 활용되었던 중거리 폭격기를 퇴역시킬 수 있었다. 1980년에 이르러서 미군의 폭격기는 414대까지 감소했고 공격용 항공기 대 폭격기 비율은 9.2 대 1이 되었다. 1990년대 냉전의 종식, 미국과 소련 간 전략무기 통제 협정, 그리고 구식이 된 핵무기와 폭격기의 연관성으로 인해 폭격기 함대는 더욱 축소되어, 2016년 미군이 보유하고 있던 폭격기는 158대까지 줄어들었고 공격용 항공기 대 폭격기 비율은 12.5 대 1이 되었다.[20]

1991년 걸프전, 1990년대 후반 발칸반도에 대한 개입, 2003~2010년 사이 이라크에 대한 개입, 그리고 2001년 이후 공군과 해병대가 아프가니스탄에 구축한 소수의 대규모 기지는 미래의 분쟁은 충돌 지점 가까이에 있는 대규모의 현대적이고 안전한 공군기지로부터 싸우게 될 것이라는 미군 기획자들의 인식을 강화했다. 최근 미군의 항공기 투자 계획은 거의 동일한 것을 가정하고 있으며, 2028년의 폭격기 숫자를 157대 수준에서 거의 그대로 유지하는 것으로 되어 있다.[21] 이 계획은 공군이 현재 보유하고 있는 폭격기 중 17대를 추가로 퇴역시키는 결정을 내리기 전에 작성되었다(이 결정에 대한 구체적 내용은 제7장에서 다루기로 한다).

자신들의 항공기가 근접 기지에 접근할 수 있을 것이라는 가정만이 공군이 단거리 전투기 확보에 집중하기로 한 결정한 유일한 이유는 아니다. 공군의 군사교리가 제시하는 주요 목표 중 하나는 공중우세(air superiority)를 확보함으로써, 아측 공군이 심각한 저항을 받지 않고 적을 공격할 수 있게 하고 동시에 적 공군이 아측 군대에 심각한 공격을 가할 수 없게 만드는 것이다.[22] "적에게 공중우세를 빼앗긴 상태에서 전쟁에 승리한 국가가 없고, 어떤 주요한 공격도 제공권을 장악한 적을 상대로 하여 성공한 적이 없으며, 어떤 방어도 공중우세를 확보한 적을 상대로 유지되지 못하기"[23] 때문에 미국의 군사교리는 공중우세를 반드시 확보해야 하는 요소로 간주한다.

제2차 세계대전 이후, 미 공군은 공중우세를 확보하기 위한 주요 수단으로 전투기에 의존해왔다. 전투기는 공중이나 지상에 있는 적 항공기를 파괴하고, 적의 공중 공격으로부터 영공을 방어하는 데 유연하게 활용될 수 있는 플랫폼이다. 미사일과 폭격기도 공중우세를 확보하는 데 유용하지만, 공군은 2류 수준의 적을 압도할 수 있는 우수한 전투기를 결정적인 수단으로 간주한다.

1990년대까지 항공력 기획자들은 적 항공기를 자국의 항공 작전에 대한 가장 심각한 위협으로 보았다. 장거리 정밀유도 미사일 기술이 확산되기 전에는, 재래식 탄두를 장착한 미사일은 전투 전구 내에서 전술 전투공격기를 운용하는 공군기지를 위협할 만큼의 정확도를 지닌 것으로 간주되지 않았다. 오직 조종사 조준식 폭탄과 로켓을 사용하는 적 항공기만이 그러한 위협을 제기할 수 있다고 보았다. 이와 같은 이유로, 각 군과 기획자들은 공중우세를 달성하고, 미국의 경쟁적 강점으로서 공군력을 유지하기 위해 최고의 전투기와 대공 미사일을 확보하는 데 주력했다. 베트남과 이라크, 아프가니스탄에 있는 미군 공군기지에 대한 박격포나 침투요원에 의한 공격이 심심치 않게 발생했지만, 그와 같은 공격은 항공 작전에 대한 심각한 위협이 아니라 귀찮은 방해 요소로 여겨졌다.[24]

최고 성능의 전투기를 확보한 후 이를 인접 목표물에 접근 가능한 안전한 기지에 배치하는 데 중점을 두어온 공군의 다음 논리적 우선순위는 높은 수준의 지속 가능한 전투 출격률을 지원하는 지휘 및 군수 체계를 구축하는 것이었다. 전술 전투기 전력이 쉴 새 없이 작전을 수행하도록 지원하기 위해서는 연료, 무장, 예비 부품 및 기타 보급품을 기지로 실어 나르는 대규모 공급망이 필요하다. 규모의 경제 논리는 물론이고 주둔국의 제약과 더 나은 물리적 안보는 공군이 더 작고, 더 넓게 분산된 기지들보다 소수의 대규모 기지를 선호하는 결과를 가져왔다. 소규모의 분산된 기지들은 높은 출격률을 유지하기 위한 보급이 더 어렵기 때문이다.

현재 서태평양에서의 미 공군기지 배치는 소수의 대규모 기지에 전력을 집중하는 방식에 대한 선호를 반영한다. 공군은 작전 활동을 6개 기지로 통합해 왔다. 한국과 일본 본토에 각 2개소, 오키나와와 괌에 각 1개소이다(이러한 관행에서 탈피하기 위한 최근의 개념적 사고에 대해서는 제5장에서 다룬다). 이들 기지는 다양한 작전 범위의 임무를 담당하는 모든 크기의 항공기들을 수용하지만 괌 기지를 제외하고는 모두 유라시아 대륙을 전투기 작전 범위 안에 두고 있는 데, 이는 단거리 전투기에 심하게 편중되어 있는 공군에게는 필수 조건이었다. 서태평양의 미 해군 및 해병대 항공력은 일본 본토와 오키나와 기지, 또는 항공모함에 배치되어 있는데, 이들 타격기는 모두 단거리 전투기이다.

서태평양에서의 지상 기반 미국 항공력의 현재 구조와 기치 배치는, 따라서 이 지역에서의 미국 항공력의 역사와 제2차 세계대전 이후 굳어진 군사 문화의 산물이다. 극히 최근까지도 미국의 항공력 전략은 자국 항공력이 유라시아 가까이에 있는 기지들에 대한 접근권을 가질 것이고, 대양을 가로질러 이들 기지에 필요한 보급과 지원을 제공하는 데 제약이 거의 없을 것이라고 가정했다. 공군 지휘관들은 중앙집중화된 군수체계를 통해 그리고 공중우세를 유지함으로써 높은 출격율을 만들어내고자 계획했다. 적 항공기가 이러한 기지들에 대한 유일하게 실질적인 위협으로 생각되었다. 공군 기획자들은 미국이 최고 성능의 전투 항공기를 보유하고 있는 한, 그들이 전진 기지에 대한 어떤 심각한 위협도 격퇴할 수 있다고 믿었다. 정밀유도 미사일과 무기의 빠른 확산과 비용 하락은 이러한 무기의 사거리 확대와 결합되어, 공군이 임무를 수행해야 하는 작전 환경을 근본적으로 변화시켰다. 그와 같은 무기는 이제 특히 서태평양 지역에서 군의 운용 방식에 심각한 위협을 제기하고 있다.

해군의 작전 범위도 축소되었다
The Navy's Range Comes Up Short, Too

공군의 문화가 그 제도적 행태로 미루어볼 때 전투기 부대를 중심으로 형성되어 있는 것과 마찬가지로, 해군은 항공모함과 그에 소속된 항모비행단(carrier air wings)에 매우 큰 비중을 두고 있다. 잠수함단 역시 해군 문화의 중요한 부분이다. 실제로 탄도미사일 잠수함이 제공하는 억지력은 아마도 국방부가 매일 같이 수행하는 가장 중대한 임무이다. 하지만 안정적이고 위협 요인이 없는 해양 환경을 수십 년 경험하면서 구축된 해군의 제도적 행태는 해군 문화가 그 무엇보다 항공모함을 중시한다는 것을 보여준다. 냉전이 끝나는 1989년 당시 해군이 보유한 전투함은 총 592척으로, 그중 14척이 항공모함이었다.[25] 2021년에 이르러서는 전투함이 1989년의 절반 수준인 297척으로 줄어든 반면, 항공모함의 경우 3척이 줄어든 11척으로 21% 감소하는 데 그쳤다.[26] 해군의 순양함과 구축함, 군수지원함은 전시에 항공모함을 방어하고 지원하기 위해 존재한다. 상륙 부대와 해병대에 대한 해군의 지지는 우선순위에서 밀려났다.

해군의 함공모함은 다른 대안이 거의 없었던 태평양 전쟁의 중요한 초기 단계에서 전쟁을 승리로 이끌었다. 수십 년 후에 항공모함은 자신이 지상의 목표물을 겨냥하여 전력을 투사하는 데 매우 효과적임을 입증했다. 항공모함은 사용 기간이 50년에 이르기 때문에 꽤나 탁월한 투자처럼 보였다. 해군 기획자들은 끊임없이 성능이 개선되는 항공기로 항모비행단을 변경하거나 재구성함으로써 함공모함을 시대의 변화에 적응시켜왔다. 이러한 이유로, 해군 지휘관과 기획자들은 항공모함이 명백한 미국의 경쟁 이점이고 미래에도 유지할 가치가 있는 입증된 유용성이라고 합리적으로 결론지을 수 있었다.

하지만 공군의 경우와 마찬가지로, 지금까지 해군의 가정과 제도적 문화는 이제 새로운 도전에 직면해 있다. 중국이 연안 기반 군사력을 바다 멀리 투사할 수 있는 능력을 확대함에 따라, 이미 미 해군은 자신의 임무수행 방식을 재검토하도록 압박을 받고 있다.

1942년 일본을 상대로 한 산호해와 미드웨이 제도Midway Island 인근에서의 함대 전투 이후로 항공모함은 결정적인 전투함(warship)으로서 전함(battleship)을 확실히 대체했다. 이러한 전투 중에 양측의 항공모함 기반 항공기들은 전함보다 훨씬 더 먼 거리에서 전함을 찾아내고 격침시킬 수 있는 능력을 입증했다. 이 전투에서 미 해군이 얻은 교훈은 항공모함과 함재기의 우위를 유지하는 것은 적 함대에 대한 우위와 그 결과로서 제해권을 보장해줄 것이라는 점이었다.

그러나 제2차 세계대전 이후에 미 해군은 해양에서 자신에게 도전할 만한 경쟁자를 찾아볼 수 없게 되었고 강력한 항공모함 전력을 유지하는 것을 정당화할 명분이 마땅치 않게 되었다. 냉전이 막 시작되려는 시점에서 전략적 차원에서 시급한 과제는 소련을 억지하는 것이었고, 핵무기를 탑재한 대규모 장거리 폭격기 편대라는 해법을 제시한 것은 공군이었다. 공군은 이러한 능력을 구축하기 위한 전후의 방위 자원을 요구하여 받아냈다.[27]

타군과의 예산 확보 경쟁에서 패색이 짙던 해군은 1950년 6월 북한이 불시에 남한에 대한 전면전을 감행하면서 항공모함의 효용성을 입증할 기회를 얻게 되었다. 북한군은 남한 내의 공군기지 대부분을 신속하게 장악했고, 포위된 미군과 한국군은 부산을 중심으로 한 방어선에 갇히게 되었다. 이때 제7함대가 신속하게 한국에 도착하여 방어선 안쪽에 있던 지상 전력이 북한군을 격퇴하는 데 필요한 항공력을 제공했다.[28] 이후 3년을 더 끌었던 한국전쟁 동안 총 11척의 대형 항공모함이 전투에 참여했다. 제7함대의 77기동부대 소속 비행사들의 출격횟수는 총 275,000회로, 육군, 해군, 공군과 해병대의 항공기가 수행한 근접항공지원의 53%, 차단임무 출격의 40%를 차지했다.[29]

베트남 전쟁 동안 해군은 항공모함으로부터 해안으로 전력을 투사할 수 있는 자신의 역량을 다시 한번 입증했다. 77기동부대가 남중국해 양키 기지 Yangkee Station(베트남 전쟁 중 9년간 미 해군 항공모함과 지원함이 작전했던 베트남 연안 공해상의 고정 좌표—옮긴이)에서 재편성되어 롤링 썬더Rolling Thunder 작전(1965.3.2~1968.11.2, 미군이 북베트남에 가한 지속적인 융단폭격—옮긴이)과 라인배커Linebacker 작전(1972.5.9~10.23, 북베트남의 교통체계를 파괴해 물자와 보급품 수송을 차단하기 위한 대규모 폭격—옮긴이) 같은 지속적인 공중작전에 참여했다.[30] 1964년부터 1973년까지 77기동부대의 항공기들은 북베트남과 남베트남의 목표물을 타격하기 위해 수십만 회 출격했고 베트남 전쟁의 항공 작전에서 주요한 역할을 담당했다.

1991년 이라크군을 쿠웨이트에서 축출하기 위한 사막의 폭풍 작전Operation Desert Storm은 해군의 항공모함이 자신의 전력 투사 능력을 보여줄 수 있는 또 다른 기회를 제공했다. 1991년 1월에서 2월 사이에 해군은 연합공중작전의 일환으로 항공모함 6척과 400대 이상의 항공기를 홍해와 아라비아해에 집결시켰다.[31] 해군의 항공모함은 사막의 폭풍 작전 이후에도 그 지역에 머물러 있었고 이라크 전쟁과 아프가니스탄 전쟁 모두에 투입되었다.

이러한 해군의 항공 작전에서 항공모함은 사실상 저항을 받지 않고 적의 해안 가까이 다가갈 수 있었다. 일단 이러한 위치로 진입하면, 지휘관과 기획자들의 우선순위는 기동부대의 지속 가능한 출격률을 극대화하는 것으로 바뀌었으며, 이는 안전한 해안 공군기지로부터 작전을 수행하는 공군 기획자들의 운영 원칙과 다를 바 없었다. 해군의 경우, 적대세력의 위협 없이 대양을 오고 갈 수 있는 군수지원함이 기동부대에 연료, 무장, 예비 부품, 그리고 그 외 필요한 물자를 끊임없이 재보급했다.

제2차 세계대전이 끝난 후부터 중국의 위협이 표면화되기까지 긴 기간 동안, 해군이 이러한 익숙한 루틴에 대한 심각한 위협에 대비해야 했던 상황이 단 한 차례 있었다. 1970년대가 시작될 즈음에 소련은 "정찰-타격 복합체 Reconnai-ssance Strike Complex"의 각 요소들을 완전히 갖추어가고 있는 것처럼 보였고, 이는 미 해군의 항모 타격단이 소련 내 잠재적 목표물을 타격할 수 있는 사거리 내로 진입하기도 전에 타격단을 위협할 수 있는 발전이었다.

미 해군 항공모함에 대한 소련의 장거리, 지상 기반 위협은 다음 세 가지 요소들을 포함했다. 1) 미국 항공모함을 찾아내는 해양 정찰위성, 잠수함, 그리고 정찰기, 2) Tu-22M Backfire 해양 전폭기, 3) Kh-22M Kitchen 초음속 대함 순항미사일.

북대서양의 무르만스크 근처의 지상 기지와 태평양의 소련 극동 기지로부터 작전을 수행하는 백파이어 전폭기는 약 5,000km의 전투행동반경을 갖고 있다. 키친 대함 순항미사일ASCM은 이 작전 거리에 460km를 추가했다. 따라서 미국의 항모 타격단 지휘관들은 소련군이 항공모함 타격기보다 최소 4배가 넘는 작전거리를 갖고 있다는 점을 염두에 두어야 했다.32

1970년대 후반부터 1980년대 레이건 행정부에 이르기까지, 당시 해군 장관 존 레먼John Lehman의 지휘 아래 해군 지휘관과 기획자들은 소련의 정찰-타격 복합체의 위협에 대응하기 위한 플랫폼과 무기, 전술을 확보했다. 여기에는 장거리 피닉스Phoenix 공대공 미사일을 장착한 F-14 공중우위 전투기, 이지스Aegis 전투시스템과 함대의 대공 방어를 위해 순양함과 구축함에 장착하는 신형 함대공 미사일, 그리고 백파이어 전폭기가 대함 미사일을 발사하기 전에 탐지하여 격추하는 전술이 포함되었다.33 다만 냉전이 백파이어와 미국 해군 간의 대결 없이 끝났기 때문에 어느 쪽이 우위에 있었는지 알기 어렵다.

해군은 항모타격단 위주의 함대 설계를 계속할 계획이다. 해군 관계자들은 제럴드 포드Gerald R. Ford급 차세대 항공모함은 곧 대체될 니미츠Nimitz급 항공모함보다 더 낮은 수명주기 비용(lifetime cost, 무기체계나 장비를 획득하여 운용하다가 폐기할 때까지 소요되는 전체 비용—옮긴이)으로 더 강력한 전투력을 만들어낼 것이라 주장한다.34 그들은 항공모함이 지난 수십 년 동안 즉각적이고 유연하게 역할을 수행해왔음을 지적하며, 항모 비행단이 변화하는 환경에 계속 적응해 나갈 것이라고 주장한다.

서태평양에서의 군사적 균형에 있어, 항공모함 기반 항공력의 미래에 관한 문제는, 이러한 향상이 비록 주목할 만할 것일지라도 중국 인민해방군이 현재 실전 배치하고 있는 극적으로 향상된 센서와 미사일 전투 네드워크를 따라갈 수 있을지 여부이다. 항모전단이 인민해방군의 전투 네트워크가 타격할 수 있는 범위 밖에 있도록 하기 위해서는 항모비행단의 작전 범위를 획기적으로 확대할 필요가 있다. 유감스럽게도 미국의 항공모함은 지상 기반 전투기와 미사일에 비해 작전거리가 짧을 수밖에 없는 단거리 전술 전투기를 운용하도록 설계되어 있다. 해안에 전력을 투사하는 효과적인 플랫폼으로서 항공모함의 역할을 장려하는 해군 내부의 제도적 문화는 이제 이전 지휘관들이 전장에서 마주하지 않아도 되었던 군사기술 혁명을 고려하지 않으면 안 된다.

실제로 항공모함의 작전거리 문제는 해결이 쉽지 않아 보인다. 항공기의 작전거리는 그 크기와 매우 밀접하게 관련되어 있고(공군의 가장 큰 폭격기는 전투기보다 훨씬 더 긴 작전거리를 갖고 있다), 해군의 항공모함 기반 항공기는 자신의 크기와 작전거리 한계에 도달해 있다. 항공모함이 인민해방군 전투 네트워크의 사정권 밖에 머무르게 하면서, 동시에 지상 기반의 표적을 타격하는 데 필요한 작전거리를 가질 만큼 충분히 큰 항공기를 수용할 공간이 항공모함에는 없다. 만약 항공모함이 더 크고, 따라서 더 긴 작전거리를 가진 항공기를 수용할 수 있었다면, 해군은 이미 그런 기종을 확보했을 것이다. 더 크고 더 긴 작전거리를 지닌 전투기를 수용할 수 있도록 더 큰 항공모함을 건설하는 것도 현실성 있는 방안이라 할 수 없다. 작전거리를 늘리기 위해 중간에 공중급유를 하는 방안 역시, 적국 군용기가 돌아다니는 공역에서 이루어질 것이므로 해결책이 될 수 없다. 서태평양 지역에서 항공모함이 계속해서 유용한 존재가 되기 위해서는 현재 영구적인 한계인 전술적 작전거리가 아니라, 전구 범위(theater-wide) 또는 심지어 전략적 작전거리를 지닌 항공기를 필요로 한다. 해군은 이 고질적인 문제에 대한 해결책을 갖고 있지 않다.

항공모함 기반 항공기 외에도 해군은 토마호크Tomahawk 순항미사일로 지상의 목표물들을 타격할 수 있다. 해군은 또한 원거리에 있는 수상함을 공격할 수 있도록 토마호크 미사일을 개량하고 있다. 해군의 잠수함과 순양함, 구축함은 토마호크 미사일을 최대 1,600km떨어진 목표물을 향해 발사할 수 있다.[35] 따라서 미국 해군의 수상함이 중국 목표물에 대해 토마호크를 발사하려면 중국 대함 미사일의 사거리 안으로 들어가야 한다(제4장에서 더 자세히 다루기로 한다).

순양함과 구축함에 탑재된 토마호크 미사일은 마크41수직발사 시스템(Vertical Launch System)을 통해 발사된다(해군 순양함에는 127개의 셀cell, 알레이 버크급 구축함에는 96개의 셀, 줌왈트급 구축함에는 80개의 셀이 들어간다). 수직

발사 시스템은 미사일과 방공 요격 무기, 대잠 무기 발사에도 사용된다. 해군의 공격잠수함들은 각각 토마호크 미사일을 12기까지 탑재할 수 있고, 4척의 유도 미사일 잠수함(이 중 2척이 태평양 함대에 배치되어 있다)은 각각 154기의 토마호크 미사일을 탑재하고 있다.[36]

    태평양 함대가 보유한 수직발사 시스템 셀(발사관)의 개수는 해군의 장거리 순항미사일 능력의 이론적인 최대치를 나타낸다. 해군 공식 홈페이지에 따르면, 해군은 현재 태평양 함대에 순양함 12척, 구축함 36척, 공격잠수함 25척, 그리고 미사일 발사용 잠수함 2척을 배치하고 있다.[37] 따라서 태평양 함대는 방공 및 미사일 방어, 대잠전, 그리고 토마호크 지상 공격 미사일을 위한 총 5,556개의 수직발사 시스템 셀을 보유하고 있다.

    미 해군은 다양한 임무들 간에 어떻게 수직발사 시스템 셀을 할당하는지는 공개하지 않고 있다. 한 보고서에 따르면, 수직발사 시스템 셀의 기본 장전(baseline loading)은 순양함이나 구축함의 경우 4개의 셀만 토마호크 미사일 발사용으로 할당하고, 거의 92%에 달하는 나머지 셀들은 방공 및 미사일 방어용으로 할당된다.[38] 이러한 할당 비율은 해군 수상 전투함의 주된 임무가 적의 전투기와 미사일 공격으로부터 항공모함을 방어하는 것임을 반영한다. 이러한 기본적인 탑재량이 표준 방식이라면, 태평양 함대는 수상함과 잠수함 전체를 통틀어서, 각각 특정 지점을 타격할 수 있는 약 800기 정도의 토마호크 미사일을 보유하게 된다. 수직발사 시스템은 군 지휘관과 기획자에게 이러한 무장 구성을 변경할 수 있는 융통성을 부여하지만, 도마호그에 대한 할당량을 실질적으로 늘리면 적 대함 무기의 사거리 내에서 활동하는 수상 전력에 대한 위험을 크게 증가시킨다. 게다가, 해군 함선은 해상에 있는 동안에는 수직발사 시스템을 재장전할 수 있는 수가 없다.[39]

    대규모 공중 작전의 일부로 활용될 때는 매우 유용한 무기일지라도(토마호크 미사일은 공중 작전을 개시하는 시점에서 적의 방공시스템을 파괴하는 데 사용되어왔다) 해군의 토마호크 역량은 그것만으로는 중요한 적국을 상대로 장기간 작전을 수행하기에는 충분치 못하다. 예컨대, 1991년 이라크를 상대로 한 6주 간의 공중 작전에서 다국적군 공군은 35,085개의 목표물(목표물이 하나 이상의 타격점으로 이루어진 경우가 흔했다)을 공격했고, 그중 11,655개가 "전략적" 목표물(이라크 지상군 이외의 목표물)이었다.[40] 중국과 무력충돌이 벌어진다면 타격해야 할 잠재적 목표물이 1991년의 이라크보다 훨씬 더 많으리라 보는 것이 합리적인 추정일 것이다. 해군이 보유하고 있는 토마호크 미사일은 중국과의 무력충돌에서 결정적인 수단이겠지만, 중국 내 잠재적인 목표물의 수는 분명 태평양 지역 내 토마호크 수량보다 최소 10배, 어쩌면 100배 정도 더 많을 것이다.

1945년 이후로 공해상에서 미 해군에 도전할 만한 중요한 적수가 없었기 때문에 해군은 지상 목표물에 대한 전력 투사에서 항공모함의 임무를 찾았다. 한국전쟁 이후로 미 해군의 어떤 적도 항공모함이 해안 가까이 접근해 장기간 폭격전을 수행하는 것을 막을 수단을 가지지 못했다. 다른 수단을 동원해 저항하는 경우는 종종 있었는데, 예컨대 베트남 전쟁 당시 북베트남의 방공시스템으로 인해 미 해군은 함재기 900대를 잃고 조종사 881명이 죽거나 포로가 되었다.[41] 그러나 수십 년간 무수히 많은 교전을 통해, 해군은 기동부대 전술, 대양을 가로지르는 군수지원 체계, 그리고 통합된 훈련 및 인력 체계를 조직화하여 항공모함으로부터의 항공 작전을 지속하는 방법을 완성했다.

해군력 투사를 위한 이러한 통합체계(meta-system)는 오랜 기간 유지되었던 우호적인 작전 환경과 결합하여 항공모함을 지지하는 제도적 문화를 만들어 냈다. 그러한 문화는 이제 제럴드 포드급 항공모함과 F35C 전투기 같은 새롭고 향상된 요소들을 이용해 스스로를 존속시키려 하고 있다. 해군 고위급 지휘관 대부분은 오랫동안 이러한 제도적 문화를 지탱해온 환경이 급속히 악화되고 있다는 사실을 이해하고 있다. 제5장은 미 해군이 지난 10여 년간 중국의 위협에 대응하기 위해 어떠한 시도를 해왔는가에 대해 논의할 것이다.

소련과의 조약으로 사라진 육군의 장거리 타격 능력
A Treaty Removes the Army's Long-Range Punch

   1950년대에 들어 미 육군은 다양한 전장 및 전구 범위의 탄도미사일을 개발하고 유지해왔다. 육군의 미사일 능력은 유럽에 퍼싱2 중거리 탄도미사일 108기를 배치했던 1980년대에 정점에 이르렀다. 퍼싱 미사일과 지상 발사 크루즈 미사일(후자는 해군의 토마호크 미사일 설계에 기반을 두었다)은 적이 대단히 중시하는 목표물을 적은 비용으로 효과적으로 위협하는 방법을 제공했다. 두 미사일 모두 이동식 발사대에서 발사되었고 위기 시 분산 배치하거나 재배치할 수 있어 적이 미사일을 겨냥하는 것을 어렵게 했다. 냉전 기간 중 미국은 단단하거나 지하 깊숙이 숨겨진 목표물을 파괴할 수 있도록 이들 미사일에 핵탄두를 장착했었다. 핵탄두가 장착된 퍼싱2 미사일은 정확도가 매우 높았고 소련 지도부와 지휘벙커를 위협하도록 설계되었다. 동시에 공군은 소련 지휘벙커에 대한 핀포인트(pinpoint) 공격이라는 퍼싱2 미사일과 같은 임무를 위해서, 동일한 정확도를 지닌 지상 발사 크루즈 미사일 464기를 유럽에 배치했다. 이러한 배치의 또 다른 목적은 유럽의 전장에서 쌍방이 중거리 핵무기를 없애는 조약에 소련 지도부가 동의하도록 압박하는 것이었다. 냉전 이후의 인터뷰나 공개 문건에 따르면, 소련 지도부는 그 미사일들이 자신들을 향해 핀포인트 핵 타격을 가할 수 있다는 가능성에 너무나 불안해했고 결국 미국이 미사일 배치를 완료하자마자 조약에 합의했다.[42]

   1987년 12월, 미국과 소련은 양국 모두 사거리 500~5,500km인 지상 기반 미사일의 보유를 금지하는 중거리핵전력조약INF을 체결했다. 그에 따라 1991년까지 양국은 각자 보유한 지상 기반의 준중거리 및 중거리 미사일과 지원 장비를 폐기했다.[43]

   그 뒤 수십 년 동안 미군 (그리고 러시아군) 기획자들은 중국이 지상 기반의 단거리, 준중거리, 중거리 탄도미사일과 순항미사일 수천 기를 제작하여 배치하는 모습을 지켜보기만 하는 이상한 입장에 놓이게 되었다. 미국의 기획자들은 INF 조약으로 인해 태평양 지역에 전구급(theater-range) 미사일을 배치할 수 없게 되었다는 점에 대해서 처음에는 그다지 우려하지 않았었다. 이 지역에서 무력충돌이 발생하는 경우 미국이 필요로 하는 것은 역내 어느 곳이든 돌아다닐 수 있는 미국 항공력의 오랜 능력이면 충분하다고 보았다. 하지만 중국 군사력의 현대화는 이러한 가정을 뒤흔들어 놓았고, 그 결과 미국의 전략에 중대한 영향을 미치게 되었다.

중국의 군비 증강과 아울러, 러시아가 INF 조약을 위반하며 새로운 중거리 미사일을 개발하고 있다는 증거가 나오면서 트럼프 행정부는 2019년 조약에서 탈퇴했다.[44] 조약의 파기가 인도-태평양 지역에서의 미국의 전략에 던지는 함의에 대해서는 제7장에서 다룰 것이다.

미 국방부가 중국의 위협을 등한시했던 이유
Why Did the Pentagon Neglect China?

중국의 군사현대화는 이제 인도-태평양 지역의 미군, 교리, 계획 등에 커다란 압박으로 작용하고 있다. 중국 인민해방군과 관련하여 미국의 군사적 역량과 선택지에 대한 모호함이 점점 늘어나고 있다. 그리고 이러한 모호함이 커지면서 자신의 군사적 선택지와 관련한 중국 지도부의 자신감도 덩달아 커지고 있다. 미국 국방부는 막대한 예산과 최신 기술에 대한 접근성, 그리고 노련한 지휘관과 기획자들을 보유하고 있는데, 어쩌다가 이런 충격적인 결과가 나오게 되었을까?

국방부와 하와이의 인도-태평양사령부 본부에 있는 기획자들은 지난 30년간 중국의 군사적 잠재력에 대해 앞다투어 경고해왔다. 1991년 걸프전은 센서와 정밀유도무기로 구성된 현대적인 전투 네트워크가 적군에 가할 수 있는 타격이 어느 정도인지 실제로 확인시켜준 첫 무대였다. 전쟁이 끝난 후 국방부 총괄평가국ONA의 전문가들은 만약 적이 유사한 능력을 확보했을 경우 미군과 작전개념에 어떠한 결과가 발생할지를 예상해보는 작업을 진행했다. 1990년대 초에 완료된 연구 결과는 적이 미군이 이라크군을 상대로 사용한 것과 같은 정밀유도무기와 표적설정 능력을 갖춘다면 미국의 전진 기지와 미군이 전통적인 방식으로 전력을 투사할 수 있는 능력이 약화될 것이라는 결론을 내렸다.[45]

국방부 분석가들의 후속 보고서들 역시 미국의 전력과 운용 개념에 대한 다가오는 도전을 다루었는데, 점점 더 중국을 중대한 위협으로 지목하고 있다. 의회의 요구에 따라 국방부가 4년마다 작성하는 장기 전략문서인, 2001년도 〈4개년 국방검토보고서QDR〉는 국방부 총괄평가국의 연구를 이어갔다. 보고서는 다음과 같이 경고했다. "아시아 지역에서 안정적인 균형을 유지하는 것은 복잡한 과제가 될 것이다. 가공할 만한 자원을 보유한 군사적 경쟁자가 이 지역에서 부상할 가능성이 존재한다. 벵골만부터 동해에 이르는 동아시아 연안은 특히 도전적인 지역이 될 것이다."[46] 경고는 계속 이어진다.

> 미래의 적은 해외에 전력을 투사할 수 있는 우리 능력의 상당 부분을 무력화하는 수단을 보유할 것이다. 적이 탄도미사일과 순항미사일로 포화공격(saturation attack, 상대가 감당할 수 있는 수준 이상으로 공격하여 방어사의 전투 능력과 의지를 압도하는 선술—옮긴이)을 기한다면 미군이 해외 기지와 비행장, 항만으로 접근하는 것이 불가능해지거나 지연될 수 있다. 첨단 방공시스템을 보유한 적대국의 영공에는 스텔스 항공기가 아니라면 접근할 수 없을 것이다. 각종 군사 위성과 상업 위성, 초수평선 레이더(전리층과 지표 사이에서 반사를 반복하며 도달하는 단파대를 사용함으로써 수평선 너머의 표적까지 탐지할 수 있는 레이더—옮긴이)와 스텔스 무인기는 잠재적인 적에게 광범위한 영역을 정찰하고 미군과 그

군사 자산을 추적하고 표적으로 삼는 수단을 제공할 수 있다. 대함 크루즈 미사일과 첨단 디젤잠수함, 신형 기뢰는 미 해군과 상륙전 부대의 연안 해역에서 작전하는 능력을 위협할 수 있다. 이러한 위협에 대응하기 위해서는 전력을 투사하기 위한 새로운 접근방법이 개발되어야 한다.[47]

국방부가 이 보고서를 내놓고 20년이 지나는 동안 인민해방군은 실제로 이와 같은 능력을 개발하여 실전에 배치했다. 2001년도 〈4개년 국방검토보고서 QDR〉는 작성 직후 알카에다Al Qaeda의 9/11 테러가 발생하는 바람에 실제 발간은 테러가 있고 나서 몇 주 후에 이루어졌다. 갑자기 들이닥친 위기에 모든 주의와 이목이 쏠리게 되면서, 이 보고서는 워싱턴의 혼란한 상황 속에서 길을 잃었다. 반면 베이징에서는 인민해방군이 이 보고서를 자신의 전력 개발을 위한 청사진으로 삼았다.

2006년도 〈4개년 국방검토보고서〉는 잠재적인 중국의 위협을 명시적으로 언급했다. "전략적 기로에 있는 국가들의 선택에 영향 미치기"라는 주제에서, 보고서는 "주요 신흥 국가 중에서 중국은 미국과 군사적으로 경쟁할 수 있고, 시간이 흐를수록 미국의 대응 전략이 부재한 상황에서 전통적인 미국의 군사적 우위를 상쇄하게 될 혁신적인 군사 기술을 실전에 배치할 수 있는 가장 큰 잠재력을 갖고 있다."고 기술했다.[48]

2010년도 〈4개년 국방검토보고서〉는 훨씬 더 명시적이다. 보고서는 "중국의 장기적인 의도에 관해 수많은 정당한 의문을 제기하는, 중국 군사현대화와 관련한 8가지 우려 영역을 열거했다.[49] 그리고 적 미사일이 미군의 행동의 자유에 가하는 위협에 대한 대응으로 "합동 공해 전투 개념(joint air-sea battle concept)" 개념을 개발할 것을 군에 주문했다.[50]

중국의 잠재적이고 실제적인 군사적 위협에 대한 이러한 반복된 경고에도 불구하고, 냉전 이후 미국 정치 지도자들의 일관된 정책은 중국과 서구 국가들 간의 정치적, 경제, 문화적 관계를 심화시킬 수 있도록 중국 지도부를 포용하는 것이었다. 그 이론적 근거는 중국 지도부와 시민들은 기존 국제질서에 협력함으로써 이득을 얻게 될 것이기 때문에, 포용정책(engagement)은 중국이 기존 국제질서와 협력하도록 설득하리라는 것이었다. 그리고 여기서 더 나아가, 중국의 지도부가 권위주의적 정치체제를 자유화할 수밖에 없을 것이라는 계산도 있었다. 왜냐하면 중국 인민들이 정치적 자유화를 요구할 것이고, 중국의 엄청난 인적 자원을 최대한 활용하기 위해서도 자유화가 필요하기 때문이다.[51]

빌 클린턴Bill Clinton 전 대통령은 자신의 회고록에서, 중국을 세계무역기구 WTO에 가입시킨 문제에 대해 다음과 같이 언급했다. "중국 경제와 세계 경제의 통합을 지속하고, 중국의 국제법에 대한 수용성과 모든 사안에서 미국 및 다른 국가들과 협력하려는 의지를 높이기 위해, 나는 중국의 세계무역기구 가입에 강하게 찬성하는 입장이었다."[52] 1997년 장쩌민 주석과의 회담 후에 클린턴은 다음과 같이 썼다. "나는 중국이 더 개방적이 되어야 한다는 현대 사회의 요구에 직면할 것이고, 다음 세기에 미국과 중국은 적대자보다는 파트너가 될 가능성이 더 높다는 생각을 하며 잠자리에 들었다."[53]

조지 부시George W. Bush 전 대통령의 중국에 대한 입장 또한 클린턴의 생각이나 워싱턴의 오랜 컨센서스와 일치했다. "미국 시장에 대한 접근이 중국에 지극히 중요한 것과 마찬가지로, 10억 명이라는 잠재적 고객에 대한 미국의 접근을 확대하는 것이 나에게는 높은 우선순위였다. 나는 또한 무역을 자유라는 의제를 증진할 도구로 보았다. 시상 경세에 내재힌 자유(freem)가 시간이 흐르면서 인민들로 하여금 광장에서 자유(liberty)를 요구하도록 만들 것이라고 믿었다."[54]

버락 오바마 행정부의 수전 라이스Susan Rice 국가안보보좌관은 2015년 조지타운 대학교에서 했던 연설에서 중국에 대한 포용정책을 지속해야 한다고 주장했다. "미국은 중국이 평화롭고 안정적이며 번영하면서도 국제사회의 책임감 있는 일원으로 부상하는 것을 환영한다. 중국이 경제적 성장과 커지고 있는 역량에 걸맞은 지도적 역할을 하는 것은 당연한 일이다. 지역적 문제와 전 지구적 문제를 해결하는 데 중국이 참여한다면 미국과 세계는 혜택을 입을 것이다. … 우리는 양국 국민 모두에게 혜택을 주는 생산적이고도 협력적인 중국과의 관계를 구축하기 위한 노력을 계속해나갈 것이다. 이것이 아시아 지역에 대한 우리 전략의 중심축이다."55 라이스는 당시에도 이미 분명했고 잘 알려져 있던 중국의 급속한 군사현대화에 대해 언급하지 않았다. 라이스가 위와 같은 연설을 하는 중에도 인민해방군이 남중국해 스프래틀리 군도에서 7개 산호초를 점거하여 군사 기지로 개조하는 작업이 순조롭게 진행되고 있었다. 결국 라이스의 연설은 지속적인 포용정책이 중국을 기존 국제사회의 질서와 규범을 수용하는 "책임감 있는 일원"으로 변화시킬 것이라는 오바마 행정부의 시각을 분명히 하는 것이었다. 2015년의 중국은 이미, 미국의 기대와는 정반대로, 공세적이면서 기존 질서를 타파하는 방향으로 나아가고 있었다. 하지만 오바마 행정부는 자신의 가정에 매몰되어 있었고 라이스는 중국에 제재를 가하거나 미국의 행동방침을 변경할 필요성을 느끼지 못했다.

도널드 트럼프는 시진핑과의 개인적 관계가 양국 간 차이, 특히 무역 부분에서의 차이의 해결로 이어질 것이라는 기대를 갖고 임기를 시작했지만, 그는 어쩌면 반세기 만에 중국을 중대한 지정학적 도전으로 규정한 최초의 대통령이었다. 불행히도 민간 출신이 보임되는 국방부 고위직에 대한 트럼프의 혼란스러운 인사와 동맹국 지도자들과의 동맹을 심화하는 것에 대한 그의 개인적 무관심으로 인해, 미국은 그의 임기 동안 가속화되었던 중국의 호전적 행태에 대해 효과적으로 대응하지 못했다.

지난 수십 년간 미국의 국가안보에 책임이 있는 민간 출신 최고위 인사들은 인민해방군의 위협 증가에 대응해야 할 절박한 필요성을 느끼지 못했거나, 효과적인 대응을 위해 요구되는 개혁을 실행할 능력을 갖추지 못했다. 2006년부터 2011년까지 미국 국방장관을 지낸 로버트 게이츠Robert Gates는 회고록에서, 자신이 재임 기간 동안 국방부가 중국 인민해방군과 같은, 첨단 전력을 갖춘 미래의 전통적 적대세력에 대비하기 위해 사용하던 자원의 일부를 이라크와 아프가니스탄에서와 같은 비정규적, 비재래식 전쟁 수행에 돌리려 했던 노력을 서술했다.56 실제로 2008년도 〈국가국방전략서NDS〉 초안을 작성하면서 게이츠는 비재래식 분쟁에 자원을 제공하기 위해 미래의 전통적 적대세력에 대한 대비에 있어 위험을 감수할 의사가 있다고 밝히기도 했다.57

게이츠는 회고록에서 중국 인민해방군의 위협 증가와 다른 재래식 군사력의 추세를 심각하게 받아들였고 이에 대비하기 위한 프로그램과 계획을 지원했다는 점을 반복적으로 언급했다. 그러나 그는 또한, 자신이 긴 경력 동안 미군이 실제로 저강도 비정규 분쟁들을 치러왔으며, 미국은 이러한 분쟁에 언제나 충분히 준비되지 않은 채 뛰어드는 것처럼 보였다고 언급했다. 그는 지난 70년 동안 미국이 고강도 재래식 전쟁을 피할 수 있었던 이유가, 바로 국방부가 이러한 크고 중대한 전쟁에 가장 많은 대비를 해왔고, 따라서 억지력을 유지할 수 있었기 때문이라는 점은 언급하지 않았다.

어쨌든, 게이츠와 그의 후임자들은 중국의 군사현대화 속도를 과소평가했고, 미국 국방 당국이 인민해방군에 대비해야 하는 시간을 과대평가한 것은 분명하다. 예컨대, 공군은 신속역량국Rapid Capabilities Office에 몹시 시급한 신형 폭격기 개발(게이츠 장관이 2010년 승인한 사업)을 맡겼지만, 최초의 신형 B-21 폭격기는 2020년대 말까지는 전투 준비가 되지 않을 것이다.

게이츠 장관의 뒤를 이은 국방장관들은 개혁을 추진하는 데 필요한 능력과 경험을 갖추지 못했다. 그가 국방장관에서 물러난 2011년 이후 10명이 후임자가 거쳐 갔는데, 아무도 2년 이상 자리를 지키지 못했으며, 일부는 몇 개월, 심지어 며칠 만에 경질되기도 했다. 이들 중 일부는 어떻게 미군이 인민해방군의 위협에 대비해야 하는지에 대한 확고한 견해를 가졌을 수도 있지만, 어느 누구도 자신의 전략에 맞춰 거대한 조직을 재편할 수 있을 정도로 오래 재직하지는 못했다.

마찬가지로 고위급 군 지휘부도 대통령과 민간 출신 상관의 뜻을 알아차리고, 중국에 대한 "포용적이고 협조적인" 접근방식을 따랐다. 예컨대, 2011년 합동참모본부 차장으로 예편한 제임스 카트라이트James Cartwright 해병 대장은 2012년 6월 "공해전투(AirSea Battle, 2010년도 QDR에서 제시된 인민해방군에 대한 개념적 차원의 대응 방안)는 중국을 악마화하는 것으로, 누구에게도 득이 될 것이 없다."58고 말했다.

 2013년 3월, 당시 태평양사령부 사령관이던 새뮤얼 라클리어Samuel Locklear 대장은 민간 출신 상관의 방침에 순응하는 고위급 군 지휘부의 또 다른 사례가 되었다. 메사추세츠주 케임브리지Cambridge에서 가진 인터뷰에서 그는 기후변화와 관련된 중대한 격변이 "아마도 안보 환경을 망가뜨릴 가능성이 가장 높은 요인입니다. 우리 모두가 흔히 이야기하는 다른 어떤 시나리오보다도 그럴 가능성이 더 높습니다."라고 말했다. 센카쿠 열도 인근에서 벌어진 중국과 일본 함정의 최근 대치 사태에 대한 질문에는 이렇게 답했다. "우리에게는 현재 진행 중인 여러 분쟁들이 있습니다. 그것은 단지 중국과 다른 모든 국가들 간의 문제만은 아닙니다. 그곳에는 다른 파트너 국가들 간의 분쟁도 있습니다. 때때로 나는 중국이 이 문제에 있어 다소 거칠게 다뤄지고 생각합니다."59

 라클리어와 카트라이트, 그리고 이 시기 다른 고위급 군 지도자들은 분명 백악관과 국방부에 있는 민간 출신 상관의 지침과 시그널(signal)을 충실히 따르고 있는데, 이는 군의 정책 결정에 대한 민간 통제의 오랜 전통을 감안한다면 전적으로 적절하고 당연한 일이다. 이 정책결정자들은 중국이 일반적인 예상과는 다른 선택을 할 경우에 대한 대비책에 자원을 투입하는 것은 정당화하기 어렵고 얼마간의 위험도 있다는 결론을 내렸다. 그러나 그 결과 중국의 군사적 위협에 대비할 수 있었던 수십 년이 날아가버렸고, 이는 최종적인 책임이 있는 최고 민간 정책결정자로서는 후회스러운 일이었다.

 대통령의 정책결정 외에도, 인민해방군이 군사력을 증강하는 동안 국방부가 잠을 자고 있던 또 다른 이유가 있다. 그 이유는 관료적 문화로까지 거슬러 올라간다. 군 조직의 뿌리 깊은 문화는 그들의 전통을 지지하고, 현재의 사업과 조직, 정책 기반과의 연속성을 유지하는 장교에게 보상을 제공한다. 특히 현재의 사업과 조직, 정책이 제대로 작동한다고 일반적으로 인정받을 때 더욱 그렇다. 공군 전투기가 하늘을 지배하고 해군 항공모함이 바다를 지배하고 있는데, 군 조직 내에서 이러한 성공에 반하는 주장을 제기하는 것은 그러한 성공을 가져왔던 여건이 급격하게 변하고 있을지라도, 괴짜라는 낙인이 찍힐 위험을 감수해야 하는 일이다.

경제적, 정치적 이익 또한 군사 프로그램 및 교리와 관련하여 타성을 강화한다. 해당 지역의 정치적 이익과 방위 계약자들은 현재의 군사 기지와 작전 방식, 그리고 그것들을 지원하는 방위산업 기반을 유지하려고 노력할 것이다.

미군 전력 설계를 책임지는 관료와 기획자들에게 있어 또 다른 문제는 전략적 핵 억지부터 자연재해 후의 인도적 구호에 이르기까지 군에 부여된 임무가 너무나 광범위하다는 점이다. 그와 같은 폭넓은 지리적, 기능적 임무를 수행하도록 설계되고 자금이 투입된 군은 일반적으로 많은 일들을 할 수는 있지만, 좁은 범위의 특정 임무에서 최고가 되도록 최적화되어 있지는 않다.

이에 반해, 인민해방군은 적어도 중국 역사에서 지금 이 시점에는 매우 특정한 임무에 모든 에너지와 자원을 집중할 수 있다. 그것은 미군이 중국 근해나 그 인근에서 작전을 벌이지 못하도록 막는 것이다. 중국은 30년 동안 이 특정 과제에 집중해왔으며, 이제 그 임무를 달성하기 위해 잘 설계된 전력을 실전 배치하고 있다. 따라서 미군도 마찬가지로 전문화된 대응을 설계하는 것이 시급히 요구된다. 하지만 이러한 특별한 대응을 위한 비용을 마련하기 위해서는 세계 어딘가에 있는 미군에게 현재 부여된 책임을 수행하는 데 필요한 자원을 빼내와야 할 것이다.

30년 전 기획자들이 미국의 공군력을 위해 선택한 설계는 관료적 타성과 의사결정의 민첩성 부족이 어떤 결과를 가져오는지 보여준다. 돌이켜보면, 유럽에서의 우발사태에 대한 잘못된 집중은 광대한 인도-태평양 전구에 적합하지 않은 전투기를 최근에 획득하게 된 상황으로 이어졌다.

예컨대, 1980년대에 공군은 당시 공중우세를 유지하고 있던 F-15 전투기의 대체 기종에 대한 설계를 시작했다.60 당시는 소련과의 군사적 경쟁이 최고조에 달했던 시기였고, 우발사태 계획은 나토 중부전선에 초점이 맞춰져 있었다. 이 전선은 지리적 영역이 상대적으로 작고 전투기 작전을 위한 10여 개의 잠재적 공군기지에 접근 가능하다는 특징이 있었다. 이러한 기획 가정(planning assumptions)의 결과물은 유럽 전구의 요구사항에 적합한 고성능 단거리 전투기인 F-22였다.

그러나 유럽에 적합했던 것이 인도-태평양 지역에는 적합하지 않다. 만약 우리가 나토 중부전선을 비스케이 만Bay of Biscay(프랑스 서부 해안과 스페인 북부 해안으로 둘러싸인 만—옮긴이)에서 바르샤바까지, 그리고 로마에서 코펜하겐까지 이어지는 직사각형으로 정의한다면, 그 정도 크기의 직사각형은 미국의 항공력이 대응해야 하는 광대한 인도-태평양 전구의 일부인 필리핀해 안에 놓이게 된다. 미 공군은 냉전 동안 유럽에서는 10여 개의 공군기지를 이용할 수 있었지만, 서태평양 지역에서는 단 6개의 주요 공군기지로부터 작전을 수행한다. 냉전 시대의 유럽중심주의(Cold War Eurocentrism)는 공군력 설계와 관련해서는, 이와 같이 인도-태평양 지역에서 미군의 입지를 약화시켰다.

F35 합동타격전투기 사업은 앞서 논의한 몇몇 제도적 병폐를 보여준다. 1990년대에 공군과 해군, 해병대는 구식 전투기를 대체하기 위한 계획을 추진했다. 공군의 F-16과 A-10, 해군의 F/A-18, 해병대의 F/A-18과 AV-8B가 그러한 구식 기종이었다. 국방부의 획득 담당 관료들은 이들 구식 기종을 대체할 모든 전투기에 공통된 디자인을 적용함으로써 획득과 유지 양 측면에서 "규모의 경제" 효과를 크게 누릴 수 있을 것이라 생각했다. F35 사업은 관료들과 기획자들에게 향후 유럽 외 분쟁 지역에서는 어떤 능력이 요구될 것인지를 새로이 평가할 수 있는 기회를 제공했다. 인도-태평양 전구의 광대함을 생각하면 대체되고 있는 4개의 전투기 기종보다 훨씬 더 긴 작전거리를 지닌 타격 항공기의 필요성이 자명해 보일 것이다. 하지만 공군과 해군, 해병대는 F35에

동의했는데, F35는 기존 항공기보다 훨씬 더 정교하지만 인도-태평양 지역에는 불충분한 작전거리를 갖고 있다.

F35가 최종안으로 낙점된 이유는 결국 다음 두 가지이다. 첫째는 군의 제도적 문화를 계속 지켜나가려는 동기였다. F35는 각 군의 전투기 커뮤니티에 연속성을 제공했다. 둘째는 해군 내에서 항공모함의 문화적 우위다. 앞서 언급했듯이, 항공모함 항공기에 부과된 크기 제한을 따른다는 것은 해군의 F35C가 특정 크기를 초과할 수 없고 따라서 전투행동반경 또한 약 1,100km로 제한된다는 것을 의미했다. 국방부가 "규모의 경제"를 얻기 위해 일찌감치 공군과 해군, 해병대의 합동사업으로 추진하기로 결정했기 때문에, 공군과 해병대는 자신의 F35 모델에도 해군과 동일한 기체를 쓸 수밖에 없었다.

공군 입장에서, 이는 당시 운용 중이던 F-15E(전투행동반경 약 1,600km)나 퇴역한 F-111F(전투행동반경이 약 2,300km로, F-35의 두 배가 넘는다)의 대체 기종으로서 더 큰 중거리 타격 항공기라는 선택지를 없애버리는 것이었다.[61] 이러한 일원화 압력의 결과로, 공군과 해군, 해병대는 고도로 정교하지만 인도-태평양 전구에는 너무 짧은 작전거리를 가진 기종을 얻게 되었다.

1991년 걸프전 이전에 항공 기획자들은 조종사의 저고도 공격 기술을 통해서든, 유도폭탄을 위한 표적 지정 레이저를 사용해서든, 정밀하게 조준된 폭탄을 투하하기 위해 전투-공격기에 의존했다. B52 같은 대형 폭격기는 여전히 재래식 폭탄을 길게 이어지는, 비유도(unguided) 융단폭격의 형태로 투하했다. 하지만 이후 10년 동안 변화가 있었다. 1990년대 말부터 2000년대에 걸쳐 공군은 대형 폭격기 3종을 반복적으로 개조해 재래식 폭탄이 인공위성, 관성(inertial), 그리고 레이저 유도를 통해 단거리 및 장거리에서 정확하게 투하될 수 있게 했다.[62] 이러한 개조 이후로는 정밀타격 능력에 있어서 소형 전투공격기가 더는 독점적인 지위를 누릴 수 없게 되었다. 이제는 전투공격기가 수행하던 모든 공대지(air-to-ground) 임무를 장거리 타격기가 다섯 배 이상의 전투행동반경을 갖고 수행할 수 있게 된 것이다.

국방부 총괄평가국ONA이 1990년대에 수행한 연구와 2001년도 〈4개년 국방검토보고서QDR〉는 태평양 지역 미군 전력 설계의 결함이 점점 드러나고 있음을 분명히 했고, 이에 따라 국방 당국자들은 항공력 설계를 기본 원칙(first principles)에서부터 다시 생각했어야 했다. 폭격기 개량사업이 시작되고 F35 합동타격전투기 사업에 대한 최초 결정이 내려진 1990년대 말은 국방 당국자들이 항공력에 대해 창의적인 방식으로 생각해볼 수 있는 기회였다. 하지만 현재 태평양 지역의 세력 균형을 놓고 본다면 안타깝게도, 당시 국방 당국자들과 후임자들은 그 기회를 이용하지 못했다.

안일함, 제도적 문화, 그리고 그러한 상황에 대한 정면대응 회피로 인해 미국은 인도-태평양의 안보 경쟁에 대한 대비를 위험할 정도로 뒤늦게 시작했다. 하지만 아직 모든 것이 끝난 것은 아니다. 냉전 시기 미국 전략의 역사는 미국 정책결정자와 국방 관계자들이 중요한 안보 이슈에 그들의 관심과 자원을 집중시킬 때 바람직한 결과를 성취할 수 있음을 보여준다. 인도-태평양 지역 안보에 있어 우려 사항은 미국의 정책결정자와 군사 기획자들이 그 문제를 제때에 해결할 수 있을지 여부이다.

04

중국의 전략:
미사일 혁명과 정치전

China's Strategy:
The Missile Revolution and Political Warfare

21세기에 접어들어 첫 20년 동안 중국은 자국 본토의 동쪽과 남쪽에 위치한 해양 변경(maritime frontier)에 대한 지배권 확보―중국의 4가지 전략적 목표 중 하나―를 위해 세 갈래의 접근을 실행해왔다. 이러한 활동의 첫 부분은 근해에 있는 영토를 점진적으로 획득하기 위한 "살라미 전술(Salami slicing)"이다. 살라미 전술은 작은 변화들을 느리게 축적하는 방식으로, 각각을 떼어놓고 보면 전쟁 사유(casus belli)가 되지 못하지만, 시간이 지나면서 그것들이 더해져 중대한 전략적 변화를 가져올 수 있다. 중국은 주변국들의 어떤 효과적인 저항 없이 자신이 점유한 파라셀과 스프래틀리 군도의 지형지물들을 확장하고 군사기지화하기 위해 살라미 전술을 성공적으로 사용했다.

근해를 지배하기 위한 중국의 두 번째 접근은 정치전 활동(political warfare campaigns)이다. 이러한 활동은 저항을 무력화하려는 목표를 갖고 경제적 교역, 재정 지원, 정보 작전, 미디어와 대학, 사업 네트워크의 전복, 우호적인 비정부기구에 대한 지원 등을 활용한다. 자신의 경계를 확대해가는 살라미 전술과 그러한 노력에 대한 잠재적 저항을 잠재우려는 정치전은 상대방의 군사적 대응을 촉발하지 않는 수준을 유지해왔다.

서태평양에서의 해양 지배권에 대한 중국의 접근에 있어 세 번째 갈래는 주의 깊게 설계된 군사현대화 사업으로, 이 사업은 중국이 자신의 경계를 넘어 구축한 지배권을 되돌리려는 미국 주도의 모든 잠재적 군사 개입을 저지하기 위한 "반개입(counter-intervention)"―미군 용어로는 접근 거부(anti-access)―을 목표로 한다. 지난 25년간 중국의 군사력 증강은 역사상 속도가 가장 빠른 사례 중 하나다. 사업 추진 속도만큼이나 인상적인 것은 이 사업의 기획자들이 미군의 취약성(제3장에서 논의한 바 있다)에 대해 철저히 연구했고 그 사업이 그러한 취약성을 이용하도록 설계되었다는 점이다.

이처럼 면밀하게 고안된 접근은 미국과 역내 파트너들을 곤경에 빠뜨렸다. 이제 이들 국가는 중국의 집요함에 맞설 지구력과, 또 하나의 강대국을 상대로 벼랑 끝 전술도 기꺼이 감수하겠다는 의지를 불러내야 할 것이다. 또 한편으로 그들은 중국의 군사현대화가 미국과 동맹국의 군대에 가하는 위협을 이해해야 하고, 그런 다음 그러한 중국의 계획을 무력화하기 위한 실질적인 군 개혁을 추진해야 할 것이다. 이 노력들 중 어느 것도 쉽지 않은 과제이다.

이번 장에서는 중국의 군사현대화를 설명하고, 중국이 인도-태평양 지역에서 미군의 취약성을 어떻게 그토록 효과적으로 활용해왔는지를 논의한다. 중국이 살라미 전술과 정치전을 통해 얻을 수 있는 것은 이미 그 한계치에 도달하고 있으며, 중국은 앞으로 점점 더 군사화된 전략을 사용하게 될 것이고, 이는 향후 10년 동안 이 지역의 위험성을 증가시킬 것이다.

중국 군사현대화의 기원과 목표
The Origin and Goals of China's Military Modernization

2020년대에 부상하는 중국 군사력은 그 기원이 1990년대 초로 거슬러 올라간다. 당시 몇 가지 사건이 중국 전력 기획의 방향성을 제공하고 현대화의 속도를 촉진하였다.[1] 첫 번째 촉매는 1991년 걸프전으로, 중국의 군사 기획자와 정책결정자들은 이 전쟁에서 항공력과 정밀유도무기, 그리고 현대화된 정보 및 지휘 시스템이 전장에서 놀랄 만한 효과를 발휘하는 모습에 주목했다. 인민해방군은 여전히 비대하고 대부분 기동성이 떨어지는 육군이 지배하고 있었으며, 그러한 육군은 구식 항공기와 함정의 지원을 받고 있었다. 하지만 이라크 육군이 미군 주도의 다국적군에 의해 단시간에 일방적으로 괴멸되는 모습을 본 인민해방군 지도부는 과감한 개혁을 실행해야 한다는 사실을 깨달았다.

두 번째 촉매는 1995~1996년 대만 해협 위기로, 이는 중국이 대만의 총통 선거에 영향력을 미치기 위해 대만 인근 해역을 향해 미사일 시험 발사를 함으로써 촉발되었다. 미국의 클린턴 행정부는 이러한 협박 시도에 맞서 두 개 항모전단을 대만 근처로 급파했는데, 중국의 대함 능력으로는 그들을 저지할 수 없을 것이라고 자신했다. 이러한 미국의 위력 과시에 대한 중국의 무력감은 인민해방군의 현대화를 가속화하는 요인이 되었다.

이후로 인민해방군은 현재의 군사기술 혁명을 받아들여 군 현대화에 적용했다. 이 현대화 사업의 목표는 중국의 연안 너머에 있는 심층적인 해양과 공중 완충 지대를 장악할 수 있는 군사적 역량을 중국에 부여하게 될 전력과 지원 인프라를 구축하는 것이었다. 이러한 역량은 전시에는 적의 타격 부대와 원정군이 근해로 진입하는 것을 저지하게 된다.

중국 지도부는 이러한 결과를 달성하기 위해 1990년대부터 몇 가지 조치를 실행했다. 스톡홀름국제평화문제연구소SIPRI가 세계 각국의 군사비 지출액을 집계한 데이터베이스에 따르면 중국의 국방예산은 1995년부터 2019년 사이에 17배 증가했는데, 연평균 증가율이 12%에 달한다.[2] 평시에 25년 넘게 장기간 지속된, 강대국 군사비 지출의 막대한 증가는 역사상 전례가 없으며 군사력의 효용성에 대한 중국 지도부의 믿음을 보여주는 것이다. 다음으로, 같은 기간 중국은 국방 자원을 지상 전력에서 해군, 공군, 우주 및 미사일 전력으로 재할당했다. 앞서 언급했듯이, 중국은 북쪽과 서쪽 변경에 대한 인접국과의 영토분쟁을 해결했고, 이로써 해군과 공군, 우주 및 미사일 전력의 현대화에 집중할 수 있게 되었다. 마지막으로, 중국의 산업 발전은 군사현대화를 지원하는 데 필요한 첨단기술 연구 및 산업 기반의 구축을 가능하게 했다.[3]

현재의 센서와 미사일 혁명과 같은 군사기술 혁명의 시기에 있었던 군사현대화 사업들을 살펴보면, 가장 성공적인 사업들은 기획자들이 연구할 특정한 미래의 적과 성취해야 할 특정 작전 임무를 가진 경우였음을 알려준다.[4] 중국의 현재 군사현대화 사업이 여기에 해당하는데, 이 사업은 무력충돌 발생 시 미국의 해군과 우주항공 전력이 중국 근해 혹은 그 인근에서 효과적으로 작전을 벌이지 못하도록 하는 데 중점을 두고 있다. 인민해방군에 주어진 구체적인 과업은 미군이 대비해야 하는 광범위하고 모호한 임무와 대조를 이룬다. 제3장에서 논의했듯이, 이러한 집중 부족은 미군을 중국의 군사적 도전에 대비하지 못한 상태로 남겨 두었다.

중국은 자신의 군사현대화 사업을 인도-태평양 지역에서의 안보 목적을 달성하는 데 집중해왔다. 항공모함과 대형 수송기, 공중급유기를 확보하려는 계획과 소말리아 연안과 같은 역외에서의 해군 임무는 중국의 글로벌 야심을 예고하는 것일 수 있다. 그렇지만 지금까지 중국이 보여준 가장 극적인 군사적 발전은 성장하는 해군과 항공우주 전력을 자신의 본거지 내에서 발휘할 수 있는 능력에 집중되어 있다.

비록 지금까지는 역내에 초점이 맞추어져 있지만, 부상하고 있는 중국의 군사적 능력은 전 지구적 영향을 미치게 될 것이다. 인도-태평양 지역에서 패권을 차지하려는 시도는 역내 크고 작은 경쟁국들 사이에서 위험하고 불안정한 안보 경쟁을 초래할 것이고, 이는 무력충돌과 세계 경제 및 안보 체제에 대한 커다란 타격으로 이어질 수 있다. 중국의 군사현대화가 여전히 역내에 초점이 맞추어져 있다고 할지라도, 미국과 동맹국의 정책결정자들이 결코 마음을 놓을 수 있는 상황이 아니다.

육지를 기반으로 해양을 지배하려는 중국의 비전
China's Vision to Rule the Sea from the Land

중국은 서태평양에서 그들이 "적극 방어(active defense)" 또는 "반개입(counter-intervention)"이라고 부르는 군사교리를 갖고 자국의 이익을 방어하고자 한다. 미국의 군사전문가들은 이를 "반접근(anti-access)/지역 거부(area denial)", "A2/AD" 또는 "접근 거부(access denial)" 등으로 지칭한다.[5] 이러한 중국의 군사교리와 관련된 획득 계획은 무력충돌 시 미국과 동맹국의 해군 및 공군이 중국 근해로 접근하지 못하도록 다양한 탄도미사일과 순항미사일, 지상 기반 항공기, 미사일을 탑재한 연안 순시정, 잠수함, 수상전투함과 기뢰를 사용하는 것을 상정한다.

중국은 자국 연안 너머에 있는 해역을 통제한다는 개별 목표를 달성하기 위해 자신의 대륙적 입지를 활용할 것이다. 따라서 이러한 대해군(antinavy) 접근의 성공은 인민해방군 해군이 미국 태평양 함대와 대등한 작전적 역량을 갖추고 있는지에 의존하지 않을 것이다.[6] 인민해방군 해군의 요소들, 특히 잠수함과 미사일 탑재 수상함 및 기뢰전 장비들은 인민해방군의 전반적인 반개입 또는 접근 거부 전쟁 계획에 특정한 기여를 하게 될 것이다. 그러나 중국의 접근 거부 역량의 대부분은 지상 기반 플랫폼과 능력에 기반할 것이다. 이런 점에서, 중국은 육지를 기반으로 해양을 지배하려 할 것이다.

중국의 공군 및 해군 현대화가 대비하고 있는 가상의 전투는 대륙 세력인 중국이 대륙과 근해에 있는 중국의 진지들을 겨냥해 공군력과 해군력을 투사하려고 하는 원정 세력인 미국과 그 동맹국에 맞서게 한다. 이 결투에서 중국에 유리하게 작용하는, 게임의 판도를 바꾸는 기술적 진보는 서태평양으로 다량의 미사일을 정확히 투사할 수 있는 중국의 능력으로, 현재 성숙 단계에 있다. 이러한 위협은 미국 해군이 냉전이 최고조에 달했을 때 이후로 30년이 넘는 동안 우려해본 적이 없었던 것이다. 중국의 전력 설계는 이러한 기술적 발전과 유리한 대륙적 입지를 결합함으로써 구식의(legacy) 미국 전력과 계획에 거대한 도전을 만들어내고 있다.

중국은 대륙 국가라는 입지 덕분에 이 경쟁에서 몇 가지 중요한 이점을 얻는다. 대륙적 입지는 원정 세력인 미국이 이용 가능한 것보다 훨씬 더 다양한 기지 선택지를 제공한다. 중국의 항공력은 중국의 긴 해안선을 따라서 내륙 깊숙이 기지를 둘 수 있는 이점을 누린다. 이 지역의 미군 지휘관들은 훨씬 더 적은 선택지를 갖게 될 것이다.

중국의 대륙적 입지는 또한 중국의 지상 기반 미사일 전략을 뒷받침한다. 중국의 지상 기반 탄도미사일과 순항미사일 대부분은 트럭과 트레일러를 결합한 이동식 발사대TEL를 이용하므로 미사일 부대 지휘관은 중국의 광활하고도 복잡한 지형 안에서 전력을 이동시키고 숨기고 계속 위치를 변경할 수 있다. 이렇게 흩어지고 숨을 수 있는 능력이 중국의 통합 방공시스템과 결합되어 미군이 중국의 미사일 위협을 제압하는 것을 더욱 어렵게 만들 것이다.

중국군은 또한 지상 기반의 군수지원과 통신 네트워크라는 이점을 누린다. 내선(interior lines)에서 작전하는 "홈팀(home team)"으로서 중국의 군수지원 네트워크는 회복력이 있고, 중복적(redundant)이며, 지속적인 작전을 수행할 수 있도록 배치되어 있다. 중국의 군 통신체계는 지하의 광섬유케이블을 포함한 지상의 유선 연결망을 활용할 수 있는 반면, 미군은 전파 교란에 훨씬 더 취약한 위성통신과 무선연결망에 주로 의존할 것이다.

대륙의 군대와 원정군의 대결에서, 지상 기반 국가는 대개 원정 해군 전력이 지원할 수 있는 것보다 더 긴 사거리나 더 무거운 탄두를 가진 무기 플랫폼을 이용할 수 있을 것이다. 중국은 그동안 해군에 막대한 투자를 해왔고 오늘날 세계에서 전투함을 가장 많이 보유하고 있지만, 중국의 지상 기반 대 해군(antinavy) 미사일 전력이 서태평양의 미군과 그 동맹국 군대에 대한 가장 지배적이고 도전적인 위협이다.

마지막으로, 중국의 미사일 기반 전략(여기에는 중국의 모든 지상 공격, 대함 공격, 그리고 대공방어 미사일 시스템이 포함된다)은 중국이 저비용 산업 생산자로서의 지위를 이용할 수 있게 한다. 예컨대, 미 국방부가 신형 장거리 순항미사일 1기를 획득하는 데 드는 비용은 140만 달러인데, 중국이 유사한 모델을 생산하는 데 드는 비용은 아마도 그와 비슷하거나 더 낮을 것이다. 하지만 미국의 현대식 구축함이나 상륙함 1척은 12억에서 17억 달러쯤 비용이 드는 반면,[7] 중국은 같은 비용으로 수많은 대함 미사일과 수십 기의 발사 플랫폼을 획득할 수 있다. 무기 생산의 한계 비용도 마찬가지로 공격용 미사일이 미사일 방어 요격미사일보다 유리한데, 요격미사일이 공격용 미사일보다 적어도 열 배 정도 비용이 더 든다.[8] 중국의 미사일과 미국의 플랫폼 및 미사일 방어 간 경쟁에서 중국이 우위를 차지하기가 더 쉬울 것이다.

중국 미사일 전력의 임무
The Mission of China's Missile Forces

미국은 마땅히 세계에서 가장 뛰어난 전술 전투기를 보유하고 있다고 주장할 수 있다. 공군의 F-22 전투기는 공중전에서 필적할 만한 기종이 존재하지 않는다. 공군과 해군, 해병대는 다양한 임무를 수행할 수 있는 F35로 새로운 전투비행대를 구성하고 있는데, 각 군의 공중전투능력을 향상시킬 것이다. 태평양 지역의 몇몇 미국 동맹국들 또한 향후 자신들의 항공력과 미군의 항공력을 통합하려는 의도를 갖고 F35를 구매하고 있다.

하지만 제3장에서 언급했듯이, 미군의 항공기 재고에서 단거리 전술 항공기의 과도한 할당은 광대한 태평양 전구에서의 미군 작전에 상당한 지장을 초래해왔다. 중국 군사전략의 설계에 있어 가장 결정적인 것은, 이러한 뛰어난 항공기가 날아가서 싸울 수 없다면 무용지물이라는 점이다. 중국이 지난 사반세기에 걸쳐 센서와 미사일 기술의 혁명을 채택한 것은 구체적으로 미국의 첨단 전술 항공기가 의존하는 서태평양 지역에 있는 소수의 공군기지와 항공모함을 공격하기 위해 의도된 것이었다. 만약 중국의 전략이 성공적이라면, 그것은 미국의 전투 항공기가 지닌 기술적 우위를 무력화하고, 대륙 기반으로 작전을 수행하는 중국이 근해의 공역에 대한 통제권을 갖게 할 수 있다.

2010년 미중 경제 및 안보 검토위원회U.S.-China Economic and Security Review Commission(2000년 10월 미국 의회가 설립한 초당적인 자문기구로, 미국과 중국의 무역 및 경제 관계가 국가안보에 미치는 영향을 매년 의회에 보고한다―옮긴이)는 중국의 지상 기반 미사일 전력이 괌을 제외한 서태평양 전구에서 미군의 방어체계를 압도하고 공군기지를 폐쇄 상태로 몰아넣을 수 있는 능력을 가지고 있다는 결론을 내놓았다.[9] 그 이후로 중국은 더 긴 사거리의 지상 및 공중 발사 지상공격 신형 미사일을 무기고에 추가하면서 괌의 미군 기지도 똑같은 위험에 처하게 만들었다. 중국은 미군의 작전을 제압하기 위해 미군 기지에 대한 합동

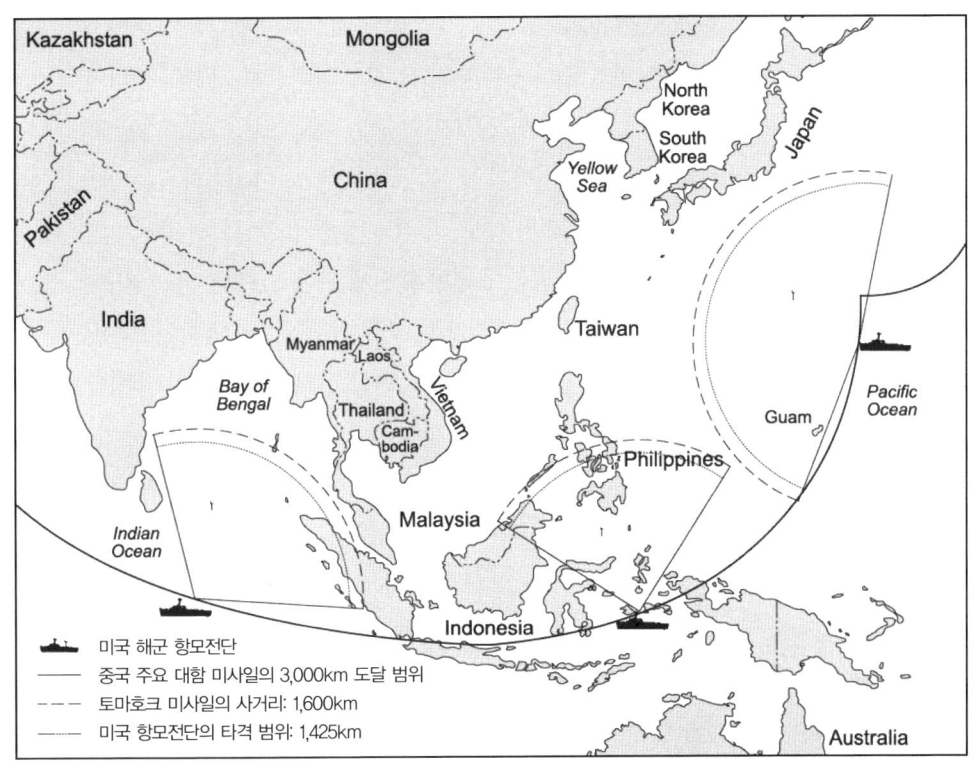

〈지도 4〉 중국의 반접근 능력
제공: Charles David Grear

공격을 하면서 지상 공격 탄도미사일과 순항미사일의 일부를 사용할 수 있다. 미사일 공격에서 살아남은 미군 항공기가 이륙하지 못하면, 중국의 전투기와 폭격기는 별다른 반격을 받지 않은 채 다른 전투 임무를 수행할 수 있으며, 미군 기지들을 파괴하기 위해 공대지 순항미사일을 이용할 수 있다.

역내 미군 공군기지의 취약성에 관한 중국 위원회의 결론은 미 공군이 수행한 냉전 시기 훈련에 대한 연구 결과와도 일치한다. "솔티 데모Salty Demo"라 불리는 1985년 독일 슈팽달렘Spangdahlem 공군기지에서 실시한 훈련은 미사일이나 폭탄 30~40기가 기지를 공격하는 상황을 시뮬레이션하였는데, 공군에서는 그것을 "중간 강도(moderate severity)"의 공격으로 규정했다.[10] 시뮬레이션 결과는 공군에 "충격"으로 다가왔는데, 그 정도 공격으로 기지의 소티 창출능력(sortie generation, 전투부대가 24시간 지속해서 항공기를 띄울 수 있는 능력—옮긴이)이 심각한 수준으로 저하된 것이다. 기지가 30~40회 타격을 받으면 심각한 저하가 나타난다는 "솔티 데모"의 결과는 중국 위원회의 유사한 연구와 태평양 지역에서 미국의 항공력에 대한 도전에 관한 2011년 랜드 연구소 RAND Corporation의 연구에서 재확인되었다.[11] 이들 연구는 30~50회의 미사일 공격이면 거대한 미 공군기지를 사용 불능으로 만들 수 있다고 결론을 내렸다. 2015년 공개된 다른 연구에 따르면, 확산 탄두(광범위한 지역을 타격할 수 있도록 다량의 자탄을 내장한 탄두—옮긴이)를 장착한 미사일 45기로 야외에 주기된 항공기의 80%를 파괴할 수 있다고 한다(일본 이와쿠니 공군기지에 있는 해병대가 분석 대상이었다).[12] "솔티 데모"는 또한 파괴된 시설을 수리하고 소티 창출능력을 회복하는 공군기지 인력들의 능력을 점검했다. 중국은 일본과 한국, 괌에 있는 6개의 태평양 기지들을 주기적으로 재타격할 수 있는 미사일 재고를 확보할 것이고, 타격할 표적이 이처럼 적기 때문에 그들의 임무는 훨씬 수월해질 것이다.

일본과 한국에 있는 미군 기지를 중국이 미사일로 공격할 경우 수평적 확전(갈등 혹은 충돌의 지리적 범위가 확대되는 것—옮긴이)으로 이어질 것인데, 이는 중국의 정책결정자들이 어떤 상황에서든 피하길 바라는 결과이다. 이것이 사실인 경우, 이들 기지에 전진 배치된 미국의 항공력은 지역적 억지력을 강화한다. 그러나 중국과의 무력충돌이 발생했을 때, 비교전국(예를 들면, 한국)이 자국에 주둔하는 미군이 자국의 영토로부터 중국을 대상으로 한 군사 작전을 벌이지 못하도록 금지하는 경우도 있을 수 있다. 이러한 경우, 그와 같은 미군 기지는 미사일 한 방 날아오지 않아도 무용지물이 되어버릴 것이다. 전진 배치는 침략의 확대를 억제하는 수단이지만 또한 군사 작전에 있어 잠재적으로 신뢰하기 어려운 자산이다.

중국 미사일 전력의 제1 임무는, 중국의 근해 가까이 배치된 미국과 그 동맹국들의 지상 기반 및 해상 기반 항공력을 제압하는 것이다. 항공력 없이는, 미국과 동맹국의 원정군은 인민해방군을 상대로 한 무력충돌에 효과적으로 개입할 가능성이 거의 없을 것이다.

지배적인 미사일 강국이 된 중국
China Becomes the Dominant Missile Power

중국은 세계에서 가장 활발한 미사일 프로그램을 운영하고 있다. 이러한 광범위한 미사일 프로그램은 다양한 등급의 지상 기반 탄도미사일은 물론, 지상, 수상전투함, 잠수함, 그리고 항공모함 기반의 순항미사일을 개발하고 배치하고 있다. 국방부에 따르면, 2019년에 중국은 발사 시험 및 훈련을 위해 세계의 다른 모든 국가들을 합한 것보다 더 많은 탄도미사일을 발사했다.[13] 이러한 미사일 프로그램의 기본적인 목적은 미국 항모전단과 다른 해군 전력, 그리고 중국 근처에 기지를 둔 전술 항공력과 같은 적 원정군이 중국의 군사력, 영토, 이익을 위협하지 못하도록 억지하는 것이다. 다양한 발사 플랫폼에서 운용되는 중국의 미사일 기반 전략은 대륙 국가라는 입지, 그리고 그러한 입지가 제공하는 기지와 사거리의 이점을 활용한다. 센서와 미사일 전투 네트워크를 꾸준히 구축해온 결과, 인민해방군은 중국 해안선에서 3,000km 떨어진 제2도련선 너머의 육상 및 해상 목표물까지 타격할 수 있는 능력을 갖추게 되었다.

미사일 개발은 인민해방군이 최우선으로 투자하는 분야이다. 중국의 탄도미사일과 순항미사일은 사거리와 속도, 성능, 파괴력 면에서 이미 미국에 필적하거나 넘어섰다. 인민해방군이 자신의 항공기와 전투함을 미군 기준에 더 근접하도록 성능을 개선하고 있을지라도, 인민해방군 기획자들은 이러한 플랫폼을 위한 세계 최고의 미사일을 보유하는 것이 군사적 우위를 달성하기 위한 가장 영리한 길이라고 결론내리고 있다.

　인민해방군 로켓군은 이동식 발사대TEL를 이용하는 1,350기 이상의 단거리, 준중거리, 중거리 탄도미사일 및 순항미사일을 실전 배치하고 있다. 이들 미사일은 대만과 일본, 한국, 괌의 육상 목표물과 중국 근해 및 서태평양의 함정이나 그 외 해상 목표물을 정밀하게 타격할 수 있는 사거리를 갖추고 있다. 적어도 두 종류의 로켓군 탄도미사일은 이동하는 함정을 추적하여 타격할 수 있는 기동 탄두(maneuvering warhead)를 장착하고 있는데, 이러한 능력은 다른 어떤 나라도 완성하지 못한 것이다. 2018년 8월, 인민해방군 로켓군은 적의 미사일 방어체계를 무력화하고 정밀타격을 하도록 설계된 극초음속 탄도미사일을 시험했다.[14]

　중국은 고속 탄도미사일을 다양한 방식으로 활용할 수 있다. 주요 목표물에는 오키나와와 괌에 있는 미군 공군기지가 포함될 것이고, 그중에서도 기지의 방공시스템과 미사일 방어체계, 지휘부, 공병 장비 및 정비용 장비, 그리고 야외에 주기된 항공기가 우선순위 목표이다. 탄도미사일 집중공격으로 기지의 방어체계가 약화되면, 공중 발사 순항미사일로 후속 타격을 가한다. 미국 항모 전단에 대한 탄도미사일 공격이 성공한다면 미군의 전투력은 심각한 손상을 입고 미국 정책결정자들과 군 지휘부는 사기가 꺾일 것이다.

　인민해방군은 다양한 지상 공격 순항미사일 및 대함 순항미사일을 보유하고 있다. 이들 미사일은 인민해방군 전투기와 수상함, 그리고 잠수함의 타격 가능한 범위를 수백 km 더 늘린다. 인민해방군은 이와 같은 미사일을 독립된 임무에서 대량으로 투입하거나, 적의 기지 또는 함대에 대한 집중적인 탄도 미사일 공격에 이어 후속 타격을 가하는 데 활용할 수 있다. 인민해방군의 탄도미사일과 순항미사일 탄두에는 위성 위치 측정(satellite positioning), 레이더, 전자광학(electro-optical), 적외선 영상(imaging infrared) 기술, 레이저, 그리고 레이더 및 전자 방사 자동유도(radar and electronic emissions homing) 기술이 적용되어 있는데, 이는 미국과 동맹국 미사일의 모든 미사일 유도 능력에 맞먹는 것이다.

특히 위험한 것은 YJ-12 대함 순항미사일ASCM이다. 이 미사일은 처음에는 항공기에서 발사하는 모델로 시작했지만, 인민해방군은 이후 지상 기반 이동식 발사대TEL와 수상함에서 발사하는 다양한 변형 모델을 개발해 배치했다.[16] 최대 사거리가 400km에 이르는 YJ-12는 마하 4 또는 시속 4,900km 속도로 목표물을 타격할 수 있다.[17] YJ-12 같은 미사일은 탐지를 피하기 위해 수면 바로 위로 낮게 접근하다가 함정의 방어시스템을 무력화하기 위해 예리한 종말단계 공격 기동을 실행한다. 초음속으로 비행하므로 충돌하기 몇 초 전에야 레이더에 나타나기 때문에 함정의 종말단계 방어시스템이 대응할 시간이 거의 없다.

중국이 YJ-12와 같은 공중 발사 장거리 대함 순항미사일ASCM을 확보함에 따라 미국의 항모전단은 커다란 위험에 처하게 되었다. 중국의 공중 발사 대함 순항미사일 사거리가 100km 미만이었을 때는 항공모함과 호위함들은 내습하는 공격 무기에 대비하면서 항모전단의 항공 및 미사일 방어망을 전방위적으로 활용할 수 있었다. 항공모함의 조기경보기와 전투공중초계기는 항모전단으로부터 수백 km 밖에서 내습하는 적기 대형을 탐지하고 그것들이 대함 미사일을 발사할 수 있는 지점에 들어오기 전에 요격할 수 있었다. 그러한 발사 지점은 물론, 강력한 이지스 전투시스템Aegis combat system에 의해 유도되는 타격전단 함대공 미사일의 사거리 안에 있었다.

그러나 YJ-12와 동종 미사일의 등장으로 그러한 이점이 중국의 차지가 되었다. 사거리가 400km에 달하는 이들 미사일은 발사 지점이 이지스 전투시스템의 작전 범위 밖에 있고, 이로 인해 항공모함은 이들 미사일을 탑재한 적기가 400km 미사일 발사 지점에 도달하기 전에 그것들과 교전할 요격기를 출격시킬 시간이 거의 없게 된다. 또한 항모전단을 노리는 적기는 여러 축에서 접근할 수 있는데, 항모전단에서 한 번에 띄울 수 있는 요격기의 수에는 제한이 있다. 비록 항모전단이 적기가 미사일 발사 지점에 도달하기 전에 몇 대의 요격기를 방공망 경계까지 급파할 수 있을지라도, 적기들은 요격기들을 수적으로 압도할 것이고 아마도 해군 전투기들이 방어할 수 있는 것보다 더 많은 방향에서 접근해 올 것이다.

항모전단은 인민해방군에게 매우 높은 가치가 있는 표적이 될 것이다. 중국 지도부는 이 상징성이 강한 목표물을 파괴하거나 심각한 손상을 가함으로써 미국에 군사적인 타격을 입힐 뿐만 아니라 사기에 충격을 주어 중국에 유리한 조건으로 분쟁을 끝낼 수 있다고 믿을 것이다. 이러한 믿음을 갖고, 인민해방군 지도부는 기회만 주어진다면 항모전단을 겨냥하는 대규모 타격부대를 편성할 것이다.

항모전단이 적기가 대함 미사일을 발사할 수 있는 지점에 도달하기 전에 그것들 몇 대를 격추한다 해도, 인민해방군은 초음속으로 수면 위를 비행하는 100여 기 또는 그 이상의 대함 순항미사일ASCM을 미국 함선을 향해 발사할 것이다. 방어태세를 갖춘 수상 전함과 대함 미사일 간의 과거 교전에서 공격 미사일 중 32%가 명중했다.[18] 향상된 방어망 덕분에 대함 순항미사일 중 단 10%만 명중하게 된다 할지라도 항모전단의 함선들은 10기 또는 그 이상의 미사일에 피격당하게 되는데, 이 정도 피해면 항모전단이 무용지물이 되고 적의 다음 공격에 대응할 수 없게 될 가능성이 있다. 설혹 대함 순항미사일이 거의 명중하지 못했다 해도, 첫 번째 미사일 기습 공격을 막아내느라 방어 미사일들을 소진했기 때문에 항모전단은 후퇴해야 할 가능성이 높을 것이다.

영리하고 대담한 항모전단 지휘관이라면 중국 본토에 대한 단 한 번의 기습 공습을 실행할 수 있을지도 모른다.[19] 그러나 미 해군 항공모함들이 중국의 해안에서 약간 떨어져 몇 주 또는 몇 달 동안 머물면서 수천 회의 출격을 하는 장기적인 작전은 불가능할 것이다. 해군의 토마호크 지상 공격 순항미사일의 경우도 앞서 살펴보았듯이, 재고가 충분하지 않기 때문에 항모전단의 효과적인 대체 수단이 될 수는 없을 것이다.

중국과의 무력충돌에서 미 해군은 현재로서는 상당한 규모로 전력을 투사하기가 어려운 상황에 있다. 중국의 대륙 국가로서의 입지, 미군의 교란 시도에도 불구하고 지상 기반의 해상 정찰 및 타격을 할 수 있는 중국의 능력, 그리고 분산되어 있고, 이동 가능하며, 상대적으로 저렴한 중국의 미사일과 항공력은 분쟁 상황에서 미국과 동맹국의 수상 해군 전력이 그들의 항공기와 미사일을 운용하기 위해 중국 가까이에서 지속적으로 항해하는 것을 너무나 위험하게 만들 것이기 때문이다.

따라서 중국의 대함 미사일과 발사 플랫폼은 미 해군이 오랫동안 선호해온 전력을 투사하고 해양을 지배하는 방법에 중대한 도전을 제기한다. 제2차 세계대전이 끝날 무렵부터 아프가니스탄에 대한 항공모함 기반의 공격에 이르기까지, 미 해군의 함대 사령관들은 그들의 항공모함을 적의 해안 가까이 항해하게 할 수 있는 자유를 누렸다. 그들은 적이 항공모함의 항공 작전을 방해하기 위해 할 수 있는 일이 없다고 자신했다. 그러나 군사기술 혁명이 이제 그러한 규칙을 바꾸고 있다. 중국과의 무력충돌에서, 미국의 항모전단으로서는 중국으로부터 3,000km 이내에서 작전을 수행하는 것이 매우 위험한 일일 것이고, 이로 인해 항모전단은 그들 타격 항공기의 작전거리 훨씬 밖에 머무르게 될 것이다. 예상컨대, 군사기술 혁명은 계속될 것이고, 그에 따라 대함 순항미사일ASCM의 사거리가 늘어나면서 미 해군의 항공력을 해안으로부터 훨씬 더 멀리 밀어낼 것이다.

중국의 정찰 및 표적설정 네트워크
China's Reconnaissance and Targeting Networks

중국의 지상 공격 및 대함 미사일 시스템과 전략은 이를 지원하는 센서와 정보, 표적설정, 지휘통제 시스템의 성능을 뛰어넘을 수 없다. 이러한 이유로 인민해방군은 미사일 전력을 전적으로 지원하는, 풍부하고도 상호보완적인 지휘통제 및 정찰 네트워크를 운용하고 있다. 이러한 요소들은 다 같이 인민해방군이 대만에 대한 기정사실화 공격을 수행하거나 중국의 영토 획득을 되돌리려는 미국과 동맹국들의 시도를 막아내는 데 활용할 통합 전투 네트워크를 구성한다.

인민해방군 우주시스템부(우주시스템부는 2015년 창설된 제5군종인 전략지원부대 소속이었지만, 2024년 4월 전략지원부대가 해체되면서 '군사우주부대'라는 별도의 병종으로 독립했다—옮긴이)에 의해 주로 운영되는 중국의 우주 프로그램은 현재 인민해방군의 미사일과 공군력, 해군 타격 전력에 대한 정찰, 상공 촬영, 위성항법 기상, 그리고 통신 지원을 제공하는 가장 중요한 수단이다. 중국의 우주 역량은 그 범위와 정교함에 있어 미국에 거의 필적할 만한 세계적 수준이다. 우주시스템부는 최소 8개의 기지를 기반으로 활동하고 있으며, 2019년 한 해에만 32회의 발사를 성공적으로 실행해 새로운 군사위성을 70개 이상 우주궤도에 올려놓았다.[20]

중국이 띄워 놓은 수많은 위성 군집은 군사작전에 필요한 모든 서비스를 제공하는 데 있어 미군의 우주 능력에 필적한다. 예컨대, 중국의 베이더우北斗3 위성 항법 군집은, 인민해방군에게 전 세계적인 항법 및 통신을 제공하는 45개 위성으로 구성되어 있다.[21] 중국이 정찰 및 원격 탐지를 위해 운용하는 위성 군집에는 2018년 5월 기준으로 120개 위성이 들어가 있고, 이후로도 매년 새로운 위성들이 추가되고 있다. 이들 위성은 적의 위치와 이동 상황에 관한 정보를 실시간으로 인민해방군에 제공한다.[22] 중국의 정찰 및 원거리 탐지 위성들은 전자광학(Electro-Optical, 전자기파를 쏘아서 물체에 부딪혀 돌아오는 반사파를 측정해 탐지하는 기술—옮긴이), 합성개구레이더(Synthetic Aperture radar, 전자기파를 순차적으로 쏜 후 굴곡면에 부딪혀 반사파가 돌아오는 미세한 시간차를 수학적으로 처리하여 영상화한다—옮긴이) 능력이 있고 전자 및 신호정보 수집이 가능하다.[23] 이러한 모든 정보수집 방법이 중요하지만, 그중에서도 합성개구레이더SAR가 아마도 가장 중요한 능력일 것이다. 그것은 낮과 밤을 가리지 않으며 구름이 끼어도 관측이 가능해서 언제든지 지표면의 목표물을 추적할 수 있기 때문이다. 마지막으로, 중국은 우주 궤도에 통신 위성과 통신중계 위성을 갖고 있는데, 그러한 위성들은 인민해방군 지휘관들이 수평선 너머에서 부대를 지휘, 통제할 수 있게 하고, 장거리 항공기와 탄도미사일 및 순항미사일, 그리고 무인정찰 및 타격시스템에 데이터 연결을 제공한다.[24]

중국의 우주 프로그램은 우주에서의 미래 군사 환경에 대비하고 있다. 이러한 환경은 경쟁국들이 자국의 우주 역량을 분산된 소형 위성들의 광범위한 네트워크에 분배하도록 요구한다. 예컨대, 2022년 중국의 한 국영기업은 소형 위성 96개로 이루어진 새로운 합성개구레이더 군집을 우주에 올리기 시작했는데, 각각의 위성은 인민해방군과 민간 영상분석 전문가를 위해 1m 해상도(1m 해상도는 정상적인 상태에서 1m×1m 크기의 지표면 물체를 식별할 수 있다는 것을 의미한다—옮긴이)의 이미지를 만들어낼 수 있다.[25] 경쟁국들도 마찬가지로 유사시 공격을 받을 수 있는 주 발사 센터로부터 떨어져 있는 분산된 지상 발사 플랫폼과, 지상 어디에서든 위성을 신속하게 궤도로 쏘아 올릴 수 있는 이동식 고체연료 추진 로켓을 필요로 할 것이다. 현재 중국은 소형 신형 고체연료 추진 로켓, 정찰 및 통신용 초소형 위성, 그리고 해상 기반 플랫폼 등을 이용한 즉각적인 발사 능력을 포함해, 이러한 모든 능력을 개발하고 있다.[26]

마지막으로, 인민해방군은 아마도 세계에서 가장 적극적인 대우주 프로그램(counterspace program)을 운영하고 있다. 이 프로그램은 적의 우주 정찰 및 통신 네트워크를 약화시키거나 교란하기 위한 것이다. 인민해방군의 대우주 프로그램에는 우주정찰 및 상황인식 센서 네트워크, 운동에너지로 위성을 타격하는 지상 발사 요격체, 적 우주 기반 센서를 교란하는 지상 기반 레이저, 적 우주 시스템에 대한 비운동에너지 공격을 위한 우주 로봇이 포함된다. 2007년 중국은 저궤도에 있는 목표물을 운동에너지를 이용하여 직접 타격하는 요격 무기를 선보였으며, 현재는 지구정지궤도에 이를 정도의 거리에 있는 위성을 공격하기 위해 유사한 무기를 개발하고 있다.[27]

요약하자면, 중국의 우주 기반 정찰, 항법, 통신 시스템은 인민해방군 기획자들과 지휘관들에게 인도-태평양 지역과 그 너머에서 활동하는 미국과 동맹국의 군대를 상대로 미사일과 공군 및 해군 전력을 운용하는 데 필요한 정보와 표적설정, 지휘통제 능력을 제공한다. 중국의 대 우주 능력은 미국 및 그 동맹국들의 낡은 우주 자산에 점점 더 커다란 위협으로 다가오고 있다. 중국의 우주 작전 및 역량은 앞으로도 계속 발전할 것이고, 이로 인해 인민해방군의 우주 역량이 더 강력해지고 다중적이 되고 대응하기 어려워질 것이다.

인민해방군은 자신의 우주 기반 정찰 및 통신 시스템을 보완하기 위해 지상 기반 무인기UAV 역량을 확대할 것이다. 이러한 무인기는 근해를 순찰하는 것은 물론, 데이터 중계, 전자전, 기만 작전, 직접 공격과 같은 다른 군사작전을 수행하기 위해 대륙 국가라는 입지를 활용할 것이다. 인민해방군은 정찰과 타격 임무를 위한 몇 종의 무인기를 실전에 배치하고 있다. 예를 들어, 고고도 장시간 체공 무인기가 하이난섬을 기점으로 남중국해와 서태평양을 순찰하고 있다.[28] 중고도 장시간 체공 무인기 CH5는 미 공군이 보유한 MQ-9 Reaper와 유사하며 공대지 미사일을 장착하고 있다.[29]

인민해방군은 중국 근해와 서태평양에 대한 무정 정찰 임무에 CH5 비행대를 투입할 수 있다. 인민해방군은 또한 이러한 플랫폼을 데이터 중계와 전자전 임무를 위해 개조할 수도 있다. 마지막으로, 인민해방군은 적의 레이더와 방공 시스템에 탐지되지 않기 위해 전익기(flying wing, 몸 전체가 날개 꼴인 형상의 항공기—옮긴이) 디자인의 무인기를 개발하고 배치하는 사업을 진행하고 있다.[30] 만약 대량으로 배치되면, 이러한 디자인은 미국 해군과 중국 인근에서 작전하는 지상 기반 전력에 대한 위협을 크게 증가시킬 것이다. 인민해방군의 지상 기반 무인기 역량은 중국의 우주 기반 시스템을 보완하고 결정적인 대체 기능을 제공하며, 미국과 동맹국의 원정 군대가 따라잡기 힘든 생산 능력과 회복력을 보유하고 있다.

서태평양에서 점점 가시화되는 중국의 공중우세
China's Emerging Air Superiority in the Western Pacific

공중우세가 군사적 성공의 요건이라는 점은 이미 잘 알려져 있다. 중국은 지상 기반 미사일 전력의 활용을 통해, 그리고 미군이 상대적으로 짧은 작전거리를 가진 전술 항공기에 과도하게 의존하는 상황—제3장에서 논의한 미군의 약점—을 이용함으로써 자신의 근해에서 그리고 서태평양에서까지 공중우세를 확보하려고 한다.

국방부에 따르면, 중국은 인도-태평양 지역에서 가장 큰 규모의 항공력을 보유하고 있다. 이러한 전력은 전투기, 전략 폭격기, 전술 폭격기, 다목적 전술기, 공격기 등 약 2,000대의 전투 항공기로 이루어져 있다.[31]

인민해방군의 플랭커Flanker 계열 전투기는 인도-태평양 지역에서 미국과 동맹국 전력이 마주한 위협의 본보기이다. 2020년에 중국 인민해방군 공군과 해군에서는 634대의 플랭커 계열 기종을 운영했다.[32] 플랭커 항공기(Su-27, Su-30, Su-33 모델)는 원래 러시아에서 개발되었고 중국은 1990년대에 자신의 첫 플랭커 항공기를 획득했다. 중국은 오늘날 러시아로부터 최신형 모델 Su35를 도입하면서도 J-16과 J-11B 같은 변형 모델도 생산하고 있다. 중국의 플랭커 전투기들은 전투행동반경이 1,400km에 이르고 다양한 종류의 순항미사일을 운용할 수 있다.[33] 따라서 플랭커 전투기에 대함 순항미사일ASCM을 장착하면 전투기의 마지막 급유 지점에서 1,750~1,900km 떨어진 곳의 목표물까지 타격할 수 있으며, 이는 이러한 전투 공격 전력에 괌 기지를 제외한 미국의 모든 대형 공군기지들이 위치해 있는 제1도련선을 훨씬 벗어난 지역의 공군기지와 수상함을 타격할 수 있는 능력을 부여한다.

이제 인민해방군은 스텔스 기능이 있는 대형의 공중우세 전투기인 J-20을 실전 배치하고 있다.[34] J-20은 전투행동반경이 2,000km에 이를 것으로 추정된다.[35] J-20의 주요 임무는, 이제까지는 주 전선 후방에 있는 표면적으로는 안전한 공역에서 활동해온 지휘통제 및 공중급유 항공기와 같은 대형의 미국 지원기를 공격하는 일이 될 것이다. 중국은 스텔스 형상을 유지하기 위해 J-20의 커다란 기체 안에 내장되는 초장거리 공대공 미사일도 개발 중이다. 이 공대공 미사일의 사거리는 미국의 어떤 요격미사일보다도 긴 400km에 달할 것이고, 전파 방해 및 대응수단을 무력화하기 위한 복합유도(multimode guidance, 관성유도, 지령유도, 호밍유도 중 2가지 이상을 활용해 유도하는 방식―옮긴이) 센서를 장착하게 될 것이다.36

F/A-18 E/F, 스텔스 기능이 있는 F-22와 F35와 같은 미국의 전술 항공기는 마지막으로 급유를 받은 지점으로부터 약 1,100km의 전투행동반경을 갖는다. 만약 미국이 괌과 대체로 같은 경도상에 있는 제2도련선 기지들에서 이 전술 항공기들을 운용한다면, 공군 공중급유기가 동쪽에서 중국을 향해 장거리 비행을 하는 그 전술 항공기들을 지원할 수 있다. 그러나 사거리 400km 공중 요격 미사일을 장착한 인민해방군 공군의 J-20 스텔스기는 이러한 작전 개념을 무너뜨릴 것이다. J-20 스텔스기는 제2도련선 상공 및 그 서쪽 지역을 비행하는 크고 취약한 미군 급유기들을 위험에 빠뜨릴 것이다. 이렇게 되면 미군 전술 항공기가 안전하게 공중급유를 받을 수 있는 마지막 지점은 중국 내부와 제1도련선 서쪽 대부분의 목표물에 도달할 수 있는 전투행동반경 훨씬 너머에 있게 될 것이다.

인민해방군 공군과 해군 모두가 운용하는 폭격기는 중국의 타격 역량에 더 긴 사거리와 더 많은 화력을 더하고 있다. 2020년에 인민해방군 공군과 해군은 여러 변형 모델의 H-6 폭격기를 총 221대 운용하고 있었다.37 H-6 폭격기는 소련 시대의 Tu-16 Badger 폭격기에서 파생된 것으로, 미국이 냉전 시기의 B52와 B-1 폭격기에 대해 했던 것처럼 중국이 그 폭격기들을 현대화하고 개량했다.38 각각의 H-6은 CJ-20 장거리 지상 공격 미사일과 YJ-12 대함 미사일 같은 순항미사일 6기를 장착할 수 있다.39 H-6 폭격기 편대는 괌의 미군 기지와 제2도련선 밖의 미국과 동맹국 함정을 상대로 정밀유도 미사일을 퍼부을 수 있다.⁴⁰ H-6 전력의 단지 10%만을 동원한 기습 공격으로도 미국 항모전단이나 공군기지를 향해 100기 이상의 미사일을 발사할 수 있다.

따라서 인민해방군 공군의 역량은 이제 중국 해안에서 3,000km 밖의 육상, 해상, 공중 목표물에 대해 대량의 정밀 미사일을 발사할 수 있는 위치에 있다. 인민해방군의 폭격기 221대와 전투기(플랭커 전투기 및 다른 전투기) 1,382대는 한국, 일본, 베트남, 필리핀, 남중국해와 동중국해의 기지들, 그리고 더 나아가 괌과 제2도련선을 따라 위치한 다른 목표물들을 향해 지상 공격 및 대함 순항 미사일을 일제히 발사할 수 있다.⁴¹ 인민해방군의 폭격기와 전투기 전력의 1/3을 매일 운용할 수 있다고 가정하면, 인민해방군은 공격 항공기만을 이용해서도 매일 약 1,400기의 미사일을 발사할 수 있고 그러한 공격 강도를 장기간 유지할 수 있다. 매일같이 가해지는 이 정도의 미사일 공격이라면 서태평양의 미국 및 동맹국 공군기지들을 제압 상태에 두고 제2도련선 서쪽의 항모전단과 다른 해군 전력을 포화 미사일 공격으로 타격하기에 충분할 것이다. 제1도련선 너머에서 공중우세와 해양우세를 확보하고 미국 개입의 어떤 가능성도 차단하고 나면, 인민해방군은 대만과 같은 작전 목표에 자신의 항공력을 집중할 수 있다.

세계 최대의 해군을 건설한 중국
China Builds the World's Largest Navy

미 국방부에 따르면, 중국은 이제 세계에서 가장 큰 규모의 해군을 보유하고 있다.⁴² 국방부가 의회에 제출한 보고서는 해군정보국the Office of Naval Intelligence 자료를 토대로 작성되었는데, 그에 따르면 2020년 인민해방군 해군의 전투함은 360척이었다. 같은 시기 미 해군이 보유한 전투함은 총 297척이었다. 물론, 단순히 숫자만 가지고 양국을 직접적으로 비교할 수는 없다. 중국의 함대에는 수많은 디젤 잠수함과, 호위함(frigate), 초계함(corvette) 같은 소형 수상함이 포함되어 있는데, 미 해군은 항공모함과 핵추진 잠수함, 구축함이나 순양함 같은 대형 수상함이 다수이기 때문이다.43

그렇더라도 그 핵심은 중국 해군력의 빠른 성장을 보여준다. 중국 해군은 수적으로 더 적고 전 지구적 책임을 수행하느라 전 세계에 분산되어 있는 미 해군에 비해 서태평양에 집중되어 있다. 이에 더하여, 세계 최고의 생산성을 자랑하는 중국의 조선업은 인민해방군 해군을 위한 현대적인 새로운 함정을 꾸준히 건조하고 있는데, 순양함과 구축함 같은 대부분의 선박들은 양과 질 모두에서 서구 국가들과 비견할 만하다.44

중국 지도부는 인민해방군 해군에 몇 가지 임무를 부여해왔다. 첫 번째는 중국 근해에서 압도적인 해상 존재감(maritime presence)을 구축함으로써 이 지역에서의 중국의 영유권 주장을 강화하는 것이다. 중국의 거대하고 지금도 확대되고 있는 해경과 해상민병―국가의 지원을 받는 어선단으로 이루어진― 이 근해와 서태평양에서 중국의 해상 존재감을 더 높여준다.45

두 번째로, 인민해방군 해군은 이제 중국이 강대국이 되었다는 사실을 과시하기 위한 세계 곳곳에서의 "현시 활동(showing the flag)" 임무를 맡고 있다. 중국의 2019년도 〈국방백서〉는 "원해 방위遠海防衛" 임무를 인민해방군 해군에 부여했다.46 각국의 항구를 돌아다니며 중국의 군사력을 과시하는 것 외에도, 구체적인 임무에는 서인도양에서의 대해적 작전, 재난구호 및 인도적 지원, 페르시아만으로부터의 중국 해상 교통로 방어, 해외 거주 중국인 대피 등이 포함된다.47

세 번째로, 인도-태평양 지역의 군사력 균형에 관한 논의에 가장 관련 있는 부분은, 인민해방군 해군의 수상함과 잠수함이 미국과 동맹국의 기지와 원정함대를 타격하는 데 기여할 수 있는 추가적 화력이다. 주목할 점으로, 인민해방군 해군은 향후 10년에 걸쳐 사거리 500km가 넘는 신형 대함 미사일 YJ-18이 장착될 수 있는 40척 이상의 잠수함과 30척 이상의 순양함 및 구축함을 보유하게 될 것이다.[48] 이러한 함정과 잠수함들은 인민해방군 로켓군의 미사일과 공군과 해군의 타격기들이 미국의 항모전단에 대한 포화 공격을 가할 때 수많은 장거리 미사일로 화력을 지원할 수 있을 것이다. 인민해방군 해군의 수상전함과 잠수함은 또한 지상 공격 순항미사일LACM을 탑재할 수 있을 것이다. 이는 인민해방군에게 국가안보 목적을 지원하기 위해 세계 거의 모든 곳에 있는 지상 목표물을 정밀하게 공격할 수 있는 능력을 부여할 것이다.[49]

중국은 또한 대규모 상륙공격 역량을 꾸준하게 증강하고 있다. 인민해방군 해군은 헬기와 상륙정, 무인기, 해군육전대(해병대) 그리고 기타 지원 장비를 실어 나르고 배치할 수 있는 대형 상륙강습함을 확보하는 중이다. 인민해방군 해군은 40여 척의 대형 상륙함을 보유하고 있고, 구형 함정을 서구의 대형 상륙함과 견줄 수 있는 현대식 함정으로 교체하고 있다.[50] 이에 더하여, 인민해방군은 해군육전대를 8개의 보병전투여단과 특수작전 부대, 그리고 지원 부대로 확대했다. 인민해방군 해군육전대는 중국 근해에서의 도서 방어 및 공격 작전, 그리고 인도양과 아덴만 및 아프리카에서의 위기대응 작전을 위한 훈련을 수행하고 있다.[51]

인민해방군은 남중국해 스프래틀리 군도에서 자신이 장악하고 있는 7개 지형물을 군사기지화하고 있다. 이 중 3곳인 피어리 크로스초Fiery Cross, 미스치프초Mischief, 수비초Subi 각각은 24대의 전투기 연대를 위한 긴 활주로와 격납고를 갖고 있다.[52] 인민해방군은 대공 및 대함 미사일 포대와 전자전 전파교란 장비와 함께 레이더도 설치했다. 중국이 점령한 스프래틀리의 추가 시설물에는 항만, 고정식 무기 진지, 병영, 행정 건물, 창고, 센서 설치대, 통신 시설 등이 있다.[53]

스프래틀리 군도에서 중국이 자신의 영토라고 주장해온 지형물의 군사기지화를 통해 중국 지도부는 몇 가지 목적을 달성했다. 첫째, 스프래틀리 내의 모든 당사자들에 대한 중국의 우위를 보여주었다. 이들 지형물 위에 중국이 설치한 센서와 무기는 남중국해의 넓은 영역을 감시하고, 이 해역을 지나는 선박과 항공기를 위험에 빠뜨린다. 둘째, 중국의 군사적 주둔은 군도에 대한 영유권을 주장하는 다른 작은 국가들을 위협하고 이들 국가가 국제법적으로 누릴 자격이 있는 해양 자원 개발 능력을 제한한다. 마지막으로, 중국이 군도 내에 설치한 기반시설은 위기 발생 시 인민해방군이 이 해역에서 자신의 전력을 강화하기로 결정할 경우, 전투기와 전함과 같은 추가적인 첨단 군사장비를 수용할 준비가 되어 있으며, 이는 다른 국가들이 현재 가지지 못한 이점이다.

중국공산당 지도부가 유인 수상함 수백 척을 투입하겠다고 결정하는 것은 결국 그들이 후회하게 될 실수라는 점을 지적하는 것이 중요하다. 왜냐하면 이러한 선박은 미국과 동맹국의 수상함이 인민해방군의 대함 미사일에 취약한 만큼이나 장거리 대함 미사일에 취약할 것이기 때문이다. 중국의 오늘날 거대한 전투함대는 국가적 자부심의 상징으로 여겨진다. 하지만 그와 같은 상징은 적이 그것을 파괴를 위한 표적으로 삼는다면, 정치적, 문화적 "중심"(center of gravity, 클라우제비츠가 제시한 개념으로, 전쟁이나 군사작전에서 상대방 힘의 핵심이 되는 요소—옮긴이)으로 전환될 수 있다(이후 장들에서 논의할 주제이다). 인민해방군 해군의 수상 함대는 전반적으로 잘 설계된 중국 군사현대화 사업에서 눈에 띄는 약점이 될 수 있다.

중국은 무엇을 이루어냈는가?
What Has China Achieved?

지난 사반세기에 걸친 엄청난 중국의 군사력 구축은 군사력의 효용성에 대한 중국 지도부의 믿음을 드러내 보였다. 2017년 10월 시진핑의 제19차 중국공산당 전국대표대회 업무 보고에 따르면, 중국 지도부는 2049년까지 미국과 군사적으로 대등한 수준을 달성하고 이후에는 우위에 서기로 결정했는데, 이러한 결정은 제1장에서 다룬 바 있는, 중국 지도부가 겪고 있는 불안정성과 취

약성을 설명한다고 볼 수 있다.[54]

여기서 지적할 점은 중국의 지도자들만이 이런 길을 선택했다는 사실이다. 중국만큼이나 국제 무역과 에너지 수입에 의존하는 일본, 유럽, 인도 같은 강대국들은 자유로운 글로벌 통상에 대한 보호를 제공하는 기존 국제질서에 적응해왔다. 이들 중 어떤 국가도 자국의 취약성과 노출이 국제공유지에 대한 미국의 관리에 도전하기 위한 군사력 증강을 필요로 한다고 결론을 내지 않았다. 대신에 이들 국가는 국가 방위에 투입되는 자원을 줄여 다른 사회적 필요로 향하게 했다. 중국의 새로운 경제력은 그 지도자들에게 미국의 관리체제에 도전할 수 있는 선택지를 주었지만 그들이 그것을 행사해야 하는 것은 아니었다. 중국 지도부는 그들의 이념적 입장, 중국의 문화와 역사에 대한 견해, 그리고 그들이 취약성과 불안요소로 인식하는 것들을 통제하기 위해 힘을 사용하려는 충동에 기반해 그러한 선택을 했다.

중국의 군비 증강은 전형적인 안보 딜레마(security dilemma)를 야기했다. 중국의 이웃 국가들은 증가된 군사적 위협에 대해 내부적, 외부적 균형 행동으로 대응하고 있다. 일본, 대만, 호주, 그리고 인도는 현재 광범위하고 장기적인 국방개혁을 추진하고 있으며 최근 들어서는 국방비 지출을 늘리고 있다. 역내 군사외교는 이전보다 훨씬 더 적극적이 되고 있다. 예컨대, 미국과 일본, 인도, 그리고 호주로 구성된 "4자 안보대화" 일명 "쿼드Quad"는 회원국의 고위급 외교관들이 2개월마다 회의를 개최할 정도로 힘을 받고 있다.[55] 쿼드의 새로운 동력의 핵심은 중국의 군사력과 공격성에 대한 인도의 우려 증가와 그에 따라 안보 문제와 관심사들에 대해 미국과 일본 그리고 다른 국가들과 기꺼이 협력하려고 하는 인도 정부 관료들의 의지였다. 쿼드는 향후 정부 수반 차원의 정기적 안보회의가 열리고 다른 국가들이 참여를 원함에 따라 궁극적으로 "쿼드 플러스Quad+"로 확대될 것으로 예상된다.

인도-태평양 지역에 나토NATO와 같은 공식적인 다자간 안보동맹이 형성된다는 것은 가까운 미래에는 기대하기 어려운 일이다. 그렇기는 하지만 역내 국가들의 양자 간 혹은 다자간 방위협력은 확대되고 심화될 것이고, 그러한 방위협력에 대개는 미국이 관여하겠지만 그렇지 않은 경우도 드물지 않을 것이다. 중국의 군사력에 대한 우려는 이러한 협력을 촉진하고 있으며, 이는 보다 정교한 다자간 훈련, 군의 인적 교류, 정보공유, 우발적 상황 대비, 지휘체계 간 협력, 무기 판매, 그리고 국가 간 군사협력을 증진할 수 있는 다른 조치들로 나타날 것이다.

중국의 군사현대화가 안보 목적을 달성하기 위해 군사력을 활용할 수 있는 역량을 키워주었음은 의심할 여지가 없다. 그러나 이는 안보 반발을 촉발시켰고, 인도-태평양 지역에서 중국에 대응하는 다자안보체제를 점점 더 강화시키고 있다. 따라서 베이징의 일부 지도자들은 인민해방군을 증강한 것이 과연 중국의 안보에 도움이 되었는지에 대해 당연히 의문을 제기할 수도 있을 것이다. 그럼에도 불구하고, 인민해방군의 군사현대화는 앞으로도 계속 진행될 것으로, 심지어 더 속도를 높일 것으로 예상된다.

전 세계적 반발로 심각한 타격에 직면한 중국공산당의 정치전
The CCP Sparks a Global Backlash, Crippling Its Political Warfare Campaign

21세기의 첫 20년 동안 중국은 남중국해에서 우세한 군사적 입지를 차지하기 위해 살라미 전술을 성공적으로 활용했다. 인도-태평양사령부 사령관을 역임한 한 인사에 따르면, 중국은 파라셀 제도와 스프래틀리 군도에서 자신이 장악한 지형물에서 군사기지화를 느리고 꾸준하게 추진한 결과, "미국과의 전쟁을 제외한 어떤 시나리오에서도 남중국해를 통제할 수 있는" 능력을 갖게 되었다.[56]

같은 시기에, 중국공산당은 또한 전략적 목표를 추구하는 중국에 반발하는 세계 각국 정책 입안자들의 결의를 약화시키기 위해 정치전을 수행해왔다. 중국의 정치전 전략에는 몇 가지 중점 과제가 있었는데, 다음과 같은 것들이다.

- 장학금, 비자 제공, 교환교수 및 방문학자 프로그램, 공자학원 프로그램을 활용하여 서구 대학들에서 중국에 우호적인 영향력을 만들어낸다.
- 언론과 할리우드 같은 문화계의 친중국 메시지를 장려하고, 영향력 도구로서 시장 접근, 합작 투자, 취업 비자 등을 활용한다.
- 교역과 사업 제휴를 이용해 서구 기업과 금융계에 대한 영향력을 확대한다.
- 보조금과 다른 보상 수단을 활용해서 비정부기구들이 친중국 메시지를 내게 한다.
- 중국 관료의 국제기구 지도부 진출을 지원해 친중국적 정책 형성을 유도한다.
- 서구의 싱크탱크와 연구기관에 대한 영향력을 확보해 현재와 미래 서구 정책 결정자들의 시각 형성을 시도한다.
- 해외 중국인 공동체에 영향력을 행사해 현지인들의 정치적 태도에 영향을 미친다.[57]

그러나 시진핑 집권 하에서 중국의 호전성으로 인해 헛수고가 된 살라미 전술과 정치전의 효과가 한계에 다다르고 있다. 권좌에 있던 10년 동안 시진핑은 중국의 4대 전략적 목표를 성취하기 위해 선택한 전략들에서 덩샤오핑 시대의 절제 정책을 버렸고, 그렇게 하는 과정에서 중국에 대한 지역적, 전 세계적 반발을 촉발했다. 중국 사회 전반에 대한 공산당의 통제력을 유지하고 심화시킨다는 첫 번째 전략적 목표를 추구하면서, 중국공산당과 정부는 치안 조직을 확대하고 인민 개개인에 대한 감시와 정보통제를 강화했으며, 민간 경제 부문에 대해서도 통제의 고삐를 조였다. 앞서 언급했지만, 중국의 치안 조직이 확대되면서 치안 부문에 투입된 예산이 이제는 인민해방군의 재래식 및 핵 전력에 대한 지출을 넘어서고 있다.

치안 당국은 휴대폰 추적 데이터, 모바일 결제 데이터, 메시징 및 챗팅 서비스의 대화 내용, 안면 인식 데이터, 그리고 다른 관련 전자적 감시 내용을 수집하고 이러한 데이터를 점점 정교해지는 인공지능 알고리즘으로 분석한다. 치안 당국은 이러한 과정을 거쳐 나온 데이터베이스와 분석자료를 토대로 인민들의 행태를 세밀하게 감시하며 공산당의 지배에 위협이 될 만한 요소가 있는지 찾아낸다. 개인의 행태를 모니터링한 결과를 토대로 보상과 처벌을 가하는 "사회신용시스템"은 중국공산당의 사회 통제를 강화하기 위한 목적으로 도입되었다.[58] 시진핑 정부 하의 중국의 국내 경제 정책은 민간기업을 희생해가면서 국영기업을 과도하게 지원하고 있다.[59] 이러한 조치를 통한 중국공산당의 목표는 중국 사회에 대한 당의 권위에 도전할 수 있는 어떤 조직이나 집단이 부상하지 않도록 하는 것이다. 중국공산당의 억압적인 민낯이 세계에 널리 알려지면서 중국에 대한 호감도가 감소함은 물론, 소프트 파워로 패권을 확보하려는 전략도 힘을 잃게 되었다.

시진핑 치하의 중국공산당은 또한 그들이 "중국의 영토"라고 주장하는 지역들에 대한 재통합과 평정—두 번째 전략적 목표—을 위해 강력한 조치를 취해왔다. 앞에서 언급된 개인의 일상 깊숙이 침투해 있는 치안 당국의 감시체제와 이를 뒷받침하는 첨단기술 외에도, 중국공산당은 신장 지역에서 대규모 체포와 구금, 강제노역을 동원하고 있다. 지난 10년 동안 중국의 치안 당국이 무슬림계 소수민족이 다수를 차지하는 이 지역에 건설한 구금시설은 380개가 넘고, 시설에 수용된 위구르인과 카자흐인은 100만 명이 넘는다. 민간 상업위성이 촬영한 영상에 따르면, 2017년에서 2020년 사이에 이 지역 모스크(이슬람 예배당)의 1/3이 중국의 치안 당국에 의해 파괴되었다.[60]

중국공산당과 치안 당국은 2020년 홍콩에서 민주화 시위가 발생하자, 그때까지 남아 있던 민주화운동 지도부에 대한 대대적인 체포를 단행했다.[61] 친중 성향 행정부에 대한 홍콩 주민들의 정치적 항의가 완전히 진압되면서 한때 자치를 누렸던 이곳은 이제 중국공산당의 완전한 통제 하에 들어갔다.

중국은 대만에서 정치적 전복을 시도하고, 대만 주변에 대한 보다 공격적인 해상 및 공중 순찰을 하고, 그리고 대만 해협 전역에서 상륙함 수송 전력을 비롯해 인민해방군 전력을 증강하는 식으로 대만에 대한 압박 수위를 높여오고 있다. 화약고가 된 대만의 상황에 대해서는 제7장에서 자세하게 다룬다.

중국은 자국을 둘러싸고 있는 주변 지역에 대한 패권을 확립한다는 중국공산당의 세 번째 목표를 실현하기 위해 지난 10년간 유사하게 행동해왔다. 이러한 조치들에는 (앞서 언급한) 남중국해에서의 육상 지형물 조성과 군사화, 동중국해 센카쿠 열도 인근에서의 해상민병, 해경, 해군의 활동 강화, 인민해방군과 인도군이 심심찮게 충돌하는 중국의 히말라야 접경지역에서의 군 주둔지와 공군기지, 지원시설 건설 등이 있다.

중국의 네 번째 전략적 목표는 국제적 이슈에서 중국의 존재감과 영향력 확대를 지원하기 위해 국제적 제도와 행동규범을 재편하는 것이다. 지난 10년간 중국 관료 수십 명이 유엔UN 산하 주요 기구와 사업, 국제통화기금IMF, 세계무역기구WTO, 인터폴 등의 고위직에 임명되었다.[62] 중국공산당은 이들을 통해서, 필요하다면 다른 국가들과 그 국가들의 이익을 희생시켜서라도 자신들이 원하는 결과가 나오도록 이러한 기구의 정책에 영향을 미치고 했다. 중국은 자신의 활동에 대한 해외의 지지를 강화하고 반대를 약화시키기 위해서 전 세계 언론매체, 학술기관, 비정부기구, 해외의 중국인 공동체, 그리고 기타 경로를 통해 정보 및 영향력 공작(influence operations, 매수, 회유, 여론전, 심리전, 해킹, 댓글공작, 사이버전 등 수단과 방법을 가리지 않고 인간의 인지적 변화를 유도함으로써 자기 세력을 확대하고 적을 위축, 약화시키는 전법으로, 중국에서는 '초한전超限戰'이라고도 한다—옮긴이)의 활용을 확대해왔다

중국의 이러한 행동들은 세계 각국의 정책결정자들과 일반 대중의 반발을 불러왔다. 예컨대, 바이든 행정부는 중국의 모험주의에 대응하기 위하여 임시적인 현안별 지역 및 글로벌 연합체를 구성함으로써 트럼프 행정부의 강경한 대중국 정책 기조를 이어갔다. 대중국 연합은 군사안보, 통상, 국가 간 투자, 기반시설 투자, 기술 표준, 인권, 민주주의 증진 등과 같은 문제들을 중심으로

형성되고 있다. 바이든 행정부는 연합의 구축과 국제적 정당성을 더욱 강조했기 때문에 이러한 정책을 추진하는 데 더 효과적일 수 있었다.[63]

중국의 공격적인 행보에 대응하기 위한 노력이 인도-태평양 지역에서 힘을 얻고 있다. 2020년 코로나 바이러스 팬데믹으로 인한 세계 경제 위기에도 불구하고 일본은 역대 최대 규모의 방위비 예산을 승인했는데, 이는 인민해방군에 대응하기 위한 신형 스텔스 전투기와 장거리 대함 미사일의 구매와 개발에 중점을 둔 것이었다.[64] 같은 해 호주의 모리슨Scott Morrison 총리는 10년에 걸친 단계적 방위 사업을 발표했는데, 이는 일본과 마찬가지로 스텔스 전투기와 장거리 대함 미사일, 대잠전에 중점을 두는 것이었다. 모리슨 총리는 인도-태평양 지역의 안보환경이 "1930년대와 1940년대에 글로벌 및 지역 질서가 붕괴되었을 때 우리가 직면했던 실존적 위협 이래로"[65] 가장 불확실하다고 말했다. 중국의 행태에 대한 반발은 유럽에서도 나오고 있는데, 나토NATO 지도부는 이 군사 동맹의 관심을 중국으로부터의 도전에 집중시키고 있다.[66]

마지막으로, 하지만 가장 주목해야 할 부분은 2019년에서 2020년을 거치면서 중국에 대한 국제사회의 여론이 급격하게 부정적인 방향으로 바뀌었다는 사실이다. 유럽, 일본, 한국, 호주, 캐나다, 그리고 미국에서 실시한 여론 조사에 따르면, 인터뷰 대상자 10명 중 7~8명이 중국에 대해 전반적으로, 특히 시진핑 개인에 대해 호의적이지 않은 견해를 갖고 있었는데, 이는 전년도에 비해 눈에 띄게 높아진 것이었다. 코로나 바이러스 팬데믹이 그러한 급격한 호감도 변화의 많은 부분을 설명할 수도 있겠지만 중국과 시진핑이 코로나 팬데믹에 잘 대처했다고 믿는 이들마저도 중국과 그 지도부에 대해서는 여전히 부정적인 시각을 가지고 있는데, 이는 최근 중국의 행동과 그 의도에 대한 일반 대중의 우려가 높아지고 있다는 것을 반영한다.[67]

냉전 종식 이후부터 불과 10여 년 전까지만 해도, 정치적 성향이 어떻든 미국과 서구 국가 정책결정자들 사이에서 주류적이고 컨센서스에 가까운 희망은 중국의 지도부가 오랫동안 존속해온 개방된 국제적 시장 체제, 미국과 서구 국가의 국제공유지 관리체제, 그리고 규칙과 행동규범을 제정하고 분쟁을 조정하는 기존 국제 제도를 수용하고 순응할 것이라는 점이었다. 중국이 이러한 국제체제로부터 너무나 막대한 이득을 얻었기 때문에 그것에 순응하리라고 기대하는 것이 논리적으로도 타당해 보였다. 이러한 순응의 일부로서 서구의 정책결정자들이 기대했던 것은 중국이 국내적으로 자유화의 길로 나아가는 것이었고, 그들은 그러한 자유화가 중국 인구가 완전한 지적, 경제적 잠재력을 발휘하기 위해 필요할 것이라고 가정했다.[68]

많은 정책결정자들에게 있어 국가기획의 전제가 되었던 그러한 희망은 시진핑 집권 10년 동안 산산조각이 났다. 이제는 어떤 정치적 성향을 지니고 있든 미국의 정책결정자들이나 전문가 중에서 중국이 협력적이고, 위협적이지 않으며, 국제체제의 "책임감 있는 이해당사자"가 될 것이라는 희망을 여전히 갖고 있는 이들을 찾아보기 어렵다. 중국은 기존 질서를 바꾸려는 세력(revisionist power)이자, 점점 커지고 있는 군사적 위협이며, 권위주의를 정당화하는 세계를 만들고자 하는 나라라는 컨센서스를 중심으로 중국에 대한 견해가 굳어지고 있다.

시진핑 집권 하에서 중국공산당의 행태는 결국 그들의 수정주의 프로그램에 대한 반발을 무력화하는 수단으로서 중국의 소프트파워를 구축하고 과시하려는 시도를 망쳐놓았다. 대신에 중국에 대한 국제사회의 평판은 추락해버리고 말았다. 유럽과 아시아, 북미 지역 정치지도자들은 오늘날의 중국을 적어도 우려스러운 경쟁자이며, 가장 심각하게는 점점 더 위험하고 공격적이 되어가는 적으로 보고 있다. 이는 미국과 호주, 일본의 경우, 정치적 성향에 관계없이 정치인들이 이제는 자신의 정치적 경력을 유지하기 위해 중국에 반대해야 하는 사실에서 명확하게 드러난다.

점점 더 군사화되는 중국공산당 전략
Expect an Increasingly Militarized CCP Strategy

정치전 전술의 효용이 이제 바닥을 드러내면서, 중국 지도부는 전략적 목표를 향해 나아가기 위해, 결국 "하드 파워(hard power)"적 수단, 즉 인민해방군의 군사력에 의존할 수밖에 없을 것이다. 중국공산당 지도부는 그렇게 하는 것에 더 편안해할 가능성이 있다. 그들은 이제까지는 인민해방군의 군사현대화 프로그램에 대해 만족감과 자부심을 갖고 있으며, 인민해방군이 미군을 여러 차원에서 거의 따라잡았고, 심지어 앞서나가고 있다는 결론을 내릴 가능성이 있다. 중국공산당 지도부는 항상 문제에 대한 직접적인 통제력을 선호해왔는데, 그들은 인민해방군이 그것을 가져다줄 수 있다고 믿고 있다. 결과적으로, 중국공산당 지도부는 인민해방군의 현대화를 앞으로도 계속 추진할 것이며, 심지어 가속화할 것으로 예상된다.

향후 10년은 물론 그 이후에도 계속될 인민해방군의 현대화는 기존 공세적 타격 역량에 화력과 치명성을 더하면서 인민해방군의 글로벌 도달 범위(global reach)를 점점 더 증가시킬 것이다. 중국의 우주 기반 정찰 및 통신 능력은 범위, 정확도, 회복력을 늘릴 것이다. 우주 기반의 센서, 통신 및 항법 설계의 트렌드는 수천 개의 소형 위성으로 구성된 군집위성을 지향하고 있다. 이러한 고도로 분산된 군집위성은 지표면에 대한 거의 실시간 관측을 제공할 것이다. 합성개구레이더SAR를 탑재한 군집위성은 밤과 낮, 날씨를 가리지 않고 1m 크기나 그보다 더 작은 지표면 위의 물체들을 끊임없이 식별해낼 것이다. 우주에서의 중복적인 통신 중계는 방대한 규모의 데이터를 안전하게 전송하기 위해 레이저를 사용해서, 수집된 이미지들을 프로세서로 전송할 것이다. 이러한 프로세서는 지휘관과 타격 담당자가 군사작전의 신속한 조율을 위해 필요로 하는 결론을 빨리 도출하기 위해 인공지능을 활용할 것이다. 이러한 광범위하게 분산된 센서, 중계 및 분석 노드(nodes, 대형 네트워크와 연결된 정보처리 장치나 데이터 지점—옮긴이) 네트워크는 적이 공격하고 전파 교란하고 방해하기가 어려울 것이다. 중국은 거의 미국만큼이나 빠른 속도로 이러한 네트워크를 구축할 수 있는 기술과 경험을 가지고 있다.

2020년대 말에 이르면 인민해방군 공군의 스텔스 전투기 J-20이 다수 운용될 것이고, 이는 제2도련선 인근을 비행하는 미군의 공중급유기와 작전통제기를 위험에 빠뜨릴 것이다. 그리고 이보다 훨씬 더 많은 무인기들이 중국 근해부터 제2도련선을 넘어 인도양까지 무장 정찰 임무를 수행할 것이다. 인민해방군은 몇몇 유형의 타격기를 위한 중간 공중급유 능력을 증가시켜 항공 전력의 작전 범위를 확대할 것이다. 스프래틀리 군도의 공군기지로부터 작전을 수행하는 인민해방군 전투공격 항공기는 인민해방군 공군 작전을 인도양 동쪽까지 확대할 것이다. 신형 대함 미사일과 지상 공격 미사일은 더 긴 사거리와 더 나은 센서를 갖게 될 것이고, 요격하거나 탐지하기가 더 어려워질 것이다. 그리고 인민해방군은 글로벌 항공 작전을 용이하게 하기 위해 해외 기지를 더 건설할 수도 있을 것이다.[69]

중국 해군도 마찬가지로 자신의 글로벌 도달 범위를 확대하고 무기 플랫폼의 파괴력을 계속 향상시킬 것이다. 중국의 잠수함단은 더 커지고 더 현대적이 될 것이고, 더 위험한 대함 미사일과 어뢰로 무장될 것이다. 인민해방군 해군은 항모전단을 운용할 수 있는 능력을 향상시키면서 더 많은 항공모함을 건조하고 있다. 중국의 항구 및 지원기지로부터 멀리 떨어진 해역에서의 항모 작전을 뒷받침해줄 군수지원함이 인민해방군 해군에 인도되었다.[70] 2020년대가 지나기 전에 인도양과 중태평양, 심지어 동태평양에서도 인민해방군 항공모함의 정기적인 작전을 보게 될 것으로 예상된다. 인민해방군 해군이 다목적 대형 상륙함을 인도받고, 해군육전대가 대규모 상륙작전을 위한 훈련을 정교화함에 따라, 해군의 상륙강습 능력도 마찬가지로 강화될 것이다.[71] 인민해방군 해군의 상륙강습 능력 강화는 비단 대만과만 관련이 있는 것이 아니라 중국 근해와 인도양에서 발생할 수도 있는 우발적 사태와도 관련이 있다.

다음 10년에 걸쳐 인민해방군 로켓군은 지상 목표물과 항행 중인 함선에 대한 정밀 공격을 위해 사거리 4,000km의 DF-26 탄도미사일을 계속 시험 발사할 것이다. 보다 일반적으로는, 인민해방군 로켓군은 미사일 방어체계를 무력화하고, 괌과 인도양 깊숙한 지역을 포함해 제2도련선까지 그리고 그 너머의 사거리에 있는 전략적 가치가 높은 임기 표적(targets of opportunity, 사거리 내에 존재하지만 사전에 타격할 표적으로 계획되지 않았다가, 뒤늦게 위치가 탐지되어 긴급 표적으로 처리되는 표적—옮긴이)을 타격할 수 있는 능력을 완벽하게 갖춘다는 목표 하에 극초음속 기동형 재진입체를 계속 시험할 것이다.[72]

마지막으로, 인민해방군 전략지원군(기존의 "5군종" 체제에서는 전자 정보전과 사이버전을 전담하고 군사정보를 총괄하면서 로켓군을 지원했다. 2024년 4월 전략지원군이 폐지되면서 군사우주군, 사이버군이 신규 병종으로 독립했다—옮긴이)은 인민해방군 내 다른 군종을 위한 핵심적 지원을 제공하는 다양한 기능들을 계속해서 구축하고 심화시킬 것이다. 인민해방군 우주군은 앞서 언급한 분산형 정찰과 통신, 항법 위성 체계를 발전시킬 것이고, 그러한 체계는 인민해방군 지휘관들을 위한 현대화된 지휘통제 체계를 지원하게 된다. 인민해방군의 대우주(counterspace) 및 위성요격 능력은 계속해서 발전할 것이고 정규 운용에 들어갈 것이다. 인민해방군의 공격적인 전자전과 사이버전 능력도 계속 향상되어 인민해방군의 기존 재래식 전력과 더욱 효과적으로 통합될 것이다. 주목할 점은, 미 국방부가 인민해방군이 종합적인 정치군사 작전(political military campaign)의 일환으로 전력망과 통신망 같은 적의 핵심적인 민간 기반시설을 교란할 수 있는 능력의 발전을 강조하고 있으며, 어쩌면 과시까지 할 것으로 예상한다는 사실이다.[73]

요컨대, 향후 10년 안에 인민해방군은 모든 차원에서 제1도련선의 안쪽뿐만 아니라 인도-태평양 지역과 그 너머에서도 지금보다 훨씬 더 치명적이 될 것이다. 중국공산당 지도부는 당연히 지난 사반세기 동안 인민해방군이 얼마나 멀리 그리고 얼마나 빨리 전진해왔는지에 대해 자부심을 가질 것이다. 그들은 또한 인민해방군이 그들의 고질적인 문제점들을 극복하기를 열망할 것이다. 그러한 문제점들에는 기량과 정신력을 갖춘 군인의 부족, 서구 기준에 못 미치는 훈련, 종종 나타나는 허약한 장교 리더십과 의사결정, 군종 간 협동 및 합동작전의 부족, 군대 내 만연해 있는 부정부패[74] 등이 있다. 중국공산당의 정치전은 그 효용성이 끝나가고 있고 미국과 동맹국들이 이제는 보다 효과적인 안보 대응을 조직함에 따라, 중국 지도부는 그들의 얼마 안 남은 영향력 도구 중 하나인 인민해방군에 훨씬 더 의존하게 될 것이다. 이들 지도부는 인민해방군과 그 장교들이 군 현대화 노력을 가속화하도록 촉구하는 데 더 많은 관심을 기울일 것이다.

  미국의 국방 관료와 기획자들은 이 모든 상황을 인식하고 있으며 인민해방군의 급속한 군 현대화를 뒤늦게 그들의 위협 리스트의 맨위에 올려놓았다. 하지만 마침내 문제의 심각성을 인식한 것과 효과적 대응을 하는 것은 별개의 문제이다.

05

미국의 아시아 회귀와 이후의 시행착오

America Pivots to Asia, Then Stumbles

2010년에 이르러 미 국방부와 군사 기획자들은 중국의 군사현대화 사업, 그리고 그로 인해 서태평양 지역에서 전쟁이 발발할 경우 미군이 승리를 거두기 위해 갖추어야 할 능력이 제한받을 위험성에 대해 분석하는 작업에 완전히 몰두하고 있었다. 국방부는 주기적으로 발행하는 전략평가서인 2010년도 〈4개년 국방검토보고서QDR〉에서 중국의 군사적 위협을 명시적으로 언급하며, 공군과 해군이 협력하여 이에 대응할 것을 지시했다.[1] 2012년 1월, 마틴 뎀프시Martin Dempsey 합참의장의 합동참모본부는 중국의 반개입 또는 접근 거부에 대한 육군, 해군, 공군 및 해병대 전군의 합동전력을 통한 대응 전략을 제시하는 〈합동작전 접근 개념Joint Operational Access Concept〉을 발표했다.[2] 오바마 행정부가 전략적 초점을 아시아-태평양 지역으로 옮기는 "재균형(rebalancing)" 정책을 가동하고 국방부가 서태평양과 그 외 지역에 대한 군사적 접근 능력을 유지하는 데 집중함에 따라, 국방부는 센서와 미사일 기술의 혁신적 성과를 활용하는 중국에 대응하기 위해 부랴부랴 나서게 되었다.

국방부의 대응은 처음에는 논란이 많았고, 이후에는 설득력을 잃어갔다. 이는 놀라운 일이었다. 중국의 미사일 중심 군사전략이 제기한 도전은 미국의 군사 기획자들에게 낯설지 않은 문제였고, 기술과 무기 플랫폼에 있어서 미국 국방 조직이 전통적으로 지니고 있던 강점으로 대응하기 적합한 문제였다. 미국은 지금의 중국만큼이나 치명적이었던 소련이라는 적수를 극복해낸 경험을 가지고 있었는데, 당시 소련이 발전시키고 있던 연구 및 기술 중심의 국방문화는 오늘날 중국이 야기하는 문제와 동일한 것으로 볼 수 있었다. 게다가 중국은 소련보다 훨씬 더 국제 무역에 깊이 관여하고 있었기에, 해군력과 공군력에 있어서 미국이 지니고 있는 분명한 우위에 더 취약했어야 했다.

그러나 이 장에서 보게 되겠지만, 중국의 군사적 도전에 대한 미국의 지난 10년간 대응은 국방부와 의회가 여전히 문제 해결에 필요한 조치들을 취하는 데 주저하고 있음을 드러냈다. 오늘날 미군의 모든 조직들은 중국의 도전을 극복하기 위한 해결 방안을 열성적으로 내놓고 있다. 비록 자기 조직의 예산 할

당을 보호하기 위한 예상된 반응일지라도, 어쨌거나 그러한 열정과 창의력이 표출된 것은 고무적인 일이었다. 그러나 중국의 군사 전략과 기술 발전 동향의 실상에 비추어본다면, 방대한 미군 조직들이 내놓은 처방들이 모두 현실성 있는 것은 아니었다. 일부 좋은 아이디어들은 무시당한 반면 결함 있는 몇몇 개념들이 과도한 주목을 받기도 했다.

지난 10년 동안 국방부를 거쳐 간 장관들은 결국 중국의 군사적 도전을 심각한 것으로 받아들였고, 이에 대한 효과적인 대응 방안을 마련하기 위한 노력을 기울였다. 유감스럽게도 제대로 된 전략을 내놓지는 못했는데, 이는 관료주의의 한계와 정치적 제약이 계속 발목을 잡은 탓이었다. 그 결과, 인민해방군이 계속 힘을 키워가는 동안 미국은 시간만 낭비하고 말았다. 중국에 효과적으로 대응하기 위한 전략을 만들기 위해서는 먼저 현재 미국의 방위 계획에 어떤 잘못이 있는지 이해해야 한다. 이번 장에서는 현재의 미국 방위 개념의 문제점을 설명하고, 더 나은 전략을 위한 방안을 제시하고자 한다.

"정찰-타격 복합체"에 대한 우려
Worrying Once Again about the "Reconnaissance-Strike Complex"

적이 자국의 영토나 특정 지역으로 "접근하는 것을 막기 위해" 군사력을 사용하는 것은 전쟁 자체만큼 오래된 전략이다. 해군 역사에서 살라미스Salamis 해전(BC 480)이나 그래블린Gravelines 해전(1588년 스페인의 무적함대와 잉글랜드 함대 사이에 벌어진 해전—옮긴이), 그리고 제2차 세계대전(1939~1945)에서 독일 잠수함 함대를 상대로 한 연합국의 작전과 같은 전설적인 교전은 추후의 결정적인 지상 작전을 가능하게 하거나 저지하기 위해 전구 접근권을 두고 적대 세력 간 충돌한 대표적인 사례이다. 영국 남부의 제공권을 두고 1940년 8월에서 9월에 걸쳐 영국과 독일 공군이 격돌했던 영국 본토 항공전the Battle of Britain은 원정군에 대한 접근 거부의 또 다른 대표적 사례이다. 따라서 접근 거부 역량을 발전시키고 있는 중국의 행보는 군사 역사를 관통하는 유구한 흐름에 부합하는 것이라 할 수 있다.

그렇기는 하지만, "접근 거부(access-denial)"라는 도전에 관한 각각의 사례에는 기획자들과 지휘관들이 숙달하고 목적에 맞게 다듬어야 하는, 고유한 전술적, 기술적 측면들이 존재한다. 센서와 미사일 기술의 혁명에 기반한 중국의 접근 거부 전략은 독특한 특성을 갖고 있으며, 오늘날 면밀한 검토 대상이 되고 있다.

제3장에서는 1990년대 초 국방부 총괄평가국ONA이 적대 세력이 유라시아 주변의 전진 기지에 있는 미군을 공격할 가능성이 있다는 점을 어떻게 인식하게 되었는지를 살펴보았다. 제3장과 제4장에서 소개한 1970년대 소련의 "정찰-타격 복합체" 개념이 바로 이러한 위협의 초기 형태였다.3

1991년 걸프전은 정밀유도무기와 연계된 광범위한 정보 및 지휘통제 네트워크가 적의 지휘체계와 공군 및 지상 전력에 가할 수 있는 타격이 어느 정도인지 확인시켜준 최초의 대규모 시연이었다. 이후 총괄평가국 및 다른 기관의 분석가들은 현대적인 "정찰-타격 전투 네트워크"가 전진 배치된 그리고 원정 작전을 벌이는 미 해군 및 공군에 가할 수 있는 위협에 대해 심사숙고하기 시작했다. 국방부 싱크탱크의 사고 실험(thought experiment)으로 시작되었던 것이 30년이 지난 오늘날 서태평양 지역 미군 지휘관들과 기획자들에게 현실적인 문제로 다가온 것이다.

문제를 설명할 뿐 해답을 제시하지는 못하는 합동작전 접근 개념
JOAC Lays Out the Problem, but Not the Answer

2011년 합참의장으로 취임한 지 얼마 안 된 뎀프시 대장은 예하 참모와 다른 군사전문가들에게 "반접근(anti-access)" 문제를 검토하여 그 요소들을 정의하고, 육군, 해군, 공군, 해병대 등 전 군을 포괄하는 해결방안을 강구하라는 지시를 내렸다. 이에 합동참모본부는 2012년 뎀프시 의장이 서명한 〈합동작전 접근 개념JOAC〉이라는 문서를 발간했다.[4] 이 문서는 중국의 "접근 거부(access-denial)" 도전에 대한 미군 수뇌부의 기본적 시각을 형성했으며, 이 문제가 단지 해군과 공군에만 국한된 관심사가 아님을 보여주고 국방부가 추구하는 대응방안에 전 군이 참여할 것이라는 점을 확인시켜주었다.

〈합동작전 접근 개념JOAC〉의 작성자들은 미군이 적을 이기는 것은 고사하고, 단지 전장에 대한 접근을 확보하는 것조차도 점점 더 도전에 직면하게 될 것임을 솔직하게 기술함으로써 중요한 기여를 했다. 더욱 주목할 부분은, 정책 결정자들과 군사 기획자들이 전장으로의 접근에 대한 도전, 특히 중국 같은 경쟁자가 제기하는 그러한 도전에 대한 실질적인 해법을 마련하려고 할 때 직면하게 될 위험과 장애물에 대해 직설적이고도 솔직하게 밝힌 점이다. 이 문서는 군사적 문제를 잘 설명했지만, 작성자들은 그 문제를 쉽게 해결할 수 있을지에 대해서는 자신하지 못했다.

〈합동작전 접근 개념JOAC〉은 영역 간 시너지(cross-domain synergy)—서로 다른 영역(지상, 해상, 공중, 우주, 사이버)의 능력을 단순히 덧붙이는 것이 아니라 상호보완적으로 운용함으로써 서로의 위력을 강화해주고 취약점을 보완하는 개념이다—가 적의 "접근 거부" 능력에 맞서 우위를 점하고자 하는 미국과 동맹국 전력의 중심적인 작전 교리가 되어야 한다고 주장했다.[5] 영역 간 시너지의 예로는 항공 작전(air campaign)을 실행하기에 앞서 적의 방공시스템을 무력화하기 위해 잠수함 발사 순항미사일을 활용하는 것을 들 수 있다. 또 다른 예로 사이버 무기를 활용해 적의 우주 기반 정찰 및 지휘 네트워크를 교란하는 것을 들 수 있다. 〈합동작전 접근 개념JOAC〉은 또한 미군과 연합군이 하위 조직 수준에서 영역 간 시너지를 달성할 것을 요구했는데, 이는 적의 전력과 시스템에서 나타나는 일시적이고 국지적인 취약점을 활용하기 위한 신속한 의사결정과 행동을 가능하게 하려는 것이었다. 만약 하급 부대의 지휘관들이 독립적으로 행동할 수 있는 권한을 부여받고, 〈합동작전 접근 개념JOAC〉이 구상하는 다영역 작전 수단(cross-domain tools)을 갖추고 있다면, 더 빠른 의사결정과 기회 활용이 이루어질 가능성이 높아질 것이다.[6]

미군의 전구 접근에 대한 고강도(high-end) 도전과 관련한 〈합동작전 접근 개념JOAC〉의 설명은 제4장에서 논의한 중국의 군사현대화에 대한 설명과 일치했다. 문서는 전구 접근을 가로막는 장애 요인으로 장거리 정밀유도 순항미사일과 탄도미사일, 장거리 감시 및 표적설정 통합네트워크, 미국의 우주 시스템을 위협하는 위성 요격체계, 미군이 작전 전구로 이동하기 위해 사용하게 될 해로를 방어할 수 있는 잠수함단 등을 나열하고 있다.[7] 앞에서 살펴보았듯이, 이것들은 모두 인민해방군이 우선적으로 투자하고 있는 전력이다.

〈합동작전 접근 개념JOAC〉을 발간한 목적 중 하나는 접근을 가로막는 장애 요인을 극복하기 위한 합동전투교리 개발의 방향성을 제공하는 것이었다. 이 문서는 접근 거부라는 도전과 관련되는 군사교리와 전쟁 계획을 작성할 미래의 작성자들을 위한 지침들을 제공했다.

하지만 유감스럽게도, 그러한 지침 중 대부분은 피상적이거나 비현실적, 또는 역효과를 초래할 수 있는 것이었다. 이러한 지침 중에는 "충격 극대화하기", "적의 정찰 및 감시 활동 교란하기", "작전 지역을 미리 준비하기", " 하나 또는 그 이상 영역에서의 우위를 활용하여 다른 영역에서 적이 지닌 반접근/지역 거부 능력을 분쇄하기", 그리고 "국지적인 영역 우위 창출하기" 같은 것들이 있었다.[8] 이것들은 독창적인 아이디어로 보기 어렵다.

"전략적 거리에서 주요 작전 목표를 겨냥해 직접 기동하기", "적의 반접근/지역 거부 방어망을 종심 깊숙이 공격하기", "적의 우주 및 사이버 능력을 공격하기"와 같은 〈합동작전 접근 개념JOAC〉의 다른 제안들은 미국과 동맹국 군의 능력을 넘어서거나, 의도치 않은 확전 위험을 초래할 수도 있는데, 이에 대해서는 앞으로 더 심도 있게 논의된다.

〈합동작전 접근 개념JOAC〉의 결론 부분에서 작성자들은 중국의 군사현대화가 가진 함의에 대해 고민하면서 정책결정자들과 군사 기획자들이 직면하고 있는 심각한 도전을 냉철하게 제시했다. 동시에, 최첨단 전력이 동원되는 "반접근" 전투에서 이기기 위해 미군이 갖추어야 할 30가지 작전 능력을 열거했는데, 대표적인 것은 아래와 같다.

1. 통신 성능이 떨어지거나 열악한 환경에서도 지휘와 통제를 효과적으로 수행할 수 있는 능력.
2. 복잡한 지형에 위치한 적의 반접근/지역 거부 역량을 찾아내고 표적으로 설정하고, 제압하거나 무력화할 수 있는 능력. 이러한 능력은 필요한 사거리, 정밀성, 반응성, 그리고 가역적 및 영구적인 효과를 갖추고 있어야 하고 부수적 피해를 최소화할 수 있어야 함.
3. 공중과 해양의 여러 진격 축을 따라 전략적 거리를 이동하는 작전 기동(operational maneuver)을 수행하고 지원할 수 있는 능력.
4. 합동 기동 전력이 감당 가능한 위험 수준에서 첨단 반접근 시스템을 뚫고 타격 범위 내로 들어갈 수 있도록, 그러한 접근을 적이 알아채지 못하게 은폐하는 능력.9

이러한 역량 중 많은 것들은 적어도 각본대로 하는 훈련을 제외하고는, 미국이나 동맹국 지휘관들이 실행해본 적이 거의 없거나 전혀 없는 작전들이다. 1945년 이래로 미국은 국제공유지에 대한 접근에 있어 대규모 저지에 직면한 적이 없다. 따라서 오늘날 지휘관들과 참모들은 다른 많은 고려사항들 중에서 전략 기동과 교전 범위, 군수 지원, 부대 방호 등과 관련하여 장기간 유지되어 온 가정과 절차를 폐기해야 하는 혼란스러운 과제에 직면해 있다. 지난 10여 년 동안 미국과 동맹국의 훈련은 그 설계에 점점 더 접근 거부 장애 요인들을 포함시켜왔으며, 지휘관들은 훈련의 요소로서 이러한 상황에 대한 해결책을 강구하도록 요구받았다. 그러나 제3장에서 지적했듯이, 오랫동안 유지해오던 행동 방식을 버리는 것은 수십 년 동안 미국 군사 문화의 두드러진 특징이 아니었다.

〈합동작전 접근 개념JOAC〉의 작성자들은 만약 제대로 대처하지 않을 경우 합동접근 개념과 더 나아가 미국과 동맹국 전력에 의한 접근 작전의 실행 가능성을 위태롭게 할 수 있는 10가지 위험 요소를 제시함으로써 최고의 공헌을 했다.[10] 그들이 빈번하게 논의한 사항 중 하나는 미국과 동맹국 전력이 합동접근 개념의 핵심 원칙인 충분한 영역 간 시너지(cross-domain synergy)를 달성하지 못하게 될 가능성이었다. 이러한 실패는 적이 연합군의 지휘 및 통제 네트워크를 약화시키고, 그럼으로써 각 영역의 능력들이 효과적으로 통합되지 못하도록 방해할 때 발생할 수 있다. 중국의 사이버전과 대우주(counterspace) 능력은 이와 관련하여 주목해야 할 우려 사항이다. 실패는 다양한 영역의 시스템들이 그들의 작전을 통합할 수 없거나, 작전적 요구 사항이 그렇게 하는 것을 너무 복잡하게 만드는 경우에도 발생할 수 있다.

〈합동작전 접근 개념〉은 신속히 조치를 취하고 순간적인 기회를 포착하기 위해 하급 부대에서부터 영역 간 시너지가 발생해야 한다고 주문하지만, 이 문건의 작성자들이 의도한 영역 간 시너지를 달성하기에는 하급 부대의 지휘관과 참모들의 훈련이 부족하거나 장비가 열악하거나 상호 연결성이 불충분하거나 권한이 없을 수도 있다.

어쩌면 훨씬 더 핵심적인 부분은, 〈합동작전 접근 개념〉의 작성자들이 미국과 동맹국 군대가 〈합동작전 접근 개념〉이 요구하는 일부 지침과 임무를 이행하는 데 필요한 시스템과 능력을 결여하고 있을 수 있다고 가정했다는 점일 것이다. 뿐만 아니라 정책결정자들은 그런 시스템과 능력을 획득하는 데 드는 비용이 과도하다고 결론 내릴 수도 있다. 예를 들어, 합동접근 개념은 적의 시스템과 네크워크를 심층 타격할 것을 요구한다. 하지만 미국과 동맹국 군대는 대륙 깊숙한 곳에서 은밀하게 움직이며 작전을 수행하는 적의 플랫폼을 찾아내고 표적으로 설정하는 데 필요한 역량을 합리적인 비용으로 획득하는 것이 불가능할 수 있다. 마찬가지로, 기획자들은 적의 위협에서 자유롭지 않은 교통로를 통하여 전략적 거리에서 그러한 합동접근 개념을 군수적으로 지원한다는 것이 비현실적이라고 판단할 수 있다.

마지막으로, 그리고 아마도 가장 핵심적인 부분은 〈합동작전 접근 개념 JOAC〉의 작성자들이 정책결정자들은 합동접근 개념의 핵심 특성 중 일부를 실행하기를 원치 않을 수 있음을 지적하고 있는 것이다. 적의 시스템과 네트워크를 심층 타격하는 것은 미국의 이익에 불리한 방향으로 확전 위험을 크게 증가시킬 수 있다. 예컨대, 정책결정자들은 대륙간 사거리의 핵전력을 보유한 적국 본토에 대한 폭격을 주저할 수 있다. 적의 우주 및 전산 시스템에 대한 공격은 미국의 시스템에 대한 보복공격으로 이어질 가능성이 높으며, 이러한 확전으로 인한 피해는 미군이 적보다 더 클 수 있다. 이러한 우려에 대해서는 앞으로 다루기로 한다.

〈합동작전 접근 개념 Ver1.0〉이라는 공식 명칭은 이 문건이 "초안(first draft)"임을 강조하는 것으로, 뎀프시 의장과 그 작성자들이 별다른 생각 없이 명명한 것이 아니었다. 이 명칭은 미군이 전장으로의 접근과 관련한 문제에 대응하기 위해 한 일이 얼마나 없었는지, 앞으로 얼마나 많은 일을 해야 하는지, 그리고 이 문제에 대한 국방부의 대응이 얼마나 늦었는지를 상기시키는 것이었다. 서태평양 및 그 외 지역에서 첨단기술로 미군의 접근을 막는 적의 도전에 준비가 얼마나 안 되었는지, 장비가 얼마나 불충분한지를 숨김없이 논의한 문서에 서명한 것만으로도 뎀프시 의장은 평가를 받을 만하다. 문제를 해결하는 첫 단계는 그 문제의 존재를 인정하는 것이다. 〈합동작전 접근 개념〉이 그 일을 해냈다. 미군의 접근을 막는 위기가 닥치기 전에 방대한 규모의 타성에 젖은 국방 관료조직을 자극해서 적응하게 하는 것 또한 〈합동작전 접근 개념〉을 발간한 의도였다. 다만, 이 점에 있어서는 〈합동작전 접근 개념〉은 그다지 성공적이지 못했다.

공해전투 개념은 어떻게 현실에 뒤처졌는가
How Air-Sea Battle Fell behind Reality

뎀프시 장군이 합동참모본부에 그 특성상 4군 모두 "접근 거부" 문제에 대응하는 데 있어 역할을 갖게 되는 〈합동작전 접근 개념JOAC〉 초안을 작성하도록 지시하기 훨씬 전부터, 공군과 해군의 기획 참모들은 조용히 공해전투 개념(Air-Sea Battle, 중국의 A2/AD 전략을 돌파하기 위한 미 공군과 해군의 합동작전 개념으로, 적의 장거리 미사일, 레이더, 지휘 네트워크를 먼저 무력화하여 전쟁 초기에 제해권과 제공권을 확보하는 것을 목표로 한다—옮긴이)에 대한 작업을 진행해왔다. 국방부의 2010년도 〈4개년 국방검토보고서QDR〉는 공해전투 개념을 명시적으로 언급하며 국방부에 그 원칙을 이행하도록 요구했다.[11]

하지만 공해전투 개념은 국방부 최고위층으로부터 공식적인 승인을 받기 훨씬 전부터 비판가들의 반발을 불러일으켰다. 작전 보안의 필요성으로 설명되는 그 기획의 비밀스런 특성이 의구심을 낳았다. 지상 전력을 옹호하는 이들은 이라크와 아프가니스탄에서 전쟁 중인 육군과 해병대의 예산이 삭감되어 공해전투 개념이 필요로 할 생소한 기술을 확보하는 데 투입될 것으로 보았다. 게다가, 많은 전략가들은 중국과 같이 핵무장한 국가에 대한 대규모 폭격에 공공연히 의존하는 개념에 회의적이었다. 이들 비판가들은 몇몇 방위 업체의 배만 불려줄 뿐 실제로는 결코 사용될 수 없는 무기와 능력을 확보하는 데 예산이 낭비될 것이라고 내다보았다.

2012년 2월, 당시 공군참모총장 노턴 슈워츠Norton Schwartz 대장과 해군참모총장 조나단 그리너트Jonathan Greenert 제독은 그러한 비판에 대응하는 차원에서 〈American Interest〉지에 글 한 편을 기고했다. 공해전투에 대한 비판 여론을 잠재우기를 희망하며 슈워츠와 그리너트는 이 개념이 대처하고자 하는 군사적 문제를 기술하고 그것의 작전 수행 방식을 일부 설명했다.[12]

슈워츠와 그리너트에 의하면, 접근 거부는 서태평양 지역에서 일회성 문제가 아니라 지속적인 문제가 되고 있다. 그들은 특정한 상황에 맞춰 설계된 임시적 해결책은 미래에는 적절하지 않을 것이라고 주장했다. 대신에, 국방부는 각 군의 포괄적인 통합을 위해서는 국방부 본부와 야전 사령부 차원의 항구적이고 포괄적인 조직이 필요하다고 했다. 또한, 그들은 공해전투 개념이 공군과 해군에 힘과 예산을 더 실어주기 위한 것이 아니라, 점점 더 심각해지는 문제에 대처하기 위한 합리적인 기획과 조정일 뿐이라 주장했다. 그것은 국방부 관리들이 취해야 할 신중한 조치라는 것이었다.

그러한 합리적인 주장을 펼친 후에, 슈워츠와 그리너트는 공해전투 개념이 실제 전투에서 어떻게 적용되는지 설명했다. 그러나 두 장성은 회의적인 견해들을 반박하기보다는 그 개념의 실현 가능성에 대한 의문을 불러일으켰다.

공해전투는 본질적으로 적의 미사일로부터 미군 및 동맹국 함선과 기지를 보호하는 것이다. 〈American Interest〉지에 기고한 글에서 슈워츠와 그리너트는 적의 정밀 미사일 공격을 저지하기 위한 3가지 방안으로 1) 적의 정찰 및 지휘통제 네트워크 차단하기, 2) 동맹국 군대에 대한 위협을 줄이기 위해 잠수함, 전투기, 함선 등 적의 미사일 발사 플랫폼 파괴하기, 3) 적 미사일이 동맹국 목표물을 타격하기 전에 무력화하기를 제시했다. 이 세 가지 방안을 실행하기 위해서는 심층 작전이 가능한, 네트워크화되고 통합된 합동전력이 필요할 것이다.

적의 정찰 및 지휘통제 네트워크를 차단하는 것, 다시 말해 적이 상대방을 찾아내고 표적으로 설정할 수 있는 능력을 무력화하는 것에는 다양한 능동적, 수동적 수단들이 포함되는데, 그중 일부는 전쟁 자체만큼이나 오래된 것이다. 오늘날에도 여전히 사용되는 고대의 수동적 수단에는 위장과 은폐, 기만체(decoy) 사용 등이 있다. 20세기에는 전투원들이 자신의 무선통신망과 레이더를 끄거나 가짜 발신기 같은 기만체를 사용하여 적의 감시를 무력화했다. 보다 최근에 나온 차단의 형태로는 적의 센서를 전자적으로 공격하거나 스텔스 형상이나 재질을 사용해 레이더와 같은 센서를 무력화하는 방법이 있다.

상당히 논란이 되는 것은 중국의 정찰위성을 운동에너지를 이용하여 직접 타격하는 물리적 공격과 인민해방군 통신 네트워크와 전산망에 대한 사이버 공격일 것이다. 중국인민해방군은 그동안 "정보화 환경" 하에서 작전을 수행하는 미군의 능력을 모방하려 애써왔다. 양측 지휘관들 모두 알고 있듯이, 그러한 능력은 지휘의 효율성을 크게 강화하지만 적의 지휘 체계 차단에 대한 취약성 또한 증가시킨다.

제3장에서는 서태평양에서 "원정전을 치르게 될" 미군이 우주 및 컴퓨터화된 전 지구적 통신 시스템에 얼마나 크게 의존하고 있는지에 대해 논의했다. 동시에, 중국은 이미 우주 및 대우주 작전 그리고 사이버전에서 높은 수준의 전문성을 확보하고 있다.

우주 및 전산 능력에 대한 미군의 높은 의존성, 그리고 인도-태평양 전구에서 이들 능력을 대신할 수단을 찾기 어렵다는 점 때문에 우주 및 사이버 영역에서의 전쟁은 중국에 유리하게 전개될 수 있다. 대륙 국가라는 중국의 지리적 특성은 이 점에 있어서 중국의 입지를 강화한다. 원정군인 미군과의 가상 충돌에서 거대한 대륙 국가인 중국은 우주 기반의 정보 및 통신 시스템을 보완하거나, 필요하다면 아예 대체할 수 있는 지상 기반 유·무인 정찰 네트워크를 더 손쉽게 운용할 수 있을 것이다. 우주 기반 네트워크를 둘러싼 가상의 전쟁에서, 중국은 적어도 중국 근해에서 수행되는 군사 작전의 경우 훨씬 쉽게 대체 전력을 투입할 수 있을 것이다. 따라서 기술적, 지리적 이유로 인해, 미국은 중국의 정찰 및 지휘 체계를 차단하는 것이 신중하지 못한 행동이라고 판단할 수 있을 것이다. 그런 행동이 미국의 네트워크에 대한 중국의 보복을 불러온다면, 미국은 손상된 네트워크를 대체하거나 그 네트워크 없이 작전하는 데 훨씬 더 많은 어려움을 겪을 것이기 때문이다.

슈워츠와 그리너트가 제시한 두 번째 방안은 동맹국 전력에 대한 미사일 위협을 줄이기 위해 잠수함이나 전투기, 함선 같은 적의 플랫폼을 파괴하는 것이다. 제3장과 제4장에서 지적했듯이, 중국의 지상 공격 미사일과 대함 미사일 전력은 미국 타격력의 상당 부분을 차지하는 단거리 전술 항공력이 중국의 지상 기반 항공기와 미사일 전력을 제압할 수 있을 만큼 가까이 다가가는 것을 너무나 위험하게 만든다. 중국 항공전력은 수십 개의 공군기지에서 운용되며, 이들 기지 대부분은 공중 공격에 대비해 정교한 방공시스템에 의해 방어되고 있다. 중국의 지상 기반 대함 미사일은 미군의 센서를 피하기 위해 복잡한 지형을 활용하는 이동식 발사대TEL로 운용될 것이다.

단거리 전술 항공력에 대한 과도한 의존으로 인해 미군의 전력 구성은 슈워츠와 그리너트의 두 번째 방안을 실행하기에 적합하지 않다. 1991년 걸프전은 그 같은 작전의 대략적인 규모를 보여주는데, 개별적인 폭격 목표 지점이 수만 개에 달했다.[13] 이러한 표적군을 공격하기 위해 미국이 보유한 전력이라고는 소수의 B-2 폭격기(중국의 방공망 안에서 작전을 수행할 수 있는 항속거리를 가진 유일한 스텔스기)뿐이고 해군의 토마호크 미사일 보유량은 수천 기가 아니라 수백 기에 불과했다. 따라서 "궁수가 화살을 쏘기 전에 제거한다"라는 공해전투 개념의 두 번째 방안은 미군이 현재 보유한 전력으로는 실행하기 어려운 과제이다.

마지막으로, 적의 미사일이 표적을 타격하기 전에 무력화한다는 슈워츠와 그리너트의 세 번째 방안을 살펴보자. 제4장에서는 적의 미사일 포화 공격을 막아내야 하는 미 공군기지와 해군 기동 부대가 직면한 힘든 도전에 대해 살펴보았다. 현재의 기술 추세는 수동 및 능동 방어수단보다는 공격형 미사일에 유리하게 작용하고 있다. 향후 10년에 걸쳐 유도무기의 상대적 비용이 떨어질 것이며, 이는 방어자가 대응해야 하는 공격 미사일의 수를 크게 늘릴 것이다. 미사일 비용이 상대적으로 하락함에 따라 수동 방어수단의 가치도 마찬가지로 감소할 것이다. 저렴하고 정확성 높은 미사일들이 이용 가능해지면서, 미사일을 아껴야 할 필요성이 줄어들 것이다. 공격자는 확증이 없더라도, 의심되는 더 많은 적의 표적을 더 많은 미사일로 타격할 것이다.

동일한 기술적 발전이 센서의 정확성을 향상시키고 센서 비용을 낮출 것이고, 그에 따라 센서가 전장과 그 주변 어디에나 존재하게 될 것이다. 센서의 정확성과 편재성이 강화되면서 기만과 교란, 위장과 같은 수동 방어수단의 효과가 감소할 것이다.

논리적으로는 기술의 진보가 방어자 측에도 혜택을 제공하겠지만, 요격미사일 같은 능동 방어수단은 공격용 미사일보다 훨씬 더 많은 비용이 소요될 것이기에 방어자 측이 지는 싸움이 될 것이다. 고체 레이저(solid-state lasers) 같이 새로이 떠오르는 기술은 군사적 균형을 방어자 측에 유리한 방향으로 돌려놓을 수 있을 것이라는 희망을 준다. 하지만 이러한 기술은 여전히 개발 중에 있으며, 군은 무기체계로서 그것들을 획득하고 실전 배치하기 위한 일정을 아직 갖고 있지 않다.[14] 2020년대까지는, 미국과 동맹국의 군사 기획자들은 공격용 시스템과 전력이 방어하는 측에 대해 기술적, 비용적 우위에 있을 것이라 가정해야 할 것이다.

공해전투 개념은 중국의 접근 거부 전략에 대해 승산이 없는 대응이었는데, 이는 미국과 동맹국의 값비싼 자원을 중국의 취약점이 아닌 강점을 공략하는 데 집중시키는 것이었기 때문이다. 공해전투 개념의 세 가지 방안 모두 전시에 그 현실성을 떨어뜨리는 결함을 갖고 있었다. 2015년 국방부 "공해전투국the Air-Sea Battle Office"은 "국제공역에서의 접근과 기동을 위한 합동개념국JAM-GCOffice"으로 이름을 바꾸었다.[15] 이후 시간이 지나면서 공해전투 개념이나 이와 관련한 논의는 더 이상 찾아볼 수 없게 되었다.

봉쇄가 쉬운 해법이 아닌 이유
Why a Blockade Is Not an Easy Answer

향후 중국과의 어떤 위기—물리적 충돌로 시작하지 않는 위기—발생 초기에 미국의 정책결정자들은 우선 비전투적이고 비물리적인 조치로 대응할 가능성이 크다. 이러한 대응조치의 예로 동맹국들과의 협의, 외교적 항의, 경제 및 금융 제재, 중국 지도부 개개인에 대한 법적 제재 등을 들 수 있다. 그보다 훨씬 높은 수위의 대응조치로는 군과 다른 보안 부대를 동원해 중국과의 해상 및 항공 교역을 차단하는 경제 봉쇄가 있다. 경제 봉쇄는 국제법상 전쟁 행위가 되겠지만, 적어도 처음에는 무기와 파괴의 광범위한 동원을 요구하지 않을 것이다.

봉쇄는 중국 지도부에 대한 지렛대를 확보하는 효과적인 수단으로 여겨질 수 있다. 봉쇄는 무역에 의존하는 중국 경제를 겨냥한 것으로, 무역에 의존하는 중국 경제는 이 취약성을 이용하기에 알맞은 대상으로 보인다. 해상 봉쇄는 중국에 폭격을 가하여 강력한 핵무기 국가와의 확전 위험을 무릅쓸 필요 없이 지렛대를 창출할 방안을 제공하는 것처럼 보일 것이다. 중국 경제는 원자재 수입과 완제품 수출 모두 해상 무역에 크게 의존하고 있다. 말라카 해협, 인도네시아 군도, 그리고 제1 및 제2도련선에서 원거리 봉쇄가 실행되면 중국에 불리한 이러한 영구적인 지리적 특성을 활용할 수 있다. 이 지리적 병목 지점에서 봉쇄를 집행하는 미국과 동맹국의 수상 전력은 중국의 지상 기반 공군 및 미사일 전력의 사거리 밖에 위치하게 된다. 중국 해안에 더 근접한 해역에서는, 미국이 잠수함 전력의 우위를 활용해 봉쇄를 강화할 수 있다. 봉쇄는 중국의 본토와 우주 자산 및 기타 지휘통제 네트워크에 대한 물리적 또는 사이버 공격을 필요로 하지 않으며, 따라서 이러한 일련의 공격에 수반되는 확전 위험을 피할 수 있을 것이다.

따라서 봉쇄는 중국의 군사력이나 본토에 대한 물리적 공격을 선택하는 것보다 위험이 적은 접근방식으로 보인다. 봉쇄는 지리적 이점을 활용할 수 있으며, 중국의 단거리 항공 및 미사일 전력 일부를 피할 수도 있다. 봉쇄는 중국 경제의 특정한 취약점만을 공격한다. 하지만 가장 중요한 것은, 아마도 이 방식이 느리고 점진적인 접근방식이므로 양측 정책결정자들이 위험한 확전을 피하고, 체면을 잃지 않으면서 충돌을 해결할 방법을 모색할 수 있게 한다는 점일 것이다.

 이 같은 분명한 이점들에도 불구하고, 중국의 상업 활동에 대한 봉쇄는 현실적인 선택지라 볼 수는 없다. 봉쇄에는 두 가지 주요한 약점이 있다. 첫째, 봉쇄는 중국이 받게 되는 것만큼이나 미국의 동맹국들과 중립국들에도 거의 같은 수준의 경제적 피해를 입히게 된다. 미국의 봉쇄는 전 세계적으로 큰 반감을 살 것이며, 정치적으로 오랫동안 유지되지 못할 가능성이 높다. 둘째, 중국과 관련된 무역과 해상 운송의 거대한 규모는 미군이 질서 있게 통제할 수 있는 수준을 거의 확실히 넘어서는 것이며, 이는 봉쇄의 실행을 비현실적으로 만든다.

 중국에 대한 군사적 봉쇄는 그로 인한 경제적 피해가 세계 어디서나 체감될 것이기 때문에, 미국은 세계 경제를 해치는 공격자로 인식될 것이다. 이는 미국이 대만 봉쇄와 같은 중국의 비물리적인(nonkinetic) 선제 조치에 대응할 수밖에 없는 경우에 특히 그러할 것이다. 중국의 조치에 대한 대응으로 봉쇄를 지시하는 미국 정책결정자들의 입장에서는 세계의 나머지 국가들 대부분이 그로 인한 경제적 재앙을 중국의 최초 도발 행위에 대한 과도한 대응으로 인식할 가능성이 높다는 위험을 안게 된다. 따라서 중국의 정책 변화를 강제할 수 있을 때까지 미국이 정치적으로 봉쇄를 지속할 수 있을지가 매우 의문이며, 특히 의도치 않은 가장 큰 피해가 아시아, 유럽, 라틴아메리카에 있는 미국의 동맹국들에게 돌아갈 경우 봉쇄의 지속 가능성은 더욱 낮아질 것이다.

 미국과 중국 양측이 입게 될 경제적 손실 역시 심각한 수준일 것이다. 하지만 중국은 엄격한 검열통제와 방대한 치안기구를 지닌 권위주의 국가이기 때문에, 봉쇄 결과에 따른 국내외의 정치적 반발을 견디는 데 있어서는 중국 공산당이 미국 및 동맹국 정부들보다 더 잘 버틸 수 있으리라고 보는 것이 합리적이다. 이러한 추론은 중국이 내부적으로 민족주의 정서가 미국에 비해 강하다는 점과 외세의 경제적 착취에 대한 기억이 중국인들 사이에서 여전히 생생하다는 점을 감안할 때 더욱 그러할 가능성이 높다. 장기적이면서 경제를 파괴하는 봉쇄는 미국에 유리하지 않을 것이 거의 확실하다.

중국에 대한 미국의 봉쇄는 미국의 외교적 입지 또한 손상시킬 것인데, 유라시아 지역 국가들과의 주요 외교 관계에서 특히 그러할 것이다. 해상 봉쇄에 대응해 중국은 무역을 러시아와 중앙아시아를 통해 우회하려 할 것이다. 봉쇄는 중국과 러시아 간의 지정학적 관계를 강화시키고 러시아의 전반적인 지정학적, 경제적 역할을 크게 증대시킬 것이고, 이는 미국의 이익에 부합하는 결과가 아니다. 유럽의 대중국 무역 역시 러시아를 경유하는 비중이 커질 것이며, 이는 유럽이 전략적으로 미국으로부터 멀어지는 결과를 초래할 수 있다. 요점만 말한다면, 원거리 봉쇄는 미국을 유라시아의 문제들로부터 분리시키고, 그 지역 내에서 미국을 적대하는 세력의 영향력을 증가시키며, 의도치 않게 유라시아 내 동맹국들을 미국으로부터 밀어내게 될 것이다.

다음으로, 미군은 장비 측면이나 조직 측면에서나 제2도련선이나 그 너머에서 원거리 봉쇄를 실행할 준비가 되어 있지 않다. 원거리 봉쇄를 실행하는 것은 엄청난 과제가 될 것이다. 300톤이 넘는 8만 척 이상의 선박이 매년 말라카 해협을 통과하는데, 이는 하루 평균 219척 이상이 지나가는 셈이다.[16] 미국의 잠수함으로는 중국의 항만 근처에서 정박(잠복)해 있다가 그 항만으로 들어오는 상선을 전부 격침시킬 수가 없다. 이른바 '무제한 잠수함전'은 제3국 민간인 사상자를 초래하게 되는데, 이는 20세기 독일의 경우보다 오늘날과 같은 세계에서 정치적으로 훨씬 더 지속할 수가 없는 것이다.

중국행 화물은 지역 내 다른 국가들로 가는 화물과 함께 뒤섞인 상태로 컨테이너선에 실리게 된다.[17] 어느 상선이 되었든 그 안에 실린 화물은 여러 항구로 향하고 있을 것이며, 어떤 화물은 선박이 항해 중인 상태에서 매매되어 도착 항구가 바뀌기도 한다. 따라서 미군에게는 인도양과 태평양 지역에서 서로 멀리 떨어진 수많은 지점에 산재한 수천 척의 컨테이너선에 승선하여 검색하고, 그중에서 중국으로 향하는 화물을 골라내어 이를 다른 곳으로 돌려야 하는 과제가 주어지는데, 이 과정에서 세계 경제의 나머지 부문에 미치는 혼란을 최소화해야 한다.

이러한 임무를 수행하려면 해군과 해병대, 육군이 수백 개의 소대급 승선검문검색팀(Visit, Board, Search, Seizure Teams)을 동원하고, 정해진 기한 없이 해상에서 작전을 수행할 수 있도록 각 팀들을 지원해야 한다. 그런데 소대급의 승선검문검색팀 200개를 교대시키며 상시적으로 운영하려 할 경우, 해병대와 육군에서 차출해야 하는 병력 규모는 최소한 10개 연대 혹은 여단에 달한다. 이들을 지원하기 위한 대규모 지원조직도 추가로 필요할 것이다.

해군은 44척의 각종 상륙함을 운용하고 있는데, 어느 특정 시점에서 작전에 투입되는 함정은 그중 1/3을 넘지 못한다.[18] 상륙함은 병력이 취침할 공간과 헬기 전용공간, 소형 보트 및 지휘 공간을 모두 갖추고 있어 봉쇄 작전을 수행하기에 아주 적합하다. 반면 민간상선을 임대할 경우, 설령 필요한 만큼 확보할 수 있다고 하더라도 대개는 이러한 기능을 갖추고 있지 않으며, 수개월 동안 해상에 머무르며 병력을 수용하고 헬리콥터 및 소형 보트 부대를 지원해야 하는 장기적인 승선검문검색VBSS 작전에는 적합하지 않을 가능성이 크다.

연안전투함(Littoral Combat Ship) 같은 다른 해군 함선들이 상륙함 44척의 임무를 지원할 수 있을 것이다. 그러나 그 정도 추가로는 매일 수십 척의 선박을 승선, 수색해야 한다는 점을 고려하면 여전히 턱없이 모자랄 것이다. 임시방편의 지원으로 보강하더라도, 해군의 상륙함 전력은 서태평양을 오가는 수천 척의 상선을 철저하게 뒤질 수 있는 능력이 되지는 않을 것이다. 요컨대 원거리 봉쇄 전략 실행은 해군의 능력을 확실히 넘어서는 것이고, 미국으로서는 다른 긴급 사태에 대비할 예비 전력이 전혀 없는 상태가 될 것이다.

미국의 기획자들은 인도양이나 태평양 지역 국가들의 지원을 기대해서도 안 될 것이다. 대중국 봉쇄에 따른 경제적 여파 때문에 역내 동맹국과 중립국 모두 미국의 정책을 반기지 않을 것이기 때문이다.

봉쇄 대상을 중동 지역과 아프리카에서 들여오는 원유와 대형 유조선으로 한정하더라도 기대하는 효과는 거두지 못할 것이다. 중국은 그러한 원유 봉쇄에 대응하기 위해 이미 영유권을 주장하고 있는 동중국해와 남중국해를 완전히 장악하고, 그런 다음 "접근 거부" 전력을 사용해 반격으로부터 장악한 영토를 방어하고, 아마도 미국과 동맹국들의 상업적 항행을 봉쇄할 수 있다. 제1장에서 언급했듯이, 중국 정부는 이 두 해역에 매장된 원유만으로도 수십 년간 자국의 미래 수요를 충당할 수 있다고 추산하고 있다. 이 해역들을 다시 탈환하고 서태평양에서의 항행의 자유를 회복하기 위해서는 강력한 군사력과 중국을 공격하겠다는 결의가 필요한데, 이는 원거리 봉쇄가 방지하고자 했던 바로 그 결과이다.

중국에 대한 무기한의 원거리 봉쇄는 또 다른 추가적인 정치적, 지리전략적 결과를 초래할 것이다. 봉쇄는 상대방의 비정규전과 선전선동에 취약성을 드러낼 것이다. 승선검문검색팀의 활동은 제3국으로 가는 화물의 도착을 지연시키는 행위로 비난받을 것이고, 이는 미국에 대한 반감을 강화시킬 것이 분명하다. 승선하여 검문검색을 실시하려는 미군 요원들은 무장 저항에 맞닥뜨릴 것이고, 그러한 장면의 영상은 삽시간에 전 세계의 미디어에 등장하면서 미국의 외교적 위상을 손상시킬 것이다.

마지막으로, 미국의 정책결정자들은 봉쇄가 인민해방군에 타격을 주거나 군사작전을 지속할 수 있는 그들의 능력을 손상시킬 것이라고 기대해서는 안 된다. 중국은, 특히 권위주의적 정치체제임을 감안한다면, 민간 경제로부터 충분한 자원을 끌어와서 인민해방군의 작전을 지원할 수 있을 것이다.[19]

일견 매력적인 선택지처럼 보일지라도, 중국에 대한 봉쇄는 거대한 물류적, 경제적, 정치적 장벽에 직면하게 될 것이다. 미국에게 가장 큰 문제는 정치적인 것으로, 원거리 봉쇄는 미국의 동맹국들에게 고통을 주고 전 세계 여론으로부터 미국을 고립시킬 것이다. 봉쇄는 미국이 끝이 보이지 않는 정치적, 군사적 투쟁에 휘말리게 만들 것이며, 그러한 투쟁은 이번에는 바다에서 저항과 반발(insurgency)을 촉발할 것이다. 미국의 정책결정자들이 지난 수십 년 동안 반복적으로 목도해왔듯이, 그와 같은 분쟁은 대개 좋지 않은 결과로 이어졌다.

중국의 위협을 직시했으나 변화는 최소한에 그치다
The Pentagon Finally Faces the China Threat, While Changing as Little as Possible

제임스 매티스James Mattis 장관이 서명한 2018년도 〈국방전략서NDS〉는 국방부에게 중대한 전환점이었다. 〈국방전략서〉는 현존 질서를 바꾸려는 세력(revisionist)인 중국과 러시아, 두 강대국이 앞으로 국방부의 주요 전략기획 대상이 될 것이라고 선언한 것이다.

> 미국의 번영과 안보에 대한 중심적인 도전은 장기적이고 전략적인 경쟁의 재등장이며, 이는 국가안보전략NSS이 '현존 질서를 바꾸려는 강대국'으로 분류한 국가들에 의해 제기되고 있다. 중국과 러시아가 자신들의 권위주의적 모델에 부합하는 세계를 형성하려 하며, 다른 국가들의 경제적, 외교적, 안보적 결정에 대해 사실상의 거부권을 가지려 한다는 점이 점점 더 분명해지고 있다.
> 중국은 군사현대화, 영향력 공작, 그리고 약탈적 경제정책을 활용해 주변 국가들을 강압하여 인도-태평양 지역을 자국에 유리하게 재편하려 하고 있다. 중국은 경제적, 군사적 부상을 계속하면서 범국가적인 장기 전략을 통해 힘을 과시하고 있다. 이에 따라 중국은 단기적으로는 인도-태평양 지역의 패권을 확보하고, 미래에는 미국을 대체해 세계적 우위를 달성하고자 하는 군사현대화 사업을 지속적으로 추진할 것이다. 이러한 중국 국방전략의 가장 중요한 목표는 미중 양국의 군사 관계를 투명성과 불가침의 방향으로 설정하는 것이다.[20]

〈국방전략서NDS〉는 미국 국방전략의 새로운 초점이 무엇인지 분명히 밝혔다. 즉, "미국 국가 안보의 주요 관심사는 이제 테러가 아니라 국가 간 전략적 경쟁이다."[21]라고 명시한 것이다. 미국 정부는 마침내 중국을 국가 안보에 대한 최우선의 전략적 위협으로 지목했다. 〈국방전략서NDS〉는 국방부에 중국 위협에 대비하는 것을 국방부 기획 부서와 각 군의 최우선 과제로 만들도록 지시했다.

국방부의 방대한 관료집단은 대체로 그와 같은 명확한 지침을 반기는 것처럼 보였는데, 특히 지침의 대상인 인민해방군이 각 군과 국방부 기획자들에 익숙한 전통적 유형의 적대자라는 점에서 그러했다.

중국과 국가간 위협 요인(interstate threats)에 초점을 맞추도록 한 〈국방전략서NDS〉의 지침은 중동과 비정규전에 대한 지난 20년간의 집중에서 벗어나겠다는 명확한 방향 전환으로, 이는 각 군이 그들의 작전 개념을 대담하게 재검토하고 무기 조달 계획을 재구성하며 조직과 훈련 프로그램을 재편하도록 요구했다. 그러나 제도가 지닌 관성과 보수주의로 인해 이러한 지침은 대개 묵살되었다.

이러한 관성에 대한 예외도 있었지만, 2018년도 〈국방전략서NDS〉에 대한 국방부 참모진과 각 군의 전반적인 반응은 기존의 작전 개념과 조달 프로그램의 변화를 가능한 한 최소화하는 것이었다. 적어도 처음에는, 다른 시대에 다른 문제를 위해, 그리고 다른 전제 하에서 추진되었던 기존의 철 지난 프로그램과 정책들을 재활용한 것에 지나지 않았다. 이러한 미온적인 대응은 중국 인민해방군의 공격적인 현대화 사업과 중국공산당의 거세지는 공세적 태도에 대응하기 위해 요구되는 수준에 미치지 못했다.

차세대 폭격기 사업을 망쳐놓고 허둥대다
The Pentagon Bungles the Next-Generation Bomber, Then Scrambles to Adjust

2006년 7월 미 하원 군사위원회 증언에서 당시 공군참모총장 마이클 모즐리Michael Moseley는 공군이 2018년 실전 투입될 예정인 장거리 대형 폭격기,

즉 차세대 폭격기(Next Generation Bomber) 계획을 수립 중이라 보고했다. 차세대 폭격기NGB는 노후화된 냉전 시대의 B52와 B-1B 폭격기를 대체할 예정인데, 이들 기종은 스텔스 폭격기 B-2 21대를 제외하면 공군 폭격기 전력의 대부분을 차지하고 있었다.[22]

그런데 16년이 지난 뒤에도 공군이 보유한 폭격기 구성은 2021년 초 노후한 B-1B 17대를 퇴역시킨 것 말고는 별다른 변화가 없었다.[23] 10년에 걸친 노력이 물거품이 된 것은 국방부 최고위층이 21세기 첫 10년 동안 폭격기 전력의 현대화를 망쳐버린 탓이다. 그 결과, 미군 지휘관들은 인도-태평양 지역에서 재래식 억지력을 유지하는 데 결정적으로 중요한 군사적 자산 없이, 중국과의 군사 경쟁에서 가장 위험한 10년이 될 가능성이 높은 2020년대를 맞이하게 되었다.

공군이 보유한 폭격기 중 중국과 러시아의 정교한 방공망을 침투하여 임무를 수행할 수 있는 유일한 기종인 B-2 Spirit 스텔스 폭격기는 냉전이 막바지로 치닫고 있던 1980년대에 개발되었고 냉전이 끝난 후인 1990년대에 실전에 배치되었다. 애초 공군의 계획은 스텔스 기능이 없어 현대적인 방공시스템에서 생존성이 낮은 B52와 B-1 폭격기를 대체할 B-2 폭격기 132대를 획득하는 것이었다. 그러나 냉전이 끝나자 미국에 군사적으로 필적할 만한 적수가 더는 나타나지 않을 것으로 판단한 클린턴 행정부와 의회는 B-2 폭격기의 구매량을 총 21대로 대폭 축소하여 1997년도 국방예산에 반영했다.[24] 25년 전에 내려진 이 운명적인 결정이 오늘날 미군 지휘관들을 괴롭히는 결과를 초래했다. 만약 지휘관들이 계획되었던 132대의 B-2 폭격기를 보유하고 있었다면 중국 인민해방군을 상대로 인도-태평양 지역에서 재래식 억지력을 유지하는 일은 훨씬 수월했을 것이다. B-2 폭격기는 하루에 수천 개의 목표 지점을 장거리에서 타격할 수 있는 능력을 가졌을 것이고, 만만치 않은 적의 방공망을 뚫고서 그렇게 했을 것이다. 중국의 정책결정자들과 지휘관들은 이러한 전력에 맞서 자신들이 예컨대, 대만에 대한 군사 공격에 인민해방군을 투입할 수 있을

지에 대해 의문을 가졌을 것이다.

2005년, 공군은 노후된 B52와 B-1 폭격기를 대체할 새로운 폭격기를 여전히 필요로 했고, 설계자들은 2018년 실전 배치를 목표로 차세대 폭격기NGB 개발을 위한 요구 성능과 사양을 설정하는 작업에 착수했다. 이 단계에서 공군과 국방부는 계획된 폭격기의 사양에 훨씬 더 정교한 기능과 성능을 집어넣기 시작했다. 목표물을 포착하여 공대공 미사일을 발사하는 자체 방어시스템은 이전의 폭격기들은 갖지 못했던 그런 값비싼 사양 중 하나였다.

설계자들은 실험적인 표적탐지 센서들—그중 일부에는 검증되지 않은 기술이 적용되었다—를 비롯해 다른 기능들도 추가했으며, 그 결과 새로운 폭격기의 비용과 기술적 위험이 기하급수적으로 증가했다. 2009년, 로버트 게이츠 국방장관은 차세대 폭격기NGB 프로그램을 중단시켰고, 슈워츠 장군도 그러한 결정에는 "합리적인 이유가 있다"고 동의했다.[25]

공군 기획자들과 설계자들이 국방장관과 공군 최고위층이 사업을 지지할 수 없을 정도로 무리하게 요구성능과 사양을 설정한 이유는 무엇인가? 그럴듯한 답변은 무기 프로그램 관리자가 신형 폭격기 같은 대형 프로젝트는 매우 드물고, 어쩌면 100년에 몇 번 없는 기회라는 점을 알고 있다는 것이다. 매우 드문 기회이기에, 설계자들은 될수록 많은 기능과 사양을 집어넣어야 한다는 압박을 받게 된다는 것이다. 하지만 차세대 폭격기 사업의 경우는 비용이 치솟는 상황에서 2008년 발생한 금융위기와 맞물리면서 국방 분야 전반에 긴축이 요구되었고, 동시에 이라크와 아프가니스탄에서 게릴라전이 끊임없이 지속되면서 게이츠 장관 같은 정책결정자로서는 인민해방군의 군사현대화처럼 아직은 멀리 있는 위협에 주의를 기울일 여력이 없었다. 다른 상황이었다면 이 사업은 살아남았을 수도 있었겠지만, 2009년은 그럴 수 있는 상황이 아니었다.

그렇게 중단되긴 했지만 그로부터 1년 뒤 게이츠 장관은 새로운 장거리 타격수단을 개발하도록 승인했는데, 여기에는 새로운 폭격기 개발의 재개도 포함되었다.[26] 이 새로운 구상은 결국 B-21 Raider 개발 사업으로 발전했다. 차

세대 폭격기 사업에서의 잘못된 판단으로 교훈을 얻은 공군은 새로운 폭격기 프로그램을 전혀 다른 방식으로 관리하였고, 그 결과 훨씬 더 나은 성과를 거두었다. 그럼에도 불구하고, B-21로 구성된 첫 전투비행단은 2020년대 중반이나 말까지도 실전에 투입되지 못할 것이다(B-21 Raider는 2022년 12월 2일 처음 공개된 후, 2023년 11월 10일 첫 시험비행에 성공했다—옮긴이). 이렇게 낭비한 10년의 세월은 인도-태평양 지역의 안보에 통탄할 만한 결과를 가져올 수도 있다.

지난 10년 동안 국방부의 무기 개발자들은 다른 방식의 장거리 타격수단을 개발하는 데 노력을 기울였다. 그중에서 가장 중요하고도 성공적인 사례는 아마도 공군과 해군의 합동 사업으로 개발한 합동공대지 장거리 미사일JASSM일 것이다. 테스트를 완료한 이 미사일은 본격적인 양산에 들어갔고, 호주와 폴란드 같은 우방국들에 수출되고 있다. 현재 표준이 된 사거리 연장형(Extended Range) 생산 모델은 926km보다 훨씬 긴 사거리를 갖고 있고, 1,000파운드급 탄두와 재밍을 방지하는 정밀 표적탐지 센서를 탑재했으며, 스텔스 기능이 있고, 1발당 가격은 약 110만 달러다.[27]

공군과 해군의 폭격기와 공격기들은 분쟁 초기 단계에서부터 적의 지휘소와 방공레이더, 공군기지와 미사일 발사 시설, 정박 중인 함정, 무기고, 교량 같은 가치 있는 적 표적을 타격하기 위해 합동공대지 장거리 미사일JASSM을 사용할 것이다. 이 미사일의 긴 사거리 덕분에, 미국과 동맹국의 항공기는 일반적으로 적 방공시스템의 사거리 밖에서 이들 표적을 향해 발사할 수 있을 것이다. 일단 합동공대지 장거리 미사일과 다른 무기가 적의 방공시스템을 약화시키면, 미국과 동맹국의 항공기들은 적 표적에 더 가까이 접근해 사거리가 짧지만 저렴한 공대지 무기를 대량으로 사용할 수 있다. 미 공군은 합동공대지 장거리 미사일을 1만 발까지 획득할 계획인데, 이는 인민해방군과의 무력충돌이 발생할 경우 이 미사일이 수행하게 될 중요한 역할을 알고 있기 때문일 것이다.[28]

YJ-12 같은 중국의 대함 순항미사일ASCM이 그에 대응하는 미국의 무기보다 사거리가 더 길다는 사실을 알게 된 태평양 함대 장교들은 국방고등연구계획국에 신형 장거리 대함 순항미사일을 개발해달라고 긴급소요를 제기했다. 완전히 새로운 미사일을 개발할 경우의 비용과 시행착오를 피하기 위해 국방고등연구계획국은 공군과 해군, 록히드 마틴사와 공동으로 합동공대지 장거리 미사일JASSM을 대함 미사일로 개조하는 사업을 추진했다.[29] 그 결과 장거리 대함 미사일LRASM이 탄생했고, 이제 테스트를 마치고 합동공대지 장거리 미사일 JASSM과 같은 곳에서 생산되고 있다. 공군은 보유한 폭격기와 공격기에 장착하기 위해 400기까지 구매를 계획하고 있다.[30] 스텔스 기능을 갖춘 장거리 대함 미사일은 이동 중인 함대에서 특정한 함정을 탐지하고, 적의 미사일 방어시스템을 회피하고, 극심한 전자전과 재밍 상황에서도 성공적으로 타격할 수 있도록 설계되었다.[31] 서태평양이나 다른 해역에서 무력충돌이 발생할 경우 장거리 대함 미사일LRASM은 인민해방군의 해군 전함을 위험에 빠뜨릴 수 있는 중요한 능력을 제공한다.

합동공대지 장거리 미사일JASSM과 장거리 대함 미사일LRASM을 도입하여 장거리 능력을 확보했음에도 불구하고, 공군의 타격 능력에서 가장 큰 비중을 차지하는 부분은 여전히 단거리 전술 항공기이다. 공군 기획자들은 제1도련선 상의 공군기지들이 중국 인민해방군의 미사일과 항공력의 심각한 위협 하에 있다는 사실을 알고 있음에도 불구하고, 그들의 단거리 전투기를 보다 효과적으로 만들 방법을 개발하기 위해 지난 10년 동안 노력해왔다.

지난 몇 년간 공군의 전술가들과 기획자들은 신속전투배치(Agile Combat Employment)라는 전쟁수행 개념을 개발했다. 신속전투배치의 목적은 소규모 항공기 분견대와 지원 인력이 제한된 기간 동안 작전을 수행할 수 있는 임시 비행장을 추가적으로 확보하는 것이다. 공군 기획자들은 민첩한 '허브 앤 스포크(hub and spoke)' 시스템을 구상하고 있는데, 이 시스템에서는 소규모 분견대가 가데나 공군기지(오키나와)나 앤더슨 공군기지(괌)와 같이 '허브(hub)'

가 되는 주기지에서 나와 지역 내 다른 열악한 임시 기지로(spoke)로 이동하여 그곳으로부터 항공작전(air operation)이 계속되게 한다. 신속전투배치 개념은 인민해방군과 같은 적이 공군기지 무력화 작전을 위해 훨씬 더 많은 잠재적 표적들을 감시해야 하게 만들 것이고, 아마도 인민해방군의 미사일 발사 역량만으로는 이 지역에서 미 공군의 작전을 억제하기 어렵게 만들 것이다.[32]

당시 태평양 공군사령관이던 찰스 브라운 주니어Charles Q. Brown Jr. 대장은 신속전투배치ACE 개념을 다음과 같이 요약했다. "작전을 수행하기 위해 필요한 것은 활주로, 램프(ramp), 부낭형 연료탱크(fuel bladder), 탄약이 실린 트레일러, 전투식량이 담긴 팔레트(화물을 나르는 운반용 받침대―옮긴이), 그리고 다양한 임무를 수행할 수 있는 약간의 공군 요원이다. 우리는 세계 어느 곳에서든 작전할 수 있어야 한다."[33] 향후 서태평양 지역에서의 잠재적인 분쟁에서 신속전투배치 개념을 운용할 준비를 하기 위해, 미 공군 기획자들은 가능한 임시 공군기지로서 인도-태평양 전역의 모든 콘크리트 활주로를 조사하고 전투 공격기 및 수송기 분견대를 수용할 수 있는 후보지 목록을 작성했다.[34]

향후 인민해방군의 지대지 미사일 대량 공격에 맞서 생존성을 확보하고 항공작전을 지속하기 위한 최선의 수단으로써 신속전투배치를 추구하기로 한 공군 지휘부의 결정은 몇 가지 결론을 보여준다. 첫째, 미국의 항공력 기획자들은 서태평양의 기존 6개 공군기지를 강화하는 데 더 많은 자원을 투입하는 것―더 많은 콘크리트 벙커, 항공기 셸터, 지하 시설을 건설하는 것―은 실패하는 전략이라고 결론 내렸을 가능성이 있다. 미국이 적에게 이미 알려진 자국의 6개 공군기지에 콘크리트를 더 들이붓는 것보다 인민해방군이 미사일을 더 늘리는 것이 더 싸게 먹히는 상황이 계속될 것이다. '콘크리트 대 미사일' 경쟁에서 미국은 패하게 될 것이다.

둘째, 허브가 되는 주 공군기지 주변에 방공 및 미사일 방어 능력을 추가하는 것 또한 지속 가능한 해결책이 아니다. 앞서 지적한 바와 같이, 공격용 미사일과 발사 플랫폼은 표적이 되는 목표물 및 이를 보호하는 방어체계보다 훨씬 덜 비싸다. 이러한 점은 대함 미사일로부터 항모전단을 보호하려는 해군의 노력에 해당되는 만큼이나 고정된 공군기지를 보호하려는 미사일 방어망에도 해당된다(이는 자신의 전투함과 기지를 방어하고자 하는 인민해방군에게도 해당된다). 방어용 미사일의 대략 10분의 1 수준의 비용으로 공격용 미사일을 확보할 수 있는 상황에서, 방어용 미사일을 늘리려는 것은 실패하는 전략이다. 2011년 랜드연구소RAND Corporation의 보고서는 이러한 방어적 선택지를 분석했는데, 결론은 그러한 조치가 인민해방군으로 하여금 자신의 목표를 달성하기 위해 더 많은 미사일을 소모하게 만들겠지만, 중국이 미군 기지를 무력화하겠다고 마음 먹는다면, 마시일 방어체계와 기지 강화만으로는 해당 기지를 작전 가능한 상태로 유지하기 어렵다는 것이었다.[35]

결국 "분산 작전", 즉 전력을 상호 연계하여 움직이는 소규모 단위로 쪼개 작전 전구 전체에 널리 분산시키는 방안이 유일하게 남은 선택지가 되는 것이다. 그 결과, 공군이 채택한 것이 신속전투배치 개념이고 다른 군도 유사한 버전을 개발하고 있다(이는 뒤에서 다룰 예정이다).

신속전투배치ACE 개념이 현재까지 확인된 유일하게 지속 가능한 방안이지만, 인민해방군처럼 거대한 규모의 현대적인 군수 제조 및 공급 기지의 지원을 받는 적을 상대로 실제로 효과가 있을 것인가? 군의 항공작전은 작전을 수행하는 인력을 지원하기 위한 대량의 연료, 탄약, 예비 부품, 보급품의 지속적 공급을 필요로 한다. 공군은 오랫동안 이러한 물류 집약적인 임무를 지원할 수 있는 시설을 갖춘 크고 고정된 기지를 선호해왔다. 그러나 원정 기지는 보급에 어려움이 있고, 따라서 많은 횟수의 전투 출격을 지속하기 어렵다. 외딴 곳에 위치한 원정 기지는 방공 및 미사일 방어망 밖에 위치할 수 있으며, 급하게 설치된 경우 특수작전 부대의 지상 공격에 취약할 수도 있다. 마지막으로, 이러한 기지들은 어떤 보강된 시설을 갖추고 있을 가능성이 낮고, 일단 위치가 노출되면 미사일 공격에 매우 취약할 것이다.

신속전투배치 식의 분산 작전을 고안한 기획자들은 작전 계획이 주 작전기지(hub)가 아닌 "임시 기지(spoke)"에서 일시적으로, 며칠 혹은 심지어 몇 시간 동안 작전을 수행한 후 바로 다른 곳으로 옮기는 것이라 설명한다. 이러한 방식은 공중 전력의 생존성을 제고할 수 있겠지만, 소티창출 능력을 높게 유지할 수는 없을 것이다. 기획자들은 필요한 물자와 장비들을 향후 임시 기지로 이용할 만한 지점들에 미리 배치해 놓는 방안도 생각해볼 수 있을 것이다. 하지만 이렇게 할 경우 인민해방군에게 그 위치가 발각될 것이고, 신속전투배치 개념의 중요한 특성이 적어도 부분적으로라도 무력화될 것이다.

마지막으로, 신속전투배치 같은 분산 작전은 서태평양 지역에서 미군의 단거리 전투기를 적절하게 운용해야 하는 기획자들로서는 최선의 방안이지만, 신속전투배치든 다른 분산 작전 개념이든, 여전히 어디에나 존재하고 모든 것을 감시하는 센서 네트워크와 영리하고 치명적이며 저렴한 공격용 미사일 재고를 계속 구축하고 있는 인민해방군을 마주하고 있다. 공군은 분산 배치된 항공기들의 위치와 구성을 인민해방군 합성개구레이더SAR 군집위성과 무장 정찰 무인기의 감시로부터 숨길 수 없을 것이다. 인민해방군의 신속 대응 극초음속 미사일은 순식간에 전개되는 허브 앤 스포크(Hub-and-Spoke) 항공작전에 조차 심각한 위협이 될 것이다. "숨는 자(hider)"와 "찾는 자(finder)" 간의 경쟁에서 숨는 쪽이 승리하기가 점점 더 어려워지고 있다.

하지만 이는 미국이 인도-태평양 지역의 전진기지를 포기해야 함을 의미하는 것은 아니다. 미군의 전진 주둔을 유지하는 것은 미국이 이 지역에 대한 안보 공약을 지키고 있다는 정치적 메시지를 미국의 파트너 국가와 중국 양쪽에 보내는 것이다. 마찬가지로 중요한 것은 이들 미군의 존재가, 설사 이들이 중국의 미사일 공격에 취약할지라도, "선제공격에 대한 억지력(first strike deterrence)"으로 작용한다는 점이다. 만약 인민해방군 지휘부가 전진 배치된 미군이 가하는 위협을 제거하기로 결정한다면, 중국은 미군의 전진기지가 위치해 있는 더 많은 나라들을 공격하고 아마도 그들을 중국과의 무력충돌로 몰고 감으로써 전쟁을 한층 더 확대해야 할 것이다. 싸워야 할 적이 더 늘어날 수 있다는 전망은 중국 지도부로 하여금 애초에 공격적인 행동을 단념하도록 만들 수 있다.

신속전투배치는 인도-태평양 지역의 미군 기지에 대한 인민해방군의 미사일 위협에 대응하기 위해 공군이 내놓은 창의적인 시도이다. 공군 기획자들은 자신들이 보유한 전력과 떠안고 있는 여건 하에서 최선을 다하고 있다. 오늘날 공군 지휘관들이 대처하고 있는 문제는, B-2 폭격기 도입물량 축소나 차세대 폭격기NGB 사업의 잘못된 처리 같이, 정책결정자들이 수년 전, 심지어 수십 년 전 내렸던 결정의 결과이다. 나름의 결점에도 불구하고, 신속전투배치ACE 개념은 인도-태평양 전구의 대전략을 설계하는 데 있어서 중요한 역할을 할 것이다.

이길 수 없는 군비경쟁을 원하는 해군
The Navy Wants an Arms Race It Cannot Win

중국의 센서 및 미사일 능력의 확장은 미 해군의 전통적인 전력 구조와 작전 개념에 특히 타격을 주고 있다. 이러한 타격은 해양에서의 임무를 수행하기 위해 해군의 상륙함에 의존하는 해병대에까지 확대되었다. 중국 인민해방군의 미사일 위협은 분석가들 사이에서 해군의 미래에 대한 근본적인 논의를 불러일으켰으며, 이러한 논의는 트럼프 행정부 말기에 해군의 미래형 함대의 설계를 둘러싸고 다양한 기획안들이 경쟁하면서 절정에 이르렀다. 결국, 해군 기획자들이 여전히 현재의 군사기술 혁명의 함의를 완전히 받아들이지 않고 있다는 우려가 나오는 가운데 그러한 모든 계획의 신뢰성이 의심을 받았다.

미군이 인민해방군의 지상 기반 대해군(anti-navy) 전력을 제압할 수 있는 능력을 확보하기 전까지는 해군 수상함이 자체적으로 적의 미사일을 막아내야 한다. 하지만 현재 인민해방군은 접근해 오는 미 해군 타격전단을 향해 다양한 공격 항공기를 이용해 200기 이상의 고속 대함 순항미사일ASCM을 여러 방향에서 발사할 수 있는 능력을 갖고 있다. 설령 함정의 방어체계가 공격 미사일의 95%를 요격한다 하더라도(역사적으로 볼 때 실제 요격률은 훨씬 더 낮다), 방어망을 뚫고 침투한 소수의 미사일만으로도 함정은 충격적인 피해를 입을 것이다. 그리고 그 같은 공격을 어쨌든 한 차례 막아내더라도, 타격전단에는 후속 공격을 막아낼 방어용 미사일이 거의 남아 있지 않을 것이다.

해군 소속 과학자들은 고체 레이저 무기가 군비경쟁의 중심을 미사일에서 미사일 방어체계로 돌려놓기를 기대하고 있다. 그러나 이러한 무기를 사용하기 위해서는 필요한 전력을 공급하기 위한 새로운 함정 설계가 필요하고, 함대 운용을 위한 통합시스템을 준비하기까지 수년간의 연구, 개발이 필요할 것이다.[36] 그때까지는 대해군(anti-navy) 전력의 우위가 계속 커질 것이다. 대함 미사일의 포화공격을 물리칠 수 있는 함정 방어시스템이 아직 실험실 단계를 벗어나지 못하고 있는 반면 중국의 대함 미사일은 사거리와 센서의 정교함에 있어 계속 향상이 있을 것이기 때문이다.

지난 10년간을 거치면서 해군 분석가들은 해군 항공모함은 제2차 세계대전에서 익숙했던 역할을 수행할 수 없으며, 특히 첨단 대함 미사일로 무장한 적을 상대로는 더욱 그렇다는 결론에 점점 더 이르게 되었다.[37] 무인 함재기를 도입하면 항공모함의 작전거리가 확장되어 항공모함이 다시금 유용해질 것이라는 기대를 가진 기획자도 일부 존재하기는 한다. 하지만 제3장에서 설명했듯이, 항공모함이 소형 전술기만을 운용할 수 있다는 사실은 항공모함의 행동반경에 상한선을 설정한다. 2010년대에 해군은 F35C 전투기를 항모비행단에 도입하기 시작했다. 그리고 오랜 기간의 어려움 끝에 F35 프로그램은 결국 공군과 해군, 해병대에 고성능 스텔스기를 제공하는 데 성공했다. 적의 방공망을 회피할 수 있는 능력, 표적을 탐지하고 공격할 수 있는 진보된 능력, 그리고 네트워크로 연결된 플랫폼 간 데이터를 공유할 수 있는 능력은 F35에 혁명적인 경쟁 우위를 제공한다. 하지만 해군의 F35C는 최대 전투행동반경이 약 1,100킬로미터로, 이는 항공모함에서 함께 운용될 F/A-18 E/F의 전투 행동반경과 대체로 비슷한 수준이다.38 이 정도 전투행동반경은 중국군이 이미 개발하여 실전 배치한 지상 기반 대함 미사일의 사거리 밖에 항공모함을 두기에 충분치 않을 것이다.

2013년, 해군은 X-47B 실험용 무인 전투기의 시험 비행에 성공했다. X-47B 프로그램의 목표는 무인 제트기가 항공모함에서 이륙하여 자율적으로 다양한 임무를 수행한 뒤, 항공모함으로 귀환하여 착륙할 수 있음을 보여주는 것이었다. X-47B는 항모 비행단의 작전 범위를 크게 확장할 수 있는 가능성을 보여줬다. 사람이 탑승하지 않고 단발 엔진 기반으로 설계된 X-47B는 F/A-18 E/F나 F35C보다 훨씬 긴 작전 범위를 갖게 될 것이다. 같은 해, 해군은 무인 항공기를 항공모함 조지 H. W. 부시함USS George H. W. Bush에서 이륙시키고 착륙시키는 데 성공하면서 항공모함 기반 무인 제트기의 실현 가능성을 보여줬다.39

이를 지켜본 많은 이들이 X-47B 개념이 항모 비행단을 장거리 대함 능력을 갖춘 육상 기반의 적 전력을 상대하는 적절한 수단으로 만들어줄 것이라고 기대했다. 하지만 X-47B는 다음 두 가지 중 어느 하나를 필요로 하는데, 하나는 탑승하지 않는 조종 요원과의 항시적이고 안전한 위성 기반 통신 연결이고(이는 공군이 MQ-9 리퍼 무인 전투기로 수행한 글로벌 작전에서 수년간 사용해온 기술이다), 다른 하나는 무인기가 적 방공망을 뚫고 정확한 표적을 공격한 후 항공모함으로 복귀할 수 있도록 해줄 고도로 첨단화된 내장 소프트웨어이다.

개발 과정에서 이와 같은 난관에 봉착한 해군은 무인기의 주된 역할을 F-35C나 F/A-18 E/F, 또는 다른 유인기를 위한 공중급유 임무로 한정하기로 결정했다. 재설계되어 MQ-25A 스팅레이Stingray로 명명된 무인 급유기는 2025년에 실전 배치될 것으로 예상된다.40 스팅레이는 항모 비행단의 작전거리를 향상시키겠지만, 항공모함이 중국의 지상 기반 장거리 대함 전력으로 인해 직면하게 되는 작전거리의 문제를 해결하지는 못할 것이다. 스팅레이 급유기가 유인 공격기의 작전거리를 확장시킨다 하더라도, 항모의 타격 반경은 여전히 항모전단을 위협하는 지상 기반 항공기와 미사일의 사거리에 비하면 너무나 짧을 것이기 때문이다.

항공모함의 미래 역할에 대한 의구심이 커지는 가운데 해군 분석가들은 장거리 지상 공격 미사일과 대함 미사일을 대량으로 발사하는 것을 주 임무로 하는 수상함인 "합동화력함(arsenal ship)"이라는 아이디어를 다시 논의하기 시작했다. 이는 1990년대 당시 해군참모총장이던 제레미 부다Jeremy M. Boorda 제독은 장거리 미사일을 500기까지 탑재하는 단일 목적의 대형 수상함이라는 개념을 제안했다. 하지만, 분석가들이 이런 함정은 너무 많은 능력을 단일 표적에 집중시키는 것이며, 임무를 완수하고 반격을 피할 수 있기 전에 적의 센서에 위치가 노출될 것이라 결론 내리면서 이 합동화력함 개념은 폐기되었다.[41]

해군은 부다 제독이 제안한 개념을 거부했지만, 그의 아이디어는 변형된 형태로 승인했다. 냉전이 끝난 후 해군은 트라이던트Trident급 탄도미사일 잠수함 4척을 각각 토마호크 미사일 154기씩 탑재할 수 있는 순항미사일 발사 플랫폼으로 개조했다. 이처럼 변형된 형태로나마 합동화력함 개념이 적용된 것은 우연한 역사적 사건(냉전 종식 후 전략 핵무기 감축)에서 따른 것이었고, 항모비행단의 지속적인 타격 능력에 맞먹는 수준으로 능력을 확대하는 것은 비용이 너무 많이 들었다. 사용 연한이 도래함에 따라, 해군은 이 개조된 네 척의 순항미사일 잠수함을 조만간 퇴역시킬 예정이다.

합동화력함은 항공모함의 약점을 상쇄하기에 비현실적이라 여겨졌지만, 미사일수상함이 또 다른 대안을 제공하는 것처럼 보였다. 2013년 총괄평가국 ONA의 지원 하에 이루어진 연구에서 미사일 수상함이 항공모함보다 훨씬 더 저렴한 비용으로 화력을 투사할 수 있는 것으로 나타난 것이다.[42]

이전에 수행된 연구에서는 항공 작전을 통해서 타격해야 하는 표적이 비교적 적은 경우에는 토마호크Tomahawk와 같은 지상 공격 미사일을 활용하는 편이 막대한 고정비용이 소요되는 항공모함 및 항모에 탑재된 공격기에 비해 더 저렴할 것이라는 결론을 내놓은 바가 있었다.[43] 그러나 항공 작전이 장기화되고 수백 개에서 수천 개에 이르는 목표 지점을 타격해야 하는 상황이라면, 항공기로 레이저 유도 폭탄이나 위성 유도 폭탄을 투하하는 방식이 더 저렴한 선택지가 될 것이다. 실제로 제2차 세계대전 이후 해군이 수행한 가장 주목할 만한 항공작전 중 많은 부분이 이러한 방식이며, 미 해군의 항공 타격전력이 준비해왔던 작전 형태이기도 하다. 따라서 해군의 전력투사 교리가, 적어도 과거의 항공 작전들을 토대로 가장 비용 효율적인 방식이 무엇인지 분석한 결과와 일치했다는 점은 그리 놀라운 일이 아니다.

그러나 2013년에 나온 총괄평가국ONA의 새롭고도 상반되는 결론은 미래의 항공작전에 대한 보다 현실적인 가정에 근거한 것이었다. 이 가정에 의해, 중국과 같은 방공망이 두터운 공역에서 작전하는 항공기는 값싼 폭탄 대신에 토마호크 미사일과 비용이 비슷한 합동 장거리 공대지 미사일JASSM과 같은 원거리(stand-off) 공격 미사일을 사용해야 한다. 거기에 항공기 격추―설령 소수라 하더라도―에 따른 비용이 추가되면, 항모 비행단의 비용 효율성은 사라진다는 것이 이 분석의 결론이다. 게다가 미사일함을 옹호하는 이들은 지상 공격 미사일들을 여러 대의 소형 수상함에 탑재하여 분산 배치할 경우의 이점을 강조한다. 이 방식은 위험을 줄이고 표적 범위를 확대할 수 있는데, 특히 하나 또는 소수의 대형 항공모함에 전력이 집중될 경우 발생할 잠재적 손실과 비교했을 때 더욱 그러하다.

해군의 문화는 이러한 아이디어에 기민하게 적응하지 못했다. 오바마 행정부 말기인 2016년 12월, 해군은 전투함과 군수지원함 355척 확보를 계획하는 보고서를 의회에 제출했다. 이 355척 규모의 해군이 열망하는 목표치로, 2016년 당시 해군이 보유한 전투용 함정은 275척에 불과했다. 또한 이 보고서에는 355척 확보라는 목표를 달성하기 위한 구체적인 시한도 제시되어 있지 않았다. 그럼에도 불구하고, 의회는 2017년 12월 이 355척을 목표치로 반영한 예

산안을 통과시켰다.⁴⁴

그런데 355척 함정의 종류별 구성은 오랜 기간 지속되어온 해군의 전통적 전력 설계를 그대로 반영한 것이었다. 이 계획은 항공모함 12척, 항모를 보호할 순양함 및 구축함 104척, 해병대를 지원할 상륙함 38척을 포함하고 있었다. 이러한 전력 설계에는 중국 인민해방군의 대함 미사일 위협에 대한 어떤 고려도 없었으며, 해군의 장거리 타격 능력을 실질적으로 향상시키기 위한 주목할 만한 조정 또한 없었다. 항공모함과 상륙전단이 여전히 해군의 작전 개념에서 중심에 자리잡고 있었다. 2016년 해군이 내놓은 전력 설계의 토대가 되는 전제와 개념은 1986년과 1966년의 그것들과 다르지 않았다.

그러나 355척을 확보한다는 해군의 계획은 불과 몇 년 만에 흐지부지되었다. 2019년 들어서 해군 수뇌부는 "분산된 치명성(distributed lethality)"—소형 미사일함을 늘리고 항공모함의 비중을 줄이는 개념—을 밀어주기 시작했다. 2019년 초, 해군 수뇌부는 무인 체계, 레이저 무기, 그리고 신형 소형 전투함 같이 해군의 자산과 화력을 보다 넓게 분산시키는 새로운 기술 개발에 자금을 투입하는 예산안을 작성하려 했다. 같은 해 4월, 해군은 항공모함 해리 트루먼함USS Harry Truman을 퇴역시키겠다는 제안을 내놓았는데, 이는 예정된 정비 비용 34억 달러를 절감하여 새롭게 떠오르는 기술을 개발하는 데 자금을 대기 위한 것이었다. 하지만 이 제안은 의회에서 거센 반발을 불러왔고, 몇 시간 만에 백악관은 해군의 계획을 철회하는 결정을 내렸다.⁴⁵

해리 트루먼함 일화는 해군 수뇌부가 마침내 가장 취약하고도 비용은 많이 드는 구형 플랫폼에서 벗어나 소형 유인함 및 무인함들로 구성된 보다 분산된 함대 구조로 해군을 재편하고자 하는 의지를 드러낸 해프닝이었다. 그리고 이 '트루먼함 시도'가 금방 무산되어버린 것은 해군 수뇌부가 그에 따른 정치적 반발에 전혀 대비가 되어 있지 않았음을 보여준다. 하지만 해군 수뇌부는 그들이 중국 인민해방군의 미사일 위협에 더 적합한, 새롭고 종합적인 함대 설계에 서부터 시작해야 한다는 결론을 내렸는데, 이는 2016년 내놓았던 355척 확보

계획에서는 전혀 고려하지 않았던 부분이다.

해군은 2019년 또 다른 새로운 전력 설계에 대한 작업을 시작했는데, 이는 최종적으로 통합 해군전력 구조평가Integrated Naval Force Structure Assessment라는 이름으로 불리게 되었다. 이 작업은 2020년 초에 완료되었지만, 그 결과는 의회에 제출되거나 대중에게 공개되지 않았다. 해군 관계자들은 통합 해군전력 구조평가NFSA가 2018년도 〈국방전략서NDS〉와 그것의 요청—국방부는 미국에 필적할 만한 수준에 있는 중국과 러시아로부터의 위협에 대비하는 데 집중해야 한다—을 뒷받침하기 위해 설계한 것이라 밝혔다. 통합 해군전력 구조평가NFSA는 유인함 약 390척과 무인함 또는 유무인 선택형 함정 45척으로 구성된 함대를 제안했다. 그러나 해당 함대의 구성이나 제안된 함정의 특성 및 사양에 대한 구체적인 정보는 추가로 공개되지 않았다.[46]

국방장관 마크 에스퍼Mark Esper는 해군이 통합 해군전력 구조평가를 작성하면서 사용한 가정들에 동의하지 않았고, 2020년 봄 그 기획안과 결론을 공식적으로 거부했다. 그는 통합 해군전력 구조평가를 폐기하고 부장관 데이비드 노퀴스트David Norquist와 국방장관실 소속 참모진에게 해군 전력을 새롭게 설계할 것을 지시했고, 이 새로운 기획안은 미래해군전력 연구Future Naval Force Study라 불리게 되었다. 2020년 여름에 이르자 해군은 미래 함대 설계에 대한 주도권을 사실상 상실했고, 그 역할은 외부 싱크탱크의 지원을 받는 국방장관실 소속 민간 분석가들에게 넘어갔다.[47]

통합 해군전력 구조평가NFSA와 마찬가지로, 미래해군전력 연구FNFS도 의회에 보고되거나 일반에 공개되지 않았다. 이 연구는 전투함은 최대 358척(2020년 미 해군이 보유한 전투함은 296척임), 그리고 무인함과 차세대 호위함을 포함하는 경우 각종 함정은 500척 이상 확보할 것을 주문했다고 알려졌다.

그러나 베일에 싸인 미래해군전력 연구FNFS조차도 해군의 미래에 대해 트럼프 행정부가 구상한 최종 입장은 아니었다. 혼란스러운 트럼프 대통령의 임기 말에 마크 에스퍼 국방장관이 해임되면서 의회에 해군 전력 구조에 대한 기획안을 제출하려던 그의 노력도 무산되었기 때문이다. 2020년 12월 9일, 퇴임을 앞둔 백악관 참모진이 기존의 함정과 가상의 함정을 포함한 다양한 종류의 함정에 대한 대체적인 수량을 제시한 해군 전력 구조안을 대중에 공개했다. 이 기획안은 최대 446척의 유인함과 242척의 무인함 또는 유무인 선택형 함정으로 구성된, 총 688척 규모의 함대를 요구했다.[48]

2021년 6월, 바이든 행정부는 해군 전력 구조에 대한 예비 기획안을 발표했다. 트럼프 행정부의 2020년 12월 문서와 마찬가지로, 이 기획안은 다양한 종류의 함정에 대한 개략적인 물량만 제시했을 뿐, 전력의 최종적인 목표 수준이나 향후 수십 년에 걸쳐서 매년 획득해야 할 함정의 수량과 관련한 구체적인 수치는 포함되지 않았다. 바이든 행정부의 기획안은 트럼프 행정부가 제안했던 것과 개념적으로 유사했고, 함대의 규모만 더 작을 뿐이었다. 바이든 행정부의 기획안은 약 15% 적은 수준의 유인함과 절반 수준의 무인함을 요구하였는데, 전체적인 함대 규모로는 트럼프 행정부의 마지막 요구안에 비해 약 25% 작은 규모였다.[49]

2021년 9월, 미 의회예산처CBO는 해군의 전력 구조 기획안에 따른 2022회계연도 획득비용을 추산한 보고서를 내놓았다. 보고서에 따르면, 해군의 기획안에서 제시된 함대를 건설하기 위한 함정 획득 예산은 향후 30년간 매년 평균 253억~327억 달러(물가상승률 반영시)가 될 것이다. 이 연간 획득비용은 지난 5년간 해군의 평균적인 선박 건조 예산보다 10~43% 더 높은 수준이다. 훨씬 더 큰 함대의 경우 운용과 유지를 위한 비용도 당연히 증가하게 되지만, 해당 기획안에는 관련한 세부 사항이 빠져 있어 의회예산처에서 운용비와 유지비까지는 산출할 수 없었다.[50]

2016년에 나왔던 355척 확보 계획부터 통합 해군전력 구조평가와 미래해군전력 연구, 2020년 12월 공개된 기획안과 2021년 6월 발표된 기획안까지 해군의 전력 구조와 관련한 5개의 기획안들은 몇 가지 공통적인 특징을 가지고 있다. 먼저, 이들 기획안은 수상 전투함을 대규모로 건조하는 것을 내용으로 하지만, 어떤 기획안도 이들 수상함을 파괴하기 위해 특별히 설계된 중국 인민해방군의 촘촘하고 통합된 센서와 미사일 전투 네트워크에 대해서는 진지하게 고려하지 않았다. 다음으로, 어떻게든 좋은 결과를 얻기를 기대하며 이전보다 훨씬 더 많은 수상함을 인민해방군의 미사일 교전구역MEZ 안으로 몰아넣는 것 말고는, 어떤 기획안에서도 서태평양 지역에서 인민해방군의 미사일 우위를 상쇄 또는 극복할 수 있는 작전 개념에 대한 설명이 없다. 그리고 기획안의 실행을 위해서는 함정 건조 및 유지 예산의 막대한 증액이 필요한데, 이들 기획안 모두 그러한 증액 요구를 의회가 거부할 가능성에 대해서는 심각하게 고려하지 않은 것으로 보인다. 각 기획안을 위해서는 병력과 지원 인력의 대규모 증원이 필요한데, 이들을 어떻게 모집하고 훈련하며 유지할 것인지에 대해서도 제대로 설명한 기획안이 없다. 기획안들이 제시하는 신형 함정—예를 들어 새로운 초계함이나 경량 상륙 전함(light amphibious warship)—중에는 단지 개념 수준에 머물러 있을 뿐 설계도 아직 완성된 상태가 아닌 것이 다수이다. 최근 들어 해군이 신형 함정을 계약업체로부터 정상 작동하는 상태로 적기에 인도받는 데 어려움을 겪고 있는 상황임을 감안한다면, 이러한 신개념 함정들이 2030년대까지 함대에 실제로 배치될 수 있을지는 의문이다. 마지막으로, 이들 기획안은 냉전이 종식되는 당시에 비해 훨씬 쪼그라든 미 해군 조선 산업기반이 어떻게 제안된 함대를 적기에 건조하고, 이후에도 수십 년을 유지할 수 있을 것인지에 대해서도 진지하게 설명하지 않았다.

지난 10년 동안 해군과 국방부의 최고 지휘부는 발전하고 있는 중국의 센서 및 미사일 전투 네트워크가 갖는 함의를 서서히 인식하기 시작했다. 하지만 그들이 대응이랍시고 내놓은 것은, 치명적이지만 한 기에 백만 달러에 불과한 대량의 인민해방군 대함 미사일들에 대해 한 척에 수억 또는 수십억 달러에 달하는 취약한 함정으로 맞선다는 아이디어에 기반한 일련의 해군 전력 구조 기획안들이었다. 미 해군력의 대규모 증강을 지지하는 이들은 미국의 조선 역량을 훨씬 능가하는, 세계 최대 규모의 조선 산업을 보유한 경쟁자와 해군에서 군비 경쟁을 벌이려는 위험한 유혹에 빠져들었다.[51] 미국과 동맹국의 해군이 나아가야 할 현실적인 방안은 현재 부재한 상태이다. 미국과 동맹국의 해군력으로 인도-태평양 지역에 대한 포괄적인 군사 전략을 뒷받침할 방안을 설계하는 것은 이제 해군을 넘어선 최고위 정책결정자에게 달려 있겠지만, 그 방안 또한 현재 부재한 상태이다.

미국 해병대의 급진적인 신개념
The Marine Corps' Radical New Concept

2019년 해병대 사령관에 취임하고 오래지 않아서, 데이비드 버거David Berger 대장은 각 군 최고 지휘관 중 최초로 군사 기술의 혁명에 대응해 군을 대대적으로 개편할 것을 제안했다. 이전에 해병대 태평양사령관과 해병대 전투발전사령관으로 근무했던 경험을 바탕으로, 그는 해병대에 과감한 기획 지침을 하달했다.[52] 버거는 그러한 경험이 "기존의 전력 구조와 구식 역량에 대한 소폭의 점진적인 개선만으로는 진화하고 있는 적의 위협 역량을 극복하기에 불충분할 것이라는 결론을 형성하는 데 도움을 주었다"고 하면서, 이어서 "원거리 타격용 정밀무기, 기뢰, 기타 스마트 무기의 확산이 몰고온 충격파를 인식하고, 이러한 위협 역량을 극복할 수 있는 혁신적인 방법을 찾아야 한다"고 강조했다.[53]

버거 사령관은 해병대에 전력 구조의 혁명적인 변화를 지시했다. 대규모 상륙작전이나 장기적인 지상전을 위해 설계된 군에서 탈피하여, 제1도련선을 따라 소규모 부대로 배치될 수 있도록 스스로를 재편하는 것이었다. 이들 소규모 부대는 대함 미사일로 무장하고 중국의 미사일 교전구역MEZ 깊숙이 "진입해서(stand in)" 작전을 수행하게 된다. 이들 부대는 그곳에서 "적의 전력을 소모시키고(공격하고), 합동 전력(joint force, 군사작전에서 합동이란 육군, 해군, 공군 중

2개 이상의 군이 공동의 작전 목적을 위해 협력하는 상황을 지칭한다—옮긴이)의 접근 여건을 조성하며, 적의 표적설정을 어렵게 만들고, 적의 정보, 감시, 정찰(ISR) 자원을 소모시키며, 기정사실화 시나리오(fait accompli scenarios)를 저지"할 것이다.54 버거의 구상에 의하면, 이렇게 재편된 해병대는 더 이상 전차, 5개의 현역 및 예비 보병대대, 대부분의 포병, 8개의 헬기 전대, 그리고 계획된 F35B 전투기의 3분의 1 이상은 필요하지 않을 것이다. 버거는 이 모든 불필요한 전력들을 없애도록 지시했다. 대신에 해병대는 트럭 탑재형 장거리 대함 미사일과 더 많은 정찰 자산, 특히 무인기를 확보하게 될 것이다.55

이러한 지시는 중국의 전투 네트워크에 대응할 수 있는 군을 만들기 위한 해병대 문화의 극적인 변화였다. 버거는 자신이 이어받은 기존 해병대는 현재 및 미래의 위협 환경에는 더 이상 유효하지 않다고 밝혔다. 그가 내놓은 새로운 개념은 각 군이 대비태세를 중국과 러시아 같은 미국에 필적하는 수준의 위협에 집중하라는 2018년도 〈국방전략서NDS〉의 요구에 따른 것이었다. 얼마 전까지도 태평양 지역의 해병대를 지휘했고 중국 인민해방군을 "기준 위협(pacing threat)"이라고 결론을 내렸던 버거는 제1도련선 일대에서의 인민해방군의 기정사실화 행동을 저지하는 것을 해병대 기획에 있어서 최우선 순위로 삼았다.

버거는 자신의 개념에 자신과 조직이 고쳐야 할 몇 가지 중요한 결함이 있다는 점을 인정했다. 그는 자신의 전력설계 지침(force design directives)에 있는 여러 관찰 내용 중에서 다음 사항에 주목했다.

- 인도-태평양 작전 책임 지역에서는 사거리와 작전 도달 범위가 중요하다.
- '숨는 자(hider)'와 '찾는 자(finder)' 간의 경쟁은 현실이며, 이 경쟁에서 패배할 경우 엄청나고 잠재적으로 치명적인 결과가 초래된다.
- 적의 무기 교전구역 내에서의 기동성은 경쟁 이점이자 작전상 필수요소이다.
- 군수지원(지속가능성)은 작전 수행을 위한 핵심적 요건인 동시에, 중대한 취

약점이기도 하다.⁵⁶

　이러한 요건들을 고려할 때, 버거의 새로운 개념은 작동할 수 있을까? 버거 자신은 이에 대해 다음과 같이 인정했다. "나는 전략적 경쟁자와 맞서는 경쟁적인 연안 환경에서 그 개념을 실행하기 위해 필요한 전술적 기동 및 군수지원의 지속성을 제공하기 위해 요구되는 추가적인 전력 구조를 우리가 찾아낸 것인지 확신할 수는 없다." 또한, 그는 해병대는 여전히 "적의 최종단계 공격을 무력화하고 적의 광역 감시(broad area surveillance)에 대응하기 위해 군사적 기만, 위장, 엄폐, 은폐 및 연막 능력을 개발해야 한다."고 지적했다. 그는 부하들에게 이러한 문제들에 대한 해결책을 고안해내기 위한 설계, 시험 및 실험을 지속적으로 수행할 것을 지시했다.⁵⁷

　인민해방군의 미사일 위협은 분명 해병대의 기존 작전 개념과 전력 설계를 시대에 뒤떨어진 것으로 만들었다. 버거는 "현재 전진 배치되어 있는 우리 전력은 적을 억지하고, 해역 거부(sea denial)를 위해 분쟁 해역에서 작전을 지속할 수 있는 필수 능력을 갖추지 못하고 있다."⁵⁸고 지적했다. 변화가 필요했고, 버거는 그러한 변화를 지시했다.

　그러나 인민해방군이 제1도련선과 그 너머에 대해 갖게 될 센서 및 미사일 화력의 우위를 감안할 때, 과연 버거의 작전 개념이 실질적인 차이를 만들어낼 수 있을까? 인민해방군의 우주 기반 정찰 체계, 그리고 유·무인 항공기, 수상 및 수중 정찰 플랫폼들은 중국 본토 인근에서 작전 중인 인민해방군 지휘관들에게 미 해병대의 미사일 진지와 의심되는 지점에 대한 철저하고도 지속적인 관측을 제공할 수 있을 것이다. 이러한 인민해방군의 센서 네트워크는 인근의 지상 공격 및 대함 미사일 발사 플랫폼들과 연결되어 있으므로, 해병대의 미사일 부대는 부대가 점유할 작은 섬 안에서, 또는 하나의 섬에서 또 다른 섬으로 안전하게 이동하는 것이 거의 불가능해질 것이다.

　미사일을 발사한 후 이동하거나 재보급을 받을 수 있는 능력이 없다면, 해병대의 미사일 부대는 적대행위가 개시되는 시점에 자리잡고 있던 위치에서 전쟁을 수행할 수밖에 없을 것이다. 인민해방군의 거의 끊김 없는 지속적인 관측으로 인해 미사일 외에도 지휘, 통신, 지원 장비를 운반하는 다수의 차량으로 구성된 지상 기반 미사일 부대는 스스로를 숨기기가 매우 어려울 것이다. 만약 미군의 주둔을 받아줄 만한 제1도련선 상의 국가, 예를 들어, 필리핀이 해병대 미사일 부대가 적대 행위의 시작 전에 원하는 위치에 전개하는 것을 허용하지 않는다면, 전쟁이 발발한 후에 해병대가 그 위치로 이동하기는 어려울 것이다. 인민해방군은 본토에 위치한 지리적 이점을 이용하여 무인 무기체계와 기만 수단(decoys)을 대규모로 운용할 수 있는데, 이를 통해 미 해병대의 미사일 부대가 먼저 미사일을 발사해 부대 위치를 노출하도록 유도할 수 있다. 그리고 해병대가 미사일 부대들의 고정된 위치에 추가적인 미사일을 재보급할 수 없기 때문에, 미사일 보급에 있어 인민해방군의 우위가 전투 개시 후 며칠 내에 압도적이 될 것이다.

  일각에서는 해병대 미사일 부대를 20피트 규격의 컨테이너에 숨기는 방안을 제안하기도 했다. 그러나 인민해방군의 센서들은 여전히 미사일 부대와 관련된 '생활 패턴(pattern of life)', 즉 경계 활동과 정비, 그 외 일상적인 지원 활동을 식별해낼 수 있을 것이다. 해병대 미사일 부대가 작전할 제1도련선의 섬들은 대부분 소규모이기 때문에, 인민해방군의 정보 수집 활동은 더욱 용이할 것이다. 미사일 부대가 민간 화물 컨테이너 속에 숨거나 민간인으로 위장을 한다면 이는 '기만' 행위에 해당하며, 전쟁범죄로까지 간주될 수도 있다. 이 경우 인민해방군은 의심스러운 어떤 컨테이너도 공격할 수 있고, 이는 민간 상업 활동에 치명적인 피해를 초래할 것이다.

  버거 사령관은 전력설계 지침에서 "개인이든 부대든 먼저 발사하는 쪽이 결정적인 우위를 가진다."고 말했다.[59] 정교해진 센서 네트워크가 점점 더 '숨는 쪽' 보다 '찾는 쪽'에 우위를 부여하게 되면서, 양측 지휘관들은 위기 상황에서 자신의 미사일 부대가 상대의 미사일 일제사격으로 파괴되기 전에 먼저 발사해야 한다는 압박을 강하게 받을 것이다. 마치 1914년 8월 당시처럼, 양측 지휘관들은 자신의 부대가 성과 없이 앉은자리에서 그냥 파괴당하기보다는 할 수 있는 한 타격을 가하기 위하여 정치 지도자들에게 미사일 발사를 허가해달라고 강력히 요구하게 될 것이다. 버거의 언급은 이러한 위험할 정도로 불안정한 사실을 확인해주었다.

버거 사령관이 제시한 개념은 이전 것보다는 분명 더 낫지만, 서태평양 지역에서 인민해방군의 센서와 미사일 전력의 우위는 이 개념에 문제를 초래하며, 버거 자신도 가까운 시일 내에 해결될 수 없을 것 같은 결함들을 지적했다.

하지만 이러한 결함에도 불구하고, 버거의 새로운 해병대는 인도-태평양 지역의 더 큰 억지력 설계에 있어 중요한 구성 요소로서 역할을 할 것이며, 이에 대해서는 제6장과 제8장에서 논의될 것이다.

인도-태평양 지역의 경쟁 전략이 필요하다
Needed: A Competitive Strategy for the Indo-Pacific Region

군의 현대화를 위한 중요한 프로젝트들은 국방부 내의 다른 어딘가에서도 추진되어왔다. 가장 주목할 만한 프로젝트들 중 다수는 정보 분석과 데이터 공유에 집중되는데, 그 목적은 정확한 표적 정보를 공격하기에 최선의 위치에 있는 무기에 신속히 전달하는 것이다. 그런 프로젝트 사례에는 국방부가 예산을 확대하고 있는 인공지능AI 연구가 포함되는데, 이는 중국 인민해방군도 최우선 연구 주제로 삼고 있는 분야이다. 양측 모두, 인공지능AI이 정보분석가들이 위성 군집과 무인 시스템, 신호정보 센서들이 지속적으로 수집할 방대한 데이터로부터 위협적인 적 전력과 표적을 빠르고 정확하게 찾아낼 수 있게 해줄 것으로 기대한다. 인공지능은 야전 부대에 대한 보급을 더 효율적으로 조직하고 전달하는 것과 장비의 유지보수 문제를 더 잘 예측하는 것과 같은 군사작전을

Kh-22M 키친 초음속 대함 순항미사일(ASCM)을 탑재한 소련의 Tu-22M Backfire 폭격기(1983년). 1970-1980년대에 미 해군과 경쟁하던 최초의 현대적인 육상 기반 "정찰-타격 복합체"였다. (제공: Defense Imagery, 촬영자: 미상)

2007년, 중국 안산(鞍山) 비행장 상공에서 훈련 중인 Su-27 Flanker 전폭기. 2020년 현재 인민해방군이 운용하고 있는 플랭커 계열 전폭기는 총 634대로, 보유량을 계속 늘리며 공군력을 서태평양 지역 깊숙이 투사할 수 있도록 하고 있다. (제공: 미 국방부, 촬영자: 공군 하사 D. Myles Cullen, 2007. 3. 24)

2021년, 매킨 아일랜드(Makin Island) 상륙준비단(Amphibious Ready Group)과 함께 남중국해를 통과하고 있는 테오도어 루스벨트(Theodore Roosevelt) 항모전단. 대규모 초음속미사일 공격에 대한 이 항모전단의 방호 능력은 아직 검증되지 않았다. (제공: 미 해군, 촬영자: 공보관 Terence Deleon Guerrero, 2021. 4. 8)

2002년, 캘리포니아에서 시험 발사 중인 토마호크(Tomahawk) Block-4 지상 공격 전술 미사일. 미군이 보유한 전술 미사일 중 사거리가 가장 길지만, 수상함에서 발사해야 하는 인도-태평양 전구에서는 충분치 않다. (제공: 미 해군, 언론 공개용)

2018년, B-1B 폭격기에서 발사 후 시험비행 중인 장거리 대함 미사일(LRASM). 스텔스 기능을 갖춘 이 첨단 미사일은 증대하고 있는 중국의 해군력에 대응하는 핵심 전력이 될 것이다. (제공 : 록히드 마틴, 2018. 5. 23)

2017년 2월 2일, 루이지애나 박스데일(Barksdale) 공군기지 인근을 비행 중인 B-1B Lancer, B-2A Spirit, B-52H Stratofortress 폭격기. 2020년대 말 B-21 Raider가 실전 배치되기 전까지는 중국과 전쟁이 벌어질 경우 미군은 이들 구식 폭격기에 의존할 수 밖에 없는 실정이다. (제공: 미 공군, 촬영자 : Sagar Pathak)

캘리포니아 에드워드(Edwards) 공군기지에서 실시한 시험 비행을 바탕으로 제작한 B-21B Raider 폭격기 이미지. 향후 수십 년간 인도-태평양 지역에서의 억지력 유지에 기여할 것으로 기대되는 전력으로, 미 공군은 2030년대 말까지 스텔스 기능을 갖춘 이 신형 폭격기를 최소 100대 확보할 계획이다. (제공: 미 공군, 이미지 제작: Northrop Grumman)

원격 작동되는 트럭을 발사 플랫폼으로 이용한 해군의 대함 미사일 시험 발사. 2020년 11월 캘리포니아. 해병대는 이런 무기를 갖춘 소규모 부대를 제1도련선을 따라 배치하기 위해 조직을 재편하고 있다. (제공: 미 해군)

2020년 3월 19일, 국방부는 하와이 카우아이(Kauai)의 태평양 미사일 사격훈련 지원소에서 육군의 장거리 극초음속 무기(Long-Range Hypersonic Weapon) 사업의 일환으로 극초음속 활공체의 시험 발사를 실시했다. 육군이 제시한 이 극초음속 무기의 사거리는 인도-태평양 전구에서 인민해방군을 상대하기에 적합하지 않다. (제공: 미 해군)

05 미국의 아시아 회귀와 이후의 시행착오 203

2012년 메릴랜드 패턱센트 강(Patuxent River) 인근에서 시험 비행 중인 해군의 F-35C 전투기. 이 스텔스 전투기는 첨단 센서와 네트워킹 기능도 갖추고 있지만, 항공모함이 중국의 대함 미사일 사거리 밖에 안전하게 머물면서 항공 작전을 지원하도록 하기에는 작전 가능한 거리가 너무 짧다. (제공: 미 해군, 촬영: 록히드 마틴, 언론 공개용)

2019년 미주리 세인트루이스의 보잉사(Boeing) 시설에서 촬영된 MQ-25 Stingray 무인기. 미 해군 최초의 무인 제트기이지만 공격 임무가 아니라 공중급유 임무에 투입될 것이므로 항공모함의 작전 거리가 중국의 대함 미사일 사거리를 넘지 못하는 문제는 여전히 미해결 상태로 남게 된다. (제공: Eric Shindelbower, 2019. 2. 21)

차세대 호위함 USS Constellation (FFG-62)의 초도함 이미지. 미사일을 탑재한 무인 수상함과 작전하게 될 이 신형 호위함은 중국 근해에서 대중국 억지력을 유지하기 위한 저비용-저위험 전력이 될 수 있을 것이다. (제공: Fincantieri)

2021년 7월 3일, 무인 수상함 Ranger호와 Nomad호가 캘리포니아 연해에서 시험 항해 중이다. 해군은 대형 무인 수상함 (LUSV, Large Unmanned Surface Vessel) 사업의 일환으로 이런 상업용 운송 선박을 미사일함으로 개조하는 사업을 추진하고 있다. (제공: 미 해군)

미 공군의 GPS BlockIII 위성이 지구궤도를 비행하는 이미지. 이처럼 비싸고 크고 취약한 인공위성은 이제 구시대의 유물이 되었고, 수십 개의 소형 위성들이 네트워크를 구성하여 생존성을 높인 군집 위성으로 대체되고 있다. (제공: 미 우주군)

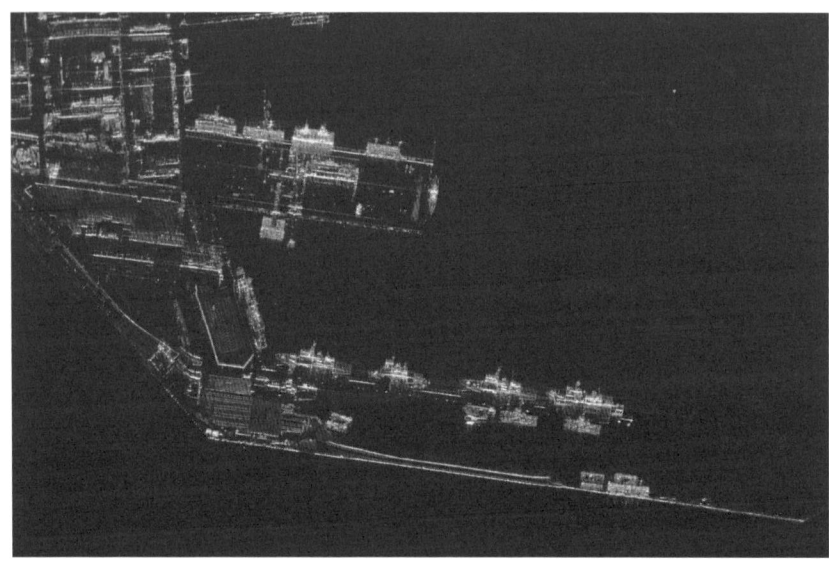

지구 저궤도를 돌고 있는 카펠라 스페이스사(Capella Space)의 소형 합성개구레이더(SAR) 위성으로 촬영한 중국 황다오(黃島)항 이미지의 일부. 밤과 낮, 날씨를 가리지 않고 이와 같은 해상도 50cm의 이미지들이 영상분석 전문가들에게 거의 실시간으로 제공되고 있다. (제공: 카펠라)

위한 다른 역할도 수행할 것이다.

합동 전영역 지휘통제(Joint All Domain Command & Control)는 적 부대들을 탐지하는 모든 센서들과 이들 표적을 타격할 수 있는 모든 "발사 수단" 또는 무기 플랫폼들을 연결하는 방대한 데이터 네트워크를 구축하는 개념이다. 합동 전영역 지휘통제(JADC2)의 목표는 군사작전 시에 적에 대해 정보 및 의사결정에서의 우위를 확보하는 데 있다. JADC2 시스템이 생성하는 방대한 데이터 스트림(data stream)의 정확한 처리를 가능케 하고, 그 데이터를 활용하여 네트워크에 연결된 무기체계들을 위한 신속하고 정확한 결정을 내는 데 있어 인공지능은 결정적인 역할을 할 것이다. 가장 야심찬 구상에 의하면, 합동 전영역 지휘통제(JADC2)는 작전 전구 내 모든 영역(우주, 공중, 사이버, 해상, 지상)에서 작동하는 센서와 발사수단들을 연결하게 될 것이다.[60]

인공지능, 합동 전영역 지휘통제 같은 방대하고 안전하며 전파 교란이 불가능한(jam-proof) 데이터 네트워크, 5세대 또는 6세대 무선 네트워크와 같은 통신 기술, 그리고 양자 컴퓨팅 기술과 같은 떠오르는 기술들의 군사적 활용을 주장하는 이들은 미래의 전장에서 성공을 거두기 위해서는 정보 수집과 처리, 분석 그리고 그에 따른 조치가 적보다 신속하고 정확하게 이루어져야 한다고 믿는다. 공격용 무기의 치명성과 낮아지고 있는 상대적 생산비용을 감안한다면 이러한 믿음은 의심할 여지 없이 타당하다. 이처럼 정확하고 치명적인 무기를 대량으로 갖춘 전투원들이 타격할 지점에 관한 정보를 수집하고 그 정보에 따라 빠르게 행동할 수 있다면, 상대에게 막대한 피해를 입힐 수 있을 것이다.

중국과 같은 경쟁 상대에게서 승리를 거두기 위해서는 정보 우위가 필수적이지만 정보 우위만으로는 충분하지 않다. 미국과 그 동맹국들은 인도-태평양 지역의 지리적 특성에 적합한 충분한 양의 탄약과 발사 플랫폼도 함께 확보해야 한다.

미국과 동맹국의 정책결정자들은 여전히 인도-태평양 지역에서 자신들이 달성하고자 하는 전략적 결과가 무엇인지, 그리고 군사력이 그러한 결과에 기여할 수 있는 역할이 무엇인지에 대한 깊이 있는 이해가 부족하다. 이들은 인민해방군이 성취할 수 있는 것이 무엇인지, 그리고 그러한 능력이 미국과 동맹국의 군사력 설계에 어떤 함의를 갖는지에 대해 더 잘 이해할 필요가 있다. 가장 중요한 점은 아마도, 미국의 정책결정자들이 인도-태평양에서의 경쟁 구도에서 중국이 갖는 우위와, 그러한 중국의 우위를 고려한 전략적 대응을 하지 않을 경우 미국이 치러야 할 비용을 감안해야 한다는 것이다. 어떤 부분에서는 미국과 동맹국이 우위에 있고, 중국 또한 취약한 부분을 갖고 있다. 지난 10년간 미국의 대응은 경쟁의 이러한 측면들을 충분히 고려하지 않았다.

지난 10년 동안 미국의 각 군은 인민해방군에 대응하는 데 있어서 상대적으로 작은 조정만을 하면서 중대한 단절 대신 시대에 뒤떨어진 낡은 프로그램들을 보호해왔다. 공군이 실행한 주요한 조정인 "신속전투배치ACE"는 일종의 눈속임 전략(shell game)으로, 인도-태평양 지역에서 공군의 지배적인 전투기 문화의 역할을 유지하려는 것이다. 해군의 조정은 전력 설계의 중심에 항모전단을 그대로 둔 채, 세계에서 가장 크고 비용 효율적인 조선 산업을 가진 중국을 상대로 한 해군 군비경쟁에 자금을 대달라고 의회를 설득하는 것이었다.

해병대는 제1도련선 상에 숨어서 작전하는 소규모 미사일 부대 중심으로 조직을 과감히 재편 중이지만, 해병대 사령관은 이 개념이 입증되지 않은 가정들에 기초한 것임을 인정하고 있다. 육군이 개발 중인 장거리 극초음속 무기(Long-Range Hypersonic Weapon)는 요구되는 장거리 타격 능력을 확보하기 위한 육군의 노력이다. 하지만 육군이 제안한 이 미사일의 사거리는 최대 1,400마일(약 2,200km)로, 제2도련선 상의 미국 영토―배치와 관련하여 아마도 유일한 선택지일 것이다―에 배치할 경우, 중국을 타격하기에는 너무 짧다.[61] 게다가 이 새로운 미사일은 1발당 4천만 달러 이상이 들 것으로 추정되는데, 단일 목표물을 타격하기에는 높은 비용이다.[62] 그리고 이동식 발사대를 이용해 발사될 때조차도 이 미사일은 인민해방군의 미사일 공격에서 살아남아야 한다는 본질적인 도전―공군기지와 해군 항모전단, 그리고 해병대 미사일 부대가 직면한 것과 동일한—에 직면하게 된다.

　최고위급 정책결정자들의 포괄적이고 지속적인 감독이 부재한 가운데, 미군을 구성하는 각 군은 인민해방군의 위협에 맞설 수 있게 해줄 과감한 발상이나 조정보다 시대에 뒤처진 자신들의 문화를 보존하는 것을 우선시하고 있다. 그 결과는 효과적이고 경쟁력 있는 대응이 아니라 조율되지 않은 아이디어들이었다.

　이 책의 나머지 부분에서 설명하겠지만, 현재 각 군이 개발 중인 많은 개념들은 인도-태평양 지역에서 장차 일어날 중국의 공격을 억제하기 위한 보다 포괄적인 전략 속에서 유용한 역할을 할 것이다. 하지만 이후 장들에서 설명할 포괄적인 전략은 이러한 개념들을 각 군 기획자들이 현재 상정하고 있는 것과는 다른 목적을 위해 활용한다.

　미국은 중국의 취약점과 약점보다는 중국의 강점에 귀중한 자원을 집중해 왔다. 이러한 일관성 없는 대응은 원정 세력으로서 미국의 전력 투사 전력(U.S. power projection forces)이 중국의 접근 거부 전략보다 더 많은 비용이 들 수 있다는 사실을 고려하지 않았다. 첨단기술이 활용되는 소모전을 전제로 한 군사 전략은 원정군에 유리하지 않으며, 거의 동등한 기술력과 더 낮은 비용 구조를 가진 대륙 국가를 상대하는 경우는 특히 더욱 그러할 것이다. 중국의 가장 강력하고 지속적인 강점을 겨냥하는 전략은 성공할 가능성이 낮다.

　마지막으로, 미국의 대응에는 '성공 이론(theory of success)'이 결여되어 있다. 그러한 대응책이 권하는 행동과 바라는 결과 사이의 구체적인 연결고리는 무엇인가? 궁극적으로, 충돌은 오래 지속될 유리한 조건으로 분쟁을 해결하도록 적을 설득하는 것이다. 지속되는 성공을 성취하기 위한 군사 행동의 경우, 반드시 이러한 아이디어와 연결되어야 한다. 정책결정자들과 군사 기획자들은 자신들의 계획과 성공적인 전쟁 종결 간의 연결고리를 만들었는가? 명확한 최종 상태(end state) 없이, 그리고 어떻게 제안된 행동이 그러한 최종 상태를 달성할 것인지에 대한 이론 없이 군사 행동을 시작하는 것은, 결국 좌절로 이어질 수밖에 없다.

　이러한 비판들은 더 큰 문제가 무엇인지를 보여준다. 인도-태평양 지역의 안보 도전에 대처하고 있는 전략가들은 한 발 물러서서 문제를 근본 원칙의 관점에서 바라봐야 한다. 그들은 전략 수립에 대한 철저한 접근방식을 취해야 하는데, 그러한 접근방식은 모든 행위자를 종합적으로 평가하고, 전략이 성취해야 할 목표를 명확히 하며, '성공 이론'을 고안하고, 그런 다음 원하는 결과를 성취하기 위한 경쟁력 있고 효과적인 정책과 프로그램을 만들어내는 것이다. 이 책의 나머지 부분에서는 이러한 처방을 제시할 것이다.

06

인도-태평양 지역 대중국 경쟁 전략 설계

Designing a Competitive Strategy
for the Indo-Pacific

인도-태평양 지역에 대한 미국의 전략은 미국의 군사력이 어떠한 군사적 공격도 좌절시킬 수 있다는 보편적으로 받아들여진 결론을 전제로 했다. 중국 지도부와 인민해방군 지휘관들이 이 결론에 더 이상 동의하지 않는다면 미국의 억지력은 통하지 않게 되고 미국은 새로운 전략이 필요할 것이다. 미국과 인도-태평양 지역 국가들의 정책결정자들이 안정을 유지하고, 중국의 행태를 미국의 이익에 유리한 방향으로 인도하며, 지역의 안정을 위협하는 안보경쟁이 발발하지 않게 하려면, 그들은 현재 고려하고 있는 것보다 더 나은 전략 선택지를 필요로 할 것이다.

더 나은 전략을 찾는 작업은 좋은 전략을 수립하기 위한 과정을 찾는 것에서 시작된다. 그리고 그러한 과정을 찾는 작업은 전략이란 무엇인지를 정의하는 것에서 출발한다. 전략 컨설턴트이자 UCLA 명예교수인 리처드 루멜트Richard Rumelt는 전략을 "중대한 도전에 대응하는 일관된 분석, 개념, 정책, 주장(argument), 그리고 행동의 집합"[1]이라고 정의했다. 조직의 목표나 열망은 전략에서 필수적인 요소이지만, 단지 이것들을 모아 놓았다고 전략이 되는 것은 아니다. 전략은 단순히 조직의 목표나 열망의 집합이 아니다. 성공적인 전략은 조직의 목표를 경쟁적인 환경에서 달성할 수 있도록 설계된 현실적인 프로그램, 정책, 그리고 자원을 포함해야 한다.

예를 들어, 미국의 2017년도 〈국가안보전략National Security Strategy〉은 목표와 열망을 서술하고 있다. 하지만 그러한 문건 명칭은 오해를 불러일으킨다. 그것은 '전략'이 아니다. 왜냐하면 그것은 미국 정부가 이러한 목표와 열망을 달성하기 위해 자원을 어떻게 조직할 것인지에 대한 논의가 거의 없기 때문이다(이전에 다른 행정부에서 내놓았던 국가안보전략들도 이 점에 있어서는 더 나을 게 없었다).[2] 목표를 제시하는 것은 비교적 쉬운 일이다. 그러나 그 목표를 실현하기 위한 현실적인 방법을 설계하고 필요한 자원을 동원하고 그 설계를 효과적으로 실행하도록 조직을 설득하는 일은 훨씬 더 어려운 과제이다.

전략 프로세스(strategy process)의 결과물은 조직의 새로운 프로그램과 정책, 그리고 그 프로그램을 뒷받침할 지원 자원을 설명하는 일련의 문서일 수 있다. 하지만 이러한 작업의 결과는 아무리 잘 만들어졌다 해도 불완전하며, 성공으로 이어질 가능성이 낮다. 전략의 완성은 조직의 문화가 전략 프로세스를 수용하고 그 결과를 열정적으로 실행에 옮길 때 이루어진다. 성공 가능성을 높이기 위해서는 조직은 단순히 전략 그 자체가 아니라—전략은 결국 시간이 지나면 진부해진다—조직의 일상적인 운영과 문화의 영구적인 특성이 되는 전략 프로세스를 추구해야 한다. 전략 프로세스에는 실행(implementation), 평가(evaluation), 비판(critique), 그리고 다음 전략 반복을 위한 지침(guidance)을 포함한다. 이 과정의 목표는 지속적인 적응과 개선이다.

대부분의 조직은 도전자에 직면해 있으며, 이는 전략의 설계와 실행을 훨씬 더 어렵게 만든다. 비즈니스 세계의 기업 조직은 시장 점유율을 빼앗으려는 경쟁자들에 맞서야 하고, 경제적, 법적 환경의 잠재적으로 위험한 변화에도 직면한다. 군대는 전장에서 적군에 직면한다. 그리고 모든 조직은 자원의 제약에 직면해 있다. 따라서 경쟁적인 상황에서의 전략 설계는 리더와 기획자들이 작전 환경에서의 이점을 찾아내고, 조직의 비교 우위를 발견하며, 경쟁자의 취약점을 파악할 것을 요구한다. 경쟁 전략은 그 설계에 이러한 요소들을 포함해야 하며, 동시에 조직이 직면할 위험에 대비하는 안전장치(hedges)도 마련해야 한다. 이처럼 복잡하기 때문에, 수많은 벤처 기업들이 실패하고 막대한 자원을 가진 국방부 같은 대형 조직조차 목표 달성에 어려움을 겪는 것은 놀라운 일이 아니다. 이는 곧 그들이 경쟁 전략을 설계하는 데 실패했다는 증거다.

왜 전략에 신경 써야 하는가?
Why Bother with Strategy?

전략은 조직이 세상의 변화에 적응하도록 돕는다. 이러한 변화는 사회적 또는 경제적 추세의 점진적인 축적, 고객 선호의 변화, 혹은 더 혁신적이거나 더 많은 자원을 보유한 경쟁자의 갑작스런 등장으로 인해 발생할 수 있다. 공식적인 전략 프로세스는 조직이 변화에 대응하려는 하나의 방법일 뿐이다. 많은 조직들은 최고 지도자의 직관에 의존하거나, 당장의 문제를 해결하기 위해 작은 조정만을 하면서 적당히 헤쳐나간다. 이러한 방식들은 한동안은 효과가 있는 것처럼 보일 수 있다. 그러나 변화하는 환경을 철저히 평가할 체계적인 방법이 없다면, 조직은 변화하는 세계에서 표류할 위험에 처하게 된다.

새로운 전략을 실행한다는 것은 조직의 프로세스, 조직 관리자들의 임무와 지위, 심지어 조직의 문화에까지 변화를 주는 것을 의미한다. 변화를 추진하는 것은 거의 언제나 승자와 패자를 만들어내며, 직원들이 다른 방식으로 업무를 수행하도록 요구받거나 심지어 내쳐지는 과정에서 혼란이 발생하기도 한다. 의미 있는 전략 프로세스는 반드시 파괴적 변화(disruption)로 이어져야 하며, 이는 조직들이 본능적으로 저항하는 것이다.

따라서 효과적인 전략 프로세스는 관성에 대한 조직의 강력한 선호와 싸워야 한다. 저항은 문화적인 것일 수도 있고 관료적인 것일 수도 있다. 규모가 작거나 젊은 조직은 일반적으로 창립자가 이끄는 경우가 많은데, 조직이 창립 초기의 어려움을 극복하고 살아남았다면 창립자는 이해관계자들의 존경을 얻었을 것이고, 직원과 고객 사이에서 충성심과 결속력을 강화하는 독특한 문화를 만들어냈을 것이다. 이런 조직은 자기 조직의 문화를 중요한 특성으로 여길 가능성이 높고, 성찰이나 변화를 요구하는 전략 프로세스에 저항할 것이다. 마찬가지로, 카리스마 있는 창립자는 자신의 판단을 심사 대상으로 삼거나 자신의 권위를 대체할 전략 프로세스에 저항할 수도 있다.

군 조직과 같이 규모가 큰 조직의 경우, 공식적인 전략 프로세스에 대한 저항은 자신의 지위, 프로그램, 예산을 보호하려는 관료들의 이해관계에서 비롯된다. 예를 들어, 변화로 인해 위협을 받는 국방부 내 관련 부서들은 기존의 프로그램과 구조를 계속 유지하는 것이 파괴적 변화에 대한 적응을 요구할 수도 있는 가설적인 프로그램에 의지하는 것보다는 자신들에게 덜 위험하다고 판단할 가능성이 있는 의회나 거대 방산업체들에서 강력한 동맹군을 찾을 것이다. 이러한 장애물에도 불구하고 적응적 변화는 발생할 수 있겠지만, 그러한 변화는 새로운 위협의 속도를 따라잡기에는 너무 느릴 수도 있다. 그럼에도 불구하고, 철저한 전략 프로세스는 변화하는 세상에서 적응하기 위한 최선의 희망으로 남아 있다.

전략은 진단에서부터 시작된다
Strategy Begins with Assessment

효과적인 전략 프로세스는 진단(assessment), 설계(design), 실행(execution), 평가(evaluation)의 4단계를 거친다. 이 절에서는 인도-태평양 지역의 경쟁 전략을 모색하는 맥락에서 이러한 단계들을 논의한다.

전략은 경쟁에 참여하는 행위자들과 그들이 경쟁하는 환경에 대한 진단에서 시작되어야 한다. 이 진단 단계에서는 고객과 경쟁자, 파트너, 그리고 운영 환경에 대한 기초자료를 수집, 분석하여, 전략 프로세스의 다음 단계들을 위한 정보를 제공한다.

진단은 과거, 현재 그리고 미래의 고객과 의뢰인에서 시작해야 한다. 기업의 경우 이는 당연한 출발점이다. 잠재 고객이 누구인지, 그들이 무엇을 원하는지, 그리고 어떻게 그들에게 접근할 수 있을지를 이해하지 않고서는 어떤 사업도 이루어질 수 없기 때문이다.

미국 국방부나 인도-태평양 사령부 같은 군 조직에도 '고객'이 존재한다. 가장 분명한 고객은 대통령까지 이어지는 상위 지휘 계통이다. 각 군의 참모총장이나 국방부 고위 관계자들은 의회 역시 매우 중요한 이해관계자라는 사실을 잘 알고 있다. 군 지휘관들과 기획자들은 일반 대중 역시 그들의 계획과 그 계획이 얼마나 잘 실행되는를 판단할 것이라는 점을 잊지 말아야 한다. 투표를 하고 세금을 납부하는 대중이 어쩌면 가장 중요한 고객일 수 있다.

고객을 제대로 이해하지 못하고, 그들이 필요와 제약조건에 맞는 해결책을 마련하지 못한 군 지휘관들과 전략가들의 사례는 역사에서 수없이 찾아볼 수 있다. 제1차 세계대전이 발발하기 직전, 각국의 전쟁 기획자들은 동원의 기술적 측면, 대규모 전투부대의 신속한 국경선 집결, 그리고 주도권을 잡고 적의 준비태세를 와해하기 위한 선제공격의 긴급성에만 전적으로 몰두했다. 군사 수단과 군사 기획이 국정 운영, 외교 정책, 그리고 위기 시의 협상까지도 지원해야 한다는 생각은 완전히 무시되었다. 1914년 여름, 실제로 위기가 발생했을 때 분쟁을 해결하려는 정치지도자들의 시도는 군사 기획자들에 의해 무시되었다. 그들은 동원과 선제공격 이점 확보에 대한 집중이 다른 모든 고려사항들을 배제했고, 이는 재앙적인 결과로 이어졌다.[3]

미군 최고 지휘관들과 군사 기획자들은 일차적으로 대통령까지 이어지는 지휘계통에 응답해야 하지만, 동시에 그들은 또 다른 주요한 두 고객인 의회와 일반 대중의 요구와 제한사항에도 대처해야 한다. 그렇게 하지 않을 경우, 유사한 재앙을 초래하게 된다. 이들 세 부류 고객의 요구와 제한사항은 전략에 반드시 반영되어야 한다. 이는 분명해 보이는 원칙이지만, 정책결정자들은 이를 수시로 무시하곤 한다. 예를 들어, 대규모 병력이 투입되고 인명피해가 컸던 이라크 안정화 전략에 대한 국민 여론이 악화되었음에도 불구하고, 정책결정자들은 인기 없던 똑같은 전략을 2009년 아프가니스탄에서도 고수했다. 이들은 자신의 고객들이 지지해줄 수 있는 한계를 넘어서는 작전 일정을 계획했고 그것을 알아차리지 못했다.[4] 그 결과, 그 전략에 대한 정치적 지지가 거의 사라진 상태에서 미국은 2021년 아프가니스탄에서의 작전을 실패로 끝내게 되었다.

중국과의 경쟁을 위해서 미국은 정권이 폭넓은 지지를 유지할 수 있고, 따라서 정권이 바뀌어도 지속될 수 있도록 전략이 필요하다. 즉, 장기적으로 국민의 지지를 유지할 수 있는 전략이어야 하는 것이다. 이는 낮은 전투 위험으로 안정성을 유지하고, 재정적 비용이 합리적이며, 국제 규범을 준수하고 약자를 보호하는 것과 같은 보편적으로 수용되는 미국의 가치들을 옹호하는 전략을 의미한다. 미국 국민의 지지가 지속되기 위해서는 인도-태평양 지역의 파트너 국가들이 자국 방위를 위해 상당한 노력을 기울이는 것 또한 요구된다.

고객, 경쟁자, 파트너, 운영 환경에 대한 기본 데이터와 분석이 확보되면, 다음으로는 경쟁에 대한 심층적인 연구가 필요한데, 연구 목적은 경쟁자의 현재와 미래의 이익, 역량, 전략, 강점, 취약점을 파악하는 것이다. 자신의 조직이 직면한 경쟁을 제대로 이해하지 못해 실패한 조직의 사례는 무수히 많다. 경쟁자의 지속적인 개선 누적 효과나 시장에 등장한 혁신가가 초래한 파괴적 변화를 이해하지 못했거나 심각하게 받아들이지 않아 실패한 대기업들의 이야기는 거의 매주 들을 수 있다.

군사 역사에서도 유사한 사례는 수없이 많다. 1941년 싱가포르 방어를 계획하던 영국군 장교들은 적이 말레이 반도를 타고 내려올 가능성을 거의 무시했다. 그러나 1942년, 일본군이 정확히 그 경로로 공격해 들어왔고 결국 싱가포르가 함락되면서, 영국군 역사에서 최악의 참패로 기록되었다. 보다 최근에는, 미국의 정책결정자들과 기획자들이 이라크와 아프가니스탄 모두에서 반군 활동의 위험을 과소평가한 일이 있었다. 이는 1980년대 후반 미국 정부가 아프가니스탄에서 성공적인 반군 활동을 지원했던 경험이 있었음에도 발생한 일이었다.

진단 단계에서는 조직의 파트너들이 가진 이해관계와 전략, 특성 또한 반드시 고려해야 한다. 기업의 경우, 파트너에는 공급업체, 금융기관, 유통업체, 제품 제휴사, 직원 등이 있다. 국가안보 전략가나 군사 기획자의 경우, 정부 소속 다른 기관, 동맹국, 비국가 행위자들, 계약업체 등이 파트너에 해당한다. 이러한 파트너들의 이해관계와 특성은 미국 국가안보 기획자들에게 중심적인 고려사항이 되어야 한다. 그 임무가 중동과 중앙아시아에서의 비정규전이든, 인도-태평양 지역의 현대적인 안보구조 구축이든, 미국의 파트너들은 성공을 위해 필수불가결한 요소이자 가장 골치아픈 기획 요소 중 하나일 것이다.

진단에는 미래의 작전 환경, 특히 전략 설계에 영향을 줄 수 있는 트렌드와 잠재적 교란 요소에 대한 연구가 포함되어야 한다. 미국 국가정보위원회 National Intelligence Council가 4년마다 발간하는 〈글로벌 트렌드Global Trends〉 시리즈는, 향후 20년 내 발생할 수 있는 유의미하고 잠재적으로 파괴적인 경제적, 기술적, 사회적 트렌드를 포괄적으로 파악하려는 시도의 한 예이다.[5] 1990년대 중반, 안보 트렌드에 대한 몇몇 진단들은 마이크로프로세서 기반 군사 기술의 비용하락과 확산을 정확히 예측했는데, 이는 군사 기술 혁명으로 이어져 오늘날에는 미국의 군사력과 군사교리를 위협하고 있다.

진단에서 마지막이자 가장 중요한 부분은 조직이 자신의 강점과 취약점, 역량과 이해관계를 평가하는 것이다. 이러한 자기진단(self-assessment)은 조직이 활용할 수 있는 수단에 대한 현실적인 설명으로 이어져야 하며, 이는 전략 설계 프로세스에서 필수적인 투입요소이다. 객관적인 자기진단은 조직의 내부 구성원들에게 많은 것을 요구하는데, 이들은 지위와 승진을 두고 동료들과 경쟁하는 상황에 있다. 이런 상황에서는 전략 프로세스에 참여한 조직의 구성원들(이상적으로는 현장 관리자와 실무자들)이 자기 부서의 약점과 단점을 솔직히 이야기할 가능성이 낮다. 그래서 많은 조직이 직원들에게서 기대하기 힘든 내부 진단을 수행하기 위해 외부 컨설턴트를 고용한다.

다시 한번 강조하지만, 역사에는 자신의 한계를 인식하지 못해 실패한 조직들의 무수한 사례가 있다. 예를 들어, 독일군은 1914년 서부전선 전쟁 계획과 1941년 소련 침공 계획을 수립할 때 그들의 보급 부대가 전진 철도기지를 훨씬 넘어 작전하는 대규모 기동부대에 충분한 보급을 제공할 수 있을 것이라는 심각한 오판을 했다. 위 두 경우 모두, 결정적인 순간에 전방 부대의 공격 역량이 약화되면서 그 결과는 재앙적인 실패로 이어졌다. 아프가니스탄에 대한 전략을 책임졌던 미국과 동맹국의 정책결정자들은 효과적이면서도 회복력이 뛰어난 대규모의 아프간 보안군을 창설할 수 있다는 NATO의 확언에 의존했다. 하지만 결과적으로는 그렇게 하지 못했고, NATO의 작전에 재앙적인 결과가 초래되었다.

진단은 주로 조사(research)이다. 하지만 부실하게 수행된 조사는 전략 프로세스의 나머지 단계들을 망가뜨리게 된다. 수집되고 분석되는 정보의 질은 그 작업을 수행하는 연구자의 역량만큼만 좋을 수 있다. 진단은 예측을 수반하는데, 이는 항상 위험스러운 시도이며, 맹점은 물론 왜곡과 배제라는 당혹스런 오류를 포함하기 마련이다. 또는 그것은 처리 불가능한 산더미 같은 데이터를 낳을 수도 있다. 마지막으로, 그리고 가장 빈번한 것으로, 진단은 의식적으로든, 무의식적으로든 전체 전략 프로세스의 결과를 미리 결정짓는 편향을 포함할 수 있다.

철저한 진단을 수행하는 데 소요되는 자원과, 오류 또는 잘못된 방향 설정의 가능성을 감안하면, 과연 이러한 노력이 그 정도의 비용을 들일 가치가 있는지 의문을 가질 수 있다. 하지만 간단히 말해, 효과적인 전략 설계는 조직이 활동해야 하는 경쟁 세계에 대한 체계적인 검토 없이는 불가능하다. 그러한 검토가 바로 진단 단계의 목적이다.

경쟁 전략의 설계
Designing a Competitive Strategy

작전 환경을 이해하고 고객의 요구사항, 경쟁자의 강점과 약점, 그리고 조직이 보유한 자원과 제약 조건에 대한 진단을 마치면 전략 설계자는 다음 단계로 넘어갈 준비가 된 것이다.

진단 단계에서 획득한 정보와 분석 결과가 미래의 작전 환경에 대한 명확한 그림을 그려낸다면 이상적일 것이다. 하지만 그런 일은 결코 일어나지 않을 것인데, 사실과 분석은 언제나 불충분할 것이기 때문이다. 전략가들은 그림을 완성하기 위해 항상 가정을 할 필요가 있을 것이다. 어떤 전략 프로세스에서든 가정은 불가피하지만, 동시에 이는 위험과 오류 가능성을 안고 있다. 따라서 가정을 분명히 밝히고 공개적인 비판에 노출시키는 것이 최선이다. 가정이 더해진 진단은 미래의 작전 환경에 대한 전략가의 비전이 된다. 그러한 비전을 통해서, 전략가는 현실적인 목표를 수립하고 나중에는 그 목표를 달성하기 위한 프로그램과 정책을 수립할 수 있는 기반을 갖게 된다.

조직은 특정한 문제를 해결하기 위해서 목표를 추구한다(적어도 그렇게 해야 한다). 따라서 목표를 열거하기에 앞서, 조직은 먼저 해결해야 할 핵심 문제를 이해하고 명확히 해야 한다. 『좋은 전략과 나쁜 전략Good Strategy Bad Strategy』에서 리처드 러멜트Richard Rumelt는 "문제를 직시하지 못하는 것(failure to face the problem)"을 나쁜 전략의 주요 지표로 꼽았다.6

러멜트는 전략가들에게 겉으로 보이는 껍데기를 뚫고 파고 들어가서 진정한 근본적 문제를 찾아낼 것을 요구했다. 국가안보 전략가와 군사 기획자에게 있어서 문제는 대개 단순히 적의 군사력에 피해를 입히는 방법을 찾아내는 일 이상의 것이다. 전쟁을 유리한 조건에서 끝내기 위해서는, 전쟁을 시작했을 때는 받아들이지 않았을 조건들을 적이 그 지도자와 병사들까지도 받아들이도록 강요해야 한다. 이런 의미에서, 진정한 목표는 도시나 고지의 점령, 전차 부대나 함대의 파괴가 아니라, 적의 마음속에서 일어나는 계산을 바꾸는 것이다. 무력을 통한 강압은 이 진정한 근본적 목표를 달성하기 위한 한 가지 수단에 불과할 수 있다.

러멜트는 비현실적이거나 달성 불가능한 목표를 선택하는 것에 대해서도 경고했다.7 기업이나 정부의 정책결정자들이 달성할 수 없음이 명백한 목표를 위해 희소한 자원을 쓰는 것은 무의미한 일이다. 군사 전략의 영역에서도 정책결정자들은 원하는 목표를 달성하기 위해 소요되는 비용을 고려해야 한다.

이처럼 겉보기에 명백한 명제도 실행 단계에서는 모호해진다. 전략은 단기적으로든, 장기적으로든 비용을 수반하는데, 한쪽의 비용을 줄이려 하면 종종 다른 쪽의 비용을 증가시키게 된다. 예를 들어 제2차 세계대전 초기, 연합국 지도자들은 추축국들에게 무조건적 항복을 요구하기로 합의했다. 협상을 통한 합의 가능성을 배제한 것은 전쟁의 단기적 비용을 크게 증가시켰는데, 무조건적 항복 정책은 추축국 군사력의 거의 완전한 파괴를 요구했기 때문이었다. 그러나 그러한 정책은 단기적으로 비용을 증가시키더라도 장기적으로 비용을 최소화하는 것이었다. 연합국 지도자들은 이러한 결정을 내리면서 제1차 세계대전을 끝냈던 것 같은 협상에 의한 휴전을 피하고자 했다. 독일의 군사적 잠재력을 온전히 남겨둔 휴전은, 분노에 차 있지만 여전히 능력 있는 독일이 군사력을 회복했을 때 연합국에게 장기적인 비용을 증가시켰다. 1991년 걸프전에서 미국과 다국적군 참전국들은 이라크와 휴전 협정을 체결함으로써 단기적 비용을 최소화하는 선택을 했는데, 그 결과 후속 정부들은 그 여파가 상당했던 장기적인 비용과 결과를 관리해야 했다. 국가안보 전략의 목표를 결정할 때, 정책결정자들은 지속 가능한 최종 상태, 그 최종 상태를 달성하는 데 드는 비용과 실현 가능성, 그리고 그 최종 상태를 유지하기 위한 지속적인 비용을 고려해야 한다.

전략가의 다음 단계는 전략의 목표를 달성하기 위해 조직이 보유한 수단들(진단 단계에서 확인된)을 활용할 방안들, 다시 말해서 정책, 프로그램, 개념, 조직의 변화, 자원 배치, 기타 조치 등을 구체적으로 제시하는 것이다.

하지만 전략의 실행 방안을 상세히 열거하기에 앞서, 전략가는 반드시 전략의 "성공 이론(theory of success)"을 명확히 제시해야 한다. 성공 이론은 전략의 실행 방안이 채택한 수단들이 어떻게 원하는 목표를 달성할 것인지를 진단과 가정에 기반하여 간결하고 설득력 있게 설명해야 한다. 성공 이론은 전략을 뒷받침하는 논리라 할 수 있다.

1863년 5월 챈슬러스빌Chancellorsville 전투에서 남군이 승리한 후, 남부연합 Confederate(1860~61년 중에 미합중국을 탈퇴, 독립을 선언하며 남북전쟁의 빌미를 제공한 남부 11개 주—옮긴이) 지도자들은 전쟁 전략에 대해 논의하기 위해 한자리에 모였다. 이 자리에서 로버트 E. 리 장군은 북부를 침공하자고 주장했다. 그러한 주장을 뒷받침하는 그의 성공 이론은, 남군이 북부 깊숙이 치고 들어가 확실한 승리를 거두면 북부의 정책결정자들이 심리적 충격을 받을 것이고 어쩔 수 없이 협상에 나서게 되리라는 것이었다. 리 장군에게 있어 버지니아에서 방어만 계속하는 전략은, 설령 남부의 자원을 보존하는 데 도움이 되더라도, 북부 정책결정자들의 계산을 바꿀 가능성이 없기 때문에 성공 이론이 결여된 것이었다. 남부에 유리한 조건으로 전쟁을 끝내려면 궁극적으로 북부의 계산을 바꿔놓아야만 하는 것이었다.

냉전에 대한 미국의 정책은 두 개의 문건을 기반으로 했다. 하나는 조지 케넌George Kennan이 1947년 7월 〈포린 어페어즈Foreign Affairs〉에 기고한 〈소련 행동의 근원The Sources of Soviet Conduct〉, 다른 하나는 국무부 정책기획 참모들이 작성하고 1950년 4월 트루먼 대통령이 서명한 〈NSC 68: United States Objectives and Programs for National Security〉이다.8 이 두 문건 모두 소련의 팽창주의 압력에 대한 장기적인 저항을 기본 방향으로 설정했다. 두 문서는 이 저항이 영원히 지속되지는 않을 것이라는 점을 독자들에게 확신시키는 성공 이론 또한 담고 있었다. 케넌은 "미국은 소련의 정책이 작동해야 하는 여건에 엄청난 부담을 가할 수 있는, 크렘린에 최근 몇 년 동안 보여야 했던 것보다 훨씬 더 높은 수준의 절제와 신중함을 강요할 수 있는, 그리고 이런 식으로 소련의 권력이 결국은 붕괴 또는 점진적으로 힘이 빠지는 방향으로 나아갈 수밖에 없는 경향을 촉진할 수 있는 힘을 갖고 있다."고 주장했다.9 〈NSC 68: United States Objectives and Programs for National Security〉 문건 또한 마찬가지로, "확실한 승리를 위한 유일한 방안은 자유 세계의 도덕적, 물질적 강점을 지속적으로 발전시키고 그것을 소련의 세계로 투사하여 소련 체제의 내부적 변화를 초래함으로써 크렘린의 설계를 좌절시키는 데 있다."고 명시했다.10 두 계획 모두, 성공 이론은 소련의 약점이 소련의 "약화" 또는 내부적 변화로 이어질 때까지 소련의 팽창을 저지하고 서방의 강점을 유지하는 것이었다. 이 성공 이론을 지탱하는 가정들은 결국 실현되었지만, 40년에 걸친 인내가 필요했다.

전략의 실행 방안을 구체화하는 것은 조직의 변화, 예산, 프로그램, 그리고 이를 운용하는 하위 부서들을 위한 인센티브에 대한 계획 수립으로 이어진다. 자원은 항상 제한되어 있기 때문에, 정책결정자들은 우선순위와 실행 순서, 그리고 내부적 조정 및 외부 파트너와의 조율에 대한 결정을 내려야 한다. 예를 들어, 1941년 12월 말, 미국이 제2차 세계대전에 참전한 지 몇 주 후, 프랭클린 루스벨트 대통령과 윈스턴 처칠 총리는 독일의 패배가 연합국의 최우선 순위가 되어야 하고, 사전에 정해진 순서대로 나아가기 위해 적절한 자원이 지원되어야 한다는 데 합의했다. 유럽의 작전에서는, 독일의 잠수함 전력으로부터 대서양 해상 교통로에 대한 통제권을 되찾는 것이 최우선 과제였고 그 다음은 독일의 군수 산업과 수송 기반시설을 겨냥한 전략적 항공 작전이었다. 이 두 작전은 자본과 기술 집약적 성격이 강하고 높은 수준의 훈련도와 경험을 가진 승무원들을 필요로 했다. 또한, 이 두 작전이 먼저 성공해야 연합군이 유럽 대륙에서 독일군을 완전히 격파할 수 있었다. 하지만 전쟁 초기에 연합국은 이 두 영역에서 그렇게 할 수 있는 역량이 사실상 없었기 때문에 전쟁의 종결이 최소 2년 이상 지연되었고, 결과적으로 전쟁 전체의 비용도 크게 증가하게 되었다.

위험은 전략이 불가피하게 지니게 되는 특성이다. 자원은 항상 제한적이므로 정책결정자들은 어떤 목표에 우선적으로 자원을 투입할지 결정해야 하며, 우선순위가 낮은 목표는 자금 부족을 겪게 되고 위험에 노출될 수밖에 없다. 예를 들어, 미국의 국방 정책결정자들은 제한된 자원을 장비 유지와 현실적인 훈련에 투입함으로써 현재의 전력이 대비태세를 갖추게 하는 것과 미래를 위한 연구개발과 무기에 지금 더 많은 지출을 함으로써 미래의 적에 대비하는 것 사이에서 주기적으로 선택을 해야 한다. 이러한 선택은 현재의 위협과 미래의 위협 중 무엇이 더 문제인지에 대한 진단을 요구한다.

많은 경우, 정책결정자들은 자신이 선택해야 하는 위험들을 진단하고, 그들의 목표에 부합하는 합리적인 선택을 할 수 있는 충분한 지식을 갖고 있다고 여길 것이다. 냉전 초기 몇십 년 동안, 미국의 국방 정책결정자들과 기획자들의 최우선 과제는 소련과의 핵전쟁을 방지하면서도 소련의 팽창을 저지하는 것이었다. 국방기획, 연구 예산, 조달이 이 목표에 집중되었고, 그 결과 공군과 해군의 전략핵 프로그램 및 시스템에 막대한 자금이 투입되었다. 이러한 억지 전략은 핵전쟁을 방지했고, 따라서 그 전략이 효과적이었다고 결론 내릴 수도 있다. 그러나 소련은 이를 관찰한 후 자신의 전략을 조정하였고, 서방과의 경쟁을 지속하기 위해 미국의 국방 사업이 집중하는 부분을 우회하는 방법으로서 대리전과 비정규전을 활용했다.

1960년대 미군은 비정규전이라는 도전에 성공적으로 대응하는 데 필요한 전투교리나 조직 또는 훈련을 갖추지 못한 상태에서 베트남에 투입되었다. 이러한 위험에 노출된 것은 미국의 국방 정책결정자들이—그들은 합리적 선택이라 주장하겠지만—당시 정규군이 아닌 적을 저지하기 위한 프로그램과 정책을 고안하는 것보다는 핵전쟁과 다른 주요 전쟁을 방지하는 데 관심을 집중했기 때문이었다. 국방부의 기획자들은 핵전쟁을 억제하고 소련의 핵 위협을 피한다는 1차적 목표를 달성했지만, 지상군의 비정규전 수행 능력은 위험스러운 취약점이 되었다. 이는 전략이란 거의 항상 사고하는 적들과 벌이는 경쟁적 다툼임을 상기시켜준다.

위험 관리(Risk management)는 전략 설계의 명시적 특성이 되어야 한다. 전략가와 정책결정자들은, 그 위험을 회피 또는 분산하는 것이 불가능하더라도, 자신들이 어디에서 위험을 증가시키고 있는지 이해하고 있어야 한다. 만약 이미 알고 있는 위험이라면, 나중에 문제로 발전하더라도 정책결정자들은 이미 그에 대해 깊이 생각한 바가 있으므로 적어도 그 위험을 완화하는 데 유리할 것이기 때문이다.

마지막으로, 전략 프로세스는 전략의 성과에 대한 평가와 함께 끝난다—그리고 다시 시작된다. 이러한 평가는 새로운 진단 단계와 전략 프로세스의 재개로 이어져야 한다.

대부분의 조직의 경우, 이 장에서 논의한 간단한 전략 개요만으로는 불충분하다. 모든 전략 모델에는 피할 수 없는 약점이 존재한다. 지도자들은 그들이 활동하는 세계에 대한 엄청나게 많은 세부 정보를 흡수하려고 노력해야 한다. 아무리 방대하더라도, 그 산더미 같은 데이터가 여전히 많은 중요한 고려사항을 간과할 가능성이 있다. 전략은 미래에 관한 것으로, 예측과 가정을 필요로 하며, 그중 많은 것이 틀릴 수 있다. 마지막으로 전략은 변화를 의미하는데, 모든 조직이 어떤 식으로든 그러한 변화에 저항하게 되어 있다.

좋은 전략 프로세스의 대안은 무엇인가? "적당히 대처하는" 조직은 그들이 대비가 되어 있지 않은 변화된 환경과 충돌하게 되어 있다. 인도-태평양 지역에서 적당히 대처하는 행태, 그리고 새로운 아이디어와 변화에 대한 제도적 저항은 미국이 급변하는 지역 내 안보 상황에 대비하지 못하게 만들었다. 미국은 인도-태평양 지역에 대한 경쟁 전략을 필요로 하며, 그러한 전략은 더 나은 전략 프로세스를 통해서만 나올 수 있다.

중국에 적용된 전략 프로세스: 몇 가지 어려운 가정에서 시작하기
The Strategy Process Applied to China, Starting with Some Tough Assumptions

지금까지 소개한 이러한 전략 프로세스의 기본 틀을 미국과 그 동맹국들이 인도-태평양 지역에서 직면한 도전에 적용해보자. 제1장에서 제5장까지는, 적어도 요약된 형태로나마, 전략을 설계하는 데 기반이 되는 진단(assessment)에 해당한다. 다음 단계는 이러한 진단 결과를 이용하여 전략의 기초가 되는 가정을 설정하는 것이다. 미국의 정책결정자들은 중국의 군사현대화가 추진되는 속도를 과소평가했다. 그들은 시진핑의 외교 정책이 얼마나 공격적인지, 그리고 위험을 감수하려는 그의 의지가 얼마나 강한지에 대해서도 과소평가했다. 이러한 경험을 토대로, 현재와 미래의 미국 정책결정자들은 10년 전에는 "최악의 경우"에 해당했을 가정들에 대해 고려해보는 것이 현명할 것이다.

1. 중국은 증대하는 자국의 이익을 보호하고 미래의 불확실성에 대비하기 위해, 동아시아에서 출발하여 서태평양을 거쳐 인도양으로 이어지는 공중 및 해상 교통로에 대한 통제권을 확립한다는 목표를 갖고 해양전력과 항공 및 우주전력, 그리고 미사일 능력을 계속적으로 증강할 것이다. 중국의 안보 이익은 인도-태평양 지역 역내와 역외에서 계속 확대될 것이다. 향후 수년간 중국의 경제가 어떤 방향으로 변화하든, 중국의 수출 시장과 원자재 수입에 대한 의존도는 여전히 높은 상태를 유지할 것이다. 중국이 러시아 및 중앙아시아 국가들과 체결한 상업적 거래는 인도양, 말라카 해협, 근해를 경유하는 해상 교통로에 대한 의존을 줄이려 시도하고 있음을 보여준다. 그러나 이러한 시도가 성공한다 해도, 중국은 여전히 해상 무역에 높은 수준으로 노출되어 있을 것이며, 이는 베이징의 관점에서 보면 우려스러운 위험 요소이다.

2. 향후 10년 안에 중국 인민해방군은 기술적 수준에서 미군에 필적할 것이고, 인도-태평양 전구에서 미군을 수적으로 크게 능가할 것이다. 향후 수십 년간 중국의 경제 성장률이 둔화되더라도, 중국은 여전히 군사 부문에 지출을 늘릴 수 있는 재정적 역량을 보유할 것이다. 중국의 군사비 지출 증가는 중국의 경제 성장률을 초과할 가능성이 크다. 확대되고 있는 중국의 글로벌 이익과 중국 지도자들의 개인적 안위에 대한 불안감을 고려할 때, 그들은 늦어도 2035년까지는 현대적이고도 경쟁력 있는 군사력을 갖추기 위한 노력을 계속할 것이다. 중국의 정치전(Political Warfare)이 실패하면서 군사적 강압에 대한 의존도는 더욱 높아질 것이다. 중국 경제의 규

모는, 결국 소련을 몰락시킨 것과 같은 수준의 부담을 중국에 주지 않으면서도 인민해방군의 급속한 증강을 지속적으로 가능하게 할 것이다.
3. 인도-태평양 지역에서의 안보 경쟁은 계속될 것이고 언제 어떻게 끝날 것인지는 알 수 없다. 이 책의 마지막 장에서는, 이번 세기의 남은 기간 중국과 비교하여 미국과 동맹국들에게 유리하게 작용할 몇 가지 중요한 흐름들에 대해 다룰 것이다. 그럼에도 불구하고, 미국의 정책결정자들과 기획자들은 인도-태평양 및 그 너머에서 미국과 동맹국들이 직면한 중대한 안보 문제들을 저절로 해결해줄 중국 내 금융위기나 중국공산당 내부의 혼란과 같은 요행수(deus ex machina)에 기대서는 안 된다.
4. 현재 미국의 지역 내 안보 파트너 국가들이 중국과의 끝이 보이지 않는 안보 경쟁 내내 "미국 편"에 남아 있지 않을 수 있다. 몇몇 국가는 커지는 중국의 경제력과 군사력에 이끌리거나, 혹은 중국의 강압에 의해서 중국에 편승하는 선택을 할 수도 있다. 이는 미국과 나머지 동맹국들이 구축하고자 하는 안보 구조에 지리적, 정치적, 외교적으로 중대한 공백을 초래할 수 있다. 미국의 군사 기획자들이 이 지역의 전략적 요충지에 군사력을 배치하지 못할 수도 있는데, 이는 중국 인민해방군이 활용할 수 있는 빈틈을 남기고, 미국과 동맹국들의 군사 기획을 복잡하게 만들 수 있다.
5. 중국에는 미국과 역내 동맹국들이 중국의 행동에 영향을 미치기 위해 활용할 수 있는 약점과 취약성이 있다. 이 장에서는 이러한 약점과 취약성에 대해 보다 상세히 논의할 것이다. 이를 연구하는 목적은 평화로운 시기에도 진행되는 끝을 알 수 없는 경쟁에서 중국의 행동에 영향을 줄 수 있는 지렛대를 마련하는 데 있다. 갈등이 발생할 경우, 미국과 그 동맹국들은 이러한 약점과 취약성을 활용하여 중국이 치러야 할 비용을 증가시키고, 유리한 조건으로 갈등을 해결하려 할 것이다.
6. 유인책(incentive)을 제공한다고 중국 지도부가 반드시 이에 반응하는 것은 아니다. 따라서 미국의 정책결정자들과 전략 기획자들은 인도-태평양

지역에서 재래식 억지력을 강화하고 지속할 수 있는 전략을 개발해야 한다. 억지 이론(deterence theory)에서는 한 행위자가 상대방의 행동과 결정에 영향을 줄 수 있는 능력을 가지고 있다고 가정한다. 그러나 미국의 기획자들이 중국 지도부의 행동에 영향을 주기 위한 훌륭한 전략을 시행했다고 여길지라도, 오해나 중국 지도부의 결정을 지배하는 반대 유인으로 인해서 억지는 여전히 실패할 수 있다. 이러한 경우 미국과 동맹국의 지도자들은 중국의 의사결정 과정과 무관하게 자국의 이익을 보호할 수 있는 수단과 자원을 마련해야 할 것이다.

1장부터 5장에 걸쳐 다룬 진단의 결과와 위에서 제시된 가정들을 볼 때, 미국과 동맹국의 정책결정자와 기획자들을 엄습하고 있는 군사적 문제는 무엇인가? 문제는 재래식 억지력이 무너지고 있다는 점이다. 중국의 정치 지도부와 군 지휘관들이 중국의 안보 문제를 해결하기 위해 실행 가능한 군사적 선택지를 인민해방군이 가지게 될 것이라 스스로 확신할 위험이 점점 커지고 있다. 그런 일이 발생한다면, 재래식 억지력은 더 이상 유효하지 않게 되고 전쟁의 위험은 급격히 상승하게 된다.

인도-태평양 지역을 위한 새로운 군사 전략의 "전략적 최종상태(strategic end state)" 또는 목표는 이러한 문제 인식으로부터 자연스럽게 도출된다. 최종상태는 군사적 침략이나 강압이 효과적인 선택지가 아니라는 중국 의사결정자들의 마음속에 있는 믿음을 유지하고 강화함으로써, 이 지역에서 재래식 군사력에 의한 억지력을 유지하고 강화하는 것이다. 이러한 최종상태를 달성한다는 것은 미국과 동맹국들이 중국 이웃 국가들의 주권을 보호하고 이 지역의 공해에 대한 자유로운 접근을 유지했다는 것을 의미하며, 이는 지난 70여 년간 그곳에 존재해왔던 동일한 조건이다. 구체적으로는, 재래식 군사력에 의한 효과적인 억지력은 중국 지도부가 인민해방군의 증대된 역량을 이용하여, 예를 들어 대만에 대한 봉쇄나 강압, 센카쿠 열도에 대한 점령 시도, 또는 국제법에 의해 허용되는 상선이나 전투함의 중국 근해 통과 차단 같은 행위들을 하려는 유혹을 느끼지 않게 하는 것을 의미할 것이다.

잠재적인 중국의 침략에 대한 재래식 군사력에 의한 억지력 유지라는 목표 또는 최종상태를 설정하는 것은 포괄적인 전략 프로세스에서 보았을 때, 너무나 당연하고 심지어 진부한 결론처럼 보인다. 그러나 제2장과 다른 부분들에서 보았듯이, 많은 분석가들은 이 목표가 실현 가능하다거나 그 비용과 위험을 감수할 만한 가치가 있다고 여기지 않는다.[11] 정말로 억지력을 강화하기 원하는 이들 사이에서도, 어떤 형태의 억지가 필요하며 그것을 어떻게 성취할 것인지에 대해서는 의견이 크게 갈린다. 어떤 경우든, 지속적인 억지력을 달성하는 일은 인민해방군의 역량이 확장되고 향상됨에 따라 점점 더 어려워질 것이다.

미국과 동맹국들은 중국과 같은 동급의 경쟁자를 상대로 재래식 군사력에 의한 억지력을 무기한으로 그리고 감당 가능한 비용으로 유지할 수 있다. 이 책의 나머지 부분에서 그 방법에 대해 설명할 것이다. 그러나 그렇게 하기 위해서는 미국과 동맹국의 강점으로 중국의 취약점을 효율적으로 공략하되, 중국이 똑같은 일을 미국과 동맹국들을 상대로 하지 못하게 해야 한다. 양측의 '중심(centers of gravity)'을 이해하고 정확히 파악하는 것은 이 문제를 해결하는 데 있어서 결정적으로 중요하다.

적의 취약점을 찾아내고 자신의 취약점을 보호하라
Find the Adversary's Vulnerabilities and Protect Your Own

효과적인 억지력은 중국의 약점과 취약점을 찾아내는 데 달려 있다. 미국과 동맹국의 정책결정자와 기획자들은 이러한 약점과 취약점을 활용해 자국에 유리한 방식으로 중국의 평시 행동에 영향을 미칠 수 있는 지렛대를 만들어낼 수 있다. 만일 분쟁이 발생할 경우, 이들은 자국에 유리한 방향으로 분쟁을 해

결하기 위해 이러한 지렛대 요소를 중국의 취약점을 겨냥하여 사용하려 할 것이다

기획자들은 중국의 중심COG—중국의 침략이 성공하지 못할 것임을 중국의 의사결정권자들에게 가장 효과적으로 납득시킬 수 있는 핵심 자산이나 결과—을 찾아내는 작업부터 시작해야 한다. 미국 국방부의 최상위 군사기획 문건인 〈합동기획JP 5-0: Joint Planning〉은 이 중심에 대해 "군사력이 그 목적을 달성할 수 있게 해주는 힘 또는 강점의 원천이자, 적대 관계에 있는 세력opposing force이 자신의 행동을 집중시킴으로써 상대의 실패를 초래할 수 있는 지점"이라고 정의했다.[12]

전략적 수준에 있는 중심COG의 예로는 전함 함대 같은 특정한 전력, 동맹, 정치 또는 군사 지도부, 일련의 핵심적인 능력이나 기능, 국가적 의지 등이 있다. 중심은 적대적이고 경쟁적인 맥락 속에 존재하며, 대결하는 세력들 간의 관계에서 비롯된다. 경쟁의 모든 당사자에게는 중심이 존재하며, 따라서 정책결정자나 지휘관은 상대방 또한 공격 대상으로서 자국의 취약한 중심을 찾으려 할 것이라는 점을 예상해야 한다.

평시의 경쟁이나 위기 상황에서 중국 지도자들의 행동과 의사결정에 영향을 미칠 수 있는 수많은 중심들이 존재한다. 예를 들어, 중국 지도자들이 두려워하는 것이 내부의 불안정, 폭동, 내전, 테러 등이라면, 국내의 치안을 책임지는 중국공산당의 보안 부대가 중요한 중심 표적이 될 수 있다. 마찬가지로, 중국 지도부가 해상 봉쇄나 다른 해상 차단(disruption), 대만의 독립, 그리고 대만을 다룰 수 있는 인민해방군의 능력 부족을 우려한다면, 인민해방군 해군이 중요한 "중심" 표적이 될 것이다. 이 밖에도 미사일 전력, 통신 인프라, 대우주(anti-space) 전력, 송유관 같은 중국의 전략 자산 또한 미국 군사 기획자들에게 중심 표적이 될 수 있을 것이다.

미국과 동맹국의 기획자들은, 인민해방군이 분쟁 초기에 어떤 조치를 취하든 관계 없이, 미국과 동맹국 전력이 이러한 유형의 표적들을 위험에 처하게

할 수 있는 능력을 갖고 있음을 중국 지도부에게 확신시킬 수 있다면 억지력을 유지하고 강화할 수 있다.

〈합동기획JP 5-0: Joint Planning〉 문건은 독자들에게 적이 자신들의 중요한 중심COG을 필사적으로 방어할 가능성이 있고, 따라서 이들 표적을 직접적으로 공격하는 것은 비현실적일 수 있다는 점을 상기시킨다. 마찬가지로, 지휘관은 적의 중심 표적에 도달하기 위해 지상군이나 전함과 같은 취약하거나 결정적으로 중요한 자신의 중심을 노출시켜야 할 수도 있는데, 이는 그와 같은 접근의 위험과 비용에 의문을 제기한다.[13]

중국의 군사 기획자들은, 의심할 여지 없이 미국과 동맹국의 취약한 "중심COG"에 관한 목록을 작성해두었을 것이다. 인도-태평양 지역 내의 몇 안 되는 공군기지에 배치된 미국과 동맹국의 전술 항공 전력과 서태평양의 항모전단이 미국의 작전 계획의 핵심 구성요소임이 분명하다면, 이 자산들은 중심 표적이 될 것이다. 일반적으로 미국 본토에 기지를 둔 폭격기는 인민해방군이 접근하기가 더 어렵겠지만, 인민해방군의 기획자들에게는 여전히 핵심적인 중심 표적이 될 것이다. 하지만 인민해방군 기획자들에게 가장 중요한 중심 표적은 아마도 미국과 동맹국들의 국가적 의지일 것이다. 중국은 인도-태평양 지역의 미군에 대규모 인명 피해를 입힘으로써 미국 국민의 사기를 꺾으려 시도할 수 있다. 만약 미국의 정책결정자와 기획자들이 취약한 이 지역의 전진 기지들에 대규모 병력을 주둔시킨다면, 그들은 본의 아니게 그러한 결과를 초래하는 데 일조하게 될 수도 있다.

요컨대, 중심COG에 대한 분석은 상대의 군사적 능력, 유인, 그리고 의사결정에 영향을 주게 될 가장 중요하고 가장 취약한 자산과 결과를 찾는 작업이다. 양측 모두 자신의 중심이 공격받을 것으로 예상해야 하고, 어떻게 자신의 중심을 보호하면서 적의 중심을 공격할지를 계획할 것이다.

지속 가능한 억지력의 추구
The Search for Sustainable Deterrence

중국 인민해방군의 성장과 인도-태평양 지역 군사 균형의 급속한 변화로 인해 모든 당사국의 분석가들은 군사 균형의 보다 세부적 측면과, 이러한 세부사항이 정책 목표 달성을 위해 군사적 선택지를 고려하는 의사결정자들에게 무엇을 의미하는지를 면밀히 검토하고 있다.

미국과 동맹국의 정책결정자와 지휘관들이 가장 선호하는 바는 이 지역에서 "거부에 의한 억지(deterrence by denial)"를 유지하는 것이지만, 그러한 조건은 이제 약해지고 있다. 거부에 의한 억지는 방어자(여기서는 미국과 안보 파트너들)가 적의 공격을 물리칠 수 있는 확실한 군사 능력을 보유하고 있을 때 존재한다. 거부에 의한 억지는 (모든 당사자에게) 결과에 대한 군사적 통제력을 납득시키는 데 초점이 맞춰져 있다. 거부에 의한 억지가 효과적으로 작동할 때, 잠재적인 공격자는 자신에게 실행 가능한 군사적 선택지가 없다고 판단하게 된다.[14]

하지만 이 책에서 설명했듯이, 중국 지도자들은 아마도 10년 안에 실행 가능한 군사적 선택지를 확보할 수 있으리라 믿고 있을 수 있다. 군사 부문에 대한 중국의 지출이 급격히 증가하는 것은 중국공산당 지도부가 그 목표에 도달할 수 있다고 믿고 있음을 보여주는데, 특히 인민해방군이 미국과 동맹국의 중심 표적들을 타격할 수 있는 능력을 갖춰가면서 이러한 믿음은 더욱 강화되고 있다.

미국과 동맹국의 의사결정자들은 이 지역에서 약화되고 있는 거부에 의한 억지 상태를 강화시켜줄 "성공 이론"이 필요하다. 이 경우 성공 이론은 중국 지도자들의 마음속에 중국의 기정사실화(fait accompli) 공격이나 다른 군사적 강압이 성공할 수 있을지—미국과 동맹국의 군사력이 그것을 저지할 것이므로—에 대한 의구심이 지속되게 만드는 것이다.

미국과 동맹국의 기획자들이 중국의 의사결정자들로 하여금 다음의 세 가지를 믿게 할 때 인도-태평양 지역에서 거부에 의한 억지를 강화하게 될 것이다. 첫째, 중국이 구상하는 전쟁 계획은 초기 단계에서부터 인민해방군이 미군과 교전하도록 요구할 것이고, 이는 미군이 전투에 직접 개입하게 됨을 의미한다. 미국과 동맹국의 기획자들은 중국이 분쟁의 초기 단계에서 미국의 군사 거점과 병력을 공격할 수밖에 없도록 작전 개념을 설계해야 한다. 가급적이면 분쟁의 첫 사격이 미국을 향하도록 유도해야 한다. 분쟁 구역의 최전방에 배치된 이러한 미군은 중심COG을 구성할 만큼 크지는 않으면서도, 인민해방군의 전투 병력을 저지할 수 있을 정도로 충분히 커서 인민해방군의 기획자들이 무시할 수 없는 정도가 되어야 한다.

미국의 기획자들은 과거에도 미국의 개입을 보장하는 "인계철선(trip wire)"이라는 개념을 활용해왔다. 냉전 시기, 서베를린 주둔 미군은 나토와 바르샤바 조약기구가 대치한 전선보다도 훨씬 동쪽, 고립된 지역에 배치되어 있었다. 만약 소련과 바르샤바 조약군이 베를린을 공격했다면, 그곳에 있던 여단 규모의 미군을 구출할 가능성은 없었을 것이다. 그러나 베를린에 주둔한 미군 여단의 희생은 미국과 소련 간의 군사적 충돌을 보장하는 것이었고, 아마도 이러한 위험성에 대한 예상이 소련의 베를린에 대한 공격을 억지했을 것이다.[15]

둘째, 미국과 동맹국의 작전 개념은 중국이 지역 내 다른 국가들의 군사력과 영토를 공격하도록 유도해야 하는데, 이는 수평적 확전(갈등 혹은 충돌의 지리적 범위가 확대되는 것을 의미한다—옮긴이)을 초래하고 중국이 싸워야 할 추가적인 적들을 만들어낼 것이다. 이는 중국의 비용과 위험을 증가시킬 것이고, 아마도 중국 지도부로 하여금 침략을 자제하도록 하기에 충분할 것이다.

셋째, 미국과 동맹국은 인민해방군이 저지하기 어려우면서도 인민해방군의 공격용 전력에는 효과적으로 대응할 수 있는 전력에 투자해야 한다. 효과적인 "거부에 의한 억지"는 방어자가 군사적 결과를 확실히 통제할 수 있는 능력에 기반한다. 지속적으로 운용되고 생존성이 높은 센서 체계(sensor array)를 중심으로 구축되고, 인민해방군의 타격 범위 밖에 있는 장거리 타격 능력과 연결된 미국과 동맹국의 전투 네트워크는 이러한 조건을 충족시킬 것이다. 이 장거리 타격 전투 네트워크는 인민해방군에 맞서는 연합군 전력의 핵심 요소가 될 것이다.

이 세 가지는 미국과 역내의 안보 파트너들이 인도-태평양 지역에서 거부에 의한 억지를 가장 효과적으로 강화하게 될 개념 또는 방법이다. 바로 앞서 설명한 작전 개념에 따르면, 인민해방군은 기정사실화를 달성하기 위해 미국과 동맹국의 군대를 공격해야겠지만, 자신들의 타격 범위를 벗어난 미군의 장거리 전투 네트워크를 무력화시킬 수 없을 것이다. 바람직한 결과는 중국 지도부가 자신들의 잠재적 공격 계획이 그들이 결과를 통제할 수 없는 충돌로 이어질 것임을 인식하는 것이다. 중국 지도부 사이에 이러한 믿음을 만들어내는 것이 이 전략의 성공 이론—거부에 의한 억지—을 실현하는 것이다.

만약 미국과 동맹국들이 거부에 의한 재래식 군사적 억지를 유지할 수 없을 경우, 정책결정자들은 그보다 덜 선호되는 응징에 의한 억지(deterrence by punishment)를 고려해야 할 것이다. 응징에 의한 억지는 감당할 수 없는 비용을 치르게 하겠다는 위협을 통해 공격자를 억지하는 방식이다. 이러한 "응징"의 예로는 냉전 시기 소련에 대한 핵 보복 위협이나, 인민해방군이 대만을 강압하거나 점령하려 할 경우 중국에 대한 금융 및 경제 제재 위협 등을 들 수 있다.[16] 방어자 입장에서의 문제는 공격자가 여전히 선택지를 갖고 있다는 점으로, 다시 말해서 공격자는 침략을 계속하면서 응징으로 인한 고통을 얼마나 감수할 것인지 스스로 결정할 수 있다는 것이다.[17] 미국-베트남 전쟁 당시 북베트남 지도자들이나 제2차 세계대전 말기 일본 지도자들의 사례에서 알 수 있듯이, 어떤 적들은 상대에게 굴복하기 전까지 극심한 수준의 "응징"을 견디어 낼 것이고, 때로는 심지어 그리고 나서도 굴복하지 않을 수도 있을 것이다.

그렇다 하더라도, 미국과 동맹국의 정책결정자들과 기획자들은 중국에 "응징에 의한 억지" 접근을 적용하기 위한 선택지들을 준비해두어야 한다. 이러한 준비의 첫 단계는 중국 지도자들이 가장 중시하는 자산과 조건이 무엇인지 식별하고, 미국과 동맹국들이 어떻게 그러한 자산과 조건들을 위협할지 결정하는 것이다.

마이클 필스버리Michael Pillsbury는 〈서바이벌Survival〉지 2012년 10월호에 게재한 기고문에서, 중국 지도자들에게 있어 전략적 취약성이 존재하는 열여섯 개의 잠재적 영역에 대해 논의했다.[18] 허드슨 연구소Hudson Institute의 선임연구원이자, 과거 미국 국방부에서 중국 및 아시아 문제를 담당했던 최고 기획자였던 그는 냉전 시기 소련의 의사결정에 대한 연구를 수행했던 것과 마찬가지로, 중국의 전략적 의사결정 과정에 대한 연구를 강화할 것을 촉구했다. 필스버리가 제시한 "열여섯 가지 두려움(sixteen fears)"은 크게 일곱 가지 항목으로 분류될 수 있다.

1. 내부의 불안정성, 폭동과 내란, 그리고 테러리즘에 대한 두려움
2. 해상 봉쇄나 다른 해양 차단(disruption)에 대한 두려움
3. 대만의 독립, 또는 대만을 다룰 인민해방군의 능력 부족에 대한 두려움
4. 본토 침공, 인도, 러시아, 일본, 베트남 같은 인접 국가들의 군사적 능력, 그리고 중국 영토의 분열에 대한 두려움
5. 장거리 폭격기 또는 항공모함을 이용한 폭격에 대한 두려움
6. 미사일 전력, 위성요격 능력, 통신 네트워크, 송유관 같은 주요 전략 자산이 공격 당하는 것에 대한 두려움
7. 확전과 통제력 상실에 대한 두려움

기획자들은 필스버리의 목록을 적의 "중심"에 대한 분석 결과와 결합하면 중국 지도자들의 침략을 단념시키고 억제하는 데 활용할 수 있는 잠재적 자산 및 표적 목록을 작성할 수 있다. 필스버리 목록의 첫 번째 항목과 연관된 예로는 중국 국내의 치안을 담당하는 보안 부대에 대한 공격을 들 수 있는데, 이는

중국공산당의 대중에 대한 통제력을 약화시키는 것을 목표로 한다.[19] 필스버리가 제시한 목록과 연결되는 다른 사례들로는 핵심 기반시설, 중국의 항만 및 해운 능력, 그리고 중국의 우주 프로그램 시설과 같은 상징적인 대상들이 있다. 표적군을 추가해보자면, 몇몇 중국 지도자들의 개인 자산이 포함될 수도 있다. 미국과 나토는 1999년 코소보 공습 당시 이 방법을 성공적으로 활용하여 세르비아 지도부 내부에 갈등을 유발했고, 이는 슬로보단 밀로세비치Slobodan Milosevic로 하여금 분쟁을 끝내도록 만들었다.[20]

응징에 의한 억지라는 접근방식에도 위험성은 따른다. 미국과 동맹국의 기획자들은 중국 지도자들이 고통을 감내할 수 있는 한계치를 사전에 알 수 없으며, 상황에 따라서는 그 한계치가 매우 클 수도 있다. 이러한 접근은 거의 확실하게 중국 본토에 대한 대규모 폭격을 필요로 하며, 이는 큰 위험을 수반한다(7장 참조). 마지막으로, 이런 식으로 전쟁이 확대된다면 예측하지 못한 방향으로 전개될 것이 분명한데, 그 결과는 불확실하고 위험할 수 있다.

이러한 이유들로, 정책결정자들과 기획자들은 기존의 "거부에 의한 억지"를 위한 역량을 보유하는 것을 더 선호할 것이다. 이 방식은 군사 작전의 초점을 적의 군사 능력에 맞추며, 효과적으로 작동할 경우 적에게 군사적 결과에 대한 어떤 선택지도 허용하지 않을 것이기 때문이다. 다음 장들에서 설명하겠지만, 미국과 동맹국은 이러한 역량을 성취할 수 있다. 그러나 그렇게 하기 위해서는 현재의 전략보다 더 나은 전략이 필요하며, 필요한 개혁을 가로막는 제도적 저항을 극복해야 할 것이다.

비용을 부과하고 자원을 보존하고 장기적인 게임을 하라
Impose Costs, Conserve Resources, Play the Long Game

미국과 동맹국의 정책결정자들과 전략가들은 장기적이고 끝이 보이지 않는 경쟁 속에서 지속할 수 있는 전략을 필요로 할 것이다. 그 전략은 효율적이어야 하는데, 억지를 확실하게 유지하면서도 자원을 아끼도록 설계되어야 한다. 마지막으로, 그 전략은 가능하다면 수십 년에 걸쳐 광범위한 대중의 지지를 유지할 수 있어야 한다. 이는 곧 국민의 재정과 자유, 생활 방식에 과도한 부담을 주지 않는 전략이어야 함을 의미한다.

중국의 군사력 증강과 공세적인 태도의 강화에 어떻게 대응할 것인가에 대한 우려가 커지면서, 분석가들과 기획자들은 냉전 시기 미국의 전략을 다시 검토하고 있다. 이들의 관심은 주로 앤드루 마셜의 총괄평가국ONA이 소련과의 장기적 경쟁을 관리하기 위한 경쟁 전략을 수립하는 데 있어 역대 국방장관들을 어떻게 보좌했는지에 집중되고 있다.[21]

1973년부터 1990년까지 앤드루 마셜의 총괄평가국은 다수의 군사 기획자들과 협력하여 소련의 약점을 겨냥해 미국의 비교우위를 활용하는 접근방식을 고안했는데, 그 목적은 소련의 자원 투입을 위협적인 역량에서 다른 분야로 전환하게 하거나 소련의 전반적인 군사 역량을 약화시키는 것이었다. 대표적인 사례는 1970년대 후반의 미국 폭격기 및 순항미사일 프로그램으로, 소련의 군사 지출을 방공망 구축으로 전환시키는 것을 목표로 했다. 1980년대 중반 미국의 공격적인 해양 전략은 소련의 해군 전력을 동맹국의 해상 교통로로부터 멀어지게 만들려는 것이었다. 그리고 아마도 가장 유명한 사례는 전략방위구상SDI으로, 이는 소련의 대륙간탄도미사일ICBM에 대한 막대한 투자를 무력화하겠다고 위협했다. 어떤 추정에 따르면, 냉전 기간 미국의 폭격기 및 순항미사일에 대한 투자는 소련으로 하여금 폭격기 방어에 1,200억 달러를 지출하게 만들었는데, 이러한 자원은 그렇지 않았다면 소련의 공격 능력을 확충하는 데 투입되었을 것이다.[22]

소련이 결국 붕괴했기 때문에, 미국의 경쟁 전략 접근법이 그 결과에 크게 기여했다고 결론짓는 것이 타당해 보인다. 실제로 냉전 말기 소련군 총참모장이었던 세르게이 아크로메예프Sergei Akhromeyev 원수는 훗날 "소련은 1985년 이후 미국과 나토와의 대결을 더는 지속할 수 없었다. 그러한 정책을 위한 경제적 자원은 사실상 고갈되어 있었다."고 결론지었다.[23]

유감스럽지만, 이전 장들에서 설명했듯이 현재 상대방에게 비용 지출을 강요하는 전략을 성공적으로 실행하고 있는 쪽은 미국이 아니라 중국이다. 미국 국방부의 연례 중국 군사력 보고서에 따르면, 중국은 세계에서 가장 활발한 미사일 개발 프로그램을 보유하고 있다. 인민해방군은 현재 거의 모든 면에서 미국과 서방의 미사일보다 뛰어난 성능과 능력을 갖춘 최첨단 탄도미사일과 순항미사일을 실전 배치하고 있다. 마치 40년 전 소련이 그랬던 것처럼, 미국은 중국의 이익을 위협하고 중국이 자체 방어에 더 많은 자원을 투입하도록 강요하는 공격용 자산보다는, 미국 자산의 방어를 위한 지출을 늘리는 방식으로 대응하고 있는 실정이다.

미국의 방어적 대응 사례들, 그리고 그에 따라 중국이 미국에 비용을 부과하고 있는 사례들은 다음과 같다. 항모전단을 방어하기 위한 방공 구축함의 지속적인 획득, 이 방공 구축함을 위한 새로운 방어용 미사일, 레이더, 전투 체계의 지속적인 개발, 일본, 한국, 괌에 새로 배치된 전구급 탄도미사일 방어시스템에 대한 육군의 지출, 단거리 전투기를 분산 배치하기 위한 공군의 신속전투배치ACE 전술, 그리고 마지막으로 가장 심각한 사례는, 중국의 훨씬 낮은 선박 건조 비용과 치명적이면서도 종합적인 대함 전투 네트워크를 고려하지 않은 채 그저 중국의 함정 건조를 따라잡겠다는 점점 더 규모가 커지는 해군의 함정 건조 계획들이다.

중국의 군사현대화가 결국 미 국방부의 최우선 관심사가 되고 나서 10년이 지났지만, 미국은 여전히 인도-태평양 지역에서 재래식 군사력으로 중국에 대한 억지력을 유지하기 위한 장기적이고 지속 가능한 전략을 마련하지 못하고 있다. 지금까지 미국의 대응은 방어적이었으며, 공세적이고 미국에 비용을 부과하는 중국의 전략에 반응하는 수준에 머물러 있다. 인민해방군은 세계 최고 수준의 지상 공격 및 대함 순항미사일과 탄도미사일을 개발하고 실전 배치한다는 목표를 달성했다. 이는 인민해방군 기획자들이 미국과 동맹국의 "중심COG"들을 식별해왔음을 드러내는데, 그들은 이 중심들을 타격함으로써 자신들에게 유리한 조건으로 전쟁을 종결할 수 있을 것이라 믿고 있다. 반면 미국의 경우 공격 능력에 대한 투자는 제한을 받아왔고, 중요한 "중심" 개념에 집중하고 있지 않으며, 중국에 의미 있는 수준의 방어 비용을 부과하지도 못하고 있다. 그 결과 인민해방군은 더 많은 자원을 공격 능력 확충에 투입하고 있다.

중국은 군사현대화 프로그램을 통해 주도권을 확보했으며, 인도-태평양 지역에서 재래식 군사력에 의한 억지력을 약화시키고 있다. 이번 장에서는 미국과 동맹국의 기획자들이 전략적 상황을 진단하고, 필요한 가정을 수립하며, 현실적인 목표를 설정하고, 경쟁 우위를 찾아내는 데 활용할 수 있는 전략 프로세스를 설명했다. 마찬가지로 중요한 사항은, 미국과 그 파트너 국가들은 어쩌면 수십년간 재정적, 정치적으로 지속할 수 있는 전략을 필요로 한다는 점이다. 인도-태평양 지역의 전략 환경이 계속 악화되고 있음에도 불구하고, 이들 국가는 아직 그러한 전략을 갖추지 못하고 있다. 이 책의 남은 장들은 더 나은 개념과 역량, 그리고 이 지역을 위한 더 나은 전략을 만들어낼 어렵지만 필요한 개혁에 대해 논의할 것이다.

07

중국의 기정사실화 전략 저지하기: 항공우주력의 최우선 과제

Thwarting a Chinese Fait Accompli:
Job One for Aerospace Power

인도-태평양 지역은 흔히 군사작전의 주된 해양 전구(maritime theater)로 여겨진다. 그러나 미사일과 표적 감지 센서의 비용이 하락하고 중국이 이를 빠르게 대량 생산함에 따라, 대규모 지상군 부대와 공군기지, 수상 전함의 생존이 점점 더 어려워지고 있다. 여기에 중국의 잠수함 위협까지 더해졌을 때, 어느 쪽이든 항공모함을 포함한 수상함 전력이 제2도련선 서쪽에서 생존하고 유용한 결과를 성취할 수 있을지에 대해 의문이 제기된다.

따라서 이 지역에서의 미래 전쟁은, 적어도 초기 단계에서는 군사력의 지속적인 주둔과 통제가 아니라 중국 근해(Near Sea)에서 잠깐의 정찰과 기습공격의 형태를 띨 가능성이 크다. 그러한 정찰과 기습공격은 해군과 지상 전력보다는, 공격을 가한 후 적 전투 네트워크의 사거리 밖으로 신속히 퇴각할 수 있는 장거리 항공기에 의해 가장 잘 수행될 것이다. 장거리 정밀타격 미사일이 지배하는 전구에서는 기습 후 퇴각하는 능력이 생존과 최종적인 성공을 위한 핵심 요소가 될 것이다.

따라서 장거리 항공력의 우위가 인도-태평양 전구에서 성공을 위한 열쇠가 될 것이다. 하지만 유감스럽게도, 현재 이 지역에 배치된 미군의 전력 구조는 이러한 개념과는 크게 동떨어져 있다. 만약 미국이 이 지역에서 중국의 군사적 패권 구축이 실현 불가능하다는 점을 중국의 지도부에게 납득시키려 한다면, 원거리 타격이 가능한 스텔스 공격기와 다른 장거리 타격 능력을 구축하는 것이 필수적이다.

미국의 군사 기획자들이 중국의 군사현대화에 대응하기 위해서는 이 지역에 배치된 군사 전력을 몇 가지 목표를 염두에 두고 재설계할 필요가 있다. 첫째, 인민해방군이 중국 근해에서 배타적인 군사적 통제를 달성할 수 있는 능력을 확실히 거부할 수 있는 역량을 갖추어야 한다. 둘째, 미국과 동맹국 전력은 중국 지도부가 강압적 전략을 채택하지 못하도록 하기 위해 전통적인 타격 작전으로 그들이 중시하는 자산을 위협할 수 있는 능력을 갖추어야 한다. 셋째, 미국의 국방 기획자들은 군사력의 사용 시점과 운용에 있어 더 큰 유연성을 미국과 동맹국 정책결정자들에게 부여할 군사 전력을 설계하고 획득해야 한다. 이러한 유연성을 확보하는 것은 전진 배치된 단거리 타격용 전력에 집중된 현재의 전력 구조가 야기하는, "쓰거나, 그렇지 않으면 잃는(use it or lose it)"식의 위험한 불안정성을 줄여줄 것이다.

미국이 이러한 과제를 달성하고자 한다면, 전시에 인도-태평양 지역 어디에서나 결정적 효과를 낼 수 있는 재래식 항공 전력을 활용할 수 있어야 한다. 그러나 21세기 들어서 첫 십년 동안 미국 정책결정자들은 장거리 타격 능력의 현대화를 소홀히 했고, 이로 인해 미군 지휘관들이 핵심적인 임무를 수행할 수 있는 능력이 위태로워졌다. 미국 항공 전력 구조는 단거리 타격 플랫폼에 너무 치우쳐 있어 인도-태평양 지역에는 적합하지 않다. 이 지역의 주요한 미국 공군기지는 중국의 미사일 공격에 지나치게 취약하며, 미국 공군 전력의 상당 부분은 효과적으로 작전을 수행하기에는 작전거리가 부족하다.

대만은 중국 인민해방군과 미국 및 동맹국 군대 간 군사 충돌의 가능성이 가장 높은 화약고가 될 수 있다. 대만이라는 화약고는 대만에 인접한 대륙 국가로서 중국 인민해방군이 갖는 이점과, 기지의 부족, 단거리 타격 플랫폼에 지나치게 의존한 전력 구조, 그리고 현재의 군사기술 혁명이 제기한 위험으로 인해 미국과 동맹국 군 지휘관들이 안게 될 약점을 동시에 보여준다. 다행히도, 미국의 정책결정자들과 국방 관계자들이 그들 앞에 놓인 제도적, 문화적 장벽을 극복할 수 있다면, 대만 군사 문제에 대한 해결방안은 존재한다.

대만: 중국의 군사적 우선순위, 미국의 난제
Taiwan: China's Military Priority, America's Hard Case

일부 전·현직 미국 고위 관리들과 군 지휘관들이 인민해방군의 대만에 대한 기정사실화 공격을 가할 가능성을 우려하고 있음은 이 책의 도입 부분에서 이미 언급한 바 있다. 만약 인민해방군의 대만에 대한 군사 행동이 정말로 임박했다면, 그 이유를 설명해줄 몇 가지 동향들이 존재한다. 이러한 동향 대부분은 중국에게 잠시 열렸다가 이번 2020년대 후반에 다시 닫히게 될 "기회의 창(window of opportunity)"을 가리킨다.

첫 번째 동향은 제4장에서 소개했던, 중국 해군의 급속한 현대화이다. 미국 국방부에 따르면, 대부분 현대식 군함으로 구성된 인민해방군 해군PLAN의 동해함대와 남해함대는 대만 해협을 가로지르는 상륙 작전에서 상륙전 부대를 보호하기 위해 최대 51척의 대형 및 중형 상륙함, 99척의 수상 전투함, 그리고 34척의 잠수함을 동원할 수 있다. 인민해방군 해군의 함대는 대만 해군을 수적으로 압도할 것이다.[1]

두 번째는 대만군의 부대 구조와 전투 교리에서 중대한 변화가 이루어지고 있다는 점이다. 대만군의 새로운 "종합방위구상"은 전투기와 전차, 대양 함정과 같은 재래식 전력에 의존하는 기존의 방위 모델을 상당 부분 폐기하고 있다. 이 새로운 개념 하의 대만 군사력은 이동과 휴대가 가능한 대공 미사일과 대전차 미사일 및 대함 미사일로 무장한 소규모의 분산된 부대들로 구성될 것이다. 비재래적이고 비대칭적인(asymmetric), 거의 게릴라에 가까운 이러한 전력은 인민해방군의 센서와 미사일로부터 스스로를 더 잘 숨길 수 있고 중앙의 지휘통제 없이도 생존하고 싸울 수 있으며, 침공한 인민해방군이 물러날 때까지 매복 공격을 계속할 수 있을 것이다.[2] "종합방위구상"은 F-16 전투기나 대만 해군의 프리깃함처럼 명성은 있지만 취약한 장비에 기반했던 이전의 방위 개념보다 개선된 것이다. 그러나 새로운 방위 개념으로의 전환이 완료되기까지는 수년이 걸릴 것이며, 그 사이에 대만의 방어태세는 혼란을 겪고 위험에 노출될 수 있을 것이다.

세 번째, 이 지역의 미군도 마찬가지로 인민해방군의 군사현대화가 제기한 위협에 대응하려 하고 있다. 그러나 대만군과 마찬가지로, 이 문제(제5장에서 논의된)에 대한 이전의 관심 부족을 극복하려면 시간이 걸릴 것이다. 재조정과 현대화가 지연되는 이 기간은 인민해방군이 2020년대에 누릴 수 있는 짧게 열린 기회의 창의 또 다른 측면이다.

중국 공산당 지도부가 대만을 지배하기 위해 무력을 사용하기로 결정한다면, 이는 중국의 정치전 공작이 실패했음을 보여주는 추가적인 증거가 될 것이다. 대만 시민들은 중국이 "일국양제—國兩制"라는 홍콩의 지위를 사실상 폐기하면서, 홍콩의 민주화 지도자들을 대거 투옥하고 시민사회를 말살하는 경찰국가를 강요하고 베이징으로부터의 실질적인 직접 통치를 강행하는 것을 똑똑히 지켜봤다. 따라서 중국과 대만 간의 협상을 통한 합의 가능성은 없다.3 협상을 통한 해결의 전망이 없고, 미군과 대만군이 인민해방군의 발전을 따라잡기 위해 분투하는 혼란의 시기, 중국 지도부는 그러한 현대화 프로그램이 완성되기 전에 공격을 감행할 찰나의 기회를 포착할 수도 있다.

제2장에서는 인민해방군의 대만 침공이 성공할 경우 인도-태평양 지역에서 발생할 가능성이 있는 각자도생의 홉스적 상황에 대해 논의했다. 따라서 인민해방군의 대만 공격을 억지하는 것은 미국과 동맹국의 정책결정자와 기획자들에게 아마도 가장 시급한 과제가 되었다.

현재의 억지력은 어떤 상태인가? 억지력은 잠재적인 공격자의 마음속에 존재하는 것이므로, 이 질문에 대해 확실히 답할 수 있는 이는 중국의 최고 지도부 외에는 없다. 외부 분석가들의 의견은 크게 엇갈린다. 그러나 대만이 중국의 공격을 견뎌낼 수 있을지에 대한 회의적 시각이 광범위하게 존재한다는 사실 자체가 서태평양 지역에서 억지력이 무너지고 있다는 우려스러운 증거이다.

중국의 정책결정자들은 전면적인 무력 공격보다는 대만에 대한 해상 및 공중 봉쇄부터 시작하는 방안을 선택할 수도 있다. 이러한 시나리오 하에서, 중국의 해경과 해군, 공군은 대만의 군과 치안부대에 전달될 무기를 수색하기 위해 대만으로 향하는 상선과 항공기를 대상으로 검문 체제를 시행할 것이다. 중국 정부는 이러한 봉쇄조치의 법적 정당성을 이렇게 설명할 것이다. 대만이 중국의 일부라는 것은 보편적으로 받아들여지고 있으며, 중국 정부는 자국 영토에 대해 주권을 확대할 정당한 권리가 있다. 이 주권을 행사하는 첫 단계는 반란을 일으킬 수 있을 잠재적 무장 세력이 더 이상 무기를 확보하지 못하도록 차단하는 것이다.[4]

중국의 관점에서 볼 때, 최초의 접근방안으로서 봉쇄를 지지하는 몇 가지 논거가 있다. 첫째, 중국의 대만에 대한 주권 주장에 동의하는 외부인들이 일부 있을 수 있으며, 이는 대만의 자위권뿐 아니라 미국과 같은 외부 세력의 개입을 정당하지 않은 것으로 만들 수 있다.[5] 둘째, 미국과 일본, 호주 같은 동맹국들이 인민해방군의 봉쇄선을 뚫고 구호 수송대를 강제로 진입시키려 할 경우, 중국은 이들 국가가 불법적으로 중국의 내정에 간섭하는 침략자로 비춰지기를 기대할 것이다. 인민해방군 지휘부는 시나리오가 이런 식으로 전개되기를 바랄 것이다. 왜냐하면 미군은 구호 수송대를 호위하기 위해 적어도 그들 전력의 일부를 모아서 집중시켜야 할 것이고, 그 전력은 인민해방군 전략가들이 노리는 취약한 중심 표적이 될 것이기 때문이다.

중국 지도부는 시나리오에서의 필연적인 남은 단계들이 전개된 후에도 인민해방군이 승리할 수 있을 것이라고 확신할 때 봉쇄 조치를 개시할 것이다. 이 나머지 단계들은 인민해방군의 '적극 방어(active defense)' 교리의 가동을 포함하게 될 가능성이 있다. 이 교리는 전략적 차원의 중국의 방어 목표를 달성하기 위해 작전 및 전술 수준의 기습과 공세적 조치를 활용하는 것이다.[6] 적극방어 교리에 따른 시나리오의 나머지 단계는 구호 수송대에 대한 공격, 대만의 지휘통제 체계 및 반격 전력에 대한 타격 및 제압, 그리고 인민해방군 지상군의 대만 상륙 및 공중기동 침투를 포함하게 될 것이다. 마지막으로는 인민해방군 공군 및 해군이 제1도련선과 제2도련선 상의 미군기지에 대한 공격 태세를 과시함으로써, 추가적인 외부 개입을 억지하려 할 것이다.

방어 병력에 대한 압도적인 수적 우위에도 불구하고, 대만에 대한 상륙 공격은 인민해방군에게 복잡하고 위험한 일이 될 것이다. 대만 주변 해역과 기상 조건이 상륙 작전을 수행할 수 있을 정도로 평온한 시기는 극히 제한되어 있다. 더욱이 대만에는 병력과 장비를 상륙시키기에 적합한 해변과 해안선이 매우 적은데, 이는 방어자에게 유리한 조건이 된다. 인민해방군이 해안 상륙 대신 수송 헬리콥터와 수송기를 이용한 공중 강습을 고려했을 것이라는 점은 의심할 여지가 없다. 그러나 인민해방군은 대만을 평정하는 데 필요한 대규모 병력과 수천 톤의 보급 물자를 실어 나를 군용 수송기, 특히 대형 수송기가 많이 부족하다. 민간 여객기를 징발해 투입하는 방안도 있지만, 대만군의 반격과 곡사화기에 맞서서 장악한 대만 공항들을 계속 가동하기는 어려운 일일 것이다. 따라서 인민해방군은 침투 및 점령 부대가 필요로 하는 방대한 물자를 해변이나 확보한 항만을 통해 전달할 수 있는 대규모 해상수송 능력을 필요로 할 것이다.[7]

인민해방군이 직면할 어려움을 감안하더라도 일부 분석가들은 대만의 저항이 오래가지 못할 것이라고 본다. 간단히 말해서, 인민해방군이 지닌 압도적인 화력 우위와 미국 및 동맹국들의 개입을 억지할 수 있는 능력이 대만 군인과 시민들에게는 매우 위협적이고 사기를 떨어뜨리게 된다는 것이다.[8] 대만의 군인이나 일반 시민이나 모두 사기가 낮다는 점도 도움이 되지 않는다. 대만의 군 장비, 특히 지상군의 장비는 노후화가 심각한 수준으로, 예컨대 전투차량 대부분은 1960년대에 도입된 것들이다.[9]

대만은 군인이나 민간인이나 인민해방군 공격에 맞서 싸울 수 있다는 자신감을 크게 갖고 있지 않다. 대만 육군 지휘부조차 자국군으로는 2주 이상 저항을 유지할 수 있다고 믿지 않는다.[10] 소규모 부대의 분산 작전과 사회적 회복력 구축을 핵심으로 하는 대만의 새로운 "종합방위구상"은 이러한 암울한 전망을 바꾸기 위한 것이다. 그러나 기존 체제에서 새로운 개념으로의 전환에는 수년이 걸릴 것이며, 인민해방군의 침공은 불과 몇 년 안에 발생할 수도 있다.

대만을 둘러싸고 조성되는 위기에 대해 미국과 동맹국들이 할 수 있는 일은 무엇인가? 2021년 외교협회에 제출한 보고서에서 블랙윌Blackwill과 젤리코Zelikow는 일본과 대만을 직접 관여시키는 데 초점을 맞춘 미국 주도의 지역 외교와 준비를 강조했다. 그들은 인민해방군이 대만을 공격할 경우 경제와 금융에 미칠 파멸적인 결과에 대해 논의하며, 이 점이 중국 지도부를 억제할 것이라고 기대했다. 그들은 또한 미국과 일본의 정책결정자들과 군 지휘관들이 중국의 대만 봉쇄 시나리오에 대한 대응을 준비하고, 대만 위기 발생 시 국가적 동원이 요구될 가능성에 대비하여 자국 사회를 준비시킬 필요성에 대해서도 논의했다.[11]

외교적, 경제적 위협은 확실한 억지의 필요조건이기는 하지만 충분조건은 아니다. 대만을 정복하려는 중국 지도부에 대한 확실한 억지 수단은 거부에 의한 재래식 군사적 억지력, 즉 누가 봐도 인민해방군의 침공 또는 봉쇄를 격퇴할 것으로 이해되는 미국과 동맹국 또는 파트너들의 가시적인 연합 군사능력이다. 이는 인민해방군 해군의 상륙함, 호위하는 수상전투함, 침공을 지원하는 수송함들을 신속하게 파괴할 수 있는 능력을 의미한다. 미국과 동맹국들이 인민해방군의 계획에 상관없이 이러한 능력을 보여줄 수 있다면 "거부에 의한 억지"는 제대로 작동할 것이다.

미국의 전직 고위 국방부 당국자들은 최근 들어 이러한 능력의 필요성에 대해 언급하고 있다. 로버트 워크Robert Work 전 미 국방부 부장관과 미셸 플러노이Michele Flournoy 전 국방정책 차관은 미국과 동맹국들이 확실한 억지력을 유지하고자 한다면 왜 미군이 충돌 초기 수일 내에 수백 척의 중국 함정을 격침시킬 수 있는 능력을 보유해야 하는지 설명했다.[12] 만약 중국의 지도부와 인민해방군 지휘부가 미국과 동맹국들이 이러한 능력을 보유하고 있고 낮은 비용으로 자국의 해군에 대해 그러한 작전을 실행할 수 있다고 믿는다면, 그들이 대만에 대한 군사 공격을 단념할 가능성이 높을 것이라는 논리이다.

인민해방군이 구축한 '반접근(anti-access)' 센서 및 미사일 체계를 고려할 때, 미군 지휘관들이 선택할 수 있는 군사적 옵션에는 어떤 것들이 있을까? 극소수의 분석가들만이 여전히 가능하다고 보는 군사적 옵션 중 하나는 1996년 대만 해협 위기 당시 미국이 취했던 조치로, 당시 빌 클린턴 대통령은 대만을 위협하기 위한 인민해방군의 미사일 시험 발사에 대응해 항모전단 두 개를 대만 인근 해역으로 이동시키도록 명령한 바 있다. 그 이후 인민해방군이 대규모로 구축한 센서 및 대함 미사일은 바로 이러한 대응을 무력화하기 위해 설계된 것이다. 미 해군이 취할 수 있는 또 다른 대응책은 우월한 잠수함 전력을 활용하는 것이다. 하지만 대만 주변의 제한된 해역에 미 해군이 투입할 수 있는 잠수함은 소수에 불과할 것이며, 그곳에 인민해방군이 설치한 수중감시 센서망과 수적으로 훨씬 우세한 인민해방군 해군의 저소음 디젤-전기 추진 잠수함 전력과 겨루어야 할 것이다. 따라서 미국과 동맹국의 기획자들은 워크와 플러노이가 제시한 억지력의 공식이 요구하는 "수백 척의 중국 함정을 신속히 격침"시키는 것을 잠수함 전력에만 의존할 수는 없을 것이다.

그렇다면 남아 있는 선택지는 공군, 특히 장거리 폭격기 전력에 의한 임무 수행일 것이다. 다음 절에서 살펴보겠지만, 항공기는 함선을 격침시키는 데 탁월한 전력이며, 역사적으로 형성된 이러한 경향은 첨단 기술의 발전에 따라 앞으로도 계속될 것이다.

항공기는 수상함의 천적
Aircraft Are the Nemeses of Warships

1921년 7월 21일, 미국 육군의 빌리 미첼Billy Mitchel 준장은 새로이 편성된 폭격기 편대를 이끌고 나가 독일로부터 노획한 퇴역 전함 오스트프리슬란트호SMS Ostfiresland를 침몰시켰다.[13] 당시 이를 지켜본 많은 이들은 이 시범을 무의미한 쇼라고 여겼는데, 전함이 기동하지 않은데다 방어를 위해 무기를 발사할 승조원도 없는 상태에서 보인 시험 폭격이었기 때문이다. 그러나 1945년 제2차 세계대전이 끝날 무렵에는 항공기가 함정의 천적이 되었다는 데 의문의 여지가 없었다. 이러한 양상은 전쟁 초기에 이미 정해졌다. 1941년 5월, 독일의 초대형 전함 비스마르크호Bismarck는 북대서양에서 영국 항공모함 아크 로열Ark Royal에서 출격한 항공기들이 발사한 어뢰에 맞아 손상을 입었다. 기동이 불가능해진 비스마르크호는 영국 해군 전함들에 추격당한 끝에 침몰했다. 1944년 11월에는 영국 공군의 랜커스터 폭격기들이 비스마르크호의 자매함인 티르피츠호Tirpitz를 침몰시켰다. 1941년 12월에는 일본 항공모함에서 출격한 항공기들이 진주만Pearl Haobor에서 18척의 군함을 침몰시키거나 손상시켰다. 며칠 뒤, 말라야 해안에서는 일본의 지상기지에서 출격한 항공기들이 영국 해군의 프린스오브웨일스Prince of Wales호와 리펄스호Repulse를 침몰시켰다. 1942년 5월과 6월에는 미 해군 항공기들이 산호해the Coral Sea와 미드웨이 인근에서 일본의 2개 침공 수송대를 격퇴하고, 항공모함 5척을 포함해 다수의 함정을 침몰시키면서 태평양 전쟁의 전세를 뒤집었다.[14] 이후로는 공중우세(air superiority)를 확보하지 않고서는, 지상이나 해상에서의 어떤 군사작전도 안전하게 수행할 수 없게 되었다.

1947년 2월, 미 육군과 해군 합동위원회는 제2차 세계대전 기간 일본 해군이 입은 손실에 대한 연구 결과를 발표했다. 미군과 연합군은 총 656척의 일본 함정을 침몰시켰다. 이 가운데 항공모함 및 지상기지에서 출격한 항공기가 침몰시킨 함정은 303척으로, 일본 함정 전체 손실의 46%에 해당했다(지상기지에서 출격한 항공기에 의해 침몰한 함정은 142척). 잠수함은 217척의 일본 함정을 침몰시켰다. 연합군 수상함 등 다른 모든 요인들에 의한 격침은 아주 제한적이었다.[15] 항공기가 수상함에 대한 가장 지배적인 위협으로 자리잡게 되었다.

지상 기반 항공기와 수상함 간의 교전은 1982년에 재연되었는데, 이번에는 아르헨티나 인근 포클랜드 제도Falkland Islands 해역에서 벌어졌다. 당시 영국군 기획자들은 적을 크게 과소평가하였고 전쟁 중 손실이 많아야 두세 척에 그칠 것으로 예상했다. 하지만 아르헨티나 공군은 단 5발의 엑조세Exocet 대함 미사일만 보유했지만 영국 함정 6척을 침몰시키고 다른 10척에는 심각한 피해를 입혔는데, 이 중 거의 대부분의 피해는 수동으로 조준하는 "비유도 폭탄

(dumb bomb)"에 의한 것이었다. 아르헨티나의 공습으로 방공 능력이 있는 영국의 호위 구축함과 프리깃함 23척 중 12척이 격침되거나 손상되었으며, 전쟁이 끝나갈 즈음에는 영국 상륙함이 공격받으면서 하루 동안 51명의 영국군이 죽었다. 만약 아르헨티나가 보유한 폭탄의 신관이 더 신뢰할만했고(실제로 많은 폭탄이 불발되었다) 아르헨티나 공군이 엑조세 미사일을 5발이 아닌 20발쯤 보유하고 있었다면, 영국의 전함 손실은 훨씬 더 컸을 것이고, 아마도 영국의 작전에 재앙적인 결과가 초래되었을 것이다.[16]

냉전 기간 동안 미 공군은 해군과 협력하여, 폭격기 승무원들을 대상으로 소련 해군을 상대로 하는 해상 정찰, 기뢰 투하, 해상 타격 임무에 대한 훈련을 시작했다. 1983년에는 미 공군의 B52 폭격기들이 하푼 대함 순항미사일을 장착하고 메인 주와 괌을 거점 삼아 순찰 임무를 수행하고 있었다. 공군은 하푼 미사일을 최대 120발 장착한 B52 폭격기 10대를 소련의 대규모 수상함 전력을 상대로 투입할 계획을 세웠다. B52 편대는 탐지를 피하기 위해 저고도로 여러 방향에서 소련 함대에 접근하여 미사일 포화 공격으로 함대의 방어망을 제압할 것이고, 그런 다음 또 다른 임무를 위해 기지로 귀환하게 된다.[17] 소련의 백파이어Backfire 폭격기 전력이 동일한 방식으로 미 해군을 공격할 계획을 세웠던 점에 대해서는 제3장에서 논의한 바 있다.

항공기가 가장 강력한 방어체계를 갖춘 수상 전투함에 대해서도 효과적인 데에는 몇 가지 단순한 이유가 있다. 장거리 초계기와 폭격기는 한 번의 출격으로 광대한 해역을 초계하고 위협할 수 있는 항속거리, 속도, 센서를 갖추고 있다. 이러한 대형 항공기들은 상당량의 연료와 무장을 탑재할 수 있다. 항공기들이 추적하는 수상함은 그에 비해 느리고, 해상에서 숨을 방법도 없다. 냉전과 그 이전 시기에 수상함 전단은 레이더와 무전기 같은 모든 전자파 발신을 차단하는 방식으로 위치의 노출을 회피하려 했다. 그러나 지상과 해상의 소형 물체에 대해서까지도 밤이든 낮이든 전천후로 거의 실시간 영상 정보를 제공하는 합성개구레이더SAR 위성군들이 다수 운용되고 있는 오늘날에는 이 같은 전술은 더 이상 유효하지 않다. 마지막으로 항공기, 특히 대형 폭격기들은 대량의 유도 무기를 한꺼번에 발사하여 수상 함대의 방어망을 압도할 수 있다.

함정에 대한 항공기의 우위는 이미 1941년에 증명되었고, 앞으로도 계속 이어질 하나의 추세가 되었다. 중국 해군의 급격한 팽창에 대응하여 몇몇 미국 전략가들은 미국도 함대를 대폭 증강할 것을 주장했지만(제5장에서 이러한 계획들 몇 가지에 대해 소개했듯이), 역사적 경험과 새롭게 부상하는 기술 모두 함정에 대응하는 최선의 방안으로 항공기, 특히 장거리 폭격기를 지목하고 있다. 이는 특히 인도-태평양 지역에서 더욱 그러할 것이다.

왜 폭격기가 태평양을 지배하는가
Why Bombers Will Rule the Pacific

앞선 절에서는 항공기가 함정보다 우위에 있는 이유를 설명했다. 넓은 바다 위에서는 항공기, 특히 폭격기의 항속거리, 속도, 화력이 수상함을 압도한다. 이러한 우위는 광활한 공해, 기지들과 국가들 간의 긴 거리, 그리고 넓은 초계 공역을 가진 인도-태평양 전장에서 특히 두드러질 것이다. 유럽처럼 비교적 한정된 전구에서 효과적인 단거리 타격용 무기와 기동속도가 느린 플랫폼으로는 인도-태평양 지역 같은 광대한 영역을 지배할 수 없다. 논리적 연장으로서, 이러한 특성들은 속도와 항속거리, 탑재량, 지속능력(endurance)을 갖춘 체계의 이점을 더욱 부각시킨다. 장거리 폭격기와 그 지원 전력이 바로 그에 해당한다.

인도-태평양 전구에서 장거리 폭격기의 우위에 대한 또 하나의 중요한 논거는, 미군 지휘관들이 다른 결정적인 선택지를 그다지 많이 갖고 있지 않다는 점이다. 중국이 가진 대륙 국가로서의 유리한 입지와 대량의 지상 공격 미사일과 대함 미사일에 기반한 인민해방군의 작전 개념은 미군 지휘관들이 항공모함이나 중국 인근의 공군기지에 위치한 단거리 전술 항공력을 활용하는 것을 어렵게 만들 것이다. 미군 지휘관들이 해병대 미사일 부대를 제1도련선 어딘가에 은폐시키거나, 잠수함을 대만 주변이나 중국 근해에 배치하려 할 수는 있겠지만, 이들 전력은 중국 인민해방군의 센서 네트워크와 수적으로 우위에 있는 잠수함 및 미사일 전력으로 인해 생존에 어려움을 겪을 것이다. 설령 생존할 수 있다고 해도, 잠재적으로 표적이 수천 개가 될 수도 있는 작전을 수행하기에는 미사일의 재고가 부족할 것이다.

결국, 다시 한번, 미군의 장거리 폭격기 전력만이 유일한 대안으로 남게 된다. 우리는 1990년대에 B-2 스텔스 폭격기를 단 21대 도입한 후 그 프로그램을 종결해버린 잘못된 결정이 초래한, 잠재적으로 치명적일 수 있는 결과를 여기에서 확인할 수 있다. 의회가 당초 계획된 대로 132대를 도입했더라면, 오늘날 인도-태평양 전구에서 재래식 군사력을 이용한 인민해방군에 대한 억지력에 대해 의심할 여지가 거의 없었을 것이다.

당초 계획된 B-2 폭격기 132대의 전력은, 작전 기간 중 매일 35대를 출격시키고 항공기 한 대당 16발의 장거리 대함 미사일LRASM을 장착할 경우 하루 최대 560개의 함정을 표적으로 정밀하고 강력한 대함 무기로 타격할 수 있었을 것이다. 그리고 이에 대해 인민해방군 해군이 방어할 수 있는 수단은 거의 없었을 것이다. 앞서 언급했듯이, 전직 국방부 고위 관료인 로버트 워크와 미셸 플러노이는 "72시간 내에 인민해방군 해군 함정 300척을 격침시킬 수 있는 능력"이 재래식 군사력에 의한 확실한 억지력을 제공할 것이라고 주장한 바 있다. 계획대로 B-2 전력을 확보했더라면 이 기준을 충족했을 것이다. B-2는 레이더에 피탐되는 반사 면적이 매우 작기 때문에 스텔스 능력이 없는 항공기보다 적의 방공망에 더 가까이 안전하게 접근할 수 있다.[18] 이러한 특성은 B-2 폭격기와 향후 수년 내 배치될 B-21 폭격기가 저렴하고 사거리가 짧지만 고도로 정확한 정밀유도무기를 대량으로 탑재할 수 있게 한다.[19]

유감스럽지만, 문제는 현재 미 공군이 이동 중인 수상함을 공격하는 데 적합한, 단거리 타격용이면서 저렴하고 자체 유도 기능을 갖춘 무기를 보유하고 있지 않다는 점이다. 따라서 폭격기 전력이 이 임무를 수행하려면 성능은 매우 우수하지만 상대적으로 비싼 장거리 대함 미사일LRASM에 전적으로 의존할 수밖에 없다. 또 다른 문제는, 공군이 장거리 대함 미사일의 모체인 합동공대지 장거리 미사일JASSM을 10,000발 도입하면서도 정작 장거리 대함 미사일은 단 400발만 도입할 계획이라는 점이다. 공군이 계획을 일부 변경한다면, 예를 들어 합동공대지 장거리 미사일 2,000발 생산계획을 장거리 대함 미사일 생산으로 전환하기만 해도, 거부에 의한 억지(deterrence by denial)의 효과는 훨씬 커질 수 있다. 인민해방군 해군과 그 지원 세력을 상대로 효과적으로 작전을 수행하려면, 공군은 400발보다 더 많은 수량의 장거리 대함 미사일이 필요할 것이다.

미 공군은 2020년대 후반에 신형 장거리 폭격기인 B-21 레이더Raider 편대의 실전 배치를 시작할 예정이다. B-21은 B-2보다 스텔스 성능이 더 향상될 것이고, 더 발전된 센서와 네트워크 능력을 가질 것이며, 더 저렴한데다 유지보수도 더 용이할 것이기 때문에 더 많은 폭격기들을 전투 임무에 투입할 수 있을 것이다.[20] B-21의 무장 적재량은 아직 기밀이지만, B-2와 대체로 유사한 수준일 것으로 보인다.[21]

유감스럽지만, 문제는 이러한 능력을 갖추기까지는 몇 년을 더 기다려야 한다는 점이다. 최초의 B-21 폭격기는 2026년경에 전투 투입이 가능할 것으로 보이며, 공군이 약 100대의 B-21을 실전 배치하는 시점은 아마도 2032년쯤이 될 것이다.[22] 생산이 전량 완료되어 공군에 인도된 B-21 전력은 1990년대 B-2 프로그램의 종결로 생긴 전력의 공백을 메우게 될 것이다. B-21은 앞서 설명한 해상 임무(maritime mission)뿐만 아니라, 강력하게 방어체계를 갖춘 표적을 상대로 한 고난도 임무를 수행할 수 있을 것이며, B-2보다도 성공 가능성이 훨씬 더 높을 것으로 기대된다.

한편, 지금부터 B-21이 실전 배치되기까지는 위험한 공백의 시기가 될 것이고, 중국 지도부는 이 빈틈을 철저하게 이용하려 할 수 있다. 따라서 2020년 대 초, 중반에 미국 및 동맹국의 군사 기획자들이 직면한 문제는, 특히 대만을 둘러싼 위기가 발생한 경우 재래식 군사력에 의한 억지력을 유지하기 위해 어떻게 현재의 폭격기 전력을 활용할 것인가이다.

이 위험 기간 동안, 인도-태평양 지역의 미군 지휘관들이 실질적으로 전투에 투입할 수 있는 폭격기는 전 기종을 통틀어 50대를 넘지 못할 것이고, 그중에서 스텔스 능력을 갖춘 B-2 폭격기는 아마 10대도 안 될 것이다. 여기에 더해 전략핵 억지 임무에 배정된 B-2와 B52 전력이 존재하기 때문에, 전술 운용 가능 대수는 더욱 줄어들게 된다. 이처럼 실제 가용 전력이 축소된 것은 과거에 폭격기에 대한 투자가 부족했고, 현재 운용 중인 폭격기가 노후화되었으며, 이들 노후 항공기의 유지보수에 필요한 예산이 부족하기 때문이다.[23]

이렇게 줄어든 전력으로 워크와 플러노이가 언급한 인민해방군 해군에 대한 억지 임무를 수행할 수 있을 것인가? 향후 몇 년간 인도-태평양 지역의 미군 지휘관들은 대만 해협 내 인민해방군 해군 함정에 대한 공격을 포함하여 무력충돌 시 주어질 임무들에 운용할 수 있는 B-2가 단 5대에 불과할 수도 있다. 스텔스 능력이 없는 B-1과 B52 폭격기에 장거리 대함 미사일LRASM을 장착하여 대만 해협의 인민해방군 해군 함정에 대한 공격을 시도해볼 수 있을 것이다. 하지만 목표물에서 약 370km 이내까지 접근해야 하는데, 이 경우 인민해방군의 추계기와 장거리 지대공 미사일에 요격당할 위험에 처하게 될 것이다.

그럼에도, 2020년대 전반기에 미군이 보유할 소규모의 폭격기 전력은 하루에 수백 발의 미사일을 발사할 수 있는 능력은 여전히 가지고 있을 것이다(B-52는 미사일 20발, B-1은 24발을 탑재할 수 있다).[24] 그러나 이러한 능력도 폭격기를 운용하는 인원들이 레이더를 회피하는 저고도 기동과 전자전 지원, 그리고 중국의 대만 침공 시 맞닥뜨릴 인민해방군의 엄청난 대공방어 시스템을 속이는 기만술을 효과적으로 구사할 수 있다고 가정할 때 성립하는 것이다. B-1과 B52 폭격기가 중국의 대만 침공 시 성공적으로 임무를 수행할 수 있을지에 대한 불확실성은 거부에 의한 억지력을 약화시키고, 그럼으로써 중국의 무력 침공 위험을 증가시킨다.

우려되는 또 다른 부분은 인민해방군이 미국과 동맹국의 군 지휘소를 직접 공격하거나 통신 네트워크를 전자적으로 방해함으로써 지휘 네트워크를 교란시킬 가능성이다. 미군은 중앙집중식 지휘체계가 방해를 받을 가능성에 대비하여 권한을 분산된 하급 부대에 위임하고, 포괄적인 임무 지침에 바탕을 둔 하급 지휘관들의 주도적 대응을 장려할 계획이다.[25] 미국의 폭격기 전력은 이러한 '임무 지휘(mission command)' 방식에 매우 적합하다. 가령, 중국의 대만 침공 시 적대적이라고 간주할 수 있는, 대만 해협 해상의 임기 표적(target of opportunity)을 공격하는 데 있어서 폭격기 승무원들이 주도적으로 대응하도록 임무 지시가 내려질 수 있다. 폭격기들은 전파방해의 영향을 받지 않는 극초단파 대역의 전자파 스펙트럼을 통해 지원 정찰자산으로부터 표적 정보를 수신할 수 있다.[26]

미군의 폭격기 전력은 인민해방군 기획자들이 노리는 전형적인 "중심" 표적이다. 이들은 미국 중부 내륙에 위치한 5곳의 폭격기 기지를 성공적으로 공격할 경우, 미국은 사실상 전쟁에서 손을 뗄 수밖에 없을 것이라고 판단할 수 있을 것이다. 이들 기지를 상실하면 미국이 투입 가능한 전력이 거의 남지 않을 것이기 때문이다. 이에 따라 북미 지역의 방위를 담당하는 미군 지휘관들은 미국 본토에 대한 순항미사일 기습공격을 우려하고 있으며, 이러한 가능성에 대비하기 위한 방어태세 강화를 추진 중이다.[27]

폭격기들을 더 많은 기지로 분산시키면, 인민해방군이 지상에서 이를 파괴하려는 시도를 훨씬 더 복잡하게 만들 것이다. 제5장에서 논의된 바와 같이, 미 공군의 신속전투배치ACE 개념은 인민해방군 미사일의 위협이 가장 집중된 구역 내에서는 여러 문제에 직면한다. 하지만 중국과의 무력충돌 상황에서 폭격기 전력을 보호하는 데는 매우 효과적일 수 있다. 폭격기는 전투기에 비해 작전 반경이 훨씬 넓고, 따라서 잠재적으로 활용 가능한 비행장의 수가 훨씬 더 많기 때문이다. 예를 들어, 2~4대의 폭격기로 구성된 분견대는 알래스카, 하와이, 호주, 인도양의 디에고 가르시아, 그리고 그외의 전방 기지에 배치될 수 있으며, 이들 지역에서는 중국 근해에 있는 표적까지 6~10시간 내 도달이 가능하다. 미국 본토에 있는 수십 곳의 기지에서 이륙하는 폭격기들도 13시간 이내에 목표에 도달할 수 있으며, 임무 후에는 작전 지역 경계나 그 너머에 있는 기지로 복귀할 수 있다. 인민해방군이 이러한 기지들을 공격할 수 있는 무기는 매우 제한적이며, 설령 공격하더라도 각 기지에 분산된 소수의 항공기만을 표적으로 삼게 된다.

전시에 폭격기 전력을 위한 전 지구적 규모의 신속전투배치 개념을 지원하기 위해서 미 공군과 협력 파트너들은 군수지원 및 유지보수 체계를 조직해야 할 것이다. 소련을 상대로 한 냉전 동안 미 공군은 전략공군사령부Strategic Air Command를 지원하는 이러한 전 지구적 지원 체계를 보유하고 있었다. 이러한 역사적 경험을 바탕으로 공군은 오늘날의 상황에 맞추어서 이러한 능력을 재구축할 수 있어야 한다.

폭격기는 지원 전력이 필요하다
The Bombers Will Need Helpers

공군의 폭격기 전력은 다른 타격 플랫폼도 마찬가지겠지만, 주어진 목표를 달성하기 위해 지원 전력이 필요하다. 가령, 장거리 운항능력이 있는 기종이라 하더라도 광대한 인도-태평양 전구를 건너서 표적까지 도달하기 위해서는 중간에 재급유해줄 공중급유기가 필요할 것이다. 현재 공군은 보유하고 있는 공중급유기의 현대화를 추진하고 있는데, 이러한 노력은 2030년대까지 계속될 것이다.

정보는 전투의 승패에서 항상 중요한 역할을 했으며, 미래에도 그 중요성은 더욱 커질 것이다. 중국과 미국, 그리고 다른 군사 강국들은 이 점을 이해하고 있으며, 방대한 규모의 센서 네트워크, 보안성과 재밍방지 기능을 갖춘 고속 통신 능력, 적절한 데이터와 결론을 찾아내는 인공지능 소프트웨어, 그리고 상대방의 컴퓨터 네트워크를 공격하고 자국의 네트워크를 방어하기 위한 사이버 도구를 개발하기 위해 노력하고 있다. 적의 전력을 가장 빠르고 정확하게 찾아내어 타격 가능한 위치에 있는 무기체계에 공격 명령을 신속히 전달할 수 있는 쪽이 전투에서 엄청난 우위를 점하게 될 것이다. 이러한 이유로 중국과 미국은 인공지능 소프트웨어, 양자 컴퓨팅, 안전한 고속 통신 네트워크, 전자전, 사이버 네트워크 공격 및 방어 분야에 막대한 자금을 쏟아붓고 있다.

우주 영역과 군집 위성은 적이 가장 우선적으로 노리는 중심 표적이 될 것이다. 많은 국가들의 군대에서는 정보 수집, 감시 및 정찰(ISR), 통신, 항법, 기상 예보 등을 위해 우주 기반의 군집 위성을 활용하고 있다. 우주는 1960년대에도 이미 군사적 경쟁이 치열하게 벌어지는 공간으로, 당시 미국과 소련은 저궤도(low earth orbit) 위성을 파괴할 수 있는 무기를 개발하고 시험했다. 이후 중국과 러시아 및 다른 국가들은 레이저 및 다른 형태의 에너지가 위성의 센서를 향하게 하거나(dazzling) 위성과 지상 기지국 간의 원격측정 신호(telemetry)를 재밍하는 것과 같은 위성을 교란하는 또 다른 방법을 시험해왔다.[28]

우주 시대 초기 수십년 동안에도 군사 목적의 군집 위성이 공격의 위험에서 완전히 안전한 것은 아니었지만, 당시에 가장 높은 정지궤도(GEosynchronous Orbit, 적도 상공 약 36,000km 영역—옮긴이)에 있는 위성은 지상 기반 무기가 도달할 수 있는 영역 밖에 있다고 간주되었다. 전략핵 지휘통제 자산을 정지궤도 GEO에서 운용하고 있던 미국과 소련이 정지궤도 위성에 대한 위협을 자제하자는 비공식 합의를 하면서 이 영역은 일종의 성역이 되었다.

냉전 시기에는 우주로 탑재체(payloads)를 발사하는 데 많은 비용이 들었고 발사 기회도 극히 드물었다. 높은 비용과 우주 공간의 상대적 안전성, 당시의 위성 기술 수준이 맞물리면서, 군사위성 개발자들은 가능한 많은 기능을 탑재한 대형 위성을 설계하고 발사하게 되었다. 냉전 기간 내내, 그리고 냉전이 끝나고도 거의 20년간 군사용 위성 군집은 크고 값비싼 소수의 위성들로 구성되었으며, 이는 적이 특출나게 중요한 이 자산들을 공격하려 할 만한 유인을 동시에 만들어냈다.

2007년 1월, 수명이 다한 자국의 기상 위성을 미사일로 파괴한 인민해방군의 요격 시험은 하나의 분수령이 되는 사건이었다. 요격 시험으로 발생한 위성 잔해들이 아직까지도 지구 궤도를 돌고 있다. 2013년 5월에는 직접적 타격을 수반하지 않은 위성요격 미사일("쿤펑鯤鵬7호"—옮긴이) 시험 발사를 했는데, 이번에는 고도 30,000km 이상의 정지궤도GEO에 이르렀다. 이 실험으로 인민해방군이 적의 우주 시스템이 어느 궤도에 있건 공격할 수 있는 능력을 보유하고 있다는 사실이 입증되었다.[29]

러시아의 위성요격 체계 발전과 함께, 중국의 위성요격 시험은 크고 정교한 소수의 위성 중심으로 군사 목적의 위성 군집을 구축하는 것은 더 이상 유효한 전략이 아니라는 점을 명확히 보여주었다. 그러나 지난 10년 동안 두 가지 추세가 동시에 나타나면서, 군사용 우주 시스템 설계자들은 우주 기반 체계에 대한 위협(antispace threats)을 완화할 수 있는 새로운 선택지를 얻게 되었다. 첫 번째 추세는 탑재체를 우주 공간으로 쏘아 올리는 데 드는 비용이 획기적으로 감소한 것이다. "스페이스 X" 같은 민간 부문의 새로운 참가자들이 재사용이 가능한 발사체를 개발하면서 우주 공간으로의 접근에 소요되는 비용이 극적으로 줄어들었다.[30] 두 번째는 플래닛 랩스사Planet Labs 같은 민간기업이 빵 하나 정도 크기의 촬영용 소형 위성을 개발한 것이다.[31] 또 다른 민간기업인 카펠라 스페이스Capella Space는 다수의 소형위성으로 낮과 밤, 날씨에 상관없이 지상과 해상의 매우 선명한 이미지를 거의 실시간으로 제공해주는 합성개구레이더SAR 위성들로 위성 군집을 구축했다.[32] 다른 민간 부문의 우주 영상 기업과 함께 두 기업은 영상서비스를 국방부에 판매하고 있다.

경쟁국들이 이러한 특성을 갖춘 새로운 위성 군집들을 발사함에 따라, 적의 군사 우주 능력을 무력화하는 일은 훨씬 더 어려워질 것이다. 우주에서 경쟁을 벌이는 미국과 중국 같은 국가들은 이제 수십 개에서 수백 개에 이르는 소형이지만 성능이 뛰어난 위성들로 구성된 영상촬영, 통신, 항법용 위성 군집을 네트워크로 연결하여 구축할 수 있는 기술을 보유하고 있다. 이러한 위성 네트워크는 데이터를 상호 공유하며, 광범위한 분산 배치와 중복성(redundancy)이 주는 보호 효과를 누릴 것이다. 영상촬영, 통신, 항법 기능은 이제 정부뿐만 아니라 민간 부문이 보유하고 운용하는 여러 위성 군집에도 존재하게 될 것이다. 발사 비용이 감소하고, 신속히 구축된 원정 발사 기지를 포함한 발사장이 늘어나면서, 군과 민간 부문의 행위자들 모두 필요할 경우 위성 능력을 빠르게 재구성할 수 있게 될 것이다.

미 국방부 산하 우주개발국Space Development Agency은 정찰 및 통신 위성 네트워크를 이러한 원칙에 따라 재설계할 계획이며, 이 과정에서 빠르게 하락하는 발사 서비스 비용과 소형이지만 고성능 위성들을 활용하게 된다. 레이저 중계기를 통해 상호 통신하는 다수의 위성들로 구성된 대규모 집합체(array)는 위성에 대한 위협을 무력화하는 데 매우 효과적일 것이다. 또한, 이들 위성 군집을 지상 1,000km 또는 그 이상의 상공 궤도에 배치할 경우, 지상 기반 지향성 에너지 위성 공격 무기(surface-based directed-energy antisatellite dazzler)의 센서 교란 효과 역시 크게 저하될 것이다.[33]

우주 작전의 이러한 새로운 특성들로 인해 미국과 중국 모두 상대방 군사력의 우주 공간 이용을 거부하기가 더욱 어려워질 것이다. 미 우주군US Space Force의 지휘관들과 설계자들이 방금 설명한 위성 군집을 구축함에 따라, 향후 인도-태평양 지역의 분쟁에서 공군 폭격기들은 우주 기반의 영상촬영, 통신, 항법 자원들로부터 계속 지원을 받을 수 있을 것이다.

폭격기 전력은 또 다른 지원전력으로부터도 도움을 받게 될 것이다. 그러한 지원전력 중 하나는 장거리 운행이 가능한 RQ-180 고고도 무인 정찰기다. RQ-180은 공식적으로는 아직 미 공군의 비밀 프로그램이지만, 항공 전문 저널에서는 10여 년 전부터 언급해왔던 기종이다. 이 항공기는 레이더에 피탐되는 반사 면적이 매우 작아 고도의 스텔스 기능을 갖추고 있어, 방공망이 구축된 공역 내에서도 장시간 임무를 수행할 수 있도록 설계되어 있다. RQ-180은 대양을 횡단할 수 있는 항속거리를 지니고 있으며, 최대 24시간 임무 비행이 가능하다. 영상촬영과 표적 탐지 외에도, 지휘관들은 이 기체를 적의 통신 체계에 대한 전자전에 활용하거나, 타격기와 다른 지휘 노드(nodes, 대형 네트워크와 연결된 정보처리 장치나 데이터 지점—옮긴이) 간의 데이터 중계용으로도 사용할 수 있다. 보도에 따르면, 미 공군의 한 부대에서 현재 RQ-180을 작전 임무에 실제로 운용 중인 것으로 알려져 있다.[34] 대만 위기 발생시, RQ-180 같은 무인 정찰기가 전투 지역을 순찰하며 표적 정보를 폭격기에 제공하면 폭격기는 합동공대지 장거리 미사일JASSM과 장거리 대함 미사일LRASM 등으로 해당 표적을 공격할 수 있을 것이다.

  미국과 동맹국의 잠수함들도 폭격기와 다른 무기 플랫폼에 표적 정보를 제공할 수 있을 것이다. 대만을 둘러싼 미래의 전투에서, 중국의 잠수함과 미국과 동맹국의 잠수함들은 대만 주변 해역과 동중국해를 훑고 다닐 것이다. 이들 잠수함은 수상함을 탐지하고 어뢰로 공격할 수 있지만, 그 과정에서 위치가 노출되어 반격을 받을 수도 있다. 미 해군 잠수함은 지상의 고정된 목표물에 대해 제한된 수의 장거리 토마호크 순항미사일을 발사하거나 항공기로부터 표적 정보를 지원 받아 수상함을 타격할 수 있지만, 이 역시 잠수함의 위치가 노출되는 위험이 따르게 된다. 인민해방군 해군의 저소음 디젤-전기 잠수함들은 자국의 항구 가까이에서 작전을 수행할 수 있으므로 대만을 둘러싼 무력충돌 상황에서 미국과 동맹국의 잠수함보다 수적으로 우세할 것이다. 또한 이들 잠수함은 인민해방군의 센서 네트워크와 항공기, 무인 정찰기의 지원을 받는 이점도 누릴 것이다.

  미국과 동맹국의 지휘관들은 정찰과 표적 식별 임무에 한정하여 잠수함을 활용하고, 그럼으로써 잠수함의 은닉성을 유지하고 피격 위험을 줄이는 편이 더 나을 수 있다. 잠수함은 대만 해협이나 그 외 다른 해역에서 인민해방군 해군의 수상함을 식별하여 그 정보를 폭격기에 전달함으로써 위성과 RQ-180 무인 정찰기가 제공한 데이터를 보완할 수 있을 것이다.

요약하자면, 미국과 동맹국의 센서, 통신 자산, 그리고 폭격기와 같은 "타격수단"으로 구성된 전투 네트워크는 향후 인민해방군의 대만 침공을 저지하기 위한 강력한 역량을 제공할 수 있을 것이다. 이는 B-21 Raider 폭격기가 상당수 실전 배치되는 2030년경에는 확실히 그러할 것이다. 그러나 2020년대 후반까지는, 낙후되고 기술적으로 뒤처진 미국 폭격기 전력은 본국 기지와 멀지 않은 곳에서 작전을 수행하는 인민해방군 전투기를 상대로 우위를 점하지 못할 수도 있다. 그 결과는 정책결정자들이 전투를 수행하는 미군 지휘관들에게 발령하는 교전 수칙과 미군 승무원들이 사용할 수 있는 무기에 달려 있을 수 있으며, 이에 대해서는 다음 절에서 다룬다.

중국 본토에 대한 공격: 너무 위험한가, 아니면 불가피한가?
Attacking China's Territory: Too Dangerous or a Compelling Necessity?

로버트 블랙윌과 필립 젤리코는 미국 외교협회에 제출한 대만 위기에 관한 보고서에서, 미국과 동맹국이 최초 대응의 기본 구성요소로서 중국 본토에 대한 타격을 포함하는 군사 계획에 대해 강력하게 반대했다. 이들은 대만에 대한 중국의 주권을 시위하고자 하는 인민해방군의 공중 및 해상 봉쇄(air and maritime quarantine) 상황을 염두해 두고 이러한 권고를 내놓은 것이었다.[35] 인민해방군이 대만 주변에서 군사적 우위를 점할 가능성이 높기 때문에, 이들은 중국에 군사적 결과보다는 정치적, 경제적, 금융적으로 피해를 입히는 방식에 더 의존하는 대응책을 제안했다. 이는 제6장에서 논의된 '응징에 의한 억지' 접근법을 활용하는 것이었다.

블랙윌과 젤리코는 인민해방군이 미국과 동맹국의 구호 수송대에 먼저 발포하게 만드는 동맹 전략(allied strategy)을 선호했다. 그러한 상황이 발생할 경우, 미국과 동맹국 군대는 대응 대상을 대만 주변에서 활동 중인 인민해방군 전력으로 국한하고, 중국이 미국이나 동맹국을 먼저 공격하지 않는 한 중국 본토에 대한 타격은 피하는 것이다. 이 전략은 무력충돌로 갈등을 고조시키는 선택을 중국이 하게 함으로써, 그에 따른 전쟁과 결과에 대한 책임을 중국이 지게 만드는 것이다.36

만약 인민해방군이 민간 구호 수송대와 호위하는 해군 함대만을 공격한다면, 미국과 일본, 그리고 다른 동맹국들은 오키나와, 일본 본토, 괌, 팔라우 등 인근 기지에 배치된 대규모 전술 항공 전력을 활용할 수 있다. 다수의 F-22 스텔스 공중우세 전투기와 F35 타격기를 투입하면 대만 상공에서 인민해방군의 전쟁 계획을 좌절시킬 수 있을 것이다. 그러나 연합군 기획자들은 중국이 이들 기지에 대한 공격을 자제할 것이라고 기대해서는 안 된다. 인민해방군 지휘관들이 연합군이 전술 항공 전력을 유지하도록 내버려두는 것은 상상하기 어려운 일일 것이고, 특히 그들은 이미 수년 전부터 무력충돌 시 연합군 기지들을 공격하여 이러한 항공 전력을 제거하기 위한 준비를 해왔을 것이기 때문이다.

그렇다면 오키나와와 일본 본토, 괌에 대한 인민해방군의 타격이 미국과 동맹국이 중국 본토 내 인민해방군의 군사 자산을 폭격기나 장거리 순항미사일로 공격하는 것을 정당화할 수 있는가? 이에 대해 블랙윌과 젤리코는, 위기 상황이 '전면전(general war)'으로 확대될 경우에 대비하여, 미국은 그러한 선택지를 보유해야 한다고 분명하게 밝혔다. 그러나 그들의 견해는, 미국과 동맹국은 이러한 확전을 피하기 위해 노력해야 하며 어떤 경우에도 이를 먼저 시작해서는 안 된다는 것이다. 그들은 그러한 전쟁이 초래할 수 있는 전체적인 피해를 제한하는 것이 매우 중요하다고 강조했다. 또한, 미국과 동맹국의 최선의 억지 자산은 정치적, 경제적, 금융적 수단들이며, 연합군이 성급히 "전면전"으

로 확전시키면 이러한 억지 자산들을 허비할 수도 있다고 주장했다.[37]

하지만 미국과 동맹국의 군사 지휘관들이 중국 본토의 인민해방군 기지를 타격하지 않고도 대만을 둘러싼 전투에서 승리할 수 있을까? 인민해방군이 대만을 공격한다면, 중국 본토는 대만의 항공기와 미사일 공격으로 인해 피해를 입을 가능성이 매우 높다. 따라서 대만의 공군 전력과 지대지 미사일 능력을 제압하는 것이 인민해방군의 주된 공격 목표가 될 것이다. 그러나 대만 방어군도 본토에 있는 인민해방군 해군기지, 공군기지, 미사일기지, 지휘소, 탄약창, 집결지 등에 대해 어느 정도는 폭탄 및 미사일로 피해를 입힐 것이 거의 확실하다. 이러한 상황에서 미국 지도자들이 직면하는 정책적 쟁점은, 대만이 이미 감행한 본토의 표적에 대한 타격에 미군 전력이 가세할 것인지 여부이다.

군사적 효율성의 관점에서 볼 때, 적의 기지를 공격하는 것은 필수적이다. 군사력은 복잡한 체계로, 그 체계에는 적이 압박을 가할 수 있는 약점들이 존재한다. 예를 들어, 전투기를 격퇴하기 가장 어려운 장소는 공중이다. 항공기가 설계된 기능을 수행하고 설계된 역량을 발휘하게 되어 있는 공간이 공중이기 때문이다. 반면에, 지상에서의 항공기는 훨씬 더 취약하다. 지상은 항공기가 원래 설계된 기능을 수행하는 공간이 아니기 때문이며, 이것이 공군기지가 군사 작전에서 최우선 타격 목표가 되는 이유이다. "항공기 시스템"의 또 다른 취약점들은 항공기의 운용을 위해 필수적인 지원 요소들인 조종사와 정비 인력, 예비 부품, 연료, 탄약 저장소, 지휘통제 네트워크 등이다. 항공기 시스템에서 최고의 표적은 아마도, 적어도 장기적인 작전에서는, 항공기 생산 공장일 것이다. 공장을 파괴하거나 손상을 가하면 항공기가 존재하기도 전에 그것을 파괴하는 것이기 때문이다. 동일한 시스템 논리가 수상함, 잠수함, 지상 전력에도 적용된다. 결정적인 연합군 군사 작전은 인민해방군의 전투 시스템을 무력화하는 작전을 필요로 하는 것처럼 보인다.

그러나 인민해방군 전투 시스템의 구성요소들을 공격하는 것 말고도, 미국의 정책결정자들이 공격할 수밖에 없다고 느낄 만한 중국 본토 내의 표적들이 존재할 수 있다. 예를 들어, 지상 발사 위성요격 미사일이나 지상 기반 위성공격 레이저 무기(ground-based antisatellite laser dazzler) 같은 인민해방군의 대우주 전력(counterspace forces)이 미국의 영상촬영 위성이나 통신 위성을 공격한다면, 미국의 정책결정자들과 군 지휘관들은 중국 본토 내에 있는 인민해방군의 대우주 전력에 반격을 해야 한다고 느낄 수도 있는 것이다. 대만 인근을 비행하는 미군 항공기에 미사일을 발사하는 중국 연안 근처의 인민해방군 지대공 미사일 부대에도 동일한 논리와 긴급성이 적용될 수 있다.

중국은 지휘 통제 시스템과 군수 관련 자산, 미사일 전력, 그리고 해군 자산 일부를 벙커와 첨단 지하시설에 보호하는 데 상당한 자원을 투입해왔다.38 따라서 미국은 이 표적들을 공격하는 데 필요한 폭탄을 탑재할 수 있는 대형 스텔스 폭격기를 필요로 할 것이다. 그리고 그러한 표적들을 위협할 수 있는 능력을 보유하는 것은 실효성 있는 억지 전략의 가장 중요한 구성요소 중 하나일 것이다. 벙커 안에 숨겨둔 귀중한 군사 자산을 위험에 처하게 할 수 있는 적에 대해서는 중국 지도부도 좀 더 자제심을 가지고 행동할 것이다.

중국에 대한 미국과 동맹국 군사 작전의 핵심 목표는 서태평양의 국제 해역과 공역空域에서 해상 및 공중 교통로에 대한 통제권을 회복하고 유지하는 것이다. 과거에는 이러한 임무가 주로 적 해군을 격파하고 해양 통제권을 확보할 책임을 맡은 해군 전력의 몫이었다. 그러나 인민해방군이 지상 기반 미사일과 항공 전력을 통해 중국 근해를 장악할 수 있는 능력을 갖추게 되면서, 미국의 정책결정자들과 지휘관들은 과거와 다른 낯선 환경에 직면하게 되었다. 우월한 해군력만으로는 중국 근해는 물론이고 중국 해안으로부터 3,000km까지 뻗어 있는 서태평양에 대한 해양 통제권(Sea Control)을 확립할 수 없게 된 것이다. 해양 통제권을 확립하려면 중국의 지상 기반 미사일 전력과 항공력 또한 제압되어야 하고, 그것을 하려면 중국 본토 내 표적에 대한 공격이 필요할 것이다.

중국의 지상 기반 대함 미사일과 항공 전력을 제압하기 위해서 미국은 새로운 기술과 전술을 필요로 할 것이다. 미군 기획자들이 직면한 문제는, 중국의 미사일과 항공 전력을 구성하는 요소들이 대부분 분산되어 있고, 기동성이 있으며, 강화 시설이나 지하시설에 숨기거나 대피시킬 수 있게 되어 있다는 점이다. 예를 들어, 중국의 DF-21D 대함 탄도미사일은 이동식 발사대TEL로 운반, 발사하는 중거리 미사일(통상 사거리 1,000~3,000km인 미사일—옮긴이)을 기반으로 개발되었다. 중국의 지상 기반 대함 미사일 및 지상 공격 순항미사일도 대부분이 이와 마찬가지로 이동식 발사대에 탑재된다. 또한, 폭격기와 전투기 등 중국의 해상 타격 항공 전력은 수십 개의 공군기지에 분산 배치되어 있고 이들 기지 대부분은 공격에 대비하여 강화되어 있다.[39]

일단 B-21 폭격기가 미 공군의 운용 전력에 포함되면, 방공망이 구축된 공역에서 체공하며 지상의 표적들을 탐색할 수 있게 되며, 이는 기동성 있는 표적을 탐지, 타격하는 문제를 해결하는 한 가지 방법이 될 것이다. 그러나 이는 비용이 많이 드는 접근방식으로, 경제적 측면에서 미국에 불리하다. 중국은 미국이 폭격기를 더 생산하는 데 드는 비용보다 훨씬 적은 비용으로 미사일과 이동식 발사대TEL를 더 생산할 수 있기 때문이다. 찾는 자와 숨는 자가 벌이는 이 경쟁에서, 미국은 비용이 덜 드는 전략을 필요로 한다.

1990년대에 미 공군은 저비용 자율공격 시스템(Low Cost Autonomous Attack System)을 개발했는데, 시험에는 성공했지만 이후 이 사업은 폐기되었다. 저비용 자율공격 시스템LOCAAS은 길이 약 1미터 정도의 소형 제트 추진 무인기UAV로, 지상에서 특정 표적을 자율적으로 찾아낸 뒤 공격하도록 설계되었다. 적의 방공망 바깥에서 항공기가 저비용 자율공격 시스템을 발사하면, 이 무인기는 미리 지정된 정찰 지역으로 비행해 들어가 이동식 발사대 같은 특정한 표적을 탐지하기 시작한다. 이 저비용 자율공격 시스템은 자율주행차의 센서와 유사한 정밀 레이저-레이더LIDAR 센서를 이용하여 표적을 탐지하고, 표적을 찾으면 바로 돌진해 파괴하게 된다. 만약 적절한 표적을 찾기 전에 연료가 소진되면 수면이나 빈 들판에 충돌해 자폭하게 된다. 저비용 자율공격 시

스템 4기를 투입하면 연료가 소진되기 전까지 최대 100km² 지역을 탐색할 수 있었다.[40]

이 저비용 자율공격 시스템은 미군에게 적의 방공망 내에서 중요하고 기동성 있는 표적들을 안전하게 탐지하는 능력을 제공하기 위해 설계되었다. 미군은 한 번에 수백 발의 저비용 자율공격 시스템을 이동식 발사대 운용이 의심되는 지역에 발사하여 이동식 발사대들을 파괴하거나 미사일을 발사할 수 없는 지역으로 도피하게 만들 것이다. 이러한 개념은 약 7만 달러의 대당 한계 비용으로 1만 기 이상의 소형 무인기 생산을 요구했다.[41] 그 정도 비용이라면, 중국이 이동식 발사대 탑재 순항미사일과 탄도미사일이나 수동 및 능동 방공체계를 추가적으로 생산하는 비용과 비교했을 때, 미국이 생산 경쟁에서 우위를 점할 가능성이 있었다.

자율 의사결정 기능은 저비용 자율공격 시스템LOCAAS의 핵심적 특성으로 간주되었다. 설계자들은 전자전과 재밍, 그리고 미군 통신체계에 대한 적의 공격으로 인해 전투에 투입된 저비용 자율공격 시스템이 후방 지휘소 운용요원과의 연결을 유지할 수 없을 것이라고 가정했고, 따라서 저비용 자율공격 시스템은 자체적으로 공격 결정을 내리도록 설계되었다. 그러나 이 사업이 종료된 2000년대 초만 해도, 그와 같은 로봇의 치명적 자율성(lethal autonomy)은 미 국방 당국이 넘어서기 꺼리는 명백한 문화적 장벽이었다.[42] 심지어 레이저-레이더LIDAR가 항공기 조종식의 인간보다 더 높은 수준의 표적 식별 정확성을 달성했을 때조차, 로봇의 치명적 의사결정과 관련한 문화적, 정치적 민감성은 저비용 자율공격 시스템 사업을 중단으로 이끌었다.

그러나 중국의 지상 기반 대함 전력(antinavy forces)이 제압되지 않는 한, 미국과 동맹국은 중국 근해에서 자국 군함을 안전하게 운용할 수 없을 것이며, 따라서 항행의 자유를 재확립할 수 없다는 점은 변함이 없다. 설령 미국과 동맹국의 항공력과 잠수함이 중국 해군을 격퇴하는 데 성공한 후에도(그 자체로도 매우 어려운 과제이지만), 미국과 동맹국들은 중국의 기동성 있는 미사일 전력과 분산 배치되고 방호된 항공력을 상대할 감당 가능하고 경쟁력 있는 대응책으로서 저비용 자율공격 시스템 같은 무기체계가 필요할 것이다.

　1990년대에 개발된 저비용 자율공격 시스템LOCAAS 초기 모델은 개념적으로는 획기적이었지만, 광대한 태평양 전구(theater)에서 효과적으로 운용되기에는 성능이 부족했다. 이 모델의 작전 가능 거리는 약 100km에 불과했고, 체공하며 탐색할 수 있는 시간도 고작 30분으로 제한되었다.[43]

　미군은 자율 탐색-공격 무기, 즉 저비용 자율공격 시스템보다 더 우수한 성능의 후속 모델로 신속히 전용될 수 있는 기존 기술을 보유하고 있다. 예를 들어, 미 공군은 이미 1,000기 이상의 소형 공중발사 기만체Miniature Air-Launched Decoy를 확보하고 있다. 이 소형 공중발사 기만체MALD는 공격기보다 앞서 비행하면서 적의 방공 시스템에 위협적인 목표물처럼 보이도록 하는 것을 임무로 한다. 소형 공중발사 기만체가 임무에 성공할 경우, 적이 자신들의 방공 레이더와 지대공 미사일 발사대, 방공용 요격기의 위치를 아군의 공격기들에 노출하도록 유도하게 된다. 그렇게 되면 아군 항공기들은 그러한 위협 요인들을 회피하거나 선제적으로 타격할 수 있을 것이다. 각각의 소형 공중발사 기만체는 길이 3m에 무게는 135kg에 불과하며, 탑재된 소형 제트 엔진을 통해 약 900km를, 높은 아음속의 속도로 비행할 수 있다. 공군과 해군이 도입한 최신 모델인 MALDJ는 전자기 재머(jammer)를 장착하고 있다. 2013년에 미 공군은 MALDJ 1회차 생산분을 한 기당 약 40만 8,500달러에 구매한 바 있다.[44]

　미 공군은 소형 공중발사 기만체나 이와 유사한 소형의 저비용, 소모성 미사일을 자율 탐색-공격 기능을 갖춘 무기로 개조할 수 있을 것이다. 저비용 자율공격 시스템LOCAAS과 마찬가지로, 소형 공중발사 기만체를 공격용으로 개조한 모델은 적외선 영상 센서와 밀리미터파 레이더 센서 외에도 레이저-레이더LIDAR 센서를 장착할 것이고, 이를 통해 낮과 밤은 물론 흐린 날씨에도 특정 표적을 정밀하게 식별할 수 있을 것이다. 소형 공중발사 기만체 공격형 모델은 저비용 자율공격 시스템보다 훨씬 높은 고도에서 비행할 것이고, 따라서 미사일 1기당 최대 3,000km²에 이르는 영역—저비용 자율공격 시스템 최초 모델의 25km²에 비해 훨씬 더 넓은 영역—을 탐색할 수 있다. B-2 또는 B-21 폭격기 한 대는 현실적으로 소형 공중발사 기만체 공격 미사일을 최대 100기까지 탑재할 수 있으며, 이 모두를 운용하면 이동식 발사대TEL 탑재 대함 미사일을 찾기 위해 최대 30만 km²에 이르는 지형을 탐색할 수 있다. 많은 미사일 이동식 발사대는 도로를 벗어나 이동할 수 없거나, 대부분 단단하고 평탄한 지면으로 이동이 제한되기 때문에 실제로 탐색이 필요한 면적은 더 줄어들 것이다.[45]

이러한 개념 하에서, 소수의 B-2 또는 B-21 폭격기는 수백 기의 소형 공중발사 기만체MALD 공격형 모델을 투입할 수 있으며, 이들 공격형 모델은 미사일 이동식 발사대를 탐색하고, 발견한 발사대를 공격하여 파괴하고, 그리고 남아 있는 발사대의 발사 능력을 억제할 것이다. 비록 일시적일지라도, 이러한 미국의 자율 탐색-타격 능력의 단순한 위협만으로도 인민해방군의 지상 기반 대함 전력(antinavy forces)을 저하시킬 것이고, 이는 연합군 해군 전력이 작전에 있어 더 많은 자유를 누리게 할 것이다.

미국과 동맹국들이 서태평양에 대한 통제권을 되찾고자 한다면 이 같은 능력을 필요로 할 것이다. 저비용 자율공격 시스템LOCAAS 개념에 기반한 저비용 자율 시스템을 활용하는 것은 매우 경쟁력 있는 접근법이 될 수 있다. 미국이 이러한 자율 탐색-공격 능력을 위한 프로그램을 확대하는 데 드는 비용이 인민해방군이 미사일과 이동식 발사대, 방어 체계를 더 많이 확보하기 위해 써야 하는 비용보다 적을 것이기 때문이다.[46]

블랙윌과 젤리코가 중국 본토에 대한 공격을, 적어도 미국의 최초 대응에서 기본 요소로 포함하지 않도록 강력히 권고한 데에는 타당한 이유들이 있다. 대만과 다른 유사한 시나리오들에 초점을 맞춘 워게임과 시뮬레이션을 수년간 반복한 결과, 일견 사소해 보이는 군사적 확전이 심각한 위험으로 이어질 수 있음이 드러난 것이다. 이러한 많은 시뮬레이션에서 양측의 의사결정자들이 전술적인 군사적 우위와, 상대방이 추가적인 파괴가 두려워 물러서게 되는 지점을 추구함에 따라, 확전은 핵전쟁의 문턱까지 전개되거나 그 문턱을 넘어섰다. 이러한 경험에서 얻은 교훈은 인도주의적 차원에서 뿐만 아니라 교전국들이 체면과 위신의 압박이 너무 커지기 전에 분쟁에서 벗어날 출구를 쉽게 찾을 수 있도록 가능한 한 낮은 수준으로 갈등을 유지해야 한다는 것이다.

그렇다 하더라도, 미국의 정책결정자들이 바라든 그렇지 않든, 일부 교전국(예컨대, 대만군)의 공격으로 중국 본토의 표적들이 타격을 당하는 일이 발생할 수 있다. 그 시점에 중국 지도부가 어떤 결정을 내릴지 또한 미국과 동맹국 지도자들의 통제 밖에 있을 것이다. 전 세계적인 도달 범위를 가진 미 공군의 폭격기 전력은 어떤 다른 잠재적 교전국도 보유하지 못한 자산이다. 인민해방군이 일본과 괌의 전술 공군기지에 대한 영토 타격으로 확전할 경우, 이 폭격기 전력은 인민해방군이 미국, 일본, 또는 다른 동맹국들에 투사할 수 있는 타격 능력보다 더 많은 중국 본토 타격 능력을 미국에 제공할 것이다. 이러한 "확전 우위(escalation dominance)"를 보유한 미군 기획자들은 유리한 조건으로 분쟁이 종결되도록 만들기 위해 그 능력을 어떻게 사용할지 심사숙고해야 한다.

08

센서와 미사일 시대 해군력의 역할

Roles for Naval Power
in the Sensor and Missile Age

중국 근해에서 미사일 전투가 시작되면 서태평양 대부분의 지역에서 해상 무역이 중단될 가능성이 높다.[1] 상선의 선주와 승무원들은 대함 미사일 포격이 가해지는 전쟁 구역(war zone)을 항해하려 하지 않을 것이고, 선박이 그 전쟁 구역을 피해 갈 수 있었다면 그곳에서 발생한 손실을 보상해줄 보험사도 거의 없을 것이다.

지금까지 설명한 여러 이유들로 인해, 중국과의 전쟁 초기 국면에서 미국과 동맹국들은 서태평양의 제해권을 상실할 가능성이 높다. 미국이 주도하는 동맹은 현재 세계에서 가장 큰 해군 전력과 자국의 항구 가까이서 작전을 수행하는 함대를 보유한 인민해방군 해군을 상대로 싸워야 하기 때문이다. 미국 주도의 동맹은 중국의 지상 기반 대해군 전력과도 싸워야 하는데, 그러한 전력은 장거리 대함 탄도미사일과 순항미사일, 그리고 세계 최고 수준의 순항미사일로 무장한 수 백기의 항공기로 구성되어 있으며, 정교하고 풍부한 정찰 및 지휘 네트워크의 지원을 받을 것이다. 인민해방군 해군을 격퇴한다고 해서 그 자체로 제해권과 항행의 자유를 회복할 수 있는 것도 아니다. 제해권을 되찾기 위해서는 인민해방군의 지상 기반 대함 전력 또한 격퇴하거나 또는 퇴각하도록 유도해야 한다.

이러한 사실은 인민해방군이 스스로 제해권을 확보할 것이라는 의미는 아니다. 미국과 동맹국의 잠수함, 그리고 미국의 장거리 항공력이 인민해방군 해군의 수상함을 위협할 것이며, 중국의 수상함 또한 미국과 동맹국의 센서 네트워크에 의해 쉽게 식별될 수 있으며 대함 미사일과 어뢰에 취약할 것이다. 그 결과 서태평양에서 상호 해역 거부(sea denial)가 될 가능성이 높고, 서태평양은 모두에게 치명적인 해상 전쟁 구역이 될 것이다.[2]

미국과 동맹국의 정책결정자들은 전통적으로 인도-태평양 지역 해양에 대한 통제권을 유지하기 위해 태평양 함대에 의존해왔다. 과거에는 이러한 도전의 군사적 분석은 양측 함대의 비교를 수반했으며, 그 결과는 항해술, 지휘 능력, 함선과 무기 기술, 동맹국, 전술, 날씨, 그리고 전쟁에서의 행운 같은 요소들에 의해 좌우되었다. 최근까지도 (항공기를 탑재한 함정을 포함해) 함정과 승조원들이 제해권을 어느 나라가 장악할지를 결정한다는 점에 대해서는 의문이 거의 없었다.

그러나 군사기술의 혁명이 이러한 분석을 뒤집어놓았다. 지상 기반의 대함 능력이 대양 깊숙이까지 도달하게 되면서, 적 함대를 침몰시키는 것은 제해권을 확립하기 위한 첫 단계일 뿐이다. 적의 지상 기반 공군력과 미사일 전력까지 제압 또는 파괴하는 것이 필수적이고 이제는 더 어려운 일이다.

20여 년 전부터 이 문제를 인식했던 해군 지휘부는 최근 10여 년 동안 그 문제에 대처하기 위해 점점 더 큰 시급성을 갖고 노력해왔다. 그러나 이번 세대의 군사기술 혁명이 항공모함을 포함한 해군의 수상함 전력을 압도했으며, 해군이 오랫동안 유지해온 해양 통제와 전력 투사에 관한 작전 개념을 시대에 뒤떨어진 것으로 만들었다. 항공모함과 원정타격단(expeditionary strike groups)을 중심으로 한 해군의 전통적 작전 방식은 인민해방군의 전투 네트워크를 상대로 더 이상 유지될 수 없다. 그리고 미 해군 무기의 사거리가 인민해방군 무기의 사거리보다 짧다는 점을 고려한다면 인민해방군의 사정거리 안으로 들어가야 하는데, 많은 연구와 실험, 노력에도 불구하고, 해군의 원정타격단이 인민해방군의 미사일 교전 구역 깊숙이 들어가서 전투를 벌이고 생존할 수 있도록 하는 기술적, 전술적 해법은 보이지 않는다.

하지만 이것이 해군이나 해군 전력이 시대에 뒤떨어졌다는 뜻은 아니다. 이번 장에서 설명하겠지만, 미국과 동맹국 해군은 중국과 인민해방군을 상대로 한 장기적 경쟁에서 몇 가지 핵심적 역할을 수행하게 될 것이다. 그러한 핵심적 역할에는 분쟁이 발생하기 전에 동맹국 및 파트너들에게 주둔을 통한 안심을 제공하는 일과, 중국과의 끝을 알 수 없는 평시 경쟁에서 억지력을 강화하는 일이 포함될 것이다. 또 다른 핵심적 역할은 분쟁이 끝나는 시점에 안보를 회복하고 제해권을 재확립하며 해양 및 도서 영토들을 되찾는 일일 것이다.

그러나 군사기술의 혁명을 활용하기 위해 막대한 투자를 해온 중국과 같은 재래식 전력 강대국을 상대로는, 미국과 동맹국 해군의 수상함 전력은 가장 격렬한 물리적 충돌 상황에서 그 역할이 축소될 것이다. 미사일의 위협은 이제 수상함의 전통적인 전투 역할을 제한하고 있으며, 이들 함정이 잘못 운용될 경우 심각한 위험에 직면하게 만들었다. 정책결정자와 지휘관들은 현재와 같은 군사기술 혁명의 시기에 해군 전력의 역할에 대한 기대치를 재설정할 필요가 있다.

군사기술의 혁명이라는 현실은 해군 전력을 설계하고, 획득하고 운용하는 방식에 있어 상당한 변화를 강제한다. 해군 전력을 확보하고 유지하는 비용은 중국 같은 동급 수준의 경쟁자를 상대로 하는 장기적인 경쟁 전략의 주요 요소가 될 것이다. 경쟁 전략에서, 해군 전력의 설계는 중국에 비용을 부과하는 방향으로 이루어져야 한다. 더 나아가, 미국과 동맹국의 정책결정자들은 중국이 그들에게 비용을 부과하고 있는 현재의 함정에서 벗어나야 한다. 이는 비용을 최소화하고, 대신에 전체 국방 프로그램 내에서 "전력의 효율성(economy-of-force)" 원칙(클라우제비츠가 제시한 전쟁의 9대 원칙 중 하나로, 가용한 모든 전투력을 가능한 한 가장 효과적으로 사용하는 것을 의미한다―옮긴이)을 뒷받침하는 해군 전력의 설계를 의미한다.

이러한 것들은 논란의 소지가 있지만 불가피한 결론이다. 현재의 군사기술 혁명은 군사적 개념들을 뒤집어왔던, 군사 역사 전체를 관통하는 일련의 유사한 혁명의 연장선상에 있다. 기병, 장궁長弓, 대포, 강선 머스켓rifled musket, 철도, 무선통신, 항공기, 그리고 우주선의 등장이 그러한 역사적 사례들이다. 승자는 변화들을 수용하고, 그것들의 함의를 예측했으며, 자국의 전력과 운용 방식을 새로운 현실에 맞게 조정한 이들이었다.[3] 오늘날의 승자는 현재 진행 중인 군사기술 혁명이 갖는 함의를 그들의 군사 전력과 군사 개념에 적용하는 정책결정자와 기획자들일 것이다. 이러한 함의는 무엇보다 해군 전력에 가장 영향을 미친다.

해군 전력은 더 이상 무엇을 할 수 있는가: 미래 위협 환경에서 해군의 전통적 임무
What Can Naval Forces Do Anymore? The Navy's Traditional Missions in a Future Treat Context

미 해군, 해병대, 해안경비대 등 해군 관련 기관들은 2020년 12월, 그들의 최신 공개 전략 문건을 발간했다. 이 문건은 평시에 미군 전력의 가시적인 전진 배치를 제공하는 것부터 전시에 군함과 잠수함이 적의 함정과 지상 목표물을 공격하는 데 기여하는 것까지, 분쟁의 전 영역에 있어서 해양 전력이 수행하는 역할을 강조했다. 또한 이 문건은 해안경비대를 포함해 해군 전력이 수용 가능한 행동 규범을 설정하고 수호하며, 상업 활동을 위한 항행의 자유를 수호하고, 다른 국가들과의 동맹을 구축하고 보장하며, 그리고 공격적 행위자가 기회주의적인 기정사실화 영토 장악이나 다른 적대적 행동을 고려하는 것을 억지하는 데 중요한 역할을 수행한다는 점을 강조했다.[4]

그렇다면 인민해방군과 같은 동급의 적수를 상대로 한 고강도 전투에서 해군 관련 조직들의 역할은 어떠할 것인가? 위 전략 문건은 해군과 해병대가 육군, 공군, 우주군, 그리고 동맹국을 포괄하는 훨씬 더 광범위한 합동군의 일부로 싸우게 될 것이라고 단언했다. 위 문건은 해상에서 그리고 적의 해군과 지상 전력을 상대로 해서 승리할 수 있는 여건을 조성하는 데 있어 공군 폭격기를 포함한 항공 전력이 수행해야 할 지원에 대해 명시적으로 논의했다.[5] 성공적인 해상전이 어떻게 모든 군의 기여와 모든 영역(우주, 공중, 해상, 지상, 사이버 등)에서의 성공을 필요로 하는지 논의한 것은 현재의 군사기술 혁명이 해군이 단독으로 달성할 수 있는 것에 있어 중대한 변화를 가져왔음을 인정하는 것이다.

잠수함의 지원을 받는 장거리 항공 전력은 필연적으로 수상함의 주된 포식자가 될 것이다. 인민해방군 수상함을 신속히 파괴할 수 있는 능력을 보유하는 것은 대만, 센카쿠 열도, 또는 인민해방군이 쟁취하고자 하는 다른 유사한 군사적 목표물에 대한 중국의 기정사실화 공격을 저지하는 최선의 방법이 될 것이다. 중국의 해양 전력에 대응하는 이러한 능력을 확실하게 보유하는 것은 서태평양과 그 너머에서 거부에 의한 억지를 강화할 것이다.

이러한 점이 인민해방군이 군사기술의 혁명을 활용하고 있는 상황과 관련하여 미국과 동맹국의 해군 전력 설계에 시사하는 바는 무엇인가? 다음 절에서는 이 질문에 대한 과거와 현재의 사고에 대해 논의한다.

새로운 해군 설계, 과거와 미래
New Navy Designs, Past and Future

중국과의 안보 경쟁에서 미국과 동맹국들은 해양에서의 성공, 그리고 전반적인 전략적 성공을 인도-태평양 지역 전역, 특히 중국의 대함 전력(antinavy forces)이 가장 강력하게 버티고 있을 동중국해와 남중국해에서 항행의 자유를 유지하는 것으로 정의할 것이다. 그러나 현재 미국의 함대 설계는 이러한 목표를 달성하기에 점점 더 부적합해지고 있다.

최첨단 유도미사일을 장착한 구축함과 순양함으로는 해군이 달성해야 할 임무들을 더 이상 완수할 수 없다. 가장 기술적으로 발전한 다목적 수상 전투함임에도 불구하고, 이들 함정은 성능은 향상되고 비용은 하락하고 있는 정밀 대함 미사일과의 경쟁에서 점점 밀리고 있다. 구축함과 순양함의 최우선 임무는 항공모함을 공중 공격과 미사일 공격으로부터 방어하는 것이다. 그러나 현재와 같이 대함 미사일의 포화 공격으로부터 항공모함을 확실하게 방어할 수 없다면, 해군의 항모전단은 더 이상 중국 근해에서 쓸모가 없어질 것이다. 그곳에 전단을 배치하는 것은 실로 인민해방군의 전투 네트워크에 상징적 중심 COG을 그대로 노출시키는 것으로, 이는 제대로 된 전략이 해야 하는 것과는 정확히 반대되는 조치이다.

오랜 기간 제기되어온 이러한 우려에 대한 대응으로, 일부 해군 이론가들은 군사기술의 혁명에 적응하기 위해 미국 해군력을 근본적으로 재설계해야 한다는 요구를 제기해왔다. 2009년, 미 국방부 총괄평가국ONA은 예비역 해군 대령이자 캘리포니아 몬터레이에 위치한 해군대학원Naval Postgraduate School 작전술 연구 교수인 웨인 휴즈Wayne Hughes에게 인민해방군의 대함 미사일과 센서의 점점 가시화되는 위협에 대해 연구하도록 의뢰했다. 그해, 휴즈와 그의 동료들은 해군을 극적으로 재편할 "전투기계로서의 새로운 해군New Navy Fighting Machine"을 제안하는 보고서를 발표하였다.

휴즈의 설계는 대규모 항모전단을 중심으로 조직된 해군의 구조에서 탈피하는 것이었다. 보고서는 거대한 핵추진 항공모함을 중심으로 한 항모전단을 11개에서 6개로 줄이고, 대신에 단거리 이륙과 수직 착륙이 가능한 F35B 전투기를 탑재한 좀 더 작은 항공모함 전력을 구축할 것을 권고했다. 동일한 취지에서 휴즈는 해군에, 정교하고 값비싼 다목적 유도미사일 구축함을 더 단순하고 더 저렴하고 더 작은, 단일 목적의 다양한 함정들로 대체할 것을 제안했다.[7] 또한 그는 더 크고 더 다양한 함대가 전투에서 더 높은 회복력을 발휘할 수 있다고 주장하면서, 이 책에서 조언하는 바와 같이 장거리 무인기와 폭격기에 더하여 더 많은 잠수함을 확보할 것을 권고했다.[8]

휴즈의 구상을 따른다면, 상대적으로 저렴한 단일 용도의 소형함들이 과도한 사양의 값비싼 함정들을 대체할 것이므로, 함대는 수적으로 커질 것이다. 이 구상으로 인해 미국의 조선업계가 이득을 얻게 되는데, 이러한 함대를 구축하기 위해서는 현재 가동 중인 것보다 더 많은 조선소가 필요하기 때문이다. 해군도 조달 부문에서 이익을 보게 되는데, 더 많은 계약자들이 계약을 따내기 위해 경쟁해야 하기 때문이다. 마지막으로, 이 구상은 유지보수가 더 용이한 함정의 도입으로 이어질 것이고, 해군 인력들에게 더 나은 훈련과 지휘 기회를 제공하게 될 것이다.[9]

그러나 휴즈의 "전투기계로서의 새로운 해군" 구상이 중국과의 충돌 시 미해군이 동중국해와 남중국해에 대한 통제권을 유지하는 능력을 향상시킬 것인가? 이에 대한 휴즈의 견해는 낙관적이지 않았다. 그의 보고서는 중국 근해 주변에 있는 미국의 동맹국과 협력국들을 "방어하겠다는 의지를 대외적으로 보여줄 수 있는, 재정적으로 감당 가능한 수의 작고도 치명적인 전투함들을 확보"할 것을 권고했다. 그러나 그러한 전력—아마도 초계정과 코르벳함, 프리깃함보다 크지 않은 함정들—은 실질적인 군사적 능력을 제공하기보다는, 인민해방군이 미국인의 피를 흘리게 하고 그럼으로써 더 크고 값비싼 전쟁의 위험을 무릅쓰도록 강요하면서 희생적인 인계철선(sacrificial trip wire)으로 기능할 것이다. 휴즈는 인민해방군의 공격에 취약한 오키나와, 일본, 그리고 한국의 미 공군기지들 역시 동일한 인계철선 기능을 수행한다고 보았다. 이들 기지의 전투기들은 그 자체로 인민해방군 전력에 위협이 되고, 휴즈의 관점에서 중국이 값비싼 수평적 확전(horizontal escalation, 충돌의 지리적 범위가 확대되는 것—옮긴이)을 하도록 강제할 것이다. 그러나 휴즈는 장기화된 분쟁에서는 이들 기지가 미국 주도 연합군에 전술적 유용성이 거의 없을 것임을 시사했는데, 이는 이 책의 결론이기도 하다.

2013년, 해군 대령으로 퇴역한 후 해군전쟁대학the U.S. Naval War College의 해전연구소 소장을 지낸 로버트 루벨Robert Rubel은 휴즈의 "전투 기계로서의 새로운 해군" 구상을 큰 틀에서 지지하면서도, 중국 근해는 더 이상 해군의 가장 거대한 주력함들(항공모함, 순양함, 구축함)이 활동할 수 있는 장소가 아니라고 지적했다.[11] 대신 루벨은 미국은 수평선 너머에 있는 강력한 억지 전력으로부터 지원을 받는, 저렴한 소형 함정들을 중국 근해에 유지해야 한다는 점에 대해서 휴즈와 의견을 같이했다. 루벨은 미국이 '인계철선'으로 소모되는 함정들을 투입해서라도 중국 근해를 기꺼이 순찰하려 하기 전에는, 해군은 위험을 무릅쓰고 이들 해역에 전력을 배치하는 것을 점점 더 꺼리게 될 것이고 결국 이들 해역을 중국의 통제에 내어줄 것이라고 주장했다.[12]

'인계철선' 개념을 실행하려면, 이들 소형 함정이 공격을 받으면 개입하여 보복할 준비가 된 신뢰성 있는 위협적인 군사력이 수평선 너머에 존재해야 한다. 그러나 인민해방군이 전진 배치된 미군 기지들을 제압하고 중국에서 3,000km 또는 그 이상 떨어진 미군 항모전단을 공격할 수 있는 자신의 능력에 대해 자신감을 갖게 된 이후에는, 믿을 만한 위협적인 미군 전력은 폭격기와 이 지역에서 작전할 수 있는 소수의 잠수함에 국한될 것이다.

미국 해군 기획자들은 소형 수상함이 크기가 작으므로 중국 근처에서 항해할 때 발각되지 않을 것이라 가정해서는 안 된다. 제4장에서 논의했듯이, 중국의 정찰 군집위성, 무인 정찰기, 잠수함, 해상 민병, 그리고 다른 정보 수집 능력이 제2도련선까지의 수상 표적에 대한 데이터를 거의 실시간으로 인민해방군 지휘관들에게 제공할 것이다. 전천후 합성개구레이더SAR 영상이 이제 1m 이하의 해상도를 갖게 됨에 따라, 소형 함정도 탐지를 피할 수 없을 것이다.[13] 랜드RAND 연구소는 2013년 실시한 해군 설계에 관한 연구에서, "궁극적으로는 센서 기술의 혁신으로 인해 어느 곳에 있는 어떤 플랫폼이든 관측되고 취약해질 것이다."고 지적했다.[14] 그 "궁극적"인 순간이 바로 지금이다. 이제 미군이 보유한 가장 작은 수상함조차 중국의 센서 네트워크로부터 더 이상 숨을 수가 없다.

해병대의 새로운 작전 개념은 소대 규모의 미사일 부대라면 눈에 잘 띄지 않는 소형 연안 수송선을 이용해 섬에서 섬으로 기동할 수 있을 것이라 가정한다. 그러나 합성개구레이더SAR 정밀영상과 인민해방군의 다른 정찰 수단 앞에서는 수면 위의 거의 모든 것이 눈에 띌 수밖에 없다. 또한 어떤 동맹국의 미사일 부대라도 너무 작거나 위협적이지 않다고 해서 인민해방군의 미사일 공격을 피할 수는 없을 것이다. 표적에 비해서 대함 미사일의 생산비용은 낮아지고 성능은 향상됨에 따라 인민해방군 지휘관들로서는 탐지된 거의 모든 전투함을 공격하는 것이 경제적으로 타당해질 것이다. 예컨대, 미 해군의 새로운 소형 유도미사일 프리깃함은 한 척당 10억 달러 이상이 들지만, 같은 비용으로

인민해방군은 수백 기의 대함 미사일을 확보할 수 있을 것이다.[15]

해군의 최신 전략 문건은 더 작고, 더 저렴한 플랫폼에 기반한 "분산 작전 개념(distributed operating concepts)"을 논의했는데, 여기에는 승무원 없이 운용되도록 설계된 소형 로봇 또는 원격 작동 미사일 함정이 포함된다. 이러한 작전 개념의 목표는 적에게 대응해야 할 더 많은 표적을 제시하고, 미국과 동맹국 해군 전력의 미사일 배치와 치명성을 크게 확장하는 것이다.[16]

중국과의 대결 시나리오에서 항공모함이 지닌 심각한 단점을 고려한다면, 대안으로서 다수의 소형 함정에 분산 배치된 지상 공격 및 대함 미사일을 제시하는 것은 어렵지 않은 일이다. 그러나 미사일함도 나름의 약점을 지니고 있다. 해군의 수상함과 잠수함은 수직발사 시스템VLS을 통해 토마호크 순항미사일을 발사한다. 이 영리한 시스템은 이들 함정의 미사일 능력을 확장시켰고, 지휘관들이 예상되는 임무에 따라 함정의 미사일 무장 구성을 달리할 수 있게 했다. 그러나 단점은 해상에서는 미사일 발사관을 재장전할 수 없다는 점이다. 수상함과 잠수함은 반드시 항구로 돌아와 부두에 정박시킨 뒤 사용된 발사관을 재장전해야 한다.

이 부분이 항공모함 작전과 뚜렷한 대조를 이루는데, 항공모함 작전에서는 해상 보급함이 항모전단에 연료, 탄약, 식량, 예비 부품 및 기타 보급품을 재보급하여 항공모함이 몇 주 혹은 몇 달 동안 전투를 지속할 수 있도록 해준다. 반면, 수직발사 시스템을 항해 중에 재장전할 수 없다는 것은 미사일함 개념에 있어 심각한 제약으로 남아 있다.[17] 이 문제가 아직까지 해결되지 않고 있는 이유는 여전히 미스터리다. 논리적 결론은 해상에서의 미사일 발사관 재장전이 그 실행을 불가능하게 만드는 기술적 장벽에 직면해 있다는 것이다.

해군은 사거리 1,600km인 토마호크 블록 IV보다 훨씬 더 긴 사거리를 지닌 새로운 지상 공격 순항미사일LACM의 혜택을 보게 될 것이다. 현재 사거리로는, 해안 표적을 공격하는 해군 미사일함조차도 인민해방군 미사일 교전구역 안으로 들어가야 한다. 내륙에 있는 표적을 위협하려면, 미사일함은 수 시간 혹은 수일 동안 인민해방군 미사일 교전구역 안으로 항해해 들어가야 할 것이다. 따라서 미 해군이 중국의 동부 해안에서 내륙의 중요 목표를 공격하기 위해서는, 현재의 토마호크보다 최소 두 배, 혹은 세 배의 사거리를 지닌 지상 공격 순항미사일이 필요하다. 그러나 미 해군이 토마호크보다 더 긴 사거리를 지닌 후속 모델을 개발하고 있다는 공개적인 증거는 없다.[18]

미 해군은 재래식 탄두를 탑재한 잠수함 발사용 극초음속 무기를 개발 중이다. 계획된 사거리와 성능은 공개되지 않았으며, 2020년대 후반까지는 실전에 배치되지 않을 것으로 보인다.[19] 육군이 제안한 전구급 사거리(theater-range)의 극초음속 미사일과 마찬가지로, 해군의 극초음속 미사일 역시 고비용이고 소량만 운용될 가능성이 크다.

해군의 현재 설계 개념인 "분산된 치명성(distributed lethality)"은 2009년 국방부 총괄평가국의 의뢰로 휴즈가 수행한 연구에서 비롯되었다. 해군의 미사일을 더 많은 수의 소형 플랫폼에 분산 배치한다는 발상은 오랜 기간 지속되어왔던 해군의 설계에 비해 확실히 진전된 것이다. 그렇기는 하지만, 이러한 재설계 자체가 인민해방군의 지상 기반 공군력과 미사일 전력에 맞서 미 해군이 동중국해와 남중국해에 대한 통제력을 유지할 방법을 제공하지는 못할 것이다. 앞서 논의했듯이, 중국 같이 결연하고 강력하게 무장한 적에 대한 억지를 구축하려면, 미국 주도의 동맹은 고강도 전투에서 인민해방군이 그 목표를 달성하지 못하도록 거부할 수 있는 능력을 갖추어야 할 것이다. 이러한 시나리오에서 해군의 수상함은 인민해방군의 전투 네트워크에 노출되기 때문에 큰 기여를 하지는 못할 것이다.

그러나 미 해군과 인도-태평양의 해양 파트너들은 고강도 전투가 발생할 경우 여전히 몇 가지 중요한 역할을 수행하게 될 것이다. 따라서 정책결정자들은 해군 전력이 인민해방군에 맞서 기여할 수 있는 바에 대한 기대치를 조정하고, 이러한 수정된 기대치에 부합하는 해군 전력 설계를 요구해야 할 것이다.

재래식 억지력에서 해군의 역할
The Navy's Role in Conventional Deterrence

제5장에서는 오바마 행정부와 트럼프 행정부, 그리고 바이든 행정부 시기에 준비된 일부 해군 전력구조 계획들을 살펴보았다. 2016년 12월 발표된 355척 확보 계획과 2019년의 통합 해군전력 구조평가INFSA, 2020년의 미래해군 전력 연구FNFS 및 같은 해 12월 트럼프 행정부의 백악관 참모에 의해 유출된 기획안, 그리고 2021년 6월 바이든 행정부가 발표한 기획안이 이에 해당한다.[20] 이들 기획안은 모두 인민해방군 해군의 성장에 대응하기 위해 수립되었으며, 모든 기획안이 많은 수의, 때로는 수백 척의 유·무인 함정과 해군의 선박 건조 및 유지 예산의 대폭 확대를 제안했다.

이들 기획안은 제2차 세계대전 식의 조선소 동원을 통해 건설된 대규모 해군 함대 전력이 인민해방군의 전투 네트워크를 압도할 수 있다는 이론에 기반을 둔 것으로 보인다. 또한 기획자들은 많은 수의 소형 함정은, 인민해방군 센서가 그것들을 찾아내기 더 어렵다거나 또는 표적의 수가 인민해방군의 지휘 시스템을 압도할 것이라는 이유로, 어쨌든 미사일 공격으로부터 더 안전하리라고 믿었던 것처럼 보인다.

그러나 앞에서 지적했듯이, 기술적으로 가장 진보한 함정조차도 값싸지만 치명적인 정밀 대함 미사일의 포화 공격으로부터 보호받을 수 없다. 소형함 역시 인민해방군의 센서에서 벗어날 수 없다. 미 해군이 건조하려는 가장 작은 함정조차 길이가 최대 200피트(약 60m)에 이르는데, 반면에 중국의 우주 기반 합성개구레이더SAR 위성은 주야간, 전천후 조건에서 3피트(약 1m) 이하의 물체까지 식별할 수 있다. 더구나 이러한 함정들은, 단독으로 항해하든 편대로 항해하든, 유의미한 인민해방군 표적을 그들 무기의 사거리 안에 두기 위해서는 인민해방군의 미사일 교전구역MEZ을 며칠 동안 항해해야 한다. 이는 특히 대만 무력충돌 시나리오에서 그러하다.

정책결정자들은 지나치게 야심적인 해군 설계 계획과, 인민해방군의 전투 네트워크를 상대로 한 고강도 전투에서 즉각적인 성공을 거둔다는 해군의 비전을 버리고, 현재의 군사기술 혁명 동안에 해군 전력이 실제로 성취할 수 있는 과제에 부합하는 해군 설계를 요구해야 한다. 그렇다면 새로운 해군의 설계가 집중해야 할 역할과 과제는 무엇인가? 연합 해군 전력의 가장 중요한 역할은 인민해방군 지휘관들이 무시하거나 피해 갈 수 없는 "현존 전력(force in being)"이 되는 것이다. 이러한 현존 전력은, 이를테면 대만을 노리는 인민해방군 해군 전력이나 중국 연안의 인민해방군 해군기지를 위협할 정도로 충분히 크면서도, 인민해방군에 의해 큰 피해를 입거나 파괴되면 전쟁에서 패하게 되는 "중심COG"이 되지 않을 정도로 충분히 작아야 한다.

이상적으로는, 중국과 인민해방군이 대만이나 그 밖의 지역에 대한 기정사실화 계획을 갖고 있다면, 그 목표를 달성하기 위해서 인민해방군은 미국과 동맹국 연합 해군의 "현존 전력"을 공격해야만 할 것이고, 따라서 중국과 미국, 그리고 아마도 미국 주도의 동맹에 속한 다른 국가들 사이의 무력 충돌을 보장하게 될 것이다. "현존 전력"이라는 용어는 보통 열세인 전력이 우세한 적을 상대로 자신의 군사적 유효성(relevance)을 유지하려 할 때 적용된다. 이러한 호칭은 여전히 세계에서 가장 강력한 해군 전력을 유지하고 있는 미 해군 구성원들에게는 달갑지 않을 수 있지만, 그 개념은 중국 근해에서 미국과 동맹국 해군 전력이 직면한 상황에는 적절하다.

만약 이 "현존 전력" 개념이 성공을 거두려면, 미국과 동맹국의 미사일 무장 수상함을 인민해방군 미사일에 취약한 인민해방군의 사선(line of fire) 안에 배치하겠다는 정책결정자들의 정치적 의지가 있어야 한다. 이러한 방식으로 미국과 동맹국의 함정과 승조원을 위험에 노출시키겠다는 정치적 의지는 해군 전력의 두 번째 중요한 역할로 이어진다. 즉, 인도-태평양 지역의 동맹국과 파트너들에게 미국이 그들의 안전 및 지역 안보와 관련하여 제시했던 약속을 지킬 것임을 재확인시키는 것이다. 이러한 보장은 미국이 이 지역에 지속적으로 전력을 배치하고 가장 위험한 해역을 끊임없이 순찰할 때에만 신뢰성을 갖게 된다. 냉전 시기 베를린에 주둔했던 미군 여단처럼, 이 전력은 중국과의 전쟁에서 승리하지 않을 것이며, 애초에 승리하도록 설계되어서도 안 된다. 인민해방군이 달성할 수 있는 기습의 강도가 어느 정도일지에 달려 있겠지만, 이 전력으로는 인민해방군의 기정사실화 작전을 오래 지연시키지 못할 수도 있다. 그러나 이 전력은 중국과 미국과 그 동맹국들 간의 더 광범위하고 동원된 전쟁을 보장한다면 '인계철선'으로서 성공을 거둘 것이다. 만약 중국 지도자들이 그러한 가능성을 두려워하여 공격을 자제한다면, 전진 배치된 전력은 "거부에 의한 억지"를 달성하는 것이고, 그에 따라 평화를 유지하게 될 것이다.

　인민해방군에 맞서서 해군이 수행해야 할 세 번째 중요한 역할은 정보 수집, 정찰, 그리고 표적 식별에 기여하는 것이다. 미 해군과 동맹국의 연합 해군 전력은 정확하고도 시의적절하게 표적 정보를 수집하고, 이 데이터를 지역 차원 및 전 지구적 차원의 전 영역 정보 및 지휘 네트워크에 제공하도록 설계되어야 한다. 전 영역 지휘 네트워크는 이러한 표적 데이터를 폭격기나 장거리 미사일 부대 같은 장거리 타격 플랫폼에 전달하게 된다. 물론 미사일로 무장한 수상함과 잠수함이 직접 표적을 공격할 수도 있다. 그러나 이들 전력이 가장 효과적으로 기여하는 방식은, 자신의 위치를 노출하지 않으면서 전체적인 전투 네트워크에 표적 데이터를 적시에 제공하는 것이다.

　잠수함은 이러한 역할에서 특히 유용할 것이다. 미 해군의 버지니아급 핵추진 잠수함은 항속 거리가 사실상 무제한이고, 조용하고 탐지가 어려우며, 유도어뢰와 지상 공격 토마호크 미사일로 강력하게 무장하고 있다. 일본의 최신 디젤-전기 추진 잠수함 역시 세계적 수준의 플랫폼이다. 그러나 무기를 발사할 때 자신의 위치를 노출할 위험이 있는데, 잠수함들이 인민해방군 해군의 함정과 잠수함, 수중 센서, 초계기가 밀집해 있는 해역을 항해하게 될 가능성이 높은 대만 시나리오에서 특히 그러하다. 따라서 전 영역의 정보 및 지휘 네트워크에 표적 데이터를 제공하는 것이 이러한 자산들을 활용하는 최선의 방법이라 할 수 있다. 2020년대 후반에는, 미 해군이 비교적 저렴한 무인 및 자체 운항 기능이 있는 잠수함을 대량으로 확보하여 정보 수집과 표적 식별에 활용할 수 있을 것이며, 이러한 능력은 유인 잠수함이 수행하는 정보 수집을 보완하고 확장하게 될 것이다.[21]

최종국면 기다리기: 전쟁 종결에서 해군과 해병대의 역할
Waiting for Endgame: The Navy and Marine Corps in War Termination

제5장에서는 해병대가 제1도련선을 따라서 분산된 소규모 부대로 미사일 전투를 수행하기 위해 어떻게 재편하고 있는지 논의했다. 이러한 새로운 전력기획지침 하에서, 해병대는 방어태세가 갖추어진 해안에 대한 대규모 상륙작전을 위해 두 개의 원정 여단을 투입한다는 기존의 목표를 공식적으로 폐기하고 있다. 군사기술의 혁명으로 인해 그러한 기동은 더 이상 실행이 불가능해졌기 때문이다. 대신 해병대는 새롭게 창설된 미사일 부대들을 분산 배치하여 서태평양에서 인민해방군의 기동을 교란하기 위한 준비를 하고 있다.[22]

해병대의 이러한 새로운 개념은 이 책에서 주장하는 이론들을 뒷받침한다. 제1도련선에 분산 배치된 소규모의 대함 미사일 및 대공 미사일 부대들은 인민해방군이 기정사실화 군사공격을 감행할 경우, 반드시 이들 부대를 공격하도록 강제함으로써 "현존 전력(force in being)"의 역할을 하게 된다. 이 새로운 개념은 중국에 비용을 부과한다. 미사일 부대들은 저비용으로 운영되지만, 인민해방군의 대응은 더 많은 센서, 미사일, 인력 투입을 필요로 하므로 고비용이 될 것이기 때문이다. 인민해방군이 미 해병대의 미사일 위협을 제거하기 위해서는 미군과 동맹국 군인을 살상해야 하는데, 이는 억지력을 향상시키는 방향으로 작용할 것이다.

이들 해병대 미사일 부대가 장기간 생존할 가능성은 낮다. 인민해방군의 센서망이 이들을 탐지할 수 있고, 이들 부대는 기동 및 보급 능력을 충분히 갖추지 못할 것이기 때문이다. 인민해방군이 작정하고 대규모 공습을 가할 경우 기껏해야 이를 잠깐 지연시키는 정도가 고작일 것이다. 그렇더라도, 제1도련선을 따라 배치될 해병대의 미사일 전력은 동맹국들을 안심시키고, 이 지역에서 미국과 동맹국의 "현존 전력"을 구성하는 중요한 요소가 될 것이다.

다만, 새로운 해병대 개념의 채택이 대규모 상륙작전을 수행할 수 있는 해병대의 기존 역량을 희생한 대가로 이루어진다면 유감스러운 일일 것이다. 새로운 전력기획 지침은 대규모 상륙작전이 더 이상 기획의 우선순위는 아닐지라도, 해병대가 그 가능성까지 배제하는 것은 아니라고 밝히고 있다.[23]

실제로도 미국과 동맹국들은 향후 발생할 수 있는 인민해방군과의 충돌에서 여전히 대규모 "강제진입작전(forcible entry operations, 적의 무장세력이 저항하는 지역에서 군사거점을 강제로 탈취, 확보하는 작전—옮긴이)" 능력을 필요로 할 것이고, 미국과 동맹국의 기획자들은 인민해방군이 섬들과 그 외 영역을 점령할 것이라 예상해야 한다. 설령 인민해방군이 전체적인 작전 목표를 달성하는 데 실패하더라도 인민해방군 병력은 점령한 지역을 계속 점유하며 버틸 수 있기 때문이다. 또한 미국과 동맹국이 전쟁에서 승리할 경우, 정책결정자들과 지휘관들은 전후 미국과 동맹국 연합군의 전략적 입지를 강화하고 재래식 군사력에 의한 효과적인 억지를 재확립하기 위해서 중국이 이전에 점유했던 주요 지형들(예: 남중국해에 있는 지형들)을 장악해야 할 필요성을 느낄 수도 있다.

이러한 목표를 달성하기 위해 필요한 것이 강제진입작전 능력으로, 이러한 작전은 대체로 상륙작전의 형태를 띨 가능성이 크다. 해병대의 기획지침이 인정하듯이, 인민해방군의 전투 네트워크가 여전히 건재하고 해병대를 상륙 목표 지점에 투입할 해군 상륙함들에 위협을 가하는 동안에는 이러한 작전은 실행이 불가능하다. 그러나 미국 주도 연합군이 우주, 사이버, 공중, 해양, 지상 등 교전 영역들에서 우위를 확보하는 과정 중에 있다면, 센카쿠 열도와 남중국해의 인민해방군 거점, 그리고 대만 내에 구축해 놓았을 인민해방군 교두보에 대한 상륙작전은 실행 가능해질 수 있다.

이 논리를 따른다면, 이러한 작전은 전쟁 종식에 가까워진 시점에 이루어질 것이다. 이는 해군의 대형 상륙함 전력과 제1도련선에서 미사일 부대로서 전쟁을 시작하지 않은 해병대 부대들은 우주, 사이버, 공군 및 기타 전력으로 이루어진 합동 전력이 인민해방군의 공군, 해군 및 미사일 전력에 대한 우위를 확보할 때까지 기다려야 한다는 것을 의미한다. 이러한 과정은 제2차 세계대전 당시 태평양 작전(Pacific campaign)과 유사한데, 당시 일본군 진지에 대한 일련의 상륙 공격은 미군이 상륙 목표 지역에 대한 공중우세와 해양우세를 먼저 확보한 후에야 이루어졌다.

따라서, 비록 이 개념이 그 자체로 전쟁에서 승리하는 접근법이 되지 못할지라도, 미 해병대는 제1도련선을 따라 전개될 수 있는 인민해방군의 기정사실화 공격을 약화시키고, 더 나아가 좌절시키킨다는 목표 하에 스스로를 재설계하고 있다. 그러나 해병대와 해군의 상륙 전력은 스스로를 재편하면서도, 대규모 상륙 공격 임무를 완전히 폐기해서는 안 된다. 미국 주도 연합군은 인민해방군과의 분쟁 중 어느 시점에서는 이 능력을 반드시 필요로 할 것이기 때문이다.

적에게 비용을 부과하는 새로운 함대 설계
Imposing Costs with a New Fleet Design

제6장에서는 상대방이 공격 능력 대신 방어 능력에 자원을 소모하도록 유도하기 위해 비용 부과 전략(cost-imposing strategy)을 어떻게 활용할 수 있는지에 대해 논의했다. 다른 비용 부과 전략에는 상대방 능력의 효과성을 약화시키는 저비용 조치나 능력을 고안하는 것이나 상대방에게 외교적, 재정적, 정치적 비용을 부과하는 조치를 취하는 것이 포함될 수 있다.

미국은 중국에 대한 광범위한 비용 부과 전략에 기여하는 해군 전력 구조를 설계하고 획득해야 한다. 비용 부과 전략의 궁극적인 목표는 인도-태평양 지역에서 중국에 대한 "거부에 의한 억지"를 유지하고 강화하는 것이어야 한다. 이러한 전략에서 비용 부과 요소들은 인민해방군이 공격 능력보다는 방어 능력에 투자하도록 강제하고, 효율적인 비용으로 인민해방군 전투체계의 효과성을 감소시키며, 중국 지도부가 외교적, 정치적, 재정적으로 비용을 초래하는 행동을 하도록 만들 것이다. 원하는 결과는 군사적 침략이 중국의 패배로 귀결될 것이라고 중국 지도부를 납득시키는 것이다. 재편된 미 해군 프로그램은 이러한 전략에 기여할 수 있다.

그러나 미국의 정책결정자들이 첫 번째로 해야 할 일은 중국이 이미 미국에 성공적으로 비용을 부과하고 있으며, 특히 해양의 영역에서 그러하다는 사실을 깨닫는 것이다. 따라서 재편된 해군 설계를 고안하기 위한 첫 단계는 중국의 성공적인 비용 부과 전략에 장단을 맞추는 행동을 중단하는 것이다. 최고 정책결정자들은 중국과의 해군 군비 경쟁을 거부해야 한다. 또한 더 많은 전함을 투입한다면 어떻게든 인민해방군의 대해상(counter-maritime) 전투 네트워크를 압도할 수 있다는 주장을 거부해야 한다. 그리고 중국의 해양력(maritime power) 을 제압하는 데 있어서 해양력보다 더 나은 수단과 방법들이 존재한다는 점을 이해해야 한다.

이 첫 번째 단계가 완료되면, 정책결정자들은 그들이 미국의 해양력이 중국에 대한 비용 부과 전략에 기여해주길 원하는 바에 집중할 수 있다. 거의 주로 유인 미사일 프리깃함과 무인 코르벳급 미사일함으로 구성된 해군 전력을 중국 근해에 배치하는 것이 그러한 필요를 가장 잘 충족시킬 것이다. 예를 들면, 새로운 컨스텔레이션급Constellation-class 유도미사일 프리깃함FFG-62 10척과 대형 무인 수상함USV 40척으로 구성된 함대를 상정해볼 수 있을 것이다. 대형 무인 수상함의 경우 해군에서 아직 설계 중에 있지만, 기존의 상업용 선박을 모델로 사용할 가능성이 높다. 신형 프리깃함은 각각 32기의 미사일 발사관을 갖추게 되고 이를 통해 지상 공격 및 대공, 대함, 대잠 무기를 혼합하여 발사할 수 있다.[25] 해군은 대형 무인 수상함USV에 대함 및 지상 공격 미사일 같은 공격용 무기를 탑재할 계획이나, 한 척당 탑재 수량은 아직 구체적으로 알려져 있지 않다.[26] 약 1,000~2,000톤 배수량의 코르벳급 대형 무인 수상함은 신형 프리깃함의 절반 크기일 가능성이 크므로, 대형 무인 수상함 한 척당 16개의 미사일 발사관을 갖춘다고 가정해보자.[27] 프리깃함의 지휘관이나 지역의 다른 곳에 있는 지휘관들이 대형무인 수상함의 미사일을 통제하게 되는데, 이 경우에는 표적을 찾기 위한 외부 센서나 유도(guidance)가 필요할 것이다.[28]

프리깃함과 무인 미사일함으로 이루어진 이러한 함대는 50척의 소형 함정에 총 960개의 미사일 발사관을 보유하게 되며, 그중 10척이 승무원이 있는 유인함이다. 이에 비해, 일본 요코스카에 주둔하고 있는 미 제7함대의 수상함 전투 전력은 순양함 3척과 구축함 5척으로 이루어져 있으며, 총 861개의 미사일 발사관을 보유하고 있다.[29] 프리깃함 중심의 함대는, 10척의 프리깃함 각각에 200명의 승무원이 탑승한다고 가정할 때, 약 2,000명의 장교 및 수병을 위험에 노출시키게 된다. 8척의 순양함 및 구축함으로 이루어진 제7함대의 현 전력은 2,635명의 장교와 수병을 필요로 한다.[30]

따라서 유인 프리깃함과 무인 미사일함으로 구성된 전력은 제7함대의 현 수상전투함 전력보다 더 많은 미사일로 무장하면서도 위험에 노출되는 인원은 더 적다. 그러나 이보다 훨씬 더 큰 차이점이 존재한다. 프리깃함 중심 전력의 미사일 발사관 대부분은 인민해방군의 기정사실화 공격을 무력화하는 목적의 지상 공격 미사일과 대함 미사일로 장전될 것이다. 제7함대의 현 수상전투함들은 요코스카를 모항으로 둔 항공모함을 보호하기 위해 주로 대공 방어 미사일들로 무장하고 있다. 프리깃함 중심의 전력은 함대의 미사일 구성을 방어에서 공격으로 전환할 것이고, 그럼으로써 현재와는 정반대로 인민해방군에 비용을 부과하게 될 것이다.

프리깃함의 대함 미사일과 지상 공격 미사일로는 인민해방군을 상대로 전쟁에서 승리하기에 충분하지 않을 것이다. 그러나 이는 인민해방군이 무시할 수 없고 기정사실화 작전 동안에 반드시 공격해야 하는 잠재적 위협을 구성하게 될 것이다. 인민해방군이 소형 함정, 특히 대형 무인 수상함을 공격하는 데는 큰 어려움이 없겠지만 그러한 공격은 미국의 수병들을 살상할 것이고, 이는 거의 확실하게 더 큰 전쟁을 촉발하게 될 것이다.

인민해방군은 "로봇"을 죽이는 정도로는 미국의 대응을 유발하지 않을 것이라는 기대 하에 대형 무인 수상함만을 공격하려고 시도할 수 있을 것이다. 그러나 "현존 전력" 전략의 목표는 적이 공격으로 간주될 행동을 취하도록 유도하거나, 그러한 행동이 불러올 결과에 대한 두려움으로 인해 행동을 자제하게 만드는 것이다. 인민해방군이 대형 무인 수상함만 공격하더라도 남아 있는 프리깃함들은 인민해방군의 선제타격에 대응할 수 있는 최대 320발의 미사일을 보유하고 있을 것이다.

중국 근해 배치용으로 제안된 미국의 수상 함대는 상대적으로 비싸지 않을 것이다. 해군의 계획은 신형 프리깃함을 한 척당 약 10억 달러에 획득하는 것이다.[31] 대형 무인 수상함 프로그램은 이제 막 개발을 시작했기 때문에 향후 척당 비용은 알려져 있지 않다. 만약 무기체계를 포함한 대형 무인 수상함 1척의 비용이 약 1억 달러라고 가정한다면, 해군은 전체 50척의 전력을 약 140억 달러에 획득할 수 있으며, 이는 제럴드 R. 포드급Gerald R. Ford class 항공모함 1척(121억 달러)보다 조금 더 비싼 수준이거나, DDG51 알레이 버크급Arleigh Burke-class 유도미사일 구축함 약 9척(1척당 16억 달러)과 비슷한 수준이다.

이 책의 다른 부분에서 논의했듯이, 현 제7함대의 함정들이 인민해방군의 대규모 미사일 포화 공격에서 살아남을 가능성은 프리깃함 중심 함대에 비해서 결코 더 높지 않다. 그러나 미국의 항모전단은 상징적이고 명성 높은 "중심COG" 표적이며, 7,500명 이상의 장교 및 승무원들과 함께 그것을 상실하는 것은 전쟁을 계속하려는 정책결정자들과 대중의 의지를 무너뜨릴 수 있다. 반면, 앞에서 제안한 프리깃함과 대형 무인 수상함으로 이루어진 함대는 그와 같은 상징성을 갖지 않기 때문에, 파괴되는 경우에도 동일한 수준의 정치적 위험을 야기하지 않을 것이다. 그렇지만 그러한 파괴는 미국과 중국 간 전쟁을 촉발하게 될 것이고, 이는 중국 지도부가 공격을 감행하기 전에 반드시 고려해야 할 사항이다.

미국의 전구 지휘관들은 전통적으로 미국의 힘을 과시하고 지역 동맹국과 파트너들을 안심시키기 위해 항모전단을 활용해왔다. 그러나 중국과 인도-태평양 지역의 경우, 항공모함이 중국 인민해방군의 전투 네트워크에 취약하다는 사실을 많은 이들이 인식하게 됨에 따라 이러한 전통의 신뢰성이 약화되고 있다. 실제로 위기가 고조되는 동안, 미군 지휘관들은 정치적인 "중심" 표적을 잃는 사태를 막기 위해 항모전단(현재 요코스카에 주둔 중인 항모전단과 같은)을 인민해방군의 미사일 교전구역MEZ 밖으로 신속히 철수시킬 가능성이 크다. 이러한 상황은 미국의 동맹국들을 결코 안심시키지 못할 것이다.

이와는 대조적으로, 위기 상황에서 자리를 지키는 프리깃함 미사일 전력은 동맹국들에게 안심을 주는 신호가 될 것이다. 또한 해군으로서는 훨씬 더 크고 효율적인 함정건조 능력을 갖춘 경쟁자와의 군비 경쟁을 피하면서도 이러한 더 나은 선택지를 추구할 수 있다.

항모전단의 대안으로서 미사일 함정에 대한 이러한 논의는 함대 설계 중 수상 전투함 부문의 개혁에만 해당된다. 미국과 동맹국들의 잠수함 전력(미래에는 대규모의 무인 자율 잠수함이 포함된다)은 중국에 대한 억지력의 주된 요소인 장거리 타격 작전(long-range strike operations)을 지원하는 데 있어 핵심적인 역할을 계속 수행할 것이다. 또한 해군은 전쟁이 종결되는 시점에 섬 탈환 작전을 지원하기 위한 충분한 상륙 전함을 보유하고 있어야 한다.

한편으로, 이러한 것들은 전통적인 해군 설계 개념에 반하는 논란의 여지가 있는 제언이다. 다른 한편으로, 이러한 제언은 "분산된 치명성"에 대한 해군 자신의 현재 사고를 지지하며, 그러한 사고를 그 논리적 결론으로 이끌어간다.

미래의 해군으로 나아가기
Getting to the Navy of the Future

미국은 전 세계에 걸쳐 있는 자국의 이익을 보호하기 위해 강력한 해군을 필요로 하는 해양 강국이다. 서태평양에서 중국과의 잠재적 충돌에 대비하는 것은 해군의 임무들 중 하나이지만, 미국의 이익에 미치는 결과를 놓고 본다면 어쩌면 전략적 핵 억지 다음으로 가장 중요한 임무이다. 실제로 바이든 행정부가 2021년 3월에 발표한 〈잠정 국가안보 전략 지침Interim National Security Strategic Guidance〉은 인도-태평양 지역과 중국과의 경쟁이 미국의 최우선 안보 과제라는 데 의문의 여지를 남겨놓지 않았다.[33] 따라서 해군은 전 세계를 무대로 하는 임무들에 대비해야 하지만, 해군에 하달된 정책적 지침은 해군이 중국과 인도-태평양에 대한 대비를 최우선 순위에 두도록 하고 있다.

중국이 기정사실화 침략을 시도하지 못하도록 억지하려면, 미군, 특히 해군이 미국의 동맹국과 파트너 국가들을 안심시키고 중국의 군사적 야심을 억제하는 전진 배치를 유지해야 한다. 만약 미국이 이러한 책임을 방기한다면, 제1차 세계대전 이전과 유사하게 역내에서 국가 간 군비 경쟁과 안보 경쟁이 초래될 가능성이 있고, 이는 미국의 이익에 더 큰 위험을 야기할 것이다. 군사기술의 혁명은 미 해군의 설계와 인도-태평양 지역에서 핵심적인 임무를 달성할 수 있는 능력 사이의 불일치를 점점 더 커지게 하고 있다. 구형 항공모함과 구축함, 상륙함을 보다 현대적이고 정교한 동종 함정으로 교체하는 식의 수십 년간 이어져온 관행은 더 이상 통하지 않는다. 최신 수상함조차도 능력은 점점 더 증대되고 상대적 비용은 낮아지는 적의 지상 기반 미사일과 센서 앞에서는 이미 열세에 놓여 있다.

미국인들은 태평양을 항상 해군의 전구로 여겨왔으며, 그 지역에서의 미국의 군사 역사는 무엇보다도 해군의 역사였다. 미국-스페인 전쟁(스페인 식민지였던 쿠바 아바나 항에 머물고 있던 미국 전함 메인호 폭침을 계기로 미국이 스페인에 선전포고를 하면서 1898년 4월부터 8월까지 쿠바와 필리핀에서 벌어진 전쟁—옮긴이) 이후 미국이 하와이, 괌, 필리핀 및 그 외 지역들을 획득하자마자, 시어도어 루스벨트 대통령 집권 하의 미 해군은 일본으로부터 태평양을 방어하고 필요 시에는 되찾을 방안을 기획하기 시작했다.[34] 하와이에 본부를 둔 미국의 인도-태평양 사령부는 언제나 해군 제독이 사령관을 맡아왔다. 이러한 문화적 관점에서 보면, 인도-태평양 지역의 미국 안보 이익에 대한 우려가 있을 때 현재와 미래의 정책결정자들이 가장 먼저 해군을 떠올리는 것은 이해할 수 있는 일이다. 해양에 대한 자유로운 접근은 미국의 건국 이래로 핵심적 이익이었고, 그 접근을 보호하는 것은 해군의 핵심 임무 중 하나였다.

그러나 군사기술의 혁명은 해군 우위와 해상 교통로의 안보 사이의 오랜 연계성을 무너뜨렸다. 그리고 그 결과로, 태평양을 해군의 전구로 보아왔던 미국의 인식 또한 변할 필요가 있다. 기술의 발전은 인도-태평양을 본질적으로 항공우주 작전 전구로 바꾸어 놓았다. 교전의 당사자들—중국 인민해방군 또는 미국과 그 동맹국들—은 해상과 지상 기반의 어떤 작전이 성공할 수 있기 이전에, 먼저 우주, 사이버, 공중 영역에서의 우위를 확립해야 한다. 그리고 인민해방군의 전투 네트워크의 도달 범위를 고려한다면 미국과 동맹국의 지휘관들은 이러한 우위를 전술적 작전 범위보다 훨씬 더 먼 작전적, 전략적 작전 범위에서 달성해야 할 것이다. 해군 전력은 항공모함을 갖고도 전술적 작전 범위를 넘어설 수 없다.

이제 태평양은 본질적으로 해군 전구가 아니라 항공 및 우주 전구라는 개념을 수용하는 것은 정책결정자들과 기획자들이 이 지역에서 미국과 동맹국의 이익을 방어할 방법을 위한 새로운 개념들을 인식하도록 해줄 것이다. 인도-태평양 지역에서는 장거리 항공 및 미사일 전력이 군사력과 억지력의 주된 요소가 되고 개편된 소규모의 분산된 해군력은 전력 효율성 차원에서 지원 요소가 되어야 한다. 이러한 개념에 적응하고 그들의 조직을 새로운 경로로 이끄는 것은 정책결정자들과 군사 기획자들에게 도전적인 일일 것이다. 그러나 그것이 바로 현재의 군사기술 혁명이 그들을 이끌고 가는 방향이다.

09

인도-태평양의 기나긴 마라톤에서 승리하는 법

How to Win the Long Marathon
in the Indo-Pacific

중국의 군사적 잠재력에 대응하기 위한 효과적인 전략을 설계하고 실행하는 것은 미국의 정책결정자들에게 특히 힘든 과제이다. 문제의 거의 모든 측면이 그러한 도전을 더 어렵고 복잡하게 만든다. 이미 중국은 100여 년 전 미국이 세계적 강대국으로 부상한 이래로 상대해왔던 그 어떤 국가들보다도 더 강력한 경쟁자이다.

과거에 미국과 군사적 경쟁을 벌였던 다른 강대국들과 비교해보면 그 어려움이 잘 드러난다. 제2차 세계대전 당시 미국은 전 세계적 차원의 전쟁을 수행하기 위한 국가적 동원을 요구받았다. 하지만 일단 그렇게 하자, 연합국의 생산력과 결합된 미국의 생산력은 추축국 진영의 생산력을 손쉽게 압도했다. 1943년 연합국(미국과 소련, 영국)의 군수품 생산량은 독일과 일본의 군수품 생산량의 3.4배에 달했다.[1] 1944년에 이르러서는 전쟁의 승리를 의심할 여지가 없었다. 냉전 시기에는 소련 진영에 대한 미국의 경제적, 기술적 우위 덕분에 미국에는 거의 부담이 되지 않지만 소련을 파산으로 몰아넣은 군사적 경쟁이 가능했다.[2]

이에 반해 중국은 경제 규모 면에서 미국과 실질적으로 대등하고 군사 지출에 있어서도 필적할 만한 잠재력을 가진 경쟁자인데, 중국의 국방 지출을 인도-태평양 지역에 할당된 미국의 국방 자원과 비교할 때 특히 그러하다. 소련과는 달리, 중국은 미국과 대체로 대등한 조건에서 군비경쟁을 지속할 수 있을 것이다. 이 장의 뒷부분에서 논의하겠지만, 이번 세기가 흘러갈수록 중국은 점점 더 많은 경제적 도전에 직면할 것이다. 그러나 중기적으로 보았을 때, 중국은 군사적, 경제적으로 미국의 진정한 맞수가 될 것이다.

먼저, '홈팀'으로서 중국은 인도-태평양 지역에서 미국 원정군보다 군사적 지출에 있어 더 유리한 위치에 있다. 이 지역에서 미국의 군사적 투자 효과는 미국이 전 세계적 안보 책임을 지고 있다는 점과, 멀리 떨어진 지역으로 군사력을 투사해야 하는 '원정팀'이라는 사실로 인해 약화된다. 물론 미국은 이 지역 파트너 국가들의 군사적 잠재력을 자국의 전력에 더할 수 있을 것이다. 그러나 이 지역 일부 국가는 미국과 함께하기보다는 오히려 중국에 편승할 수도 있다. 그 결과는 미국 정책결정자들이 현 시대에 들어 한 번도 마주한 적 없는 안보 도전이다.

다음으로, 국방부 분석가들이 이미 30년 전에 그 문제를 정확히 인식하고 있었음에도 불구하고, 미국의 군사력 설계에 책임 있는 정책결정자들은 인도-태평양 지역의 군사 문제 구조를 이해하는 데 너무 느렸다. 미국이 군사 기술에서 앞서 있다는 과신과 거의 20년 동안 벌여온 소규모 전쟁들은, 정책결정자들이 중국의 기술적 발전과 성취를 간과하게 만들었다. 인민해방군의 군사 전략으로 인해 이제 해군 전력과 항공력 일부에 대한 미국의 막대한 투자가 무의미해질 위험에 처하게 됨에 따라, 미국의 군사 기획자들과 지휘관들은 과거에는 당연하게 여겼던 이 지역에서의 기본적인 임무들을 수행하기 위한 새로운 방안을 급히 마련해야만 한다.

인도-태평양 지역의 동맹국들은 미국의 귀중한 안보 자산이지만, 미국 외교관들에게는 도전이기도 하다. 서유럽의 경우, 냉전 동안 소련의 노골적인 위협에 직면한 각 국은 해묵은 과거의 원한을 뒤로하고 나토NATO의 집단안보 개념을 중심으로 뭉칠 수 있었다. 분명 나토 회원국들 간에 의견의 불일치가 존재했고, 특히 초창기에 그랬지만, 미국 외교관들은 오늘날 아시아에서 씨름해야 하는 문제들에 비하면 그처럼 목적이 비교적 일치하는 상황을 반길 것이 분명하다.

중국의 군사현대화는 이 지역 국가들에 잘 알려져 있지만 대만과 필리핀, 일본 같이 최전선에 있는 국가들의 방위비 지출은 놀랄 만큼 미미한 수준이다. 그럼에도 불구하고 미국이 자국을 방기하는 것, 또는 미국의 군사적 모험에 휘말려 드는 것에 대한 두려움이 이 지역에 만연해 있다.[3] 영구적이고도 실효성 있는 안보기구가 이 지역에 만들어질 것이라는 전망이 거의 없는 가운데, 파트너 국가들은 미국의 보호를 호소하면서도 동시에 자국의 선택지를 열어두기 위해 저울질을 할 것이므로 미국의 외교관들은 앞으로도 불확실하고 애매모

호한 상황에 직면할 것이다.

　미국은 자국에 필적할 만한 진정한 적수를 상대로 언제 끝날지 알 수 없는 안보경쟁에 직면해 있다. 비단 미국인의 생활 수준만이 아니라, 향후 미국과 세계가 어떤 관계를 맺을 것인지 그리고 미국이 강대국의 위상을 유지할 수 있을 것인지가 모두 그 경쟁의 결과에 달려 있다. 미국은 중국보다 더 많은 동맹국과 안보 파트너들을 그 경쟁에 끌어들일 것이다. 그러나 이들 동맹국과 안보 파트너 또한 자국의 이익을 추구할 것이고, 미국의 목표에 대한 그들의 협력은 조건부적이고 일시적일 것이다. 어떤 안보 문제도 중국과의 경쟁보다 미국의 이익에 더 결정적인 영향을 미치지는 않을 것이다. 중국의 정책은 앞으로 오랫동안 미국에 커다란 도전이 될 것이다.

중국에 대해 우려하고 있는 미국인들
Americans Are Now Concerned about China

　장기적인 안보 경쟁을 관리하는 미국의 정책결정자들은 미국 국민이 장기적으로 감당할 용의가 있는 비용과 위험에 의한 제약을 받을 것이다. 인도-태평양 지역의 동맹국과 파트너 국가들에 대한 미국의 여론은 대체로 호의적이지만, 지난 10여 년 동안 중국과 이 나라가 제기하는 위험에 대한 미국인들의 인식은 부정적으로 변해왔다. 일반 대중의 이러한 태도는 중국의 잠재적 침략에 맞서는 개입과 전진 방어, 그리고 억지라는 미국의 정책을 뒷받침한다.

　2012년 퓨 리서치 센터the Pew Research Center가 실시한 여론조사에 따르면, 응답한 미국 국민 중 28%만이 중국의 군사력을 최우선 우려 사항으로 보았고, 정부와 입법부 관료 중 31%만이 중국을 주요 위협으로 인식했다.[4] 2008년 세계 금융위기의 여파로 미국 사회에는 여전히 경제적 불안감이 남아 있었고, 많은 미국인들은 중국의 군사현대화보다도 중국 경제의 경쟁력에 더 큰 우려를 표했다. 당시에 중국의 군사현대화 문제는 언론의 주목을 거의 받지 못했다.

미국 일반 대중의 중국 군사력에 대한 인식은 2012년 이후로 급격하게 바뀌었다. 퓨 리서치 센터가 2021년 3월에 발표한 여론조사에 따르면, 미국 대중의 86%가 중국의 군사력을 미국에 다소 심각하거나 매우 심각한 문제로 인식했고 그중에서도 "매우 심각하다"가 54%였다. 또한 미국 일반 대중의 48%는 중국의 힘과 영향력을 제한하는 것이 외교 정책의 "최우선" 목표가 되어야 한다고 보았다. 이렇게 생각하는 대중의 비율이 2018년에서 2021년 사이에 16% 증가했다. 응답자의 89%는 중국을 미국의 경쟁자 또는 적으로 보았다.[5]

또 다른 2021년의 퓨 리서치 센터 조사에서는 미국의 일반 대중 3분의 2가 중국에 대해 "냉랭한" 감정을 표했는데, 이는 2018년 이후 급격히 증가한 수치다. 이와 대조적으로 일본에 대해서는 응답자의 10명 중 6명이 "우호적" 감정을 가지고 있었고, 이 비율은 2018년 이후 꾸준히 유지되고 있다.[6] 2020년 여름에 실시된 또 다른 여론조사에 의하면, 응답자들은 미국이 중국의 침략 위협에 맞서 일본, 호주, 한국, 대만을 보호하기 위해 상당한 위험을 감수해야 한다고 생각하는 것으로 나타났다.[7] 인도-태평양 지역에 대한 전진 관여(forward engagement)와 중국에 비용을 부과하는 효율적인 군사적 억지 전략을 선호하는 미국 정책결정자들은 미국 국민이 그러한 접근을 지지할 것이라 자신해도 좋을 것이다.

미국은 중국에 대한 억지를 장기간 지속할 수 있는가?
Can the United States Sustain Deterrence over the Long Run?

앞에서도 언급했지만, 미국의 정책결정자들과 국민은 진정으로 만만치 않은 경쟁자를 상대로 길고도 끝을 알 수 없는 기간 동안 억지력을 유지해야 할 것이라는 전망에 직면해 있다. 이러한 경쟁은 놀라운 군사기술의 등장, 외교적 상황의 변화, 그리고 혼란을 야기하는 정치적 사건들로 인해 역동적으로 흘러갈 것이다. 미국의 정책결정자들은 이처럼 변화하는 환경 하에서 억지력을 유지하기 위해 자신의 방법과 수단들을 조정해야 할 것이다.

중국에 대한 억지력을 무한정 유지하는 것이 과연 가능할까? 정책결정자들과 전략가들은 세력균형의 추세에 대해 현실적으로 접근할 필요가 있다. 그들의 분석 결과 추세가 미국에게 불리하다는 결론이 나온다면, 시간은 미국의 편이 아니라는 판단을 내릴 수도 있을 것이다. 그럴 경우, 예컨대 상호 합의 가능한 세력권(이는 인도-태평양 지역의 미국 동맹국들을 희생시킬 가능성이 있다)을 두고 협상하는 쪽으로 기울 수도 있다.

1969년 닉슨 대통령과 그의 국가안보보좌관 헨리 키신저는 소련과 안보 경쟁을 벌이는 미국의 미래가 암울할 것이라고 보았다. 당시 소련은 20년간 경제적 호황을 누리는 것처럼 보였는데, 이는 군사 역량, 특히 대륙간탄도미사일과 대양 해군력 같은 전략 무기체계에 대한 막대한 투자를 할 수 있는 자원과 산업 역량을 제공했다. 이는 전통적인 육상 강국인 소련에게는 새로운 발전이었다. 반면 미국은 점점 불안정해지는 경제와 사회적 혼란과 씨름하면서, 비용이 많이 들고 결론은 나지 않던 베트남에서의 게릴라전을 끝내려 하고 있었다. 당시 추세와 시간이 소련에 유리하다고 결론 내린 닉슨과 키신저는 베트남 전쟁에서 손을 떼고, 그들이 협상할 수 있는 소련과의 최선의 군비통제 합의를 모색했다. 그러면서도 그들은 소련을 압박하는 차원에서 얼마 전까지만 해도 적이었던 중국과도 외교적 거래를 했다.[8]

하지만 그 뒤를 이은 카터와 레이건 행정부는 앤드루 마셜과 그가 이끄는 총괄평가국 참모진의 조언에 따라, 과거 닉슨 행정부의 정책 기조를 뒤집고 소련에 대한 경쟁 전략을 가동하는 선택을 했다. 이 두 행정부는 경쟁을 더욱 밀어붙이는 전략이 소련과의 지속되는 경쟁에서 미국에 더 유리하고 안정적인 입지를 가져다줄 것이라는 데 자신감을 보였다.

카터 행정부의 국방장관 해럴드 브라운Harold Brown은 소련의 특정한 약점과 취약점에 대응해 미국의 군사적 강점을 강화하라는 마셜의 조언을 적극적으로 실행했다. 카터 행정부의 장거리 공중발사 순항미사일과 핵탑재 순항미사일 개발 추진은 소련이 대공 방어에 대한 지출을 더 늘리도록 압박했는데, 그렇게 하지 않았다면 그 자금은 대륙간탄도미사일이나 다른 공격 전력에 투입되었을 것이다.[9]

브라운 장관이 이끄는 국방부는 정밀유도무기와 레이더를 회피하는 스텔스 공격기에 대한 연구를 확대했고, 육중하고 소음이 심한 소련의 신형 잠수함을 위협할 수 있는 대잠 전력을 강화했다. 마지막으로, 브라운 장관은 미국의 핵 표적 설정 기획자들이 소련 지도부가 핵전쟁 시 숨으려 하는 지하벙커의 위치를 파악하고 있으며, 전쟁이 발발하면 이들 벙커를 즉시 파괴할 것이라는 점을 소련 지도부가 확실히 알게 했다.[10] 냉전 종식 이후 입수된 정보에 따르면, 이러한 표적 설정 전략과 소련 지도부에게 이를 알린 조치는 미국의 억지력을 강화했을 뿐 아니라 경쟁이 거의 끝나가는 시점에서 소련 지도부의 사기를 저하시켰던 것으로 드러났다.[11]

레이건 행정부의 두 국방장관인 캐스퍼 와인버거Casper Weinberger와 프랭크 칼루치Frank Carlucci는 소련의 약점을 겨냥하는 경쟁 전략에 주력한 브라운의 정책을 확대하고, 국방 지출의 급격한 증가와 함께 그러한 노력을 심화시켰다.[12] 군사비 지출로 인한 소련의 부담이 이전에 중앙정보국이 분석했던 것보다 훨씬 더 크다는 마셜의 분석은 레이건 행정부로 하여금 닉슨과 키신저가 믿었던 것과 달리, 시간은 소련이 아닌 미국 편이라는 믿음을 갖게 했다.[13] 레이건 시대의 경쟁적 구상들은 상당 부분 카터 행정부에서 이어받은 것으로, B-1B 폭격기, B-2 스텔스 폭격기, 대잠무기, 그리고 정밀유도무기를 포함했으며, 패트리어트 전술 요격미사일과, 소련의 대륙간탄도미사일에 대응하는 전략방위구상(Strategic Defense Initiative)과 같은 미사일 방어시스템의 연구와 획득도 포함했다. 이러한 모든 구상들은 소련이 영토 방어에 더 많은 자원을 투입하도록 강요하거나, 잠수함과 장거리 탄도미사일에 대한 소련의 기존 대규모 투자를 무력화시키려는 것이었다. 이러한 경쟁 전략 구상으로 인한 압박은 소련 군사 지출의 막대한 부담과 결합하여 결국에는, 고르바초프Gorbachev 시대에 소련 지도부가 필사적으로 개혁을 시도하면서 경쟁을 끝내도록 만들었다.[14]

카터 행정부와 레이건 행정부의 정책결정자들 중에서 미국과 소련 경쟁의 종식을 예견한 이들은 거의 없었다. 경쟁 전략 구상의 목표는, 주로 추가적인 공격 능력에 대한 소련의 지출을 지연시킴으로써 그리고 소련의 공격적 투자를 무효화하는 새로운 기술을 배치함으로써, 감당 가능한 비용으로 소련에 대한 억지와 경쟁을 지속하는 것이었다.

우리는 중국에 대한 경쟁 전략 또는 비용 부과 접근이 소련 공산당에 일어났던 것처럼, 중국 공산당을 붕괴시키고 그 결과 미국 및 그 동맹국들과 벌이는 군사적 경쟁에서 중국이 이탈할 것이라고 기대해서는 안 된다. 우리는 1970~1980년대 대부분의 미국 정책결정자들이 그랬던 것처럼, 군사적 경쟁이 무기한 계속될 것이라 가정해야 한다.

중국을 상대로 한 경쟁 전략이 달성할 수 있는 것은, 미국과 동맹국들이 감당할 수 있는 비용으로 중국과의 군사적 경쟁에서 재래식의 군사적 억지력을 유지하는 것이다. 그리고 미국과 동맹국의 기획자들은 중국에서 재정적 또는 정치적 붕괴가 일어날 것이라고 가정해서는 안 되지만, 군사적 경쟁의 부담이 중국과 그 사회가 감당하기 점점 더 어려워질 것이라고 합리적으로 예견할 수 있다.

중국 노동력의 임박한 붕괴는 미국과 비교된 중국 노동 생산성의 암울한 전망과 결합되어 중국 지도부와 사회가 점점 더 어려움에 직면할 것임을 예고한다. 그리고 그러한 어려움은 의심할 바 없이 장기간 군사적 경쟁에 영향을 미칠 것이다. 유엔 경제사회국UN DESA에 따르면, 중국의 노동가능인구(15~69세)는 2015년에 10억 2,200만 명으로 정점을 찍었다. 하지만 같은 기관의 중위 전망치에 따르면 이 집단은 2100년까지 5억 7,900만 명으로 줄어들면서 이번 세기 말에 이르러서는 중국 경제의 잠재적인 연간 근로시간(hours worked, 경제활동을 하는 근로인구가 1년 중 실제 근로에 투입한 시간의 평균치―옮긴이)이 43% 감소하게 된다.[15] 반면 미국의 노동력과 근로시간은 이번 세기 내내 계속 증가할 것으로 전망된다.[16]

이론적으로는 중국이 생산성(노동시간당 산출)을 높이면 곧 닥치게 될 연간 근로시간의 감소를 상쇄할 수 있을 것이다. 그러나 세계경제 지표를 집계한 펜 월드 테이블Penn World Table에 따르면, 2019년도 중국의 총요소생산성(total factor productivity)은 미국의 44%에 불과했다. 또한, 미국과 비교한 중국의 상대적 생산성은 2016년에 정점을 찍은 이후 계속 하락하고 있다.[17] 이러한 추세가 계속된다면 중국의 경제적 잠재력은 미국에 비해 훨씬 더 감소할 것이다. 중국은 경제적으로 더 생산적인 투자를 통해 생산성 증가율을 높일 수도 있을 것이다. 그러나 중국 기업과 금융 부문의 막대한 부채 수준은 향후 투자의 성장을 제약할 것이다.[18] 이에 더하여, 경제에 대한 정부의 지나친 간섭과 민간 부문에 대한 제약은 혁신과 생산적인 투자를 위한 지출을 저해할 가능성이 크다.[19] 따라서 우리는 중국에서 생산성을 향상시키는 것이 멈출 수 없는 노동력의 붕괴를 상쇄할 것이라 기대해서는 안 되며, 이는 최근 중국 중앙은행 연구자들이 도달한 결론이기도 하다.[20]

우리는 중국의 급속한 경제 성장률의 종말을 이미 보고 있는 것일 수 있다. 지난 30여 년에 걸친 중국 노동력의 급격한 증가는 인프라 및 주택 건설에 대한 투자의 일시적 급증과 결합하여 중국의 외형적 경제 성장을 부풀려왔다. 하지만 중국의 노동력은 이제 급격한 감소세로 돌아섰고, 투자 부문 역시 이를 뒤따를 가능성이 크다. 그 결과로, 중국 지도부가 사회의 안정과 중국공산당의 글로벌 야망을 유지하려 할 때 활용할 수 있는 자원에 대한 제약이 점점 더 심해질 것이다.

다시 한번 지적하지만, 미국과 동맹국의 지도자들은 중국에서 재정적 또는 정치적 위기가 발생하더라도 이것이 중국과의 전략적 경쟁의 갑작스러운 종식을 가져올 것이라 가정해서는 안 된다. 하지만 그들은 이번 세기의 남은 기간 내내 힘이 빠지게 될 경쟁자를 상대로 경쟁을 무기한 지속할 수 있으리라는 점에 대해서는 자신감을 가져도 된다. 중장기적으로 본다면, 시간은 미국과 동맹국의 편일 것이다.[21]

처방: 중국의 약점을 미국의 강점으로 공략하라
Prescription: Match U.S. Strengths against China's Weaknesses

미국의 인도-태평양 전략은 미국의 안보 및 경제적 이익을 지키도록 설계되어야 한다. 이는 미국이 자유롭고 개방적인 규칙 및 행동규범과 함께 역내의 동맹국과 안보 파트너들의 독립과 주권을 보호할 때 달성할 수 있을 것이다. 중국의 이익과 미국 및 안보 파트너들의 이익이 점점 더 충돌하는 상황에서, 먼저 시도해야 할 일은 중국의 지도자들이 기존의 국제질서를 중국에 이익이 되는 것으로 받아들이고, 주변국들보다 중국을 우위에 놓는 대안적 질서로 대체하려 하지 않도록 설득하는 것이다.

중국 지도부를 설득하거나 단념시킬 효과적인 지렛대를 개발하는 것은 중국의 의사결정에 대해 정책결정자들이 지금 갖고 있는 것보다 훨씬 더 깊은 이해를 필요로 할 것이다. 또한 중국의 바람직한 행동에는 보상을 제공하고, 바람직하지 않은 행동에는 비용을 부과할 수 있는 정치적, 외교적, 경제적, 군사적 수단의 전방위적 동원을 필요로 할 것이다. 중국은 경쟁 전략에서 지렛대가 될 수 있는 이익과 취약점을 모두 갖고 있다. 미국과 동맹국의 정책결정자들과 기획자들은 이러한 지렛대의 원천을 이해하고, 그것을 활용할 수 있는 전략을 설계해야 한다.

이 책은 인도-태평양 지역의 재래식 군사력의 동향과, 현재의 군사기술 혁명이 그러한 동향에 대해 갖는 함의를 미국의 전략가와 정책결정자들이 마침내 고려해야 할 필요성에 초점을 맞추었다. 미국과 안보 파트너들에게 다행인 것은, 중국의 비용 부과 전략을 회피하면서 인민해방군과 중국공산당에 비용을 부과하고, 중국의 약점을 미국과 동맹국의 강점으로 공략하고, 그리고 억지력 유지를 위한 경쟁력 있고 감당 가능한 접근방안을 구축하기 위해 그들이 취할 수 있는 조치들이 있다는 사실이다.

첫 번째, 정책결정자들은 해군력이 아니라 항공 전력과 우주 전력이 인도-태평양 지역의 군사작전을 지배할 것이라는 점을 받아들여야 한다. 광범위한 센서와 장거리 정밀유도무기로 구성된 전투 네트워크라는 이제는 성숙 단계에 들어선 군사기술 혁명은 전쟁의 양상을 근본적으로 변화시켰으며, 특히 두 주요 교전국이 이러한 첨단의 전투 네트워크를 구축하고 있는 인도-태평양 지역에서는 더욱 그러하다. 지구 표면에 있는 군사력, 특히 수상함은 숨을 곳이 없을 것이며, 따라서 표적으로 설정되어 파괴되는 운명을 피할 수 없을 것이다. 과거의 역사와는 무관하게, 인도-태평양 지역은 더 이상 해군이 주도하는 전구가 아니다. 미국과 동맹국들은 공중 및 우주 영역을 지배하기 위해 즉시 대규모 투자를 해야 한다. 공중과 우주를 지배하기 전까지는 다른 어떠한 영역에서도 성공을 거둘 수 없다. 더 나아가, 인도-태평양 사령관으로 공군 장성을 임명하는 것은 지휘부에 항공-우주적 관점과 경험을 불어넣을 뿐만 아니라, 미국이 만들어나갈 새로운 재래식 군사 억지 개념을 분명히 알리게 될 것이다.

둘째, 거부에 의한 재래식 억지력을 유지하는 일은 미국과 동맹국의 "중심 COG"이 인민해방군의 화력에 노출되지 않도록 하는 것에서부터 출발해야 한다. 미국과 동맹국은 전쟁 수행에 있어 인민해방군의 미사일 포화공격에 취약한, 인력 집약적이고 정치적 상징성이 있는 대규모 전력(assemblage)을 선두에 세워서는 안 된다. 그렇게 하는 것은 개전 첫날에 바로 전쟁에서 패배하게 만드는 방안이다. 전쟁 수행 개념은 수천 명이 위험에 처하는 항모전단이 아니라, 수십 명만 위험에 처하는 장거리 폭격기를 활용한 기습 작전을 중심으로 설계되어야 한다. 이렇게 하면 미국과 동맹국들은 정치적으로 중대한 영향을 미칠 수 있는 "중심"을 노출시키지 않고도 이 지역에서 성공적으로 작전을 수행할 수 있다. 하지만 중국은 이런 호사를 누릴 수 없을 것이다. 대만 점령 같은 기정사실화 목표를 달성하기 위해서는 중국은 현재 정치적으로 상징성 있는 해군을 내보내야 하고 그것을 파괴당할 위험에 노출시켜야 한다.

셋째, 인민해방군에 대한 "거부에 의한 억지"를 유지하는 것이 미국의 군사 투자의 기본 원칙이 되어야 한다. 미국과 동맹국이 중국의 기정사실화 군사 계획을 좌절시킬 수 있다는 점을 중국 지도부에게 납득시킬 가장 직접적인 방법은, 중국 근해에서 일주일 안에 중국의 주요 함선 1,000척을 격침할 수 있는 저지 불가능한 능력을 보유하는 것이다. 이 1,000척에는 중국 해군이 2030년까지 보유할 것으로 미 해군이 추정하는 500여 척의 전투함, 약 250척의 해경 함정, 약 100척의 해상민병대 소속 선박, 그리고 대만 또는 다른 지역에 대한 공격 시에 인민해방군이 징발할 수 있는 대형 상선들이 포함될 것이다.[22] 중국의 해군력 전체를 파괴하는 것은 중국이 대만, 센카쿠 열도, 또는 인도-태평양 지역의 다른 잠재적 목표들에 대한 기정사실화 공격을 감행할 수 있는 능력을 제거하는 것이다. 더 나아가 중국 해군력에 대한 신속한 파괴는 중국의 상징적인 "중심" 표적을 파괴하는 것이고, 이는 중국 지도부에 내부적으로 중대한 영향을 미치게 될 것이다.

항공기는 수상함을 공략하는 가장 효과적인 수단이며, 장거리 폭격기가 인도-태평양 지역을 지배할 것이다. 따라서 미군의 투자 전략은 폭격기, 장거리 대함 미사일, 우주 및 공중 정찰과 통신, 그리고 유연한 글로벌 차원의 폭격기 기지설치를 투자 우선순위 목록의 최상위에 두어야 한다. 공군 지휘부는 공군 글로벌타격사령부Air Force Global Strike Command의 폭격기 전력 지휘관들에게 인민해방군 해군을 상대로 한 대해상 작전(counter-maritime campaign)을 사령부의 기획 및 훈련 우선순위에서 두 번째에 두도록 지시해야 한다. 즉, 핵 억지 임무를 제외하고 다른 어떤 임무도 그보다 우선하지 못하도록 하는 것이다.

중국과의 물리적 충돌이 발생할 경우 미국과 동맹국들은 타격해야 할 선박

표적을 인민해방군 해군 함정으로 한정해서는 안 된다. 중국 해경 및 해상민병대 역시 표적에 포함되어야 한다. 이들은 최근 몇 년간 전 세계적으로 준군사 임무를 수행해왔고, 따라서 합법적인 전투원으로 간주된다.[23] 외견상 민간 자산으로 보이지만 사실상의 군사 자산인 이들을 파괴하는 것은, 최근 불량 국가들이 활용해온 '회색지대(gray zone)' 전술에 대응하는 규범을 확립하게 될 것이다.

네 번째, 미국 정책결정자들은 장거리 타격 능력을 강화하기 위한 조치를 즉각적으로 취해야 한다. 미국은 "거부에 의한 억지" 전략의 강력한 구성요소인 장거리 및 전략 타격 능력에 있어서 우위를 누리고 있다. 하지만 유감스럽게도, 1990년대와 2000년대의 미국 정책결정자들은 이러한 능력을 등한시했다. 그 결과로 초래된 미군의 역량 부족은 인도-태평양 지역에서 중국을 상대로 한 무력충돌의 위험성을 증가시켜왔다. 그러나 오늘날 정책결정자들이 장거리 타격 능력을 빠르게 증강하기 위해 취할 수 있는 조치들이 있다. 의회는 약 3억 달러를 추가로 배정하여, 최근 퇴역한 B-1 폭격기 10대를 다시 현역으로 복귀시킬 수 있다.[24] 이 정도만 해도 군사작전을 수행하는 인민해방군 해군과 다른 중국 함정들을 상대로 합동공대지 장거리 미사일JASSM과 장거리 대함 미사일LRASM을 240발 더 발사할 수 있는 역량을 추가하게 된다. 또한 공군은 지상 공격을 위한 합동공대지 장거리 미사일의 구매 수량을 줄이더라도, 최소 2,000발의 장거리 대함 미사일을 추가로 확보해야 한다. 인민해방군 해군과 이를 지원하는 전력을 상대로 성공적인 작전을 수행하려면, 공군은 훨씬 더 많은 대함 미사일을 필요로 할 것이다.

공군과 의회는 B-21 Raider 폭격기의 보다 신속한 양산을 가능하게 하기 위해 지리적으로 분리된, 제2의 폭격기 조립 시설과 더불어 항공기 공급망 확대를 위한 자금지원을 승인해야 한다. 또한 공군과 의회는 합동공대지 장거리 미사일JASSM과 장거리 대함 미사일LRASM 중복 조립 시설과 공급망 확대에도 자금을 지원해야 한다. 2020년대는 미국과 중국의 군사적 경쟁에서 가장 위험한

10년이 될 가능성이 크다. B-21과 최고의 장거리 무기들의 생산을 가속화하는 것이 이 위험한 시기를 단축할 것이다. 게다가 B-21과 장거리 대함 미사일 조립 시설이 각각 하나뿐이라는 점은, 거부에 의한 억지를 강화하려는 계획에서 "단일장애지점"(single point of failure, 장애가 발생하는 경우 전체 시스템 혹은 네트워크의 가동이 멈추게 되는 지점—옮긴이)으로 작용한다. 비록 비용이 많이 들지만, 중복 시설의 확보는 이러한 위험을 완화할 수 있을 것이다.

다섯 번째, 미국은 인민해방군의 전투 네트워크가 노리는 "중심COG"이 되는 위험을 피하면서도 향후 인민해방군의 공격을 저지할 수 있도록 자신의 군사력을 재편하고 제1도련선을 따라 재배치해야 한다. 실제로 이는 해병대가 섬들에 분산된 소규모 미사일 부대를 중심으로 짜여진 자신의 새로운 전투 개념을 실행해야 함을 의미한다. 해군은 제7함대를 미사일 프리깃함과 무인 미사일 코르벳함 중심으로 재편해야 한다. 왜냐하면 항공모함 한 척과 한 개 상륙전단을 주축으로 하는 현재의 제7함대는 중국 인민해방군과의 미사일 전쟁에서 자산이라기보다는 오히려 부담이 될 것이기 때문이다. 공군은 전시에 신속전투배치ACE 개념의 운용을 시도할 소규모의 전투-공격기 전력을 이 지역에 유지해야 한다. 그리고 육군은 제2도련선에서 중국 내륙에 도달할 수 있는 진정한 중거리 탄도미사일을 개발해야 한다—이 무기는 육군의 현재 계획에는 들어 있지 않다. 육군은 이 미사일에 핵탄두를 선택적으로 탑재할 수 있는 극초음속 활공체(hypersonic glide vehicles)를 장착해 중국공산당과 인민해방군 지휘 벙커로 알려졌거나 의심되는 시설들을 겨냥해야 한다.

이러한 전력들이 다 함께 "현존 전력(force in being)"을 구성하게 되는데, 이는 인민해방군이 기정사실화 군사 공격에서 승리하기 위해 반드시 공격해야 하는 대상이자, 이 지역에 대한 미국의 안보 공약을 동맹국 및 안보 파트너들이 신뢰할 수 있게 하는 근거가 된다. 이 "현존 전력"은 인민해방군을 격퇴하도록 설계되지 않는다. 그런 임무는 인민해방군의 미사일 교전구역MEZ 밖에 배치된 장거리 타격 전력에 주어질 것이다. 또한, 이 전력은 파괴될 경우 미국이 전쟁에서 패배하게 되는 핵심적인 "중심"을 구성하지도 않는다. 다만 이 전력은 인민해방군이 무시할 수도 없고, 파멸적인 대응을 감수하지 않고는 공격할 수도 없는 미국의 "거부에 의한 억지" 태세의 핵심 요소가 될 것이다.

여섯째, 미국은 자신의 최고 경쟁 이점을 갖고 경쟁해야 하며, 중국이 우위에 있는 영역에는 경쟁을 거부해야 한다. 제5장에서 설명했듯이 중국의 거대한 조선 역량은 미 해군의 조선 부문보다 훨씬 더 크며, 이는 해군의 전략이 인정하는 사실이다.25 미국이 해군 군비경쟁에서 중국을 따라잡을 가능성은 전혀 없으며, 시도하는 것 자체가 어리석은 일이다. 다행히도 미국은 항공기와 우주 부문의 설계, 생산, 운용에 있어 중국에 대해 커다란 경쟁우위를 누리고 있으며, 앞으로 항공우주력이 인도-태평양의 전장을 지배하게 될 것이다.26 항공우주 기술 개발과 생산에 우선순위를 두는 것은 미국이 중국보다 더 많고 더 우수한 항공우주 역량을 갖게 해줄 것이다.

일곱째, 미국의 전략가들과 정책결정자들은 미국이 장거리 및 전략 타격을 위한 수단과 역량에 있어서 우위에 있음을 인식해야 한다. 이러한 우위와 연관된 것은 잠재적 전장이 제1도련선과 중국 근해에 위치한다는 사실이다. 이러한 위치는 인민해방군에게 전술적인 이점을 제공하는 반면, 그것은 또한 전장이 미국 본토로부터 멀리 떨어져 있고 중국과 인접해 있다는 것을 의미하는데, 이는 미국에게 전략적 이점을 부여한다. 블랙윌Blackwill과 젤리코Zelikow 등은, 적어도 개전 초기 전쟁 계획의 기본 원칙으로서, 중국 본토에 대한 미국의 공격을 강력히 반대했다. 그러나 중국의 대만 침공 시나리오에서 대만의 미사일과 폭탄은 중국 연안 도시들을 타격할 것이고, 이는 전쟁을 중국 국민들에게 확산시키며 불확실한 정치적 결과를 초래할 것이다.

인민해방군은 미국 본토에 대한 재래식 타격을 수행하기에는 매우 제한된 능력을 보유하고 있으며, 아마도 상징적 차원의 일회성 공격 이상은 가능하지 않을 것이다. 국가정보국DNI 국장에 따르면, 중국은 미국 내 주요 기반시설에 대해 "국지적이고 일시적인 혼란"을 야기할 수 있는 사이버 무기를 사용할 수 있겠지만,27 이는 잘 알려진 위협이고 실제 사용되더라도 결정적인 효과를 창출할 가능성은 낮다. 다만, 중국이 미국 본토의 민간 기반시설을 사이버 무기로 공격한다면 미국은 중국 본토를 상대로 사이버 또는 물리적 무기로 보복할 수 있는 자유를 갖게 된다. 미국은 전략 항공력, 잠수함 기반 지상 공격 순항미사일, 그리고 공격용 사이버 무기를 보유하고 있어, 서로 공격을 주고받는 상황에서는 명백한 확전 우위를 누리게 될 것이다. 거부에 의한 억지(deterrence by denial) 표적에는 항구에 있는 인민해방군 해군 함정 및 해군기지, 인민해방군의 대우주 자산, 인민해방군 지휘 노드(node), 인민해방군 공군기지 등이 포함될 것이다. 만약 미국이 응징에 의한 억지(deterrence by punishment) 표적으로 타격 대상을 확대할 필요가 있다고 판단한다면, 여기에는 중국의 치안을 담당하는 보안 기관과 중국 지도부의 개인 자산이 포함될 수 있다. 중국이 미국 본토 내 유사한 표적들을 상대로 지속적인 작전을 수행할 능력이 거의 없고, 설혹 있더라도 미미한 수준일 것이다.

어떻게 끝날 것인가: 미사일 전쟁을 점진적으로 종결하기
How Would It End? Winding Down a Missile War

방금 논의한 개혁의 목표는 인도-태평양 지역에서 거부에 의한 재래식 군사적 억지를 강화하는 것이다. 어떠한 억지 전략이든 그 성공은 상대방의 인식과 분석에 달려 있으며, 상대방이 방어하는 측이 의도한 결론에 도달하도록 만드는 것이 필요하다. 하지만 가장 정교하게 설계하여 실행한 억지 전략조차도 잘못된 인식, 부실한 분석, 또는 비논리적인 결론과 행동으로 이어지는 왜곡된 인센티브로 인해 실패할 가능성이 항상 존재한다. 그러나 역사가 그러한 사례들로 넘쳐난다 해도, 거부에 의한 재래식 군사적 억지는 여전히 미국과 역내 안보 파트너들이 가장 선호하는 행동 방침이다.

어쨌든 대만이나 중국의 다른 목표를 둘러싼 전쟁은 발생할 수 있다. 그런 사건에서 중국과 미국 주도 연합 간의 미사일 전쟁에 대한 어떠한 묘사도 추측에 근거한 것일 수밖에 없다. 전쟁은 언제나 예기치 못한 경로를 따라 전개되며, 무기가 얼마나 잘 작동할지, 지휘관들이 어떻게 지휘할지, 상충하는 압박 속에서 정책결정자들이 어떤 결정을 내릴지는 그 누구도 미리 알 수 없다. 그럼에도 불구하고, 첨단의 전투 네트워크들이 서로 맞부딪치는 서태평양에서의 미사일 전쟁은 며칠 내에 수백 척의 함정, 항공기, 시설, 그리고 아마도 우주선까지 파괴되는 결과로 이어질 가능성이 크다. 교전 당사국들의 사망자 수는 무시무시할 것이다. 1년 뒤에, 그와 같은 전쟁은 미국 경제 총생산을 5~10% 감소시킬 수 있다. 중국의 경우, 1년 뒤 경제적 생산 감소가 25~35%에 이를 수 있다.[28]

미국 군사 기획자들이 앞서 언급한 개혁안들을 실행에 옮긴다고 가정해보자. 개전 후 일주일이 지나면, 미국과 동맹국 군 지휘관들은 제1, 제2도련선에 위치한 주요 공군기지와 해군기지들이 심각한 피해를 입은 상황을 보게 될 것으로 예상해야 할 것이다. 이러한 기지와 외곽에 분산된 비행장에 있던 전술 항공기들의 손실은 막대하겠지만, 전술 항공력에 더 많이 의존하고 그 상당 부분을 이 지역 내에 배치했던 기존 전략과 비교하면 피해는 상대적으로 적을 것이다. 또한 지휘관들은 해병대가 먼저 중국 근해에 있는 인민해방군 함정들을 어느 정도 성공적으로 타격했을지라도, 인민해방군이 제1도련선을 따라 배치된 미 해병대의 미사일 부대 대부분을 탐지해서 타격했을 것이라고 예상해야 한다. "현존 전력"으로 중국 근해에 배치된 프리깃함과 무인 미사일함 전력은 거의 잔존하지 못할 가능성이 클 것이다. 그러나 항공모함과 상륙 전단은 전투에 참여하지 않았기 때문에 온전하게 남아 있을 것이다. 마지막으로, 인민해방군의 방공망은 미 공군 폭격기들이 합동공대지 장거리 미사일JASSM이나 장거리 대함 미사일LRASM 같은 장거리 스탠드오프(stand-off) 무기를 사용했더라도, 적어도 몇 대는 격추했을 것이다. 그러나 미국의 폭격기 전력은 온전한 상태로 남아 있어 다른 표적들에 대한 작전을 지속할 수 있을 것이다. 폭격기 전력은 대함 미사일 재고를 상당 부분 소진했을 테지만, 지상 기반 표적을 공격할 수 있는 합동공대지 장거리 미사일은 여전히 다수 보유하고 있을 것이다.

반면에, 이 책에서 권하는 대로 미국의 준비가 인민해방군 해군과 그 지원 전력에 대한 대응에 집중했다면, 미군 폭격기와 동맹국의 잠수함 전력은 첫 일주일 동안 1,000여 척의 중국 해군 함정, 해경 및 해상민병대의 주요 함정들, 그리고 해군을 지원하기 위해 동원된 대형 상선들을 격침시켰을 것이다. 이러한 손실은 인민해방군의 상륙공격 능력은 물론이고, 인민해방군 해군이 섬 및 해외 주둔군을 강화하고, 보급하고, 재배치하고, 또는 철수시킬 수 있는 능력을 제거할 것이다.

그 다음엔 어떻게 되는가? 인민해방군은 여전히 지상 기반 대함 미사일과 항공력을 보유하고 있을 것이고, 따라서 여전히 서태평양에서 미군과 동맹국 함정을 괴롭히고 동맹국 공군기지와 대만을 재차 타격할 수 있는 능력을 가지고 있을 것이다. 중국이 더 이상 항해할 수 있는 의미 있는 수상함 전력을 보유하고 있지 않더라도, 중국 근해는 여전히 전쟁 구역으로 남아 있을 것이다. 대만으로 향하는 구호 수송대는 여전히 위험에 처할 것이다. 인민해방군은 공세를 취할 능력은 없겠지만, 중국 근해에서 여전히 미국과 동맹국의 군사작전을 방해할 수 있을 것이다.

그렇다면 이러한 일주일 간의 미사일 전투는 무엇을 달성할 것인가? 전쟁의 근본적인 목적 가운데 하나는 교전국들에게 전쟁 이전에는 그들이 갖고 있지 않았거나 동의하지 않았던 정보를 제공하는 것이다. 전쟁은 아마도 양측 모두 자신들의 군사적 목표를 달성할 수 있다고 생각했기 때문에 시작되었을 것이다. 다시 말해, 그들 중 어느 쪽이 더 강한지에 대해 동의하지 않았던 것이다.[29] 일주일 간의 미사일 전투는 교전국들에게 누가 더 강하고 누가 더 약한지에 대한 새로운 정보를 제공할 수 있다. 그 메시지가 명확할수록 분쟁이 종결될 가능성은 더 커진다. 불행하게도, 전쟁은 종종 양측 정책결정자들이 전쟁을 끝낼

지 계속할지를 결정하는 데 필요한 정보를 만들어내는 혼란스럽고 비효율적인 수단이다.[30]

중국의 해양력(maritime power)을 파괴하는 것은 아마도, 대만의 사실상의 주권과 센카쿠 열도의 지위를 변경하려는 인민해방군의 목표를 좌절시킬 것이다. 이런 상황에는 미국과 동맹국의 정책결정자들은 정전과 휴전을 선호할 가능성이 크다. 그러나 중국의 지상 기반 대함 전력(antinavy military power)이 여전히 온전한 상태에 있기 때문에, 서태평양에서의 항행의 자유라는 미국과 동맹국들의 또 다른 목표는 여전히 불확실한 상태로 남아 있을 것이다. 하지만 협상에 의한 휴전은 인민해방군이 발포를 중단하고 이 지역에서 상업적 해상운송을 복원하도록 이끌 것이다. 이는 중국의 이익에도 부합하는 일이다.

동맹국들의 대해양 전략(counter maritime strategy)은 아마도 중국 본토에 대한 제한적인 미사일 공격으로 이어졌을 것이고, 이러한 제한적인 공격은 거의 대부분 대만 방위군에 의해 행해졌을 것이다. 만약 그렇다면, 중국 영토에 대한 소수의 미사일 타격이 중국 지도부의 체면을 살리는 확전으로 내몰지만 않는다면, 그들은 제안받은 "출구(off ramp)"를 택할 수도 있을 것이다.

중국이 해군력을 상실하고 군사적 도발이 실패로 끝나면 대만은 공식적으로 독립을 선포할 가능성이 높다. 중국의 군사적 대응이 두려워 오늘날까지 그렇게 하지 못하고 있는 것이므로, 인민해방군의 공격이 실패한 뒤에는 더 이상 문제가 되지 않을 것이다. 또한 중국이 해양력을 상실하면 남중국해에서 중국이 점거해온 지형물들도 고립되어, 결국은 포기하게 될 가능성이 높다.

하지만 이러한 시나리오에서 무력충돌을 종식시키기 위한 "출구"를 택할지 여부는 중국 지도부에 달려 있을 것이다. 중국공산당의 생존과 중국 사회에 대한 지속적 통제는 여전히 중국공산당의 최우선 목표로 남아 있을 것이다. 중국 본토가 제한적인 미사일 공격으로 입은 피해 수준과 무관하게, 중국 해군이라는 상징적인 중심 표적의 상실과 대만의 독립 선언은 중국 지도부의 국내정치적 위상을 위태롭게 할 것이다. 중국 지도부는 두 가지 위험을 따져보아야 할 것이다. 첫째는 정전을 받아들이고 본질적으로 패배를 인정하는 것이 인민해방군의 남아 있는 지상 기반 전력으로 미사일 전쟁을 계속하는 것—이 경우 군사적으로 달성할 수 있는 최선은 상대를 괴롭히는 정도이고 중국의 수출입 경제는 대부분 폐쇄된 상태로 있게 된다—에 비해 공산당의 국내적 입지에 더 큰 위험을 초래할지 여부다. 둘째는 미국의 중국 본토에 대한 전략적 타격 역량이 여전히 온전하게 남아 있을 것이라는 점이다.

중국 지도부 내부에서는 정전을 수용하고 나서 10년 혹은 20년 뒤에 대만 문제와 중국의 다른 외부적 안보 문제를 다시 다룬다는 목표 하에 인민해방군을 재건하는 과제에 전념하자는 주장이 강력하게 제기될 가능성이 크다. 이들 지도부는 인민해방군의 재건을 미사일 전쟁에서 얻은 교훈을 적용할 단순한 기술적 과제이자 생산 과제로 볼 것이다. 또한 이들은 중국이 재건에 매진하는 기간 동안 미국 내부나 그 안보 파트너들 중 어딘가에서 발생할 수 있는 경제적, 정치적 혼란이 연합 전선을 약화시키리라고 기대할 수도 있을 것이다.

더 비관적인 경우에는, 개전 첫 일주일 후 열세에 처한 상황에서도 내부의 정치적 압력으로 인해 중국 지도부는 전쟁을 계속해야만 할 수 있다. 이러한 경우 중국의 "성공 이론(theory of success)"은 미사일과 잠수함 어뢰를 활용한 무기한의 저강도 소모전(low-intensity harassment war)이, 지난 60년간 미국이 치른 다른 게릴라전들에서 그랬듯이, 미국 대중의 결의를 약화시키리라는 것이다. 이러한 경로는 중국 지도부에 극단적인 도박이 되겠지만, 그들은 불가피한 선택이라 여길 수도 있다.

이러한 경우에 미국의 대응에는 중국에 대한 경제적, 금융적 고립, 인민해방군 해군 재건을 지연시키기 위한 중국 조선시설에 대한 지속적인 미사일 공격, 중국 인민을 중국공산당으로부터 분리시키기 위한 정치 선전전, 그리고 중국공산당 내부의 파벌 투쟁을 유발하기 위한 중국 지도부의 개인 자산에 대한 공격 등이 포함될 것이다. 미국의 항공력은 (제7장에서 논의한) 공중 발사 저비용 자율공격 무기를 대량으로 운용하여 중국 남동부에 있는 인민해방군의 지상 기반 대함 미사일과 항공력을 주기적으로 억제할 수 있고, 이는 구호 수송대가 대만에 도착할 수 있게 할 것이다.[31]

요컨대, 거부에 의한 억지가 실패하여 미사일 전쟁이 발발하는 경우, 이번 장에서 제시된 개혁들은 미국과 동맹국이 중국의 침략으로부터 자신들의 영토와 주권을 성공적으로 방어할 가능성을 높여줄 것이다. 그러나 고강도 미사일 전투가 단 1주일만 벌어져도 그 충격이 매우 크고 막대한 비용이 들 것이다. 중국 지도부는 국내적 입지를 우려하여, 군사적으로 크게 약화되었음에도 불구하고 전쟁을 계속해야 한다는 압박을 느낄 수도 있다.

전쟁의 전개가 이처럼 예측 불가능한 상황에서, 미국의 정책결정자들과 기획자들로서는 핵심적인 "중심COG"을 노출하지 않고도 적을 타격할 수 있는 유연한 장거리 능력을 중심으로 군사력을 구축하는 것이 최선일 것이다. 미국과 동맹국의 지도자들은 다양한 수준의 강도로 수년간 지속될 수 있는 전쟁에 대한 계획을 세워야 한다. 이는 충분한 항공우주 역량, 탄약 비축, 그리고 지속 가능한 방식으로 군사력을 보충할 수 있는 능력을 필요로 할 것이다. 항공우주 전력에 중점을 둔 미국의 군사전략은 이러한 요구조건들을 충족하는 데 있어 미국의 경쟁 우위를 활용할 수 있을 것이다.

2030년대 중반에 이르면, 최소 100대의 B-21 레이더Raider 폭격기 전력이 인민해방군에 대한 "거부에 의한 억지" 전략의 핵심 요소가 될 것이다. B-21의 실전 배치는 미국과 동맹국의 정책결정자들에게 유연하고도 생존성 높은 타격 능력을 제공하면서, 중국에 대한 억지력을 크게 강화할 것이다. 보수적으로 가정하더라도, 이 정도 전력은 중국 내 어디든 매주 1만 개의 목표지점을 정밀 타격할 수 있고, 필요하다면 수개월 간 이러한 공격 강도를 유지할 수 있다. 하지만 이 첨단 스텔스 항공기에 대해 인민해방군이 할 수 있는 일은 거의 없을 것이다.[32] 만약 중국 해양력의 파괴만으로는 무력충돌을 종식시키기에 충분하지 않다면, B-21 주도의 작전은 인민해방군 지상군은 무시하고, 그 대신 중국의 지도부 및 군 지휘부, 우주 및 대우주 전력, 인민해방군의 미사일 및 항공력, 조선시설, 중국의 내부 보안군을 집중적으로 타격할 수 있을 것이다. 또한 B-21 전력은 중국 남동부에 배치된 인민해방군의 대함 전력을 제압하고 파괴함으로써 대만으로의 공중 및 해상 접근을 재개할 수 있을 것이다.

혁신에 대한 저항을 극복할 자신감과 리더십이 필요하다
Confidence and Leadership Can Overcome Resistance to Innovation

    인도-태평양 지역을 위한 미국의 더 나은 군사 전략을 가로막는 가장 큰 장벽은 국방 사업의 변화에 저항하는 관료적, 제도적 이해관계이다. 제3장과 제5장에서 논의했듯이, 정부의 거대한 국방 관료조직, 방위산업계, 군사 기지, 지역 유권자, 그리고 그들을 지원하는 이익집단은 현행의 국방 구조를 중심으로 성장해왔고, 그것에 대한 중대한 변화에 저항할 것이다. 해군의 수상함 전력과 단거리 전술 공군력, 그리고 지상 전력은 인민해방군과의 군사 경쟁에서 점점 더 부적절한 것이 되어가고 있으나, 이러한 전력들은 현재 국방부의 예산 프로그램에서 가장 큰 비중을 차지하고 있다. 이론적으로는, 동일한 국방 예산을 보다 유용한 프로그램과 시스템에 할당한다면 기존의 계약업체와 관련 기관들은 그 새로운 프로그램과 시스템을 제공하는 방향으로 전환할 것이다. 그러나 이런 원론적인 메시지는 변화를 두려워하는 위험 회피적 이해관계자들의 관료적, 정치적 저항을 막을 수는 없다.
    변화를 가로막는 이러한 장벽을 극복하는 일은 백악관과 국방부, 그리고 의회의 최고위층 민간 정치지도자들과 정책결정자들의 지속적이고 초당적인 리더십을 필요로 할 것이다. 이들 민간 지도자들은 제도적 저항을 극복하고, 일부 부문에는 파괴적일 수 있지만 필요한 변화를 이뤄낼 수 있는 권한을 갖고 있다.
    최고위층 지도자들이 미국 국방정책의 극적인 변화를 밀어붙인 선례들은 과거 역사에서 찾아볼 수 있다. 그중에서 가장 눈에 띄는 사례는 아이젠하워 Dwight Eisenhower 대통령이 한국전쟁이 끝난 후 추진한 정책이다. 그가 대통령으로 재직했던 1953~1961년은 소련과의 안보경쟁이 가장 치열하게 벌어졌던 불안정한 시기 중 하나였다. 그는 소련의 팽창주의와 유럽에서 바르샤바조약기구가 점하고 있던 재래식 군사력의 우위에 맞서기로 했지만, 감당할 수 있는 비용으로 그리고 미국을 사실상 병영국가로 변화시키지 않는 방식으로 추진하려 했다.

그 자신이 웨스트포인트를 졸업한 전직 육군 5성 장군이었음에도 불구하고, 아이젠하워의 국방 사업은 한국전쟁 후 육군 예산을 대폭 삭감하고 해군 예산에는 상한선을 두었다. 아이젠하워는 그렇게 전용된 자금을 별개의 군으로 창설된 공군에 집중적으로 투입했다. 전체 국방 예산에서 육군의 비중은 한국전쟁(1953년 종전) 당시 38%를 차지했지만, 1961년 종료된 아이젠하워의 임기 동안에 25%로 하락했다. 해군의 예산 비중은 1950년대 내내 약 29% 수준에서 유지되었다. 반면 공군이 차지하는 비중은 한국전쟁 당시 33%에서 아이젠하워의 임기 동안 45%로 상승했는데, 이는 그 이후 어느 군도 도달한 적이 없는 수준이었다.[33]

아이젠하워 행정부 당시 국방 예산에서 공군이 차지하는 비중의 대폭적인 증가는 감당 가능한 방식으로 소련과 경쟁하려는 아이젠하워 전략의 직접적인 결과였다. 아이젠하워의 "뉴룩(New Look)" 접근은 미국의 경쟁 우위, 즉 핵무기로 무장한 장거리 전략 항공력에 막대한 자금을 투입했는데, 이는 소련의 주요 취약점인 광대하고 방어가 불가능한 국경과 공역(air space), 그리고 집중된 군사 및 산업 능력을 겨냥한 것이었다. 그 결과 등장한 아이젠하워 시대의 "대량 보복(Massive Retaliation)" 교리는 서유럽에 대한 바르샤바조약기구의 공격 위협에 대응하기 위해 "응징에 의한 억지" 전략을 적용한 것이었다. "뉴룩"은 전형적인 경쟁 전략으로, 유럽과 그 밖의 지역에서 소련과 병력 대 병력, 전차 대 전차로 맞서야 하는 상황을 미국의 경제와 문화가 피하게 하려는 것이

었다.³⁴

전략적 상황이 변화함에 따라, 다음 행정부들은 "뉴룩"을 공군 외 다른 군들에 더 큰 역할을 부여하는 보다 유연한 교리들로 대체했다. 그렇지만 아이젠하워 정부의 개혁은 국방에 대해 잘 알고 호기심이 많은 대통령이 이끄는 강력한 민간 리더십이 포괄적인 전략을 개발하고, 의회와 협력하여 국방 관료조직에 대한 획기적인 변화를 실행할 수 있음을 보여주는 증거이다.

전쟁을 승리로 이끈 영웅이자 전략 기획자라는 개인적 명성을 지닌 아이젠하워는, 의회와 국방 관료조직을 통해 예산의 대규모 재배분을 추진하는 과제에 막대한 권위를 부여했다. 그러나 그 점에 있어 아이젠하워가 유일한 사례는 아니다. 해군사관학교를 졸업하고 핵잠수함 장교이자 엔지니어로 복무했던 지미 카터 대통령 역시 국방전략과 예산의 세부 사항에까지 관여했고, 전략 무기와 신기술을 위한 자신의 개혁안을 의회에서 통과시키기 위해 직접 나서기도 했다.³⁵ 로널드 레이건 대통령도 자신의 국방 사업을 통해 같은 일을 했는데, 여기에는 전방위적 대규모 예산 증액뿐 아니라 폭격기 전력의 재건 및 전략 미사일 방어 같이 경쟁 전략의 특정한 요소들이 포함되었으며, 그는 이 프로그램들의 예산 확보를 위해 직접 의회를 상대로 로비를 하기도 했다.³⁶

인도-태평양 지역에서 억지력을 강화하기 위해 긴급하게 요구되는 개혁 조치들을 실행하려면 오늘날에도 최고위층 민간 정책결정자들이 유사한 리더십을 발휘해야 할 것이다. 이러한 논쟁적인 개혁을 위한 예산을 확보하려면 최고 지도자들이 그러한 개혁을 홍보하기 위해 의회 의원들을 직접 만나야 한다.

올바른 선택을 내림으로써 미국과 동맹국들은 중국을 억지하고 인도-태평양 지역의 평화와 자유를 유지할 수 있다. 이들 국가의 정책결정자들과 국민들은 그러한 일을 합리적인 비용으로 할 수 있는 자신들의 역량을 신뢰해야 한다. 가장 유용하고 효과적인 개념과 체계에 기반한 훌륭한 전략을 갖춘다면, 미국은 연간 경제 총생산의 약 3% 투입으로 전쟁을 억지하고 전 세계에 대한 안보 공약(defense obligations)을 이행할 수 있다. 이는 소련과의 냉전 동안의 국방 지출 비율보다도 낮은 수준이다.

정책결정자들과 국민들 또한 미국이 결코 쇠퇴하는 강대국이 아니라는 사실을 알아야 한다. 미국의 노동인구와 숙련도, 기술, 생산성은 이번 세기의 남은 기간 동안에도 계속 증가할 것이다. 이에 반해, 중국의 노동인구는 이미 급격한 감소세에 접어들었으며 이러한 추세는 이번 세기 남은 기간 내내 계속될 것이다. 중국은 여전히 미국에 비해 뒤떨어지는 경제 생산성을 향상시키는 데 어려움을 겪고 있으며, 경제에 대한 공산당의 과도한 미시적 관리로 인해 이러한 어려움은 계속될 것이다. 2030년대 이후로 가면, 중국은 미국과 동맹국들을 상대로 안보 경쟁을 지속하는 데 점점 더 강력한 압박을 받을 것이다.

그러나 2020년대는 위험한 시기가 될 것이다. B-21 레이더Raider 폭격기와 신형 장거리 미사일 프로그램이 이전에 소홀히 했던 부분을 바로잡을 수 있겠지만, 태평양 지역의 사령관들이 그 전력들이 배치되기를 기다리는 동안 미국과 동맹국들은 위태로운 시기를 보내야 할 것이다.

미국이 신형 스텔스 폭격기 중 일부를 실전 배치하고, 태평양 지역의 해군 전력을 재편하여 더 이상 취약한 "중심"이 되지 않도록 하며, 그리고 해병대와 육군을 서태평양의 도련선을 따라 미사일로 무장한 방벽의 역할을 수행하도록 소규모 미사일 기동부대로 재조직하고 무장시키는 작업은 2020년대가 거의 끝날 때까지 진행될 것이다. 이 위험한 10년 동안 미국의 국방 기획자들은 폭격기 전력과 전시 대비태세 같은 가장 핵심적인 억지 능력의 개선을 가속화할 방안을 모색해야 한다.

이 책에서 논의된 개혁들은 인민해방군에 대한 재래식 군사적 억지를 크게 강화할 것이다. 그러나 그러한 개혁이 자리를 잡기 전까지 미국과 동맹국의 지휘관들은 발생할 수 있는 인민해방군의 공격에 대해 현재의 전력으로 대응해야 할 것이다. 중국 지도부도 마찬가지로, 미국의 방어태세가 개선되고 중국의 인구학적 쇠퇴가 심화되기 전인 2020년대가 그들이 공격 주도권을 잡을 수 있는 마지막 기회인지를 결정할 것이다. 만약 중국 지도자들이 향후 몇 년 안에 공격을 감행하기로 결정한다면, 미국과 동맹국의 성공은 이전의 정책결정자들이 제공했어야 할 능력을 갖추지 못한 채로 싸워야 하는 야전 지휘관들의 창의성과 기량에 달려 있게 될 것이다.

일단 2020년대가 지나면 미국과 인도-태평양 지역의 우방국들은 평화와 자유, 그리고 기회의 세기를 기대할 수 있을 것이다. 중국도 침략이 억지된다면, 모두가 함께 발전과 번영을 누리는 시대에 동참할 수 있을 것이다. 그러나 그러한 미래에 도달하기 위해 오늘날의 정책결정자들은 수많은 이해관계자들의 저항이 따르는 어려운 결정들을 내려야 한다. 하지만 그 결정들과 그 결정으로 추진될 국방 개혁은 쟁취할 만한 가치가 있는 것이다.

| 감사의 말 |

개정판을 내는 이번 작업의 전체 과정에서 많은 분들의 도움을 받았다. 100년의 역사를 가진 해군연구소 출판부는 미국의 안보에 중요한 역사서와 분석서, 참고서적을 꾸준히 발행하고 있다. 빛나는 명성을 자랑하는 기관과 계속 함께하게 되어 영광으로 생각한다. 2013년 이 책을 발간하고, 이번에 개정판을 낼 수 있도록 해준 출판부장 애덤 케인Adam Kane에게 감사의 말씀을 드린다. 패드랙 칼린Padraic Carlin의 전문가적 관리 하에 개정판 발행을 위한 전체적인 과정이 순조롭게 진행되었다. 민디 코너Mindy Conner의 솜씨 있는 편집으로 개정판의 수준이 매우 향상되었다. 찰스 그리어Charles David Grear 교수의 지도를 이번 개정판에 넣을 수 있도록 최신화해준 크리스 로빈슨Chris Robinson에게도 감사의 말을 전한다. 해군연구소의 에밀리 마틴Emily Martin은 표지로 삼을 이미지 자료를 구하는 어려운 작업을 해주었다. 안보 분야에서 탁월함을 자랑하는 해군연구소 출판부는 구성원들은 물론 협업하는 기관들의 전문성을 이번 개정판에 쏟아부었다. 이 책에서 부족하거나 잘못된 점이 있다면 이는 당연히 필자의 역량 부족에서 기인하는 것이다.

미첼 항공우주연구소의 동료들은 필자가 이번 작업을 해나가는 데 있어서 가치를 따지기 어려울 만큼 중요한 도움을 주었다. 연구소 소장이자 이번 개정판에 추천사를 써 주신 뎁튤라 장군은 더 훌륭한 국가안보 전략과 국방정책 개발을 향한 노력을 언제나 지지해 주는 분이다. 도우 버키Doug Birkey와 래리 스투츠리엠Larry Stutzriem 예비역 공군 소장, 예비역 공군 대령 마크 건징어Mark Gunzinger, 그리고 연구소 모든 전문가들의 통찰력과 지원이 큰 도움이 되었다.

마지막으로, 필자의 아내인 수전susan은 원고의 마지막 줄을 마칠 때까지 이번 작업을 해나갈 수 있도록 격려해 주었다. 수전과 출간에 도움을 준 모든 분들께 감사의 뜻을 전한다.

| 역자 후기 |

최근 중국에 대한 미국의 정책 기조는 정권의 교체와 무관하게 비교적 일관적이라 할 수 있다. 패권국이 그 지위를 유지하는 수단은 외교는 물론 경제와 금융, 문화 등 다양한 분야를 망라하겠지만 가장 본질적이고도 근본적인 수단은 군사적 역량일 수밖에 없다. 미국과 중국의 패권 경쟁을 다룬 저작은 한국에서도 접할 수 있는데, 중국의 전략이나 의도를 분석한 것들은 어렵지 않게 접할 수 있으나 미국이 자국의 군사력과 대비태세를 평가한 서적은 국내에 그다지 소개되지 않은 것으로 알고 있다. 인도-태평양 지역에 대한 미국의 군사 전략과 대비태세를 분석하고 문제점을 지적하며 정책적 제언을 하는 이 책은 중국을 비롯한 인도-태평양 지역 안보정세에 대한 인식과 안보전략의 발전 방향과 관련한 미국 내부의 논의를 일부나마 엿볼 수 있는 창이 될 것으로 생각한다. 그런데 중국의 대만 침공 가능성 같은 가시성 높은 이슈를 제외한다면, 미국이 중국의 군사적 패권을 억지하기 위한 방안을 고민하는 이 책의 문제의식에 우리가 관심을 기울여야 할 이유가 있을까?

먼저 짚어 보아야 할 부분은 한국의 국방과 안보가 일종의 고차방정식과 같다는 점이다. 먼저, 병력의 압도적 우위와 핵 및 투발 수단을 갖춘 북한이 최근에는 러시아-우크라이나 전쟁 참전을 통해 미래전의 경험까지 쌓아 나가며 러시아 및 중국과의 군사 협력을 강화하고 있는 바, 북한에 대한 억지력을 유지하는 것은 점점 더 어려워지고 있다. 다음으로, 북한만 억지한다고 한국의 안보가 보장되는 것이 결코 아니라는 점이다. 역내의 안보 상황에도 적절한 대응을 통해 국가적 생존과 국익을 수호해야 한다. 특히 지정학적 요인으로 인해 특정 국가의 군사적 영향력 확대에 따른 파장을 가장 직접적으로 맞게 되는 국가 중 하나가 한국이라는 점을 부정할 수 없는 바, 이 책에서 다루는 주제와 직접적으로 연결되는 부분이기도 하다. 한편, 비전통적 안보위협 및 새로운 양상의 미래전에도 대비해야 한다.

다음으로, 첨단과학기술군이라는 비전을 향해 나아가더라도, 한국의 독자적인 역량만으로는 위와 같은 다차원적인 안보적 도전에 대응하는 데 한계가 있다는 점이다. 북한에 대해서는 핵이라는 전략무기 하나만 따지더라도 한국군의 비핵 전력만으로 충분한 억지력을 확보하기가 곤란하다. 국제적 규범을 무시하고 무력으로 대만과 필리핀 등 역내의 주변 국가들에 압박을 가하는 특정 국가의 행태에 대해서도 다른 국가들과의 협력을 통해 공동으로 대응하는 것이 더 효과적일 것이다. 또한, 새로운 무기체계와 전술 전략이 적용될 미래전에 적절히 대비하기 위해서도 다른 국가와의 협력이 필요한 바, 북한군의 러시아-우크라이나전 참전이 단지 경제적 대가만을 노린 것이라 볼 수 없는 이유이다.

자국의 안보를 위한 주체적인 역할과 역량을 강화해야 한다는 현실적 요청에서든 또는 모종의 정치적 효과를 노린 정략에서든 심심찮게 소환되곤 하는 "자주국방"이라는 구호는 자칫하면 오해를 불러일으키거나 정치적으로 악용될 위험을 내포하고 있다. 전쟁의 승리, 더 나아가 국가의 생존을 위해서라면 다른 국가와 손을 잡아서라도 자국의 역량을 강화하고 적에 대해 유리한 입지를 차지하는 것은 약소국은 물론이고 강대국에도 자연스럽고 합리적인 행태이다. 이러한 점은 과거에도 그랬고 현재도 그러하며, 앞으로의 미래가 아무리 각자도생의 시대로 변해가더라도 바뀌지 않을 것이다.

멀지 않은 과거만 보더라도, 한국전쟁 당시 북한이 순전히 자기 역량만으로 전쟁을 준비하여 선제공격을 가한 것이 아니다. 베트남 전쟁에서 북베트남의 승리 또한 외부의 지원 없이 순수하게 자기 역량만으로 거둔 것이 아니다. 나토 같은 집단안보체제 가입이나 강대국과의 동맹을 추구하는 국가들이 자주성이 없고 굴종적이어서 그러는 것은 더더욱 아니다. 자주국방을 주장하는 목소리가 외부에 대한 지나친 의존을 경계하는 취지를 넘어서 그러한 협력의 필요성까지 부정하는 것이라면, 이는 무지의 소치이든 편향된 이념이나 정파적 이익에 눈이 먼 악의적인 호도이든, 현실을 외면한 주장이라 할 수 있다. 안보는 국가의 존망이 걸린 문제로, 개인적 신념을 현실에서 구현하거나 국내정치에서 써먹을 구호를 따내기 위해 걸 만한 판돈치고는 너무나 큰 것이다.

마지막으로, 한국의 안보와 국방을 위한 협력의 가장 중요한 대상 국가는 미국이라는 점이다. 한국과 미국은 자유민주주의와 시장경제라는 가치를 공유하고 한국전쟁 이후로는 군사동맹을 통해 북한이라는 안보위협에 공동으로 대응해왔으며, 미국과의 동맹 및 이에 근거한 연합 방위체계는 한국의 안보에서 기본적인 뼈대가 되고 있다. 이러한 연합 방위체계를 통해서 한국은 핵우산은 물론 한국의 경제력으로는 획득할 수 없는 각종 군사자산을 기반으로 북한은 물론 다른 국가들에 대한 전쟁 억지력을 유지해왔다. 따라서 한국의 국방기획과 안보전략은 미국과 분리되어 초연하게 독야청청할 수 없고 그러는 것이 바람직하지도 않다.

하지만, 상호 이익과 공유하는 가치를 위해 동맹 관계를 맺는 국가들 사이에도 정책적 시야와 국력 차이로 인해서 위협 요인의 심각성에 대한 인식 및 그에 따른 전략의 우선순위에서 불일치가 존재할 수 있다. 이러한 점은 한미동맹에도 그대로 적용되는 바, 한국선생을 세기로 체결된 양국의 동맹에서 한국의 최우선 관심사는 일관되게 북한의 위협으로부터 자국을 방위하는 것이지만, 미국의 경우 안보전략과 국방기획에서 북한은 여러 고려사항 중 하나에 불과하며 국내외 상황에 따라 정책적 우선순위는 변화를 겪어왔다. 따라서 향후 미국이 동맹의 파트너인 한국에 무엇을 어떤 맥락에서 요구할 것인지 좀 더 구체적으로 가늠하기 위해서는 미국의 상황인식과 고민을 들여다볼 필요가 있다. 앞서 추천사에서도 언급되었듯이 현재 미국의 안보에서 최우선적인 현안은 중국에 대한 억지라는 점은 더 말할 필요가 없다.

동맹 관계에 대한 의존성과 국가적 역량에서 현격하게 차이가 나는 비대칭성이 매우 강했음에도 불구하고, 한미상호방위조약을 기반으로 한 미국과의 동맹을 통해서 한국은 그간 동맹이라는 이유로 원치 않는 분쟁에 연루되는 위험보다는 군사 부문에 대한 투자 이상으로 안보를 보장받으며 경제성장에 집중할 수 있는 편익을 훨씬 더 크게 누려왔다고 할 수 있다. 하지만 세상에 공짜 점심은 없다는 직관은 경제 현상에만 통용되는 것이 아니다. 진영 간 대결 구도가 명확했던 냉전이 끝나고 경제력을 비롯하여 한국의 국가적 역량이 과거와 비교할 수 없을 정도로 성장한 오늘날에는 동맹 관계를 유지하기 위해 부담해야 하는 위험 혹은 비용과 동맹으로 인해 누리는 편익 사이의 불균형은, 이 책에서도 암시하는 바와 같이, 더는 지속 가능하지 않다. 주한미군의 전략적 유연성은 점점 강화되는 방향으로 움직여왔으며, 미국과 중국의 경쟁이 격화될수록 동맹의 파트너로서 한국이 요구받게 될 역할과 비용의 불확실성, 그리고 그러한 요구가 우리의 다른 국익과 충돌하거나 내부적 갈등을 유발할 위험이 증대할 것이라는 우려는 이미 현실로 다가오고 있다.

한국의 생존은 물론, 오늘날과 같은 번영은 그간 미국이 보장하는 "규범에 기반한 국제체제"와 자유 무역을 토대로 이루어온 성과이다. 이 안온한 환경이 파괴되어가는 격변의 세계에서도 흔들림 없이 국가적 생존과 번영을 지속해 나가기 위해서는 한반도 천동설에 입각한 희망적 사고나 당위론이 아니라, 불편하고 녹록지 않은 현실을 상대방의 입장에서도 냉정하게 직시하는 균형 잡힌 시각이 필요하다. 미국과 중국의 전략경쟁이 몰고 올 거센 파도를 헤쳐나가는 여정에서 그러한 시각을 견지하는 데 조금이나마 도움이 되기를 기원하며 이 책을 소개한다.

| NOTES |

한국어판 서문

1. Robert Haddick, Fire on the Water: China, America, and the Future of the Pacific, (Annapolis, MD: Naval Institute Press, 2014), preface.
2. Republic of Korea Ministry of National Defense, 2018 Defense White Paper, (Seoul: Republic of Korea Ministry of National Defense, 2019), 43-5 and Chapter 3, http://www. mnd.go.kr/user/mndEN/upload/pblictn/PBLICTNE BOOK_201908070153390840.pdf.

서론

1. Robert Blackwill and Philip Zelikow, "The United States, China, and Taiwan: A Strategy to Prevent War," Council on Foreign Relations, February 2021, 31, accessed March 15, 2021, https://cdn.cfr.org/sites/default/files/report_pdf/ csr90_1.pdf.
2. Mallory Shelbourne, "Davidson: China Could Try to Take Control of Taiwan in 'Next Six Years,'" U.S. Naval Institute News, March 9, 2021, accessed April 26, 2021, https://news.usni.org/2021/03/09/davidson-china-could-try-to-take-control-of-taiwan-in-next-six-years?utm_source=USNI+News&utm_campaign=c90c40efa7-USNI_NEWS_DAILY&utm_medium=email&utm_term=0_0dd4a1450b-c90c40efa7-230370089&ct=t (USNI_NEWS_DAILY) &mc_cid=c90c40efa7&mc_eid=acace2ab92.
3. Lingling Wei and Bob Davis, "China's Message to America: We're an Equal Now," Wall Street Journal, April 12, 2021, accessed April 26, 2021, https://www.wsj.com/articles/america-china-policy-biden-xi 11617896117?mod=searchresults_pos4&page=1.
4. Jacqueline Deal, "China Could Soon Outgun the U.S.," Politico China Watcher, May 27, 2021, accessed May 27, 2021, https://www.politico. com/newsletters/politico-china-watcher/2021/05/27/china-could-soon-outgun-the-us-493014.
5. "SIPRI Military Expenditure Database," Stockholm International Peace Research Institute, accessed February 8, 2021, https://sipri.org/databases/ milex.
6. Deal, "China Could Soon Outgun the U.S."
7. Henry Kissinger, Diplomacy (New York: Simon and Shuster, 1994), 826.
8. Kevin Rudd, "A Maritime Balkans of the 21st Century?," Foreign Policy, January30, 2013, accessed April 26, 2021, https://foreignpolicy.com/2013/01/ 30/a-maritime-balkans-of-the-21st-century/.
9. Kurt Campbell, "Threats to Peace Are Lurking in the East China Sea," Financial Times, June 25, 2013, accessed April 26, 2021, https://www.ft. com/content/b924cc56-dda1-

11e2-a756-00144 feab7de#axzz2ZtGart72.
10. Blackwill and Zelikow, "The United States, China, and Taiwan," 47&# 8211;49.
11. Kurt Campbell and Jake Sullivan, "Competition without Catastrophe: How America Can Both Challenge and Coexist with China," Foreign Affairs, September/October2019, accessed April 27, 2021, https://www.foreign affairs.com/articles/china/competition-with-china-without-catastrophe.
12. Lara Seligman and Connor O'Brien, "Austin Wants to Pivot to China. But Can He Pay for It?," Politico, March 3, 2021, accessed April 27, 2021, https:// fwww.politico.com/news/2021/03/03/lloyd-austin-china-pentagon-473405.
13. Geoffrey Blainey, The Causes of War (New York: Free Press, 1973), 122-23.

01 충돌을 향한 40년의 질주

1. Robert C. Feenstra, Robert Inklaar, and Marcel P. Timmer, "The Next Generation of the Penn World Table," American Economic Review 105, no. 10 (2015): 3150-82, available for download at http://www. ggdc.net/pwt.
2. Feenstra, Inklaar, and Timmer.
3. The World Factbook: China, U.S. Central Intelligence Agency, "Economy" tab, accessed January 12, 2021, https://www.cia.gov/the-world-factbook/ countries/china/ #economy.
4. The World Factbook: China.
5. Feenstra, Inklaar, and Timmer, "The Next Generation of the Penn World Table."
6. The World Factbook: China.
7. "China Analysis," U.S. Energy Information Administration, U.S. Department of Energy, "China Data" tab, accessed May 3, 2021, https://www.eia.gov/ international/data/country/CHN.
8. "China—Oil and Gas," U.S. Department of Commerce, Export.gov, July 30, 2019, accessed January 13, 2021, https://www.export.gov/apex/ article2?id=China-Oil-and-Gas.
9. Annual Report to Congress: Military and Security Developments Involving the People's Republic of China 2020 (Washington, DC: Office of the Secretary of Defense, 2020), 133, accessed January 13, 2021, https://media.defense.gov/ 2020/Sep/01/2002488689/-1/-1/1/2020-DOD-CHINA-MILITARY-POWER-REPORT-FINAL.PDF.
10. Military and Security Developments Involving the People's Republic of China 2020, 1.
11. Josh Chin, "China Spends More on Domestic Security as Xi's Powers Grow," Wall Street Journal, March 6, 2018, accessed January 13, 2021, https://www.wsj.com/articles/china-spends-more-on-domestic-security-as-xis-powers-grow-1520358522.
12. Hal Brands, "Regime Realism and Chinese Grand Strategy," American Enterprise Institute, November 2020, 2, accessed January 13, 2021, https://www.aei.org/wp-content/uploads/2020/11/Regime-Realism-and-Chinese-Grand-Strategy.pdf.
13. John J. Mearsheimer, "China's Unpeaceful Rise," Current History, April 2006, 160. 다음 자료도 참조할 것. Mearsheimer, The Tragedy of Great Power Politics (New York: W. W.

Norton, 2001), 401-2.
14. Henry Kissinger, On China (New York: Penguin Press, 2011), chap. 1.
15. Annual Report to Congress: Military and Security Developments Involving the People's Republic of China 2011 (Washington, DC: Office of the Secretary of Defense, 2011), 15, accessed May 4, 2021, https://dod.defense.gov/Portals/ 1/Documents/pubs/2011_CMPR_Final.pdf.
16. Ronald O'Rourke, "China Naval Modernization: Implications for U.S. Navy Capabilities—Background and Issues for Congress," Congressional Research Service, March 9, 2021, 8-10, accessed May 4, 2021, https://crsreports.congress.gov/product/pdf/RL/RL33153.
17. Brands, "Regime Realism and Chinese Grand Strategy," 3-6.
18. Michael Pillsbury, The Hundred-Year Marathon: China's Secret Strategy to Replace America as the Global Superpower (New York: Henry Holt, 2015), 27-30.
19. "South China Sea," U.S. Energy Information Administration, U.S. Department of Energy, October 15, 2019, accessed January 14, 2021, https://www.eia.gov/international/analysis/regions-of-interest/South_China_Sea.
20. "East China Sea," U.S. Energy Information Administration, U.S. Department of Energy, September 17, 2014, accessed January 14, 2021, https://www.eia.gov/international/analysis/regions-of-interest/East_China_Sea.
21. 다음 자료들을 참조할 것. the Penn World Table for international comparisons of real per capita income growth since 1950, in Feenstra, Inklaar, and Timmer, "The Next Generation of the Penn World Table."
22. China Power Team, "How Much Trade Transits the South China Sea?," China Power, Center for Strategic and International Studies, August 2, 2017, updated August 26, 2020, accessed January 15, 2021, https://chinapower.csis.org/much-trade-transits-south-china-sea/.
23. Annual Report to Congress: Military and Security Developments Involving the People's Republic of China 2013 (Washington, DC: Office of the Secretary of Defense, 2013), 22, accessed January 15, 2021, http://www.defense.gov/pubs/pdfs/2013_CMPR_Final.pdf.
24. U.S. Department of State, Treaties in Force: A List of Treaties and Other International Agreements of the United States in Force on January 1, 2020, accessed January 15, 2021, https://www.state.gov/treaties-in-force/.
25. U.S. Department of State, Treaties in Force.
26. Simon Denyer and Eva Dou, "Biden Vows to Defend U.S. Allies as China Asserts Power in Asia," Washington Post, November 12, 2020, accessed January 15, 2021, https://www.washingtonpost.com/world/asia_pacific/biden-china-japan-korea-allies/2020/11/12/6cf6e212-24af-11eb-9c4a-0dc6242c4814_story.html.
27. Calculated as a percentage of U.S. 2019 current-dollar gross domestic product of $21,433 billion and the U.S. population employed of 158.735 million in December 2019. 다음 자료를 참조할 것. "International Trade in Goods and Services" and "Gross Domestic Product," U.S. Department of Commerce, Bureau of Economic Analysis; "Employment Situation," U.S. Department of Labor, Bureau of Labor Statistics, accessed

January 15, 2021, https://www.bea.gov/data/intl-trade-investment/international-trade-goods-and-services, https://www.bea.gov/data/gdp/gross-domestic-product, https://www.bls.gov/news.release/empsit.toc.htm.
28. Military and Security Developments Involving the People's Republic of China 2011, 17.
29. Military and Security Developments Involving the People's Republic of China 2011, 16.
30. Xi Jinping, "Secure a Decisive Victory in Building a Moderately Prosperous Society in All Respects and Strive for the Great Success of Socialism with Chinese Characteristics for a New Era," Report to the Nineteenth National Congress of the Communist Party of China, October 18, 2017, accessed January 16, 2021, http://www.xinhuanet.com/english/download/Xi_Jinping's_report_at_19th_CPC_National_Congress.pdf.
31. Xi Jinping.
32. "China's National Defense in the New Era," State Council Information Office of the People's Republic of China, Xinhua, July 2019, accessed January 16, 2021, http://english.www.gov.cn/archive/whitepaper/201907/24/content_WS5d3941ddc6d08408f502283d.html.
33. Edward N. Luttwak, The Rise of China vs. the Logic of Strategy (Cambridge: Belknap Press of Harvard University Press, 2012).
34. Edward Luttwak's presentation at the Center for Strategic and International Studies on February 25, 2013, https://www.csis.org/events/book-event-rise-china-vs-logic-strategy; accessed May 4, 2021.
35. Jeremy Page, "How the U.S. Misread China's Xi: Hoping for a Globalist, It Got an Autocrat," Wall Street Journal, December 23, 2020, accessed January 18, 2021, https://www.wsj.com/articles/xi-jinping-globalist-autocrat-misread-11608735769?mod=hp_lead_pos10.
36. Luttwak's presentation at the Center for Strategic and International Studies on February 25, 2013.
37. Military and Security Developments Involving the People's Republic of China 2011, 14.
38. Jacqueline Newmyer Deal, "China's Nationalist Heritage," National Interest, January-February 2013, accessed May 4, 2021, https://nationalinterest.org/article/chinas-nationalist-heritage-7885. 그녀의 견해에 따르면, 중국에서 오늘날 나타나고 있는 민족주의의 양태는 중국 엘리트층의 불안감을 보여주고 있으며 중국과 외부 행위자들과의 상호작용을 제로섬적 관점에서 바라보는 불편한 시선을 반영하고 있다.
39. Luttwak's presentation at the Center for Strategic and International Studies.
40. Military and Security Developments Involving the People's Republic of China 2011, 15; M. Taylor Fravel, "Regime Insecurity and International Cooperation: Explaining China's Compromises in Territorial Disputes," International Security 30, no. 2 (fall 2005): 46-47, http://www.mitpressjournals.org/doi/pdf/10.1162/016228805775124534.

02 누가 태평양을 지배하는지가 중요하다

1. 예컨대, 다음과 같은 자료들을 참조할 것. Barry R. Posen, "Pull Back: The Case for a Less

Activist Foreign Policy," Foreign Affairs, January-February 2013, accessed May 5, 2021, https://www.foreignaffairs.com/articles/united-states/2013-01-01/pull-back?page=show; Christopher Layne, The Peace of Illusions: American Grand Strategy from 1940 to the Present (Ithaca: Cornell University Press, 2007); and Justin Logan, "China, America, and the Pivot to Asia," CATO Institute, Policy Analysis No. 717, January 8, 2013, accessed May 5, 2021, https://www.cato.org/policy-analysis/china-america-pivot-asia.

2. National Intelligence Council, Global Trends 2030: Alternative Worlds (Washington, DC: Office of Director of National Intelligence, 2012), cover letter, accessed May 5, 2021, https://www.dni.gov/files/documents/GlobalTrends_2030.pdf.
3. National Intelligence Council, 76-78.
4. Edward Luttwak's presentation at the Center for Strategic and International Studies.
5. John Garnaut, "Xi's War Drums," Foreign Policy, May-June 2013, 4, accessed May 5, 2021, https://foreignpolicy.com/2013/04/29/xis-war-drums/.
6. Xi Jinping, "Secure a Decisive Victory in Building a Moderately Prosperous Society in All Respects and Strive for the Great Success of Socialism with Chinese Characteristics for a New Era."
7. Kissinger, On China, chap. 1.
8. John Lee, "Lonely Power, Staying Power: The Rise of China and the Resilience of US Pre-eminence," Hudson Institute, October 11, 2011, accessed May 5, 2021, https://www.hudson.org/content/researchattachments/attachment/938/the_rise_of_china_and_the_resilience_of_us_preeminence.pdf.
9. Jay Solomon and Miho Inada, "Japan's Nuclear Plan Unsettles U.S.," Wall Street Journal, May 1, 2013, accessed May 5, 2021, https://www.wsj.com/articles/SB10001424127887324582004578456943867189804.
10. Solomon and Inada.
11. Vincent Fournier, "Surveying Safeguarded Material 24/7," International Atomic Energy Agency, September 12, 2016, accessed January 19, 2021, https://www.iaea.org/newscenter/news/surveying-safeguarded-material-24/7.
12. "JAXA History," Japan Aerospace Exploration Agency, accessed January 20, 2021, https://global.jaxa.jp/about/history/index.html
13. "H-11A Launch Vehicle," Japan Aerospace Exploration Agency, accessed January 20, 2021, https://global.jaxa.jp/activity/pr/brochure/files/rocket01.pdf.
14. Michelle Ye Hee Lee, "More Than Ever, South Koreans Want Their Own Nuclear Weapons," Washington Post, September 13, 2017, accessed January 21, 2021, https://www.washingtonpost.com/news/worldviews/wp/2017/09/13/most-south-koreans-dont-think-the-north-will-start-a-war-but-they-still-want-their-own-nuclear-weapons/.
15. Jay Solomon, "Seoul Seeks Ability to Make Nuclear Fuel," Wall Street Journal, April 3, 2013, accessed May 5, 2021, https://www.wsj.com/articles/SB10001424127887324883604578399053942895628.
16. "Nuclear Power in South Korea," World Nuclear Association fact sheet, November 2020, accessed January 21, 2021, https://world-nuclear.org/information-library/country-

profiles/countries-o-s/south-korea.aspx#:~:text=Fuel%20cycle%20South%20Korea%20has%20always%20had%20an,(see%20section%20below%20on%20Korea-US%20Atomic%20Energy%20Agreement).
17. Missile Defense Project, "Missiles of South Korea," Missile Threat, Center for Strategic and International Studies, July 30, 2020, accessed January 21, 2021, https://missilethreat.csis.org/country/south-korea/.
18. International Institute for Strategic Studies, The Military Balance: 2021 (London: Routledge, 2021), 344-45.
19. "Arms Control and Proliferation Profile: India," Arms Control Association, January 2018, accessed January 21, 2021, https://www.armscontrol.org/factsheets/indiaprofile.
20. Missile Defense Project, "Missiles of India," Missile Threat, Center for Strategic and International Studies, June 14, 2018, accessed January 21, 2021, https://missilethreat.csis.org/country/india/.
21. Frank von Hippel, "Plutonium, Proliferation and Radioactive-Waste Politics in East Asia," Nonproliferation Policy Education Center, January 3, 2011, accessed May 5, 2021, http://www.npolicy.org/article.php?aid=44&rt= ~2~6~&key=proliferation%20japan&sec=article&author=.
22. Missile Defense Project, "Missiles of Taiwan," Missile Threat, Center for Strategic and International Studies, July 16, 2020, accessed January 21, 2021, https://missilethreat.csis.org/country/taiwan/.
23. Layne, The Peace of Illusions, 160.
24. Layne, 160.
25. Layne, 178.
26. Layne, 178.
27. Hugh White, The China Choice: Why America Should Share Power (Collingswood, Australia: Black, 2012).
28. Hugh White, "The China Choice: A Bold Vision for U.S.-China Relations," The Diplomat, August 17, 2012, accessed May 5, 2021, https://thediplomat.com/2012/08/the-china-choice-a-bold-vision-for-u-s-china-relations/.
29. Brands, "Regime Realism and Chinese Grand Strategy," 5-7.
30. Chris Buckley, "China Takes Aim at Western Ideas," New York Times, August 19, 2013, accessed June 6, 2021, https://www.nytimes.com/2013/08/20/world/asia/chinas-new-leadership-takes-hard-line-in-secret-memo.html.
31. Jude Blanchette, "Beijing's Visions of American Decline," Politico China Watcher, March 11, 2021, accessed May 5, 2021, https://www.politico.com/newsletters/politico-china-watcher/2021/03/11/beijings-visions-of-american-decline-492064.
32. Blackwill and Zelikow, "The United States, China, and Taiwan," 14-17
33. Max Hastings, "America Is Headed to a Showdown over Taiwan, and China Might Win," Bloomberg, March 14, 2021, accessed March 17, 2021, https://www.bloomberg.com/opinion/articles/2021-03-14/max-hastings-china-might-defeat-america-in-war-over-taiwan.
34. U.S. Energy Information Administration, International Energy Outlook 2019, September

24, 2019, tables A5, G2, and F13, accessed January 23, 2021, https://www.eia.gov/outlooks/archive/ieo19/tables_ref.php.
35. Alastair Gale and Chieko Tsuneoka, "As China-Taiwan Tensions Rise, Japan Begins Preparing for Possible Conflict," Wall Street Journal, August 27, 2021, accessed October 13, 2021, https://www.wsj.com/articles/as-china-taiwan-tensions-rise-japan-begins-preparing-for-possible-conflict-11630067601?mod=world_major_1_pos1.
36. Blackwill and Zelikow, "The United States, China, and Taiwan," 46.
37. Eliot Cohen, The Big Stick: The Limits of Soft Power and the Necessity of Military Force (New York: Basic Books, 2016), 26.
38. David Pierson, "Military Spending Is Soaring in the Asia-Pacific Region. Here's Why," Los Angeles Times, June 7, 2019, accessed January 23, 2021, https://www.latimes.com/world/asia/la-fg-asia-defense-industry-20190607-story.html.

03 미국의 태평양 지역 군사력 전개의 기원

1. Military and Security Developments Involving the People's Republic of China 2020.
2. Stacie L. Pettyjohn, U.S. Global Defense Posture, 1783-2011 (Santa Monica: RAND Corporation, 2012), 50-54, accessed May 6, 2021, https://www.rand.org/pubs/monographs/MG1244.html.
3. Pettyjohn, 54.
4. Pettyjohn, 51.
5. Pettyjohn, 51-52.
6. Pettyjohn, 52.
7. Pettyjohn, 52-53.
8. Pettyjohn, 52-53.
9. Pettyjohn, 62-63.
10. Pettyjohn, 64.
11. Pettyjohn, 75.
12. Pettyjohn, 67-69, table 9.1.
13. Pettyjohn, 72.
14. Pettyjohn, 51-52.
15. John B. Hattendorf, The Evolution of the U.S. Navy's Maritime Strategy, 1977-1986 (Newport: Naval War College Press, 2004), 17-20.
16. Hattendorf, 21.
17. Indo-Pacific Strategy Report: Preparedness, Partnerships, and Promoting a Networked Region, U.S. Department of Defense, June 1, 2019, 26-30, accessed January 26, 2021, https://media.defense.gov/2019/Jul/01/2002152311/-1/-1/1/department-of-defense-indo-pacific-strategy-report-2019.PDF.
18. Indo-Pacific Strategy Report, 23.
19. Thomas P. Ehrhard and Robert O. Work, Range, Persistence, Stealth, and Networking: The Case for a Carrier-Based Unmanned Combat Air System (Washington, DC: Center

for Strategic and Budgetary Assessments, 2008), chap. 5, accessed May 6, 2021, https://csbaonline.org/uploads/documents/The-Case-for-A-Carrier-Based-Unmanned-Combat-Air-System.pdf.

20. 미 공군의 역대 보유 항공기에 대해서는 다음 자료를 참조할 것. James C. Ruehrmund Jr. and Christopher J. Bowie, "Arsenal of Airpower: USAF Aircraft Inventory 1950-2016," Mitchell Institute for Aerospace Studies, February 2018, app. B, accessed January 26, 2021, https://www.mitchellaerospacepower.org/single-post/2018/02/22/Arsenal-of-Airpower-USAF-Aircraft-Inventory-1950-2016.

21. Jeremiah Gertler, "Defense Primer: United States Airpower," Congressional Research Service, December 15, 2020, accessed January 26, 2021, https://crsreports.congress.gov/product/pdf/IF/IF10546.

22. John A. Warden III, The Air Campaign: Planning for Combat (Washington DC: National Defense University Press, 1988), chap. 1, accessed May 6, 2021, https://archive.org/details/DTIC_ADA259303/page/n7/mode/2up.

23. Warden, chap. 1.

24. Alan Vick, Snakes in the Eagle's Nest: A History of Ground Attacks on Air Bases, (Santa Monica, CA: RAND Corporation, 1995), accessed May 6, 2021, https://www.rand.org/pubs/monograph_reports/MR553.html.

25. Ehrhard and Work, Range, Persistence, Stealth, and Networking, 35.

26. "America's Navy—About—Mission," U.S. Navy, accessed January 27, 2021, https://www.navy.mil/About/Mission/.

27. Kevin Lewis, "National Security Spending and Budget Trends since World War II," RAND Corporation, June 1990, 88, accessed April 29, 2021, https://apps.dtic.mil/dtic/tr/fulltext/u2/a238854.pdf.

28. Edward J. Marolda, Ready Seapower: A History of the U.S. Seventh Fleet (Washington,DC: Department of the Navy, Naval History and Heritage Command, 2012), 23-26, accessed May 6, 2021, https://www.history.navy.mil/content/dam/nhhc/research/publications/Publication-PDF/ReadySeapower.pdf.

29. Marolda, 30.

30. Marolda, 59.

31. Marolda, 104-8.

32. Ehrhard and Work, Range, Persistence, Stealth, and Networking, 74-75.

33. Ehrhard and Work, 86-89.

34. David H. Buss, William F. Moran, and Thomas J. Moore, "Why America Still Needs Aircraft Carriers," Foreign Policy, April 26, 2013, accessed May 6, 2021, https://foreignpolicy.com/2013/04/26/why-america-still-needs-aircraft-carriers/.

35. "Tomahawk Cruise Missile," U.S. Navy Fact File, April 26, 2018, accessed January28, 2021, https://www.navy.mil/Resources/Fact-Files/Display-FactFiles/Article/2169229/tomohawk-cruise-missile/.

36. 미 해군의 무기체계 관련 데이터 및 수상함과 잠수함의 모항에 대해서는 다음 홈페이지를 참조할 것. https://www.navy.mil/Resources/Fact-Files/.

37. U.S. Navy Fact Files.

38. Bryan G. McGrath and Timothy A. Walton, "The Time for Lasers Is Now," U.S. Naval Institute Proceedings 139, no. 4 (April 2013): 64-69, accessed May 7, 2021, https://www.usni.org/magazines/proceedings/2013/april/time-lasers-now.
39. Kyle Mizokami, "The Navy Needs a Way to Reload Missile Silos at Sea," Popular Mechanics, July 6, 2017, accessed January 28, 2021, https://www.popularmechanics.com/military/navy-ships/a27205/navy-reload-missile-silos-at-sea/.
40. Thomas A. Keaney and Eliot A. Cohen, Gulf War Air Power Survey Summary Report, 1993, 65, accessed May 6, 2021, https://media.defense.gov/2010/Sep/27/2001329801/-1/-1/0/gulf_war_air_power_survey-summary.pdf.
41. Marolda, Ready Seapower, 62.
42. Gordon S. Barrass, "U.S. Competitive Strategy during the Cold War," in Competitive Strategies for the 21st Century, ed. Thomas G. Mahnken (Stanford: Stanford Security Studies, 2012), 71-89.
43. Bureau of Arms Control, Verification and Compliance, "Treaty between the United States of America and the Union of Soviet Socialist Republics on the Elimination of Their Intermediate-Range and Shorter-Range Missiles (INF Treaty)," U.S. Department of State, accessed May 7, 2021, https://2009-2017.state.gov/t/avc/trty/102360.htm.
44. C. Todd Lopez, "U.S. Withdraws from Intermediate-Range Nuclear Forces Treaty," U.S. Department of Defense news release, August 2, 2019, accessed January 28, 2021, https://www.defense.gov/Explore/News/Article/Article/1924779/us-withdraws-from-intermediate-range-nuclear-forces-treaty/.
45. Krepinevich and Watts, The Last Warrior, 198-202.
46. Quadrennial Defense Review Report, Office of the Secretary of Defense, September 30, 2001, 4, accessed January 29, 2021, https://archive.defense.gov/pubs/qdr2001.pdf.
47. Quadrennial Defense Review Report, 2001, 31.
48. Quadrennial Defense Review Report, Office of the Secretary of Defense, February 6, 2006, 29, accessed May 7, 2021, https://archive.defense.gov/pubs/pdfs/QDR20060203.pdf.
49. Quadrennial Defense Review Report, Office of the Secretary of Defense, February 2010, 31, accessed May 7, 2021, https://dod.defense.gov/Portals/1/features/defenseReviews/QDR/QDR_as_of_29JAN10_1600.pdf.
50. Quadrennial Defense Review Report, February 2010, 32.
51. Michael Pillsbury, The Hundred-Year Marathon: China's Secret Strategy to Replace America as the Global Superpower (New York: Henry Holt, 2015), 7-12.
52. Bill Clinton, My Life (New York: Alfred A. Knopf, 2004), 794.
53. Clinton, 768.
54. George W. Bush, Decision Points (New York: Crown Publishers, 2010), 427.
55. Susan Rice, "National Security Advisor Susan E. Rice's As Prepared Remarks on the U.S.-China Relationship at George Washington University," The White House, Office of the Press Secretary, September 21, 2015, accessed February 2, 2021, https://obamawhitehouse.archives.gov/the-press-office/2015/09/21/national-security-advisor-susan-e-rices-prepared-remarks-us-china.

56. Robert Gates, Duty (New York: Alfred A. Knopf, 2014), 142-46.
57. Gates, 144.
58. "The China Syndrome," The Economist, June 9, 2012, accessed May 7, 2021, https://www.economist.com/united-states/2012/06/09/the-china-syndrome.
59. Bryan Bender, "Chief of US Pacific Forces Calls Climate Biggest Worry," Boston Globe, March 9, 2013, accessed February 1, 2021, https://www.bostonglobe.com/news/nation/2013/03/09/admiral-samuel-locklear-commander-pacific-forces-warns-that-climate-change-top-threat/BHdPVCLrWEMxRe9IXJZcHL/story.html.
60. "F-22 Raptor," U.S. Air Force Fact Sheet, September 2015, accessed May 7, 2021, https://www.af.mil/About-Us/Fact-Sheets/Display/Article/104506/f-22-raptor/.61. "F-15E Strike Eagle," U.S. Air Force Fact Sheet, April 2019, accessed May 7, 2021, https://www.af.mil/About-Us/Fact-Sheets/Display/Article/104499/f-15e-strike-eagle/; "General Dynamics F-111F," National Museum of the U.S. Air Force Fact Sheet, July 28, 2015, accessed May 7, 2021, https://www.nationalmuseum.af.mil/Visit/Museum-Exhibits/Fact-Sheets/Display/Article/195859/general-dynamics-f-111f-aardvark/.
62. Mark Gunzinger, "Long-Range Strike: Resetting the Balance of Stand-in and Stand-off Forces," Mitchell Institute for Aerospace Studies, June 18-19, 2020, accessed February 21, 2021, https://a2dd917a-65ab-41f1-ab11-5f1897e16299.usrfiles.com/ugd/a2dd91_4f2e5df4b4b2464ca6d50d0dcd9ea04f.pdf.

04 중국의 전략: 미사일 혁명과 정치전

1. Andrew S. Erickson and Adam P. Liff, "China's Military Development, Beyond the Numbers," The Diplomat, March 12, 2013, 2, accessed May 8, 2021, https://thediplomat.com/2013/03/chinas-military-development-beyond-the-numbers/.
2. "SIPRI Military Expenditure Database," Stockholm International Peace Research Institute, accessed February 8, 2021, https://sipri.org/databases/milex.
3. Military and Security Developments Involving the People's Republic of China 2020, 18-23.
4. MacGregor Knox and Williamson Murray, eds., The Dynamics of Military Revolution, 1300-2050 (Cambridge: Cambridge University Press, 2001), chap. 10.
5. For the Defense Department's formal definitions of "anti-access" and "area denial," see U.S. Department of Defense, Joint Operational Access Concept, Version 1.0 (Arlington, VA: Department of Defense, 2011), 6, accessed May 9, 2021, https://dod.defense.gov/Portals/1/Documents/pubs/JOAC_Jan%202012_Signed.pdf.
6. Andrew S. Erickson, "Are China's Near Seas 'Anti-Navy' Capabilities Aimed Directly at the United States?," Information Dissemination, June 14, 2012, accessed May 9, 2021, http://www.informationdissemination.net/2012/06/are-chinas-near-seas-anti-navy.html.
7. 다양한 미사일과 해군 함정 건조비용에 대해서는 다음 자료를 참조할 것. Program Acquisition Cost by Weapon System, Office of the Under Secretary of Defense (Comptroller)/Chief Financial Officer, U.S. Department of Defense, February 2020, 5-6, 6-5, 6-11, accessed February 8, 2021, https://comptroller.defense.gov/Portals/45/

Documents/defbudget/fy2021/fy2021_Weapons.pdf.
8. Program Acquisition Cost by Weapon System.
9. 2010 Report to Congress of the U.S.-China Economic and Security Review Commission, November 2010, 89-90, accessed May 9, 2021, https://www.uscc.gov/sites/default/files/annual_reports/2010-Report-to-Congress.pdf.
10. Christopher J. Bowie, "The Lessons of Salty Demo," Air Force magazine, March 2009, accessed May 9, 2021, https://www.airforcemag.com/article/0309salty/.
11. 2010 Report to Congress of the U.S.-China Economic and Security Review Commission, 89-90. 다음 자료도 참조할 것. Eric Stephen Gons, "Access Challenges and Implications for Airpower in the Western Pacific" (PhD diss., Pardee RAND Graduate School, 2011), 63-65, accessed February 11, 2021, http://www.rand.org/pubs/rgs_dissertations/RGSD267.html.
12. Roger Cliff, China's Military Power (New York: Cambridge University Press, 2015), 197.
13. Military and Security Developments Involving the People's Republic of China 2020, 55.
14. Military and Security Developments Involving the People's Republic of China 2020, 55-56.
15. Military and Security Developments Involving the People's Republic of China 2020, 59-60.
16. Military and Security Developments Involving the People's Republic of China 2020, 59.
17. Thomas R. McCabe, "Air and Space Power with Chinese Characteristics: China's Military Revolution," Air and Space Power Journal 34 (spring 2020): 23, accessed October 31, 2021, https://www.airuniversity.af.edu/Portals/10/ASPJ/journals/Volume-34_Issue-1/F-McCabe.pdf.
18. Dylan B. Ross and Jimmy A. Harmon, "New Navy Fighting Machine in the South China Sea" (master's thesis, Naval Postgraduate School, Monterey, CA, 2012), 31, accessed May 9, 2021, https://apps.dtic.mil/dtic/tr/fulltext/u2/a563777.pdf.
19. 미 해군 항모전단이 적의 정찰 및 표적탐지 활동을 방해하기 위해 기만책이나 전자적 수단을 사용하는 방식에 대해서는 해군 수상전투함에서 복무한 경험이 있는 예비역 장교가 기고한 논문에 잘 나와 있다. 현장 지휘관이나 상부에서 특정한 목적을 달성하기 위해서 위험을 감수하기로 한다면 한 번 정도는 실행할 수도 있겠으나, 오늘날 중국 근해에서 그러한 기만과 은폐를 지속적으로 실행하는 것은 더 이상 가능하지 않다고 보아야 할 것이다. 이에 대한 자세한 내용에 대해서는 다음 자료를 참조할 것. Jonathan F. Solomon, "Maritime Deception and Concealment: Concepts for Defeating Wide-Area Oceanic Surveillance-Reconnaissance-Strike Networks," Naval War College Review 66, no. 4, art. 7, accessed April 3, 2021, https://digital-commons.usnwc.edu/nwc-review/vol66/iss4/7/.
20. Military and Security Developments Involving the People's Republic of China 2020, 63-64.
21. International Institute for Strategic Studies, The Military Balance: 2021 (London: Routledge, 2021), 250.
22. Military and Security Developments Involving the People's Republic of China 2020, 65.
23. Mark Stokes, Gabriel Alvarado, Emily Weinstein, and Ian Easton, "China's Space and

Counterspace Capabilities and Activities," U.S.-China Economic and Security Review Commission, March 30, 2020, 28-34, accessed February 10, 2021, https://www.uscc.gov/sites/default/files/2020-05/China_Space_and_Counterspace_ Activities.pdf.

24. Stokes, Alvarado, Weinstein, and Easton, 35-36.
25. Andrew Jones, "Chinese Partnership to Create Tianxian SAR Satellite Constellation," Space News, October 8, 2021, accessed October 20, 2021, https://spacenews.com/chinese-partnership-to-create-tianxian-sar-satellite-constellation/.
26. Stokes, Alvarado, Weinstein, and Easton, "China's Space and Counterspace Capabilities and Activities," 51-57.
27. Military and Security Developments Involving the People's Republic of China 2020, 65.
28. Military and Security Developments Involving the People's Republic of China 2020, 52.
29. McCabe, "Air and Space Power with Chinese Characteristics," 26.
30. Military and Security Developments Involving the People's Republic of China 2020, 52.
31. Military and Security Developments Involving the People's Republic of China 2020, 50.
32. The Military Balance: 2021, 253-55.
33. McCabe, "Air and Space Power with Chinese Characteristics," 24.
34. Military and Security Developments Involving the People's Republic of China 2020, 50-51.
35. 2012 Report to Congress of the U.S.-China Economic and Security Review Commission, November 2012, 129, accessed May 9, 2021, https://www.uscc.gov/sites/default/files/annual_reports/2012-Report-to-Congress.pdf.
36. International Institute for Strategic Studies, The Military Balance: 2018 (London: Routledge, 2018), 9.
37. The Military Balance: 2021, 253-55.
38. Military and Security Developments Involving the People's Republic of China 2020, 51.
39. McCabe, "Air and Space Power with Chinese Characteristics," 22-25.
40. Military and Security Developments Involving the People's Republic of China 2020, 51.
41. The Military Balance: 2021, 253-55.
42. Military and Security Developments Involving the People's Republic of China 2020, 44.
43. Ronald O'Rourke, "China Naval Modernization: Implications for U.S. Navy Capabilities—Background and Issues for Congress," Congressional Research Service, January 27, 2021, accessed February 12, 2021, https://crsreports.congress.gov/product/pdf/RL/RL33153.
44. O'Rourke, 2-3.
45. O'Rourke, 4.
46. Military and Security Developments Involving the People's Republic of China 2020, 44.
47. O'Rourke, "China Naval Modernization," 3.
48. Military and Security Developments Involving the People's Republic of China 2020, 46.
49. Military and Security Developments Involving the People's Republic of China 2020, 46-47.
50. O'Rourke, "China Naval Modernization," 22-27.
51. Military and Security Developments Involving the People's Republic of China 2020, 48.

52. Gregory B. Poling, "The Conventional Wisdom on China's Island Bases Is Dangerously Wrong," War on the Rocks, January 10, 2020, accessed February 13, 2021, https://warontherocks.com/2020/01/the-conventional-wisdom-on-chinas-island-bases-is-dangerously-wrong/.
53. Military and Security Developments Involving the People's Republic of China 2020, 101-2.
54. Xi Jinping, "Secure a Decisive Victory in Building a Moderately Prosperous Society in All Respects and Strive for the Great Success of Socialism with Chinese Characteristics for a New Era," Report to the Nineteenth National Congress of the Communist Party of China, October 18, 2017.
55. Patrick Gerard Buchan and Benjamin Rimland, "Defining the Diamond: The Past, Present, and Future of the Quadrilateral Security Dialogue," Center for Strategic and International Studies, March 16, 2020, accessed February 14, 2021, https://www.csis.org/analysis/defining-diamond-past-present-and-future-quadrilateral-security-dialogue.
56. O'Rourke, "China Naval Modernization," 35.
57. Kerry K. Gershaneck, Political Warfare: Strategies for Combating China's Plan to "Win without Fighting" (Quantico, VA: Marine Corps University Press, 2020), chap. 2.
58. Christina Zhou and Bang Xiao, "China's Social Credit System Is Pegged to Be Fully Operational by 2020—but What Will It Look Like?," Australian Broadcast Corporation, January 1, 2020, accessed January 17, 2021, https://www.abc.net.au/news/2020-01-02/china-social-credit-system-operational-by-2020/11764740.
59. Lingling Wei, "China's Xi Ramps Up Control of Private Sector. 'We Have No Choice but to Follow the Party,'" Wall Street Journal, December 10, 2020, accessed January 18, 2021, https://www.wsj.com/articles/china-xi-clampdown-private-sector-communist-party-11607612531.
60. Chao Deng, "China Razed Thousands of Xinjiang Mosques in Assimilation Push, Report Says," Wall Street Journal, September 25, 2020, accessed January 17, 2021, https://www.wsj.com/articles/china-razed-thousands-of-xinjiang-mosques-in-assimilation-push-report-says-11601049531?mod=searchresults_pos10&page=3.
61. Natasha Khan, "Hong Kong Police Arrest 53 Opposition Figures over Alleged Subversion," Wall Street Journal, January 6, 2021, accessed January 17, 2021, https://www.wsj.com/articles/hong-kong-police-arrest-dozens-of-opposition-politicians-over-alleged-subversion11609895177?mod=searchresults_pos12&page=1.
62. The PRC in International Organizations, U.S.-China Economic and Security Review Commission, April 20, 2020, accessed January 17, 2021, https://www.uscc.gov/prc-international-orgs.
63. Kurt M. Campbell and Rush Doshi, "How America Can Shore Up Asian Order," Foreign Affairs, January 12, 2021, accessed January 18, 2021, https://www.foreignaffairs.com/articles/united-states/2021-01-12/how-america-can-shore-asian-order.
64. Tim Kelly, "Japan Sets Record $52 Billion Military Budget with Stealth Jets, LongRange Missiles," Reuters, December 20, 2020, accessed January 18, 2021, https://www.reuters.com/article/japan-defence-budget/japan-sets-record-52-billion -military-budget-with-

stealth-jets-long-range-missiles-idUSKBN28V03X.
65. Jade Macmillan and Andrew Greene, "Australia to Spend $270b Building Larger Military to Prepare for 'Poorer, More Dangerous' World and Rise of China," Australian Broadcast Corporation, July 1, 2020, accessed January 18, 2021, https://www.abc.net.au/news/2020-06-30/australia-unveils-10-year-defence-strategy/12408232.
66. "Brussels Summit Communique," North Atlantic Treaty Organization press release, June 14, 2021, accessed June 22, 2021, https://www.nato.int/cps/en/natohq/news_185000.htm?selectedLocale=en.
67. Laura Silver, Kat Devlin, and Christine Huang, "Unfavorable Views of China Reach Historic Highs in Many Countries," Pew Research Center, October 6, 2020, accessed January 18, 2021, https://www.pewresearch.org/global/2020/10/06/unfavorable-views-of-china-reach-historic-highs-in-many-countries/.
68. Jeremy Page, "How the U.S. Misread China's Xi: Hoping for a Globalist, It Got an Autocrat," Wall Street Journal, December 23, 2020, accessed January 18, 2021, https://www.wsj.com/articles/xi-jinping-globalist-autocrat-misread-11608735769?mod=hp_lead_pos10.
69. Military and Security Developments Involving the People's Republic of China 2020, 80.
70. Military and Security Developments Involving the People's Republic of China 2020, 78.
71. Military and Security Developments Involving the People's Republic of China 2020, 79.
72. Military and Security Developments Involving the People's Republic of China 2020, 81.
73. Military and Security Developments Involving the People's Republic of China 2020, 81-84.
74. Military and Security Developments Involving the People's Republic of China 2020, 31-33.

05 미국의 아시아 회귀와 이후의 시행착오

1. Quadrennial Defense Review Report, 2010, 31-32.
2. U.S. Department of Defense, Joint Operational Access Concept, Version 1.0, foreword.
3. Barry D. Watts, The Maturing Revolution in Military Affairs (Washington, DC: Center for Strategic and Budgetary Assessments, 2011), 1-2, accessed May 10, 2021, https://csbaonline.org/research/publications/the-maturing-revolution-in-military-affairs/.
4. Joint Operational Access Concept, Version 1.0, foreword.
5. Joint Operational Access Concept, Version 1.0, ii.
6. Joint Operational Access Concept, Version 1.0, ii.
7. Joint Operational Access Concept, Version 1.0, 9.
8. Joint Operational Access Concept, Version 1.0, 17.
9. Joint Operational Access Concept, Version 1.0, 33-36.
10. Joint Operational Access Concept, Version 1.0, 36-38.
11. Quadrennial Defense Review Report, 2010, 32.
12. Gen. Norton A. Schwartz and Adm. Jonathan W. Greenert, "Air-Sea Battle," American

Interest, February 20, 2012, accessed May 10, 2021, https://www.the-american-interest.com/2012/02/20/air-sea-battle/.
13. Keaney and Cohen, Gulf War Air Power Survey Summary Report.
14. Ronald O' Rourke, "Navy Lasers, Railgun, and Gun-Launched Guided Projectile: Background and Issues for Congress," Congressional Research Service, January 12, 2021, accessed February 17, 2021, https://crsreports.congress.gov/product/pdf/R/R44175.
15. Harry Kazianis, "Air-Sea Battle's Next Step: JAM-GC on Deck," National Interest, November 25, 2015, accessed February 17, 2021, https://nationalinterest.org/feature/air-sea-battles-next-step-jam-gc-deck-14440.
16. Marcus Hand, "Malacca Strait Transits Grow 2% to Record in 2015, Boxships See Dip in H2," Seatrade Maritime News, March 7, 2016, accessed February 19, 2021, https://www.seatrade-maritime.com/asia/malacca-strait-transits-grow-2-record-2015-boxships-see-dip-h2.
17. Gabriel B. Collins and William S. Murray, "No Oil for the Lamps of China?," Naval War College Review 61, no. 2 (spring 2008): 84-85, accessed February 19, 2021, https://digital-commons.usnwc.edu/nwc-review/vol61/iss2/10/.
18. U.S. Navy Fact Files, accessed February 19, 2021, https://www.navy.mil/Resources/Fact-Files/.
19. Collins and Murray, "No Oil for the Lamps of China?," 81.
20. Summary of the 2018 National Defense Strategy of the United States of America: Sharpening the American Military's Competitive Edge, Office of the U.S. Secretary of Defense, January 19, 2018, 2, accessed February 20, 2021, https://dod.defense.gov/Portals/1/Documents/pubs/2018-National-Defense-Strategy-Summary.pdf.
21. Summary of the 2018 National Defense Strategy, 1.
22. Russell Wicke, "Gen. Moseley: New Long-Range Bomber on Horizon for 2018," U.S. Air Force Air Combat Command Public Affairs, July 26, 2006, accessed February 20, 2021, https://www.af.mil/News/Article-Display/Article/130296/gen-moseley-new-long-range-bomber-on-horizon-for-2018/.
23. John Tirpak, "First of 17 B-1Bs Heads to the Boneyard," Air Force magazine, February 17, 2021, accessed February 21, 2021, https://www.airforcemag.com/first-of-17-b-1bs-heads-to-the-boneyard/.
24. Gunzinger, "Long-Range Strike," 3.
25. John Tirpak, "Schwartz, in Memoir, Says F-22 Was Traded for B-21 Bomber," Air Force magazine, April 26, 2018, accessed February 21, 2021, https://www.airforcemag.com/schwartz-in-memoir-says-f-22-was-traded-for-b-21-bomber/.
26. Gates, Duty, 457.
27. "JASSM-ER Fact Sheet," Lockheed-Martin Corporation, accessed February 22, 2021, https://www.lockheedmartin.com/content/dam/lockheed-martin/mfc/pc/jassm/mfc-jassm-er-pc.pdf.
28. Garrett Reim, "USAF Aims to Double Long-Term JASSM Production up to 10,000 Units," FlightGlobal, September 27, 2019, accessed February 22, 2021,

https://www.flightglobal.com/fixed-wing/usaf-aims-to-double-long-term-jassm-production-up-to-10000-units/134510.article.

29. John Hoehn and Samuel Ryder, "Precision-Guided Munitions: Background and Issues for Congress," Congressional Research Service, June 26, 2020, 17, accessed February 22, 2021, https://crsreports.congress.gov/product/pdf/R/R45996.

30. Reim, "USAF Aims to Double Long-Term JASSM Production."

31. "Long Range Anti-Ship Missile Fact Sheet," Lockheed-Martin Corporation, accessed February 22, 2021, https://www.lockheedmartin.com/content/dam/lockheed-martin/mfc/pc/long-range-anti-ship-missile/mfc-lrasm-pc-01.pdf.

32. Jennifer Hlad and Amy McCullough, "ACE-ing the Test," Air Force magazine, May 1, 2020, accessed February 23, 2021, https://www.airforcemag.com/article/ace-ing-the-test/.

33. Hlad and McCullough.

34. Brian Everstine, "PACAF Surveyed Every 'Piece of Concrete' in the Pacific for Agile Combat Employment," Air Force magazine, November 25, 2020, accessed February 23, 2021, https://www.airforcemag.com/pacaf-surveyed-every-piece-of-concrete-in-the-pacific-for-agile-combat-employment/.

35. Gons, "Access Challenges and Implications for Airpower in the Western Pacific," 67-70.

36. See O'Rourke, "Navy Lasers, Railgun, and Gun-Launched Guided Projectile."

37. Ronald O'Rourke, "Navy Force Structure and Shipbuilding Plans: Background and Issues for Congress," Congressional Research Service, January 26, 2021, 10-11, accessed February 24, 2021, https://crsreports.congress.gov/product/pdf/RL/RL32665.

38. See U.S. Navy Fact File for fixed-wing aircraft, accessed May 10, 2021, https://www.navy.mil/Resources/Fact-Files/ http://www.navy.mil/navydata/fact_display.asp?cid=1100&tid=1200&ct=1.

39. Sam LaGrone, "New Age in Carrier Aviation Takes Off with X-47B Landing," U.S. Naval Institute News, July 10, 2013, accessed May 10, 2021, https://news.usni.org/2013/07/10/new-carrier-age-in-carrier-aviation-takes-off-with-x-47b-landing.

40. "MQ-25A Stingray," U.S. Navy Fact File, February 21, 2019, accessed January 27, 2021, https://www.navy.mil/Resources/Fact-Files/Display-FactFiles/Article/2160662/mq-25a-stingray/.

41. Wayne P. Hughes Jr., The New Navy Fighting Machine: A Study of the Connections between Contemporary Policy, Strategy, Sea Power, Naval Operations, and the Composition of the United States Fleet (Monterey, CA: Naval Postgraduate School, 2009), 11, 48, accessed April 3, 2021, https://docs.google.com/file/d/0B4aOmucPTb-IYjY3OTRkODMtN2NjZS00MWFmLWFhOTUtMDc0NjQzNGQxODY0/edit?pli=1.

42. Phillip E. Pournelle, "The Rise of the Missile Carriers," U.S. Naval Institute Proceedings, May 2013, 32, accessed April 4, 2021, https://www.usni.org/magazines/proceedings/2013/may/rise-missile-carriers.

43. Thomas Hamilton, "Comparing the Cost of Penetrating Bombers to Expendable Missiles over Thirty Years," RAND Corporation (WR-778-AF), 2011, accessed May 17,

2021, https://www.rand.org/pubs/working_papers/WR778.html.
44. O'Rourke, "Navy Force Structure and Shipbuilding Plans," 2.
45. Paul McLeary, "Congress Applauds VP Pence's Surprise Nixing of Truman Retirement," Breaking Defense, April 30, 2019, accessed February 24, 2021, https://breakingdefense.com/2019/04/vp-pences-surprise-nixing-of-truman-retirement-navy-modernization/.
46. O'Rourke, "Navy Force Structure and Shipbuilding Plans," 46-47.
47. O'Rourke, "Navy Force Structure and Shipbuilding Plans," 47-48.
48. O'Rourke, "Navy Force Structure and Shipbuilding Plans," 6.
49. "An Analysis of the Navy's Fiscal 2022 Shipbuilding Plan," Congressional Budget Office, September 2021, 2, accessed October 29, 2021, https://www.cbo.gov/system/files/2021-09/57414-Shipbuilding_1.pdf.
50. "An Analysis of the Navy's Fiscal 2022 Shipbuilding Plan," Congressional Budget Office, 6.
51. Christian Steidl, Laurent Daniel, and Cenk Yildiran, "Shipbuilding Market Developments Q2 2018," Organization of Economic Cooperation and Development (OECD), May 15, 2018, 17, accessed February 25, 2021, http://www.oecd.org/sti/ind/shipbuilding-market-developments-Q2-2018.pdf.
52. David Berger, "Commandant's Planning Guidance: 38th Commandant of the Marine Corps," Headquarters, U.S. Marine Corps, July 17, 2019, accessed February 25, 2021, https://www.marines.mil/Portals/1/Publications/Commandant's%20Planning%20Guidance_2019.pdf?ver=2019-07-17-090732-937.
53. David Berger, "Force Design 2030," Headquarters, U.S. Marine Corps, March 2020, 3, accessed February 25, 2021, https://www.hqmc.marines.mil/Portals/142/Docs/CMC38%20Force%20Design%202030%20Report%20Phase%20I%20and%20II.pdf?ver=2020-03-26-121328-460.
54. Berger, "Force Design 2030," 5.
55. Berger, "Force Design 2030," 7.
56. Berger, "Force Design 2030," 5.
57. Berger, "Force Design 2030," 10, 12.
58. Berger, "Commandant's Planning Guidance," 3.
59. Berger, "Force Design 2030," 5.
60. John Hoehn, "Joint All-Domain Command and Control (JADC2)," Congressional Research Service, December 9, 2020, accessed March 1, 2021, https://crsreports.congress.gov/product/pdf/IF/IF11493.
61. Kelley Sayler, "Hypersonic Weapons: Background and Issues for Congress," Congressional Research Service, December 1, 2020, 5-6, accessed March 1, 2021, https://crsreports.congress.gov/product/pdf/R/R45811.
62. Mark Gunzinger, Lukas Autenried, and Bryan Clark, "Understanding the Long-Range Strike Debate," Mitchell Institute for Aerospace Studies, April 2021, 4, accessed May 11, 2021, https://a2dd917a-65ab-41f1-ab11-5f1897e16299.usrfiles.com/ugd/a2dd91_584d2a721b0f44bab0bf7d25986ea40d.pdf.

06 인도-태평양 지역 대중국 경쟁 전략 설계

1. Richard Rumelt, Good Strategy/Bad Strategy: The Difference and Why It Matters (New York: Crown Business, 2011), 6.
2. Rumelt, 33-37; 다음 자료도 참조할 것. U.S. Government, National Security Strategy, December 2017, accessed March 3, 2021, https://trumpwhitehouse.archives.gov/wp-content/uploads/2017/12/NSS-Final-12-18-2017-0905.pdf.
3. Henry Kissinger, Diplomacy (New York: Simon and Shuster, 1994), 201-6.
4. Bob Woodward, Obama's Wars (New York: Simon and Schuster, 2010), 278-83.
5. National Intelligence Council, Global Trends 2040: A More Contested World, Office of Director of National Intelligence, March 2021, accessed May 12, 2021, https://www.dni.gov/index.php/global-trends-home.
6. Rumelt, Good Strategy/Bad Strategy, 32, 41-44.
7. Rumelt, 32, 54-57.
8. "X" (George F. Kennan), "The Sources of Soviet Conduct," Foreign Affairs, July 1947, accessed May 12, 2021, https://www.foreignaffairs.com/articles/russian-federation/1947-07-01/sources-soviet-conduct; NSC 68: United States Objectives and Programs for National Security, Federation of American Scientists, April 7, 1950, accessed May 12, 2021, https://fas.org/irp/offdocs/nsc-hst/nsc-68.htm.
9. Kennan, "The Sources of Soviet Conduct."
10. NSC 68, "Conclusions" and "Recommendations."
11. 예컨대, 다음 자료를 참조할 것. Peter Beinart, "Biden's Taiwan Policy Is Truly, Deeply Reckless," New York Times, May 5, 2021, accessed June 11, 2021, https://www.nytimes.com/2021/05/05/opinion/biden-taiwan-china.html.
12. Joint Publication 5-0: Joint Planning, U.S. Department of Defense, December 1, 2020, IV-22, accessed March 9, 2021, https://www.jcs.mil/Portals/36/Documents/Doctrine/pubs/jp5_0.pdf?ver=ztDG06paGvpQRrLxThNZUw%3d%3d.
13. Joint Publication 5-0, IV-26.
14. Lawrence Freedman, Deterrence (Cambridge, UK: Polity Press, 2004), 37-39.
15. Thomas Schelling, Arms and Influence (New Haven, CT: Yale University Press, 2008), 47-48.
16. Blackwill and Zelikow, "The United States, China, and Taiwan," 45-46.
17. Freedman, Deterrence, 37-40.
18. Michael Pillsbury, "The Sixteen Fears: China's Strategic Psychology," Survival: Global Politics and Strategy 54, no. 5 (October-November 2012): 149-82, accessed March 9, 2021, https://iiss.tandfonline.com/doi/full/10.1080/00396338.2012.728351#.YEfbFrCSmUk.
19. Military and Security Developments Involving the People's Republic of China 2020, 29.
20. Benjamin Lambeth, NATO's Air War for Kosovo: A Strategic and Operational Assessment (Santa Monica, CA: RAND Corporation, 2001), 68-72, accessed May 12, 2021, https://www.rand.org/pubs/monograph_reports/MR1365.html.
21. 다음 자료들을 참조할 것. Gordon S. Barrass, "U.S. Competitive Strategy during the Cold

War," in Competitive Strategies for the 21st Century, ed. Thomas G. Mahnken (Palo Alto: Stanford Security Studies, 2012), 71-89; and Gordon S. Barrass, The Great Cold War: A Journey through the Hall of Mirrors (Palo Alto: Stanford University Press, 2009).
22. Thomas Mahnken, "Cost-Imposing Strategies: A Brief Primer," Center for a New American Security, November 2014, 10, accessed April 9, 2021, https://s3.us-east-1.amazonaws.com/files.cnas.org/documents/CNAS_Maritime4_Mahnken.pdf?mtime=20160906081628&focal=none.
23. Barrass, "U.S. Competitive Strategy during the Cold War," 83-85.

07 중국의 기정사실화 전략 저지하기: 항공우주력의 최우선 과제

1. Military and Security Developments Involving the People's Republic of China 2020, 165.
2. Lee His-min and Eric Lee, "Taiwan's Overall Defense Concept, Explained," The Diplomat, November 3, 2020, accessed March 17, 2021, https://thediplomat.com/2020/11/taiwans-overall-defense-concept-explained/.
3. Blackwill and Zelikow, "The United States, China, and Taiwan," 27-28.
4. Blackwill and Zelikow, 35-37.
5. Max Hastings, "America Is Headed to a Showdown over Taiwan, and China Might Win," Bloomberg, March 14, 2021, accessed March 17, 2021, https://www.bloomberg.com/opinion/articles/2021-03-14/max-hastings-china-might-defeat-america-in-war-over-taiwan.
6. Military and Security Developments Involving the People's Republic of China 2020, 24.
7. Ian Easton, The Chinese Invasion Threat: Taiwan's Defense and American Strategy in Asia (Manchester, UK: Eastbridge Books, 2019), chaps. 5 and 6.
8. Joyu Wang and Alastair Gale, "Does Taiwan's Military Stand a Chance against China? Few Think So," Wall Street Journal, October 26, 2021, accessed October 26, 2021, https://www.wsj.com/articles/taiwan-military-readiness-china-threat-us-defense-11635174187?mod=articletype_trending_now_article_pos5.
9. The Military Balance: 2021, 301-2.
10. Tanner Greer, "Taiwan Can Win a War with China," Foreign Policy, September 25, 2018, accessed March 17, 2021, https://foreignpolicy.com/2018/09/25/taiwan-can-win-a-war-with-china/.
11. Blackwill and Zelikow, "The United States, China, and Taiwan," 44-47.
12. Michele Flournoy, "How to Prevent a War in Asia," Foreign Affairs, June 18, 2020, accessed March 18, 2021, http://foreignaffairs.com/articles/united-states/2020-06-18/how-prevent-war-asia. 로버트 워크의 견해에 대해서는 다음 자료를 참조할 것. Sydney Freedberg Jr., "US 'Gets Its Ass Handed to It' in Wargames: Here's a $24 Billion Fix," Breaking Defense, March 7, 2019, accessed March 18, 2021, http://breakingdefense.com/2019/03/us-gets-its-ass-handed-to-it-in-wargames-heres-a-24-billion-fix.
13. David Deptula, "Bombers for Maritime Strike: An Asymmetric Counter to China's Navy," Mitchell Institute for Aerospace Studies, February 2019, 1, accessed March 19,

2021, http://docs.wixstatic.com/ugd/a2dd91_546d5ed9b4424fd780887be1146f9ac2.pdf.
14. Paul Johnson, Modern Times (New York: HarperCollins, 1991), 394-96.
15. Joint Army-Navy Assessment Committee, "Japanese Naval and Merchant Shipping Losses during World War II by All Causes," U.S. Navy History and Heritage Command, February 1947, accessed March 19, 2021, https://www.history.navy.mil/research/library/online-reading-room/title-list-alphabetically/j/japanese-naval-merchant-shipping-losses-wwii.html.
16. Max Hastings and Simon Jenkins, The Battle for the Falklands (New York: W. W. Norton, 1983), 316-19, 346-49.
17. Deptula, "Bombers for Maritime Strike," 3.
18. Mark Barrett and Mace Carpenter, "Survivability in the Digital Age: The Imperative for Stealth," Mitchell Institute for Aerospace Studies, July 2017, 14, accessed March 21, 2021, http://docs.wixstatic.com/ugd/a2dd91_cd5494417b644d1fa7d7aacb9295324d.pdf.
19. Gunzinger, "Long-Range Strike," 30-32.
20. Gunzinger, 14.
21. John Tirpak, "B-21 Temporary Shelters Could Also Shelter B-2s," Air Force magazine, March 5, 2021, accessed March 21, 2021, https://www.airforcemag.com/b-21-temporary-shelters-could-also-shelter-b-2s/.
22. John Tirpak, "The Raider Comes out of the Black," Air Force magazine, February 19, 2021, accessed March 21, 2021, https://www.airforcemag.com/article/the-raider-comes-out-of-the-black/.
23. Gunzinger, "Long-Range Strike," 17-18.
24. Deptula, "Bombers for Maritime Strike," 10.
25. Christopher Dougherty, "The Pentagon Needs a Plan to Get Punched in the Mouth," C4ISR Net, May 20, 2021, accessed October 28, 2021, https://www.c4isrnet.com/thought-leadership/2021/05/20/the-pentagon-needs-a-plan-to-get-punched-in-the-mouth/.
26. "Advanced Extremely High Frequency System Fact Sheet," U.S. Space Force, March 22, 2017, accessed October 28, 2021, https://www.spaceforce.mil/About-Us/Fact-Sheets/Article/2197713/advanced-extremely-high-frequency-system/.
27. Glen VanHerck, "NORAD-USNORTHCOM Commander's Senate Armed Services Committee Statement," U.S. Northern Command, March 16, 2021, accessed March 22, 2021, https://www.northcom.mil/Newsroom/Transcripts/Transcript/Article/2541921/norad-usnorthcom-commanders-senate-armed-services-committee-statement/.
28. Todd Harrison, Kaitlyn Johnson, and Makena Young, "Defense against the Dark Arts in Space: Protecting Space Systems from Counterspace Weapons," Center for Strategic and International Studies, February 25, 2021, 3, accessed March 23, 2021, https://www.csis.org/analysis/defense-against-dark-arts-space-protecting-space-systems-counterspace-weapons.
29. David Deptula, William LaPlante, and Robert Haddick, "Modernizing U.S. Nuclear Command, Control, and Communications," Mitchell Institute for Aerospace Studies, February 2019, 26, accessed March 23, 2021, http://docs.wixstatic.com/ugd/a2dd91_

ed45cfd71de2457eba3bcce4d0657196.pdf.
30. "SpaceX Mission," Space Exploration Technologies, accessed March 24, 2021, https://www.spacex.com/mission/.
31. "Our Constellation," Planet Labs company, accessed March 24, 2021, https://storage.googleapis.com/planet-ditl/day-in-the-life/index.html.
32. "SAR Made Easy," Capella Space, accessed March 24, 2021, https://www.capellaspace.com/.
33. Amanda Miller, "SDA Outlines Missile Tracking Satellite Plan," Air Force magazine, April 16, 2021, accessed May 21, 2021, https://www.airforcemag.com/sda-outlines-missile-tracking-satellite-plan/.
34. "USAF Unit Moves Reveal Clues to RQ-180 Ops Debut," Aviation Week Network, October 24, 2019, accessed March 24, 2021, https://aviationweek.com/defense-space/usaf-unit-moves-reveal-clues-rq-180-ops-debut.
35. Blackwill and Zelikow, "The United States, China, and Taiwan," 45-47, 49-50.
36. Blackwill and Zelikow, 45-47, 49-50.
37. Blackwill and Zelikow, 50.
38. Military and Security Developments Involving the People's Republic of China 2020, 91.
39. Jeff Hagen, "The U.S. Air Force and the Chinese Aerospace Challenge," in Chinese Aerospace Power, ed. Andrew S. Erickson and Lyle J. Goldstein (Annapolis, MD: Naval Institute Press, 2011), 469-71; 다음 자료도 참조할 것. Gons, "Access Challenges and Implications for Airpower in the Western Pacific," 154-83.
40. James R. FitzSimonds, "Cultural Barriers to Implementing a Competitive Strategy," in Competitive Strategies for the 21st Century (Stanford, CA: Stanford Security Studies, 2012), 290-92.
41. FitzSimonds, 291.
42. FitzSimonds, 291-92.
43. "Low Cost Autonomous Attack System (LOCAAS) Miniature Munition Capability," Federation of American Scientists, November 29, 1999, accessed May 13, 2021, https://fas.org/man/dod-101/sys/smart/locaas.htm.
44. "Miniature Air Launched Decoy (MALD) Flight Vehicle," Air Force Technology, accessed March 28, 2021, https://www.airforce-technology.com/projects/miniature-air-launched-decoy-mald-flight-vehicle/
45. Robert Haddick, "Stopping Mobile Missiles: Top Picks for Offset Strategy," Breaking Defense, January 23, 2015, accessed March 28, 2021, https://breakingdefense.com/2015/01/stopping-mobile-missiles-top-picks-for-offset-strategy/.
46. Haddick.

08 센서와 미사일 시대 해군력의 역할

1. David C. Gompert, Astrid Stuth Cevallos, and Cristina L. Garafola, "War with China: Thinking Through the Unthinkable," RAND Corporation, 2016, 41-50, accessed May 27,

2021, https://www.rand.org/pubs/research_reports/RR1140.html.
2. David C. Gompert, "Sea Power and American Interests in the Western Pacific," RAND Corporation 2013, 186-88, accessed April 5, 2021, https://www.rand.org/pubs/research_reports/RR151.html#abstract.
3. 다음 자료를 참조할 것. Eliot Cohen and John Gooch, Military Misfortunes: The Anatomy of Failure in War (New York: Free Press, 1990).
4. U.S. Department of the Navy and U.S. Coast Guard, "Advantage at Sea: Prevailing with Integrated All-Domain Naval Power," December 2020, 9-14, accessed April 3, 2021, https://media.defense.gov/2020/Dec/17/2002553481/-1/-1/0/TRISERVICESTRATEGY.PDF/TRISERVICESTRATEGY.PDF.
5. "Advantage at Sea," 13-14.
6. Wayne P. Hughes Jr., The New Navy Fighting Machine: A Study of the Connections between Contemporary Policy, Strategy, Sea Power, Naval Operations, and the Composition of the United States Fleet (Monterey, CA: Naval Postgraduate School, 2009), 46-47.
7. Hughes, vii-viii.
8. Hughes, 5.
9. Hughes, viii-ix.
10. Hughes, 5.
11. Robert C. Rubel, "Cede No Water: Strategy, Littorals, and Flotillas," U.S. Naval Institute Proceedings, September 2013, 41, accessed April 5, 2021, https://www.usni.org/magazines/proceedings/2013/september/cede-no-water-strategy-littorals-and-flotillas.
12. Rubel, 43-45.
13. 다음 자료를 참조할 것. "SAR Made Easy," Capella Space, accessed March 24, 2021, https://www.capellaspace.com/.
14. Gompert, "Sea Power and American Interests in the Western Pacific," 148.
15. Unit cost from Program Acquisition Cost by Weapon System, Office of the Under Secretary of Defense (Comptroller)/Chief Financial Officer, February 2020, 6-6.
16. "Advantage at Sea," 16, 21.
17. Pournelle, "The Rise of the Missile Carriers," 31-32.
18. Hoehn and Ryder, "Precision-Guided Munitions," 24.
19. Sayler, "Hypersonic Weapons," 5.
20. O'Rourke, "Navy Force Structure and Shipbuilding Plans," 2-14.
21. Ronald O'Rourke, "Navy Large Unmanned Surface and Undersea Vehicles: Background and Issues for Congress," Congressional Research Service, March 25, 2021, 18-21, accessed April 7, 2021, https://crsreports.congress.gov/product/pdf/R/R45757.
22. Berger, "Commandant's Planning Guidance: 38th Commandant of the Marine Corps," 4-5.
23. Berger, 4-5.
24. Mahnken, "Cost-Imposing Strategies," 6-11.
25. Ronald O'Rourke, "Navy Constellation (FFG-62) Class Frigate [Previously FFG(X)] Program: Background and Issues for Congress," Congressional Research Service,

February 11, 2021, 7, accessed April 10, 2021, https://crsreports.congress.gov/product/pdf/R/R44972.
26. O' Rourke, "Navy Large Unmanned Surface and Undersea Vehicles," 11.
27. O' Rourke, "Navy Large Unmanned Surface and Undersea Vehicles," 9.
28. O' Rourke, "Navy Large Unmanned Surface and Undersea Vehicles," 11-12.
29. U.S. Navy Fact File for surface ships, accessed May 14, 2021, https://www.navy.mil/Resources/ Fact-Files/ http://www.navy.mil/navydata/fact_display.asp?cid=1100&tid=1200&ct=1.
30. U.S. Navy Fact File for surface ships.
31. Program Acquisition Cost by Weapon System, 6-6.
32. "Defense Acquisitions Annual Assessment," U.S. Government Accountability Office, June 2020, 119; Program Acquisition Cost by Weapon System, 6-5.
33. Joseph Biden, "Interim National Security Strategic Guidance," The White House, Washington, March 2021, 7-10, 20, accessed April 11, 2021, https://www.whitehouse.gov/wp-content/uploads/2021/03/NSC-1v2.pdf.
34. Edward S. Miller, War Plan Orange: The U.S. Strategy to Defeat Japan, 1897-1945 (Annapolis, MD: Naval Institute Press, 1991), 10.

09 인도-태평양의 기나긴 마라톤에서 승리하는 법

1. Paul Kennedy, The Rise and Fall of the Great Powers (New York: Random House, 1987), 355, table 35.
2. Barrass, "U.S. Competitive Strategy during the Cold War," 83-85.
3. Joseph Bosco, "Entrapment and Abandonment in Asia," National Interest, July 8, 2013, accessed May 15, 2021, https://nationalinterest.org/commentary/entrapment-abandonment-asia-8697.
4. "U.S. Public, Experts Differ on China Policies," Pew Research Center, September18, 2012, accessed April 21, 2021, https://www.pewresearch.org/global/2012/09/18/u-s-public-experts-differ-on-china-policies/.
5. Laura Silver, Kat Devlin, and Christine Huang, "Most Americans Support Tough Stance toward China on Human Rights, Economic Issues," Pew Research Center, March 4, 2021, accessed April 21, 2021, https://www.pewresearch.org/global/2021/03/04/most-americans-support-tough-stance-toward-china-on-human-rights-economic-issues/.
6. J. J. Moncus and Laura Silver, "Americans' Views of Asia-Pacific Nations Have Not Changed since 2018—with the Exception of China," Pew Research Center, April 12, 2021, accessed April 21, 2021, https://www.pewresearch.org/fact-tank/2021/04/12/americans-views-of-asia-pacific-nations-have-not-changed-since-2018-with-the-exception-of-china/.
7. Bonnie Glaser and Mathew Funaiole, "Poll Shows Increase in American Support for Defending Taiwan," The Diplomat, October 23, 2020, accessed April 24, 2021, https://thediplomat.com/2020/10/poll-shows-increase-in-american-support-for-

defending-taiwan/.
8. Barrass, "U.S. Competitive Strategy during the Cold War," 71-89.
9. Krepinevich and Watts, The Last Warrior, 130-34.
10. Krepinevich and Watts, 135-36.
11. Barrass, "U.S. Competitive Strategy during the Cold War," 71-89.
12. Krepinevich and Watts, The Last Warrior, 166-67.
13. Krepinevich and Watts, 149-51.
14. Barrass, "U.S. Competitive Strategy during the Cold War," 71-89.
15. "World Population Prospects 2019," UN Department of Economic and Social Affairs, China tab, accessed June 9, 2021, https://population.un.org/wpp/DataQuery/.
16. "World Population Prospects 2019."
17. Feenstra, Inklaar, and Timmer, "The Next Generation of the Penn World Table."
18. Amanda Lee, "China Debt: How Big Is It and Who Owns It?," Reuters, May 19, 2020, accessed April 23, 2021, https://www.scmp.com/economy/china-economy/article/3084979/china-debt-how-big-it-who-owns-it-and-what-next.
19. Lingling Wei, "China's Economic Recovery Belies a Lingering Productivity Challenge," Wall Street Journal, January 17, 2021, accessed June 22, 2021, https://www.wsj.com/articles/chinas-economic-recovery-belies-a-lingering-productivity-challenge-11610884800?mod=hp_lista_pos2.
20. Liyan Qi, "China's Census Highlights Its Looming Population Problem," Wall Street Journal, May 11, 2021, accessed May 15, 2021, https://www.wsj.com/articles/china-says-its-population-rose-slightly-in-2020-11620698964?mod=article_inline.
21. 다음 자료도 참조할 것. Walter Russell Mead, "Strengthen Asia to Weaken Beijing," Wall Street Journal, May 10, 2021, accessed May 15, 2021, https://www.wsj.com/articles/strengthen-asia-to-weaken-beijing-11620684893?mod=opinion_lead_pos10.
22. "Advantage at Sea," 4.
23. Chui-Wei Yap, "China's Fishing Fleet, the World's Largest, Drives Beijing's Global Ambitions," Wall Street Journal, April 21, 2021, accessed April 26, 2021, https://www.wsj.com/articles/chinas-fishing-fleet-the-worlds-largest-drives-beijings-global-ambitions-11619015507?mod=searchresults_pos1&page=1.
24. Tirpak, "First of 17 B-1Bs Heads to the Boneyard."
25. "Advantage at Sea," 4.
26. Robert Haddick, "Competitive Mobilization: How Would We Fare against China?," War on the Rocks, March 15, 2016, accessed April 26, 2021, https://warontherocks.com/2016/03/competitive-mobilization-how-would-we-fare-against-china/.
27. Office of the Director of National Intelligence, "Annual Threat Assessment of the U.S. Intelligence Community," April 9, 2021, 8, accessed April 26, 2021, https://www.dni.gov/files/ODNI/documents/assessments/ATA-2021-Unclassified-Report.pdf.
28. Gompert, Cevallos, and Garafola, "War with China," 48.
29. Blainey, The Causes of War, 122-23.
30. Dan Reiter, How Wars End (Princeton: Princeton University Press, 2009), 220-22.
31. Lonnie Henley, "PLA Operational Concepts and Centers of Gravity in a Taiwan

Conflict," testimony before the U.S.-China Economic and Security Review Commission, February 18, 2021, accessed June 22, 2021, https://www.uscc.gov/sites/default/files/2021-02/Lonnie_Henley_Testimony.pdf.

32. Gunzinger, Autenried, and Clark, "Understanding the Long-Range Strike Debate," 6. B-21 폭격기가 하루에 30회 출격하고, 매 출격시 정밀유도무기를 50기 장착하고 작전에 참가한다는 가정 하에 계산했다.
33. Lewis, "National Security Spending and Budget Trends since World War II," 88.
34. Lewis, 139.
35. Krepinevich and Watts, The Last Warrior, 131-36.
36. Barrass, "U.S. Competitive Strategy during the Cold War," 71-89.

| 참고문헌 |

Air Force Technology. "Miniature Air Launched Decoy (MALD) Flight Vehicle." Accessed March 28, 2021, https://www.airforce-technology.com/projects/miniature-air-launched-decoy-mald-flight-vehicle/.

Allison, Graham, and Philip Zelikow. Essence of Decision: Explaining the Cuban Missile Crisis. New York: Addison-Wesley, 1999.

Angell, Norman. The Great Illusion: A Study of the Relation of Military Power to National Advantage. 1901. Reprint, New York: Cosimo, 2007.

Arms Control Association. "Arms Control and Proliferation Profile:India." Accessed January 21, 2021, https://www.armscontrol.org/factsheets/indiaprofile.

Atkinson, Rick. Crusade: The Untold Story of the Persian Gulf War. Boston: Houghton Mifflin, 1993.

Aviation Week Network. "USAF Unit Moves Reveal Clues to RQ-180 Ops Debut." October 24, 2019. Accessed March 24, 2021, https://aviationweek.com/defense-space/usaf-unit-moves-reveal-clues-rq-180-ops-debut.

Barrass, Gordon S. The Great Cold War: A Journey through the Hall of Mirrors. Palo Alto, CA: Stanford University Press, 2009.

—. "U.S. Competitive Strategy during the Cold War." In Competitive Strategies for the 21st Century, ed. Thomas G. Mahnken, 71-89. Stanford, CA: Stanford Security Studies, 2012.

Barrett, Mark, and Mace Carpenter. "Survivability in the Digital Age: The Imperative for Stealth." Mitchell Institute for Aerospace Studies, July 2017. Accessed March 21, 2021, http://docs.wixstatic.com/ugd/a2dd91_cd5494417b644d1fa7d7aacb9295324d.pdf.

Beinart, Peter. "Biden's Taiwan Policy Is Truly, Deeply Reckless." New York Times, May 5, 2021. Accessed June 11, 2021, https://www.nytimes.com/2021/05/05/opinion/biden-taiwan-china.html.

Bender, Bryan. "Chief of US Pacific Forces Calls Climate Biggest Worry." Boston Globe, March 9, 2013. Accessed February 1, 2021, https://www.bostonglobe.com/news/nation/2013/03/09/admiral-samuel-locklear-commander-pacific-forces-warns-that-climate-change-top-threat/BHdPVCLrWEMxRe9IXJZcHL/story.html.

Berger, David. "Commandant's Planning Guidance: 38th Commandant of the Marine Corps." Headquarters, U.S. Marine Corps, July 17, 2019. Accessed February 25, 2021, https://www.marines.mil/Portals/1/Publications/Commandant's%20Planning%20Guidance_2019.pdf?ver=2019-07-17-090732-937.

—. "Force Design 2030." Headquarters, U.S. Marine Corps, March 2020. Accessed February 25, 2021, https://www.hqmc.marines.mil/Portals/142/Docs/CMC38%20Force%20Design%202030%20Report%20Phase%20I%20and%20II.pdf?ver=2020-03-26-121328-460.

Biden, Joseph. "Interim National Security Strategic Guidance." The White House, Washington, DC, March 2021. Accessed April 11, 2021, https://www.whitehouse.gov/wp-content/uploads/2021/03/NSC-1v2.pdf.

Blackwill, Robert, and Philip Zelikow. "The United States, China, and Taiwan: A Strategy to Prevent War." Council on Foreign Relations, February 2021. Accessed March 15, 2021, https://cdn.cfr.org/sites/default/files/report_pdf/csr90_1.pdf.

Blainey, Geoffrey. The Causes of War. New York: Free Press, 1973.

Blanchette, Jude. "Beijing's Visions of American Decline." Politico China Watcher, March 11, 2021. Accessed May 5, 2021, https://www.politico.com/newsletters/politico-china-watcher/2021/03/11/beijings-visions-of-american-decline-492064.

Blumenthal, Dan, and Phillip Swagel. An Awkward Embrace: The United States and China in the 21st Century. Washington, DC: AEI Press, 2012.

Bosco, Joseph. "Entrapment and Abandonment in Asia." National Interest, July 8, 2013. Accessed May 15, 2021, https://nationalinterest.org/commentary/entrapment-abandonment-asia-8697.

Bowie, Christopher J. "The Lessons of Salty Demo." Air Force magazine, March 2009. Accessed May 9, 2021, https://www.airforcemag.com/article/0309salty/.

Brands, Hal. "Regime Realism and Chinese Grand Strategy." American Enterprise Institute, November 2020. Accessed January 13, 2021, https://www.aei.org/wp-content/uploads/2020/11/Regime-Realism-and-Chinese-Grand-Strategy.pdf.

Buchan, Patrick Gerard, and Benjamin Rimland. "Defining the Diamond: The Past, Present, and Future of the Quadrilateral Security Dialogue." Center for Strategic and International Studies, March 16, 2020. Accessed February 14, 2021, https://www.csis.org/analysis/defining-diamond-past-present-and-future-quadrilateral-security-dialogue.

Buckley, Chris. "China Takes Aim at Western Ideas." New York Times, August 19, 2013. Accessed June 6, 2021, https://www.nytimes.com/2013/08/20/world/asia/chinas-new-leadership-takes-hard-line-in-secret-memo.html.

Bush, George W. Decision Points. New York: Crown Publishers, 2010.

Buss, David H., William F. Moran, and Thomas J. Moore. "Why America Still Needs Aircraft Carriers." Foreign Policy, April 26, 2013. Accessed May 6, 2021, https://foreignpolicy.com/2013/04/26/why-america-still-needs-aircraft-carriers/.

Campbell, Kurt. "Threats to Peace Are Lurking in the East China Sea." Financial Times, June 25, 2013. Accessed April 26, 2021, https://www.ft.com/content/b924cc56-dda1-11e2-a756-00144feab7de#axzz2ZtGart72.

Campbell, Kurt M., and Rush Doshi. "How America Can Shore Up Asian Order." Foreign Affairs, January 12, 2021. Accessed January 18, 2021, https://www.foreignaffairs.com/articles/united-states/2021-01-12/how-america-can-shore-asian-order.

Campbell, Kurt, and Jake Sullivan. "Competition without Catastrophe: How America Can Both Challenge and Coexist with China." Foreign Affairs, September/October 2019. Accessed April 27, 2021, https://www.foreignaffairs.com/articles/china/competition-with-china-without-catastrophe.

Chin, Josh. "China Spends More on Domestic Security as Xi's Powers Grow." Wall Street

Journal, March 6, 2018. Accessed January 13, 2021, https://www.wsj.com/articles/china-spends-more-on-domestic-security-as-xis-powers-grow-1520358522.

China Power Team. "How Much Trade Transits the South China Sea?" China Power, August 2, 2017; updated August 26, 2020. Accessed January 15, 2021. https://chinapower.csis.org/much-trade-transits-south-china-sea/.

Cliff, Roger. China's Military Power. New York: Cambridge University Press, 2015.

Clinton, Bill. My Life. New York: Alfred A. Knopf, 2004.

Cohen, Eliot. The Big Stick: The Limits of Soft Power and the Necessity of Military Force. New York: Basic Books, 2016.

Cohen, Eliot, and John Gooch. Military Misfortunes: The Anatomy of Failure in War. New York: Free Press, 1990.

Collins, Gabriel B., and William S. Murray. "No Oil for the Lamps of China?" Naval War College Review 61, no. 2 (2008): 79-95.

Congressional Budget Office. "An Analysis of the Navy's Fiscal Year 2022 Shipbuilding Plan." September 2021. Accessed October 29, 2021, https://www.cbo.gov/system/files/2021-09/57414-Shipbuilding_1.pdf.

Cote, Owen R., Jr. "Assessing the Undersea Balance between the United States and China." In Competitive Strategies for the 21st Century, ed. Thomas G. Mahnken, 184-205. Stanford, CA: Stanford Security Studies, 2012.

Deal, Jacqueline. "China Could Soon Outgun the U.S." Politico China Watcher, May 27, 2021. Accessed May 27, 2021, https://www.politico.com/newsletters/politico-china-watcher/2021/05/27/china-could-soon-outgun-the-us-493014.

Deng, Chao. "China Razed Thousands of Xinjiang Mosques in Assimilation Push, Report Says." Wall Street Journal, September 25, 2020. Accessed January 17, 2021, https://www.wsj.com/articles/china-razed-thousands-of-xinjiang-mosques-in-assimilation-push-report-says-11601049531?mod=searchresults_pos10&page=3.

Denyer, Simon, and Eva Dou. "Biden Vows to Defend U.S. Allies as China Asserts Power in Asia." Washington Post, November 12, 2020. Accessed January 15, 2021, https://www.washingtonpost.com/world/asia_pacific/biden-china-japan-korea-allies/2020/11/12/6cf6e212-24af-11eb-9c4a-0dc6242c4814_story.html.

Deptula, David. "Bombers for Maritime Strike: An Asymmetric Counter to China's Navy." Mitchell Institute for Aerospace Studies, February 2019. Accessed March 19, 2021, http://docs.wixstatic.com/ugd/a2dd91_546d5ed9b4424fd780887be1146f9ac2.pdf.

Deptula, David, William LaPlante, and Robert Haddick. "Modernizing U.S. Nuclear Command, Control, and Communications." Mitchell Institute for Aerospace Studies, February 2019. Accessed March 23, 2021, http://docs.wixstatic.com/ugd/a2dd91_ed45cfd71de2457eba3bcce4d0657196.pdf

Dougherty, Christopher. "The Pentagon Needs a Plan to Get Punched in the Mouth." C4ISR Net, May 20, 2021. Accessed October 28, 2021, https://www.c4isrnet.com/thought-leadership/2021/05/20/the-pentagon-needs-a-plan-to-get-punched-in-the-mouth/.

Easton, Ian. The Chinese Invasion Threat: Taiwan's Defense and American Strategy in

Asia. Manchester, UK: Eastbridge Books, 2019.
Ehrhard, Thomas P., and Robert O. Work. Range, Persistence, Stealth, and Networking: The Case for a Carrier-Based Unmanned Combat Air System. Center for Strategic and Budgetary Assessments, 2008. Accessed May 6, 2021, https://csbaonline.org/uploads/documents/The-Case-for-A-Carrier-Based-Unmanned-Combat-Air-System.pdf.
Erickson, Andrew S. "Are China's Near Seas 'Anti-Navy' Capabilities Aimed Directly at the United States?" Information Dissemination, June 14, 2012. Accessed May 9, 2021, http://www.informationdissemination.net/2012/06/are-chinas-near-seas-anti-navy.html.
—. "China's Modernization of Its Naval and Air Power Capabilities." In Strategic Asia 2012-2013: China's Military Challenge, ed. Ashley Tellis and Travis Tanner, 61-126. Washington DC: National Bureau of Asian Research, 2012.
Erickson, Andrew S., and Adam P. Liff. "China's Military Development, Beyond the Numbers." The Diplomat, March 12, 2013. Accessed May 8, 2021, https://thediplomat.com/2013/03/chinas-military-development-beyond-the-numbers/.
Everstine, Brian. "PACAF Surveyed Every 'Piece of Concrete' in the Pacific for Agile Combat Employment." Air Force magazine, November 25, 2020. Accessed February 23, 2021, https://www.airforcemag.com/pacaf-surveyed-every-piece-of-concrete-in-the-pacific-for-agile-combat-employment/.
Federation of American Scientists. "Low Cost Autonomous Attack System (LOCAAS) Miniature Munition Capability." November 29, 1999. Accessed May 13, 2021, https://fas.org/man/dod-101/sys/smart/locaas.htm.
—. "NSC 68: United States Objectives and Programs for National Security." April 7, 1950. Accessed May 12, 2021, https://fas.org/irp/offdocs/nsc-hst/nsc-68.htm.
Feenstra, Robert C., Robert Inklaar, and Marcel P. Timmer. "The Next Generation of the Penn World Table." American Economic Review 105, no. 10 (2015): 3150-82. Available for download at www.ggdc.net/pwt.
Fisher, Richard D., Jr. "Maritime Employment of PLA Unmanned Aerial Vehicles." In Chinese Aerospace Power, ed. Andrew S. Erickson and Lyle J. Goldstein, 108-29. Annapolis, MD: Naval Institute Press, 2011.
FitzSimonds, James R. "Cultural Barriers to Implementing a Competitive Strategy." In Competitive Strategies for the 21st Century, ed. Thomas G. Mahnken, 289-300. Stanford, CA: Stanford Security Studies, 2012.
Flournoy, Michele. "How to Prevent a War in Asia." Foreign Affairs, June 18, 2020. Accessed March 18, 2021, http://foreignaffairs.com/articles/united-states/2020-06-18/how-prevent-war-asia.
Fravel, M. Taylor. "Regime Insecurity and International Cooperation: Explaining China's Compromises in Territorial Disputes." International Security 30, no. 2 (2005): 46-83.
Freedberg, Sydney, Jr. "US 'Gets Its Ass Handed to It' in Wargames: Here's a $24 Billion Fix." Breaking Defense, March 7, 2019. Accessed March 18, 2021, http://breakingdefense.com/2019/03/us-gets-its-ass-handed-to-it-in-wargames-heres-a-24-billion-fix.
Freedman, Lawrence. Deterrence. Cambridge, UK: Polity Press, 2004.
Friedberg, Aaron L. A Contest for Supremacy: China, America, and the Struggle for Mastery

in Asia. New York: W. W. Norton, 2011.

Fromkin, David. Europe's Last Summer: Who Started the Great War in 1914? New York: Alfred A. Knopf, 2004.

Fournier, Vincent. "Surveying Safeguarded Material 24/7." International Atomic Energy Agency, September 12, 2016. Accessed January 19, 2021, https://www.iaea.org/news center/news/surveying-safeguarded-material-24/7.

Gale, Alastair, and Chieko Tsuneoka. "As China-Taiwan Tensions Rise, Japan Begins Preparing for Possible Conflict." Wall Street Journal, August 27, 2021. Accessed October 13, 2021, https://www.wsj.com/articles/as-china-taiwan-tensions-rise-japan-begins-preparing-for-possible-conflict-11630067601?mod=world_major_1_pos1.

Garnaut, John. "Xi's War Drums." Foreign Policy, May-June 2013. Accessed May 5, 2021, https://foreignpolicy.com/2013/04/29/xis-war-drums/.

Gates, Robert. Duty. New York: Alfred A. Knopf, 2014.

Gershaneck, Kerry K. Political Warfare: Strategies for Combating China's Plan to "Win without Fighting." Quantico, VA: Marine Corps University Press, 2020.

Gertler, Jeremiah. "Defense Primer: United States Airpower." Congressional Research Service, December 15, 2020. Accessed January 26, 2021, https://crsreports.congress.gov/product/pdf/IF/IF10546.

Glaser, Bonnie, and Mathew Funaiole. "Poll Shows Increase in American Support for Defending Taiwan." The Diplomat, October 23, 2020. Accessed April 24, 2021, https://thediplomat.com/2020/10/poll-shows-increase-in-american-support-for-defending-taiwan/.

Gompert, David C. "Sea Power and American Interests in the Western Pacific." RAND Corporation, 2013. Accessed April 5, 2021, https://www.rand.org/pubs/research_reports/RR151.html#abstract.

Gompert, David C., Astrid Stuth Cevallos, and Cristina L. Garafola. "War with China: Thinking Through the Unthinkable." RAND Corporation, 2016. Accessed May 27, 2021, https://www.rand.org/pubs/research_reports/RR1140.html.

Gons, Eric Stephen. "Access Challenges and Implications for Airpower in the Western Pacific." PhD diss., Pardee RAND Graduate School, 2011.

Gordon, Michael R., and James Marson. "NATO Should Expand Its Focus to Include China, Report Says." Wall Street Journal, December 1, 2020. Accessed January 18, 2021, https://www.wsj.com/articles/nato-should-expand-its-focus-to-include-china-report-says-11606820403?mod=lead_feature_below_a_pos1.

Greer, Tanner. "Taiwan Can Win a War with China." Foreign Policy, September 25, 2018. Accessed March 17, 2021, https://foreignpolicy.com/2018/09/25/taiwan-can-win-a-war-with-china/.

Gunzinger, Mark. "Long-Range Strike: Resetting the Balance of Stand-in and Stand-off Forces." Mitchell Institute for Aerospace Studies, June 2020. Accessed February 21, 2021, https://a2dd917a-65ab-41f1-ab11-5f1897e16299.usrfiles.com/ugd/a2dd91_4f2e5df4b4b2464ca6d50d0dcd9ea04f.pdf.

Gunzinger, Mark, Lukas Autenried, and Bryan Clark. "Understanding the Long Range

Strike Debate." Mitchell Institute for Aerospace Studies, April 2021. Accessed May 11, 2021, https://a2dd917a-65ab-41f1-ab11-5f1897e16299.usrfiles.com/ugd/a2dd91_584d2a721b0f44bab0bf7d25986ea40d.pdf.

Haddick, Robert. "Competitive Mobilization: How Would We Fare against China?" War on the Rocks, March 15, 2016. Accessed April 26, 2021, https://warontherocks.com/2016/03/competitive-mobilization-how-would-we-fare-against-china/.

—. "Stopping Mobile Missiles: Top Picks for Offset Strategy." Breaking Defense, January 23, 2015. Accessed March 28, 2021, https://breakingdefense.com/2015/01/stopping-mobile-missiles-top-picks-for-offset-strategy/.

Hagen, Jeff. "The U.S. Air Force and the Chinese Aerospace Challenge." In Chinese Aerospace Power, ed. Andrew S. Erickson and Lyle J. Goldstein, 466-76. Annapolis, MD: Naval Institute Press, 2011.

Hagt, Eric. "Integrating China's New Aerospace Power in the Maritime Realm." In Chinese Aerospace Power, ed. Andrew S. Erickson and Lyle J. Goldstein, 377-406. Annapolis, MD: Naval Institute Press, 2011.

Hamilton, Thomas. "Comparing the Cost of Penetrating Bombers to Expendable Missiles over Thirty Years." RAND Corporation, 2011. Accessed May 17, 2021, https://www.rand.org/pubs/working_papers/WR778.html.

Hand, Marcus. "Malacca Strait Transits Grow 2% to Record in 2015, Boxships See Dip in H2." Seatrade Maritime News, March 7, 2016. Accessed February 19, 2021, https://www.seatrade-maritime.com/asia/malacca-strait-transits-grow-2-record-2015-boxships-see-dip-h2.

Harrison, Todd, Kaitlyn Johnson, and Makena Young. "Defense against the Dark Arts in Space: Protecting Space Systems from Counterspace Weapons." Center for Strategic and International Studies, February 25, 2021. Accessed March 23, 2021, https://www.csis.org/analysis/defense-against-dark-arts-space-protecting-space-systems-counterspace-weapons.

Hastings, Max. "America Is Headed to a Showdown over Taiwan, and China Might Win." Bloomberg, March 14, 2021. Accessed March 17, 2021, https://www.bloomberg.com/opinion/articles/2021-03-14/max-hastings-china-might-defeat-america-in-war-over-taiwan.

Hastings, Max, and Simon Jenkins. The Battle for the Falklands. New York: W. W. Norton, 1983.

Hattendorf, John B. The Evolution of the U.S. Navy's Maritime Strategy, 1977-1986. Newport, RI: Naval War College Press, 2004.

Henley, Lonnie. "PLA Operational Concepts and Centers of Gravity in a Taiwan Conflict." Testimony before the U.S.-China Economic and Security Review Commission, February 18, 2021. Accessed June 22, 2021, https://www.uscc.gov/sites/default/files/2021-02/Lonnie_Henley_Testimony.pdf.

Hlad, Jennifer, and Amy McCullough. "ACE-ing the Test." Air Force magazine, May 1, 2020. Accessed February 23, 2021, https://www.airforcemag.com/article/ace-ing-the-test/.

Hoehn, John. "Joint All-Domain Command and Control (JADC2)." Congressional Research

Service, December 9, 2020. Accessed March 1, 2021, https://crsreports.congress.gov/product/pdf/IF/IF11493.

Hoehn, John, and Samuel Ryder. "Precision-Guided Munitions: Background and Issues for Congress." Congressional Research Service, June 26, 2020. Accessed February 22, 2021, https://crsreports.congress.gov/product/pdf/R/R45996.

Hughes, Wayne P., Jr. The New Navy Fighting Machine: A Study of the Connections between Contemporary Policy, Strategy, Sea Power, Naval Operations, and the Composition of the United States Fleet. Monterey, CA: Naval Postgraduate School, 2009.

Ikenberry, G. John. "The Rise of China and the Future of the West." Foreign Affairs, January-February 2008. Accessed October 27, 2021, https://www.foreignaffairs.com/articles/asia/2008-01-01/rise-china-and-future-west.

International Institute for Strategic Studies. The Military Balance: 2018. London: Routledge, 2018.

—. The Military Balance: 2021. London: Routledge, 2021.

Japan Aerospace Exploration Agency. "H-11A Launch Vehicle." Accessed January 20, 2021, https://global.jaxa.jp/activity/pr/brochure/files/rocket01.pdf.

—. JAXA History. Accessed January 20, 2021, https://global.jaxa.jp/about/history/index.html.

Joint Army-Navy Assessment Committee. "Japanese Naval and Merchant Shipping Losses during World War II by All Causes." U.S. Navy History and Heritage Command, February 1947. Accessed March 19, 2021, https://www.history.navy.mil/research/library/online-reading-room/title-list-alphabetically/j/japanese-naval-merchant-shipping-losses-wwii.html.

Johnson, Paul. Modern Times. New York: HarperCollins, 1991.

Jones, Andrew. "Chinese Partnership to Create Tianxian SAR Satellite Constellation." Space News, October 8, 2021. Accessed October 20, 2021, https://spacenews.com/chinese-partnership-to-create-tianxian-sar-satellite-constellation/.

Kazianis, Harry. "Air-Sea Battle's Next Step: JAM-GC on Deck." National Interest, November 25, 2015. Accessed February 17, 2021, https://nationalinterest.org/feature/air-sea-battles-next-step-jam-gc-deck-14440.

Keaney, Thomas A., and Eliot A. Cohen. Gulf War Air Power Survey Summary Report. Washington, DC: U.S. Air Force, 1993. Accessed May 7, 2021, https://media.defense.gov/2010/Sep/27/2001329801/-1/-1/0/gulf_war_air_power_survey-summary.pdf.

Kelly, Tim. "Japan Sets Record $52 Billion Military Budget with Stealth Jets, Long Range Missiles." Reuters, December 20, 2020. Accessed January 18, 2021, https://www.reuters.com/article/japan-defence-budget/japan-sets-record-52-billion-military-budget-with-stealth-jets-long-range-missiles-idUSKBN28V03X.

Kennedy, Paul. The Rise and Fall of the Great Powers. New York: Random House, 1987.

Khan, Natasha. "Hong Kong Police Arrest 53 Opposition Figures over Alleged Subversion." Wall Street Journal, January 6, 2021. Accessed January 17, 2021, https://www.wsj.com/articles/hong-kong-police-arrest-dozens-of-opposition-politicians-over-alleged-subversion-11609895177?mod=searchresults_pos12&page=1.

Kissinger, Henry. Diplomacy. New York: Simon and Shuster, 1994.
―. On China. New York: Penguin Press, 2011.
Knox, MacGregor, and Williamson Murry, eds. The Dynamics of Military Revolution, 1300-2050. Cambridge, UK: Cambridge University Press, 2001, 175-94.
Krepinevich, Andrew, and Barry Watts. The Last Warrior. New York: Basic Books, 2015.
LaGrone, Sam. "New Age in Carrier Aviation Takes Off with X-47B Landing." U.S. Naval Institute News, July 10, 2013. Accessed May 10, 2021, https://news.usni.org/2013/07/10/new-carrier-age-in-carrier-aviation-takes-off-with-x-47b-landing.
Lambert, Benjamin S. NATO's Air War for Kosovo: A Strategic and Operational Assessment. Santa Monica, CA: RAND Corporation, 2001. Accessed May 12, 2021, https://www.rand.org/pubs/monograph_reports/MR1365.html.
Layne, Christopher. The Peace of Illusions: American Grand Strategy from 1940 to the Present. Ithaca, NY: Cornell University Press, 2007.
Lee, Amanda. "China Debt: How Big Is It and Who Owns It?" Reuters, May 19, 2020. Accessed April 23, 2021, https://www.scmp.com/economy/china-economy/article/3084979/china-debt-how-big-it-who-owns-it-and-what-next.
Lee His-min and Eric Lee. "Taiwan's Overall Defense Concept, Explained." The Diplomat, November 3, 2020. Accessed March 17, 2021, https://thediplomat.com/2020/11/taiwans-overall-defense-concept-explained/.
Lee, John. "Lonely Power, Staying Power: The Rise of China and the Resilience of US Pre-eminence." Hudson Institute, October 11, 2011. Accessed May 5, 2021, https://www.hudson.org/content/researchattachments/attachment/938/the_rise_of_china_and_the_resilience_of_us_preeminence.pdf.
Lee, Michelle Ye Hee. "More than Ever, South Koreans Want Their Own Nuclear Weapons." Washington Post, September 13, 2017. Accessed January 21, 2021, https://www.washingtonpost.com/news/worldviews/wp/2017/09/13/most-south-koreans-dont-think-the-north-will-start-a-war-but-they-still-want-their-own-nuclear-weapons/.
Lewis, Kevin. "National Security Spending and Budget Trends since World War II." RAND Corporation, June 1990. Accessed April 29, 2021, https://apps.dtic.mil/dtic/tr/fulltext/u2/a238854.pdf.
Lockheed Martin Corporation. "JASSM-ER Fact Sheet." Accessed February 22, 2021, https://www.lockheedmartin.com/content/dam/lockheed-martin/mfc/pc/jassm/mfc-jassm-er-pc.pdf.
―. "Long Range Anti-Ship Missile Fact Sheet." Accessed February 22, 2021, https://www.lockheedmartin.com/content/dam/lockheed-martin/mfc/pc/long-range-anti-ship-missile/mfc-lrasm-pc-01.pdf.
Logan, Justin. "China, America, and the Pivot to Asia." CATO Institute, Policy Analysis no. 71, January 8, 2013. Accessed May 5, 2021, https://www.cato.org/policy-analysis/china-america-pivot-asia.
Lopez, C. Todd. "U.S. Withdraws from Intermediate-Range Nuclear Forces Treaty." U.S. Department of Defense news release, August 2, 2019. Accessed January 28, 2021,

https://www.defense.gov/Explore/News/Article/Article/1924779/us-withdraws-from-intermediate-range-nuclear-forces-treaty/.

Luttwak, Edward N. The Rise of China vs. the Logic of Strategy. Cambridge, MA: Belknap Press of Harvard University Press, 2012.

Macmillan, Jade, and Andrew Greene. "Australia to Spend $270B Building Larger Military to Prepare for 'Poorer, More Dangerous' World and Rise of China." Australian Broadcast Corporation, July 1, 2020. Accessed January 18, 2021, https://www.abc.net.au/news/2020-06-30/australia-unveils-10-year-defence-strategy/12408232.

Mahnken, Thomas. "Cost-Imposing Strategies: A Brief Primer." Center for a New American Security, November 2014. Accessed April 9, 2021, https://s3.us-east-1.amazonaws.com/files.cnas.org/documents/CNAS_Maritime4_Mahnken.pdf?mtime=20160906081628&focal=none.

Marolda, Edward J. Ready Seapower: A History of the U.S. Seventh Fleet. Washington DC: Department of the Navy, Naval History and Heritage Command, 2012. Accessed May 6, 2021, https://www.history.navy.mil/content/dam/nhhc/research/publications/Publication-PDF/ReadySeapower.pdf.

McCabe, Thomas R. "Air and Space Power with Chinese Characteristics: China's Military Revolution." Air and Space Power Journal 34, no. 1 (spring 2020). Accessed February 9, 2021, https://www.airuniversity.af.edu/Portals/10/ASPJ/journals/Volume-34_Issue-1/F-McCabe.pdf.

McGrath, Bryan G., and Timothy A. Walton. "The Time for Lasers Is Now." U.S. Naval Institute Proceedings, April 2013. Accessed May 7, 2021, https://www.usni.org/magazines/proceedings/2013/april/time-lasers-now.

McLeary, Paul. "Congress Applauds VP Pence's Surprise Nixing of Truman Retirement." Breaking Defense, April 30, 2019. Accessed February 24, 2021, https://breakingdefense.com/2019/04/vp-pences-surprise-nixing-of-truman-retirement-navy-modernization/.

Mead, Walter Russell. "Strengthen Asia to Weaken Beijing." Wall Street Journal, May 10, 2021. Accessed May 15, 2021, https://www.wsj.com/articles/strengthen-asia-to-weaken-beijing-11620684893?mod=opinion_lead_pos10.

Mearsheimer, John J. "China's Unpeaceful Rise." Current History, April 2006, 160-62.

—. The Tragedy of Great Power Politics. New York: W. W. Norton, 2001.

Miller, Amanda. "SDA Outlines Missile Tracking Satellite Plan." Air Force magazine, April 16, 2021. Accessed May 21, 2021, https://www.airforcemag.com/sda-outlines-missile-tracking-satellite-plan/.

Miller, Edward S. War Plan Orange: The U.S. Strategy to Defeat Japan, 1897-1945. Annapolis, MD: Naval Institute Press, 1991.

Missile Defense Project. "Missiles of India." Missile Threat, Center for Strategic and International Studies, October 29, 2020. Accessed January 21, 2021, https://missilethreat.csis.org/country/india/.

—. "Missiles of South Korea." Missile Threat, Center for Strategic and International Studies, July 30, 2020. Accessed January 21, 2021, https://missilethreat.csis.org/country/south-korea/.

—. "Missiles of Taiwan." Missile Threat, Center for Strategic and International Studies, July 16, 2020. Accessed January 21, 2021, https://missilethreat.csis.org/country/taiwan/.
Mizokami, Kyle. "The Navy Needs a Way to Reload Missile Silos at Sea." Popular Mechanics, July 6, 2017. Accessed January 28, 2021, https://www.popularmechanics.com/military/navy-ships/a27205/navy-reload-missile-silos-at-sea/.
Moncus, J. J., and Laura Silver. "Americans' Views of Asia-Pacific Nations Have Not Changed since 2018—with the Exception of China." Pew Research Center, April 12, 2021. Accessed April 21, 2021, https://www.pewresearch.org/fact-tank/2021/04/12/americans-views-of-asia-pacific-nations-have-not-changed-since-2018-with-the-exception-of-china/.
National Intelligence Council. Global Trends 2030: Alternative Worlds. Washington, DC: Office of the Director of National Intelligence, 2012. Accessed May 5, 2021, https://www.dni.gov/files/documents/GlobalTrends_2030.pdf.
—. Global Trends 2040: A More Contested World. Office of Director of National Intelligence, March 2021. Accessed May 12, 2021, https://www.dni.gov/index.php/global-trends-home.
National Museum of the U.S. Air Force. "General Dynamics F-111F." National Museum of the U.S. Air Force Fact Sheet. July 28, 2015. Accessed May 7, 2021, https://www.nationalmuseum.af.mil/Visit/Museum-Exhibits/Fact-Sheets/Display/Article/195859/general-dynamics-f-111f-aardvark/.
Neustadt, Richard, and Ernest R. May. Thinking in Time: The Uses of History for Decision Makers. New York: Macmillan USA, 1986.
Newmyer Deal, Jacqueline. "China's Approach to Strategy and Long-term Competition." In Competitive Strategies for the 21st Century, ed. Thomas G. Mahnken, 147-67. Stanford, CA: Stanford Security Studies, 2012.
—. "China's Nationalist Heritage." National Interest, January-February 2013. Accessed May 4, 2021, https://nationalinterest.org/article/chinas-nationalist-heritage-7885.
North Atlantic Treaty Organization. "Brussels Summit Communique." Press release, June 14, 2021. Accessed June 22, 2021, https://www.nato.int/cps/en/natohq/news_185000.htm?selectedLocale=en.
Office of the Director of National Intelligence. "Annual Threat Assessment of the U.S. Intelligence Community," April 9, 2021. Accessed April 26, 2021, https://www.dni.gov/files/ODNI/documents/assessments/ATA-2021-Unclassified-Report.pdf.
Office of the U.S. Secretary of Defense. Summary of the 2018 National Defense Strategy of the United States of American: Sharpening the American Military's Competitive Edge, January 19, 2018. Accessed February 20, 2021, https://dod.defense.gov/Portals/1/Documents/pubs/2018-National-Defense-Strategy-Summary.pdf.
O'Rourke, Ronald. "China Naval Modernization: Implications for U.S. Navy Capabilities—Background and Issues for Congress." Congressional Research Service, March 9, 2021. Accessed May 4, 2021, https://crsreports.congress.gov/product/pdf/RL/RL33153.
—. "Navy Constellation (FFG-62) Class Frigate (Previously FFG[X]) Program: Background

and Issues for Congress." Congressional Research Service, February 11, 2021. Accessed April 10, 2021, https://crsreports.congress.gov/product/pdf/R/R44972.

—. "Navy Force Structure and Shipbuilding Plans: Background and Issues for Congress." Congressional Research Service, January 26, 2021. Accessed February 24, 2021, https://crsreports.congress.gov/product/pdf/RL/RL32665.

—. "Navy Large Unmanned Surface and Undersea Vehicles: Background and Issues for Congress." Congressional Research Service, March 25, 2021. Accessed April 7, 2021, https://crsreports.congress.gov/product/pdf/R/R45757.

—. "Navy Lasers, Railgun, and Gun-Launched Guided Projectile: Background and Issues for Congress." Congressional Research Service, January 12, 2021, accessed February 17, 2021, https://crsreports.congress.gov/product/pdf/R/R44175.

—. "Precision-Guided Munitions: Background and Issues for Congress." Congressional Research Service, June 26, 2020. Accessed April 3, 2021, https://crsreports.congress.gov/product/pdf/R/R45996.

Page, Jeremy. "How the U.S. Misread China's Xi: Hoping for a Globalist, It Got an Autocrat." Wall Street Journal, December 23, 2020. Accessed January 18, 2021, https://www.wsj.com/articles/xi-jinping-globalist-autocrat-misread-11608735769?mod=hp_lead_pos10.

People's Republic of China, State Council. "China's National Defense in the New Era." Xinhua, July 2019. Accessed January 16, 2021, http://english.www.gov.cn/archive/whitepaper/201907/24/content_WS5d3941ddc6d08408f502283d.html.

Pettyjohn, Stacie L. U.S. Global Defense Posture, 1783-2011. Santa Monica, CA: RAND Corporation, 2012. Accessed May 6, 2021, https://www.rand.org/pubs/monographs/MG1244.html.

Pew Research Center. U.S. Public, Experts Differ on China Policies. September 18, 2012. Accessed April 21, 2021, https://www.pewresearch.org/global/2012/09/18/u-s-public-experts-differ-on-china-policies/.

Pierson, David. "Military Spending Is Soaring in the Asia-Pacific Region. Here's Why." Los Angeles Times, June 7, 2019. Accessed January 23, 2021, https://www.latimes.com/world/asia/la-fg-asia-defense-industry-20190607-story.html.

Pillsbury, Michael. The Hundred-Year Marathon: China's Secret Strategy to Replace America as the Global Superpower. New York: Henry Holt, 2015.

—. "The Sixteen Fears: China's Strategic Psychology." Survival: Global Politics and Strategy 54, no. 5 (October-November 2012): 149-82.

Planet Labs. "Our Constellation." Accessed March 24, 2021, https://storage.googleapis.com/planet-ditl/day-in-the-life/index.html.

Poling, Gregory B. "The Conventional Wisdom on China's Island Bases Is DangerouslyWrong." War on the Rocks, January 10, 2020. Accessed February 13, 2021, https://warontherocks.com/2020/01/the-conventional-wisdom-on-chinas-island-bases-is-dangerously-wrong/.

Posen, Barry R. "Pull Back: The Case for a Less Activist Foreign Policy." Foreign Affairs, January-February 2013. Accessed May 5, 2021, https://www.foreignaffairs.com/articles/

united-states/2013-01-01/pull-back?page=show.

Pournelle, Phillip E. "The Rise of the Missile Carriers." U.S. Naval Institute Proceedings, May 2013. Accessed April 4, 2021, https://www.usni.org/magazines/proceedings/2013/may/rise-missile-carriers.

Pradun, Vitaliy O. "From Bottle Rockets to Lightning Bolts: China's Missile Revolution and PLA Strategy against U.S. Military Intervention." Naval War College Review 64, no. 2 (2011): 7-39.

Qi, Liyan. "China's Census Highlights Its Looming Population Problem." Wall Street Journal, May 11, 2021. Accessed May 15, 2021, https://www.wsj.com/articles/china-says-its-population-rose-slightly-in-2020-11620698964?mod=article_inline.

Reim, Garrett. "USAF Aims to Double Long-Term JASSM Production up to 10,000 Units." FlightGlobal, September 27, 2019. Accessed February 22, 2021, https://www.flightglobal.com/fixed-wing/usaf-aims-to-double-long-term-jassm-production-up-to-10000-units/134510.article.

Reiter, Dan. How Wars End. Princeton: Princeton University Press, 2009.

Rice, Susan. "National Security Advisor Susan E. Rice's As Prepared Remarks on the U.S.-China Relationship at George Washington University." The White House, Office of the Press Secretary, September 21, 2015. Accessed February 2, 2021, https://obamawhitehouse.archives.gov/the-press-office/2015/09/21/national-security-advisor-susan-e-rices-prepared-remarks-us-china.

Ross, Dylan B., and Jimmy A. Harmon. "New Navy Fighting Machine in the South China Sea." Master's thesis, Naval Postgraduate School, Monterey, CA, 2012. Accessed May 9, 2021, https://apps.dtic.mil/dtic/tr/fulltext/u2/a563777.pdf.

Rubel, Robert C. "Cede No Water: Strategy, Littorals, and Flotillas." U.S. Naval Institute Proceedings, September 2013. Accessed April 5, 2021, https://www.usni.org/magazines/proceedings/2013/septembercede-no-water-strategy-littorals-and-flotillas.

Rudd, Kevin. "A Maritime Balkans of the 21st Century?" Foreign Policy, January 30, 2013. Accessed April 26, 2021, https://foreignpolicy.com/2013/01/30/a-maritime-balkans-of-the-21st-century/.

Ruehrmund, James C. Jr., and Christopher J. Bowie. "Arsenal of Airpower: USAF Aircraft Inventory 1950-2016." Mitchell Institute for Aerospace Studies, February 2018. Accessed January 26, 2021, https://www.mitchellaerospacepower.org/single-post/2018/02/22/Arsenal-of-Airpower-USAF-Aircraft-Inventory-1950-2016.

Rumelt, Richard. Good Strategy/Bad Strategy: The Difference and Why It Matters. New York: Crown Business, 2011.

"SAR Made Easy." Capella Space. Accessed March 24, 2021, https://www.capellaspace.com/.

Sayler, Kelley. "Hypersonic Weapons: Background and Issues for Congress." Congressional Research Service, December 1, 2020. Accessed March 1, 2021, https://crsreports.congress.gov/product/pdf/R/R45811.

Schelling, Thomas. Arms and Influence. New Haven: Yale University Press, 2008.

Schwartz, Norton A., and Jonathan W. Greenert. "Air-Sea Battle." The American Interest, February 20, 2012. Accessed May 10, 2021, https://www.the-american-interest.com/

2012/02/20/air-sea-battle/.

Seligman, Lara, and Connor O'Brien. "Austin Wants to Pivot to China. But Can He Pay for It?" Politico, March 3, 2021. Accessed April 27, 2021, https://www.politico.com/news/2021/03/03/lloyd-austin-china-pentagon-473405.

Shelbourne, Mallory. "Davidson: China Could Try to Take Control of Taiwan in 'Next Six Years.'" U.S. Naval Institute News, March 9, 2021. Accessed April 26, 2021, https://news.usni.org/2021/03/09/davidson-china-could-try-to-take-control-of-taiwan-in-next-six-years?utm_source=USNI+News&utm_campaign=c90c40efa7-USNI_NEWS_DAILY&utm_medium=email&utm_term=0_0dd4a1450b-c90c40efa7-230370089&ct=t(USNI_NEWS_DAILY)&mc_cid=c90c40efa7&mc_eid=acace2ab92.

Silver, Laura, Kat Devlin, and Christine Huang. "Most Americans Support Tough Stance toward China on Human Rights, Economic Issues." Pew Research Center, March 4, 2021. Accessed April 21, 2021, https://www.pewresearch.org/global/2021/03/04/most-americans-support-tough-stance-toward-china-on-human-rights-economic-issues/.

—. "Unfavorable Views of China Reach Historic Highs in Many Countries." Pew Research Center, October 6, 2020. Accessed January 18, 2021, https://www.pewresearch.org/global/2020/10/06/unfavorable-views-of-china-reach-historic-highs-in-many-countries/.

Solomon, Jay. "Seoul Seeks Ability to Make Nuclear Fuel." Wall Street Journal, April 3, 2013. Accessed May 5, 2021, https://www.wsj.com/articles/SB10001424127887324883604578399053942895628.

Solomon, Jay, and Miho Inada. "Japan's Nuclear Plan Unsettles U.S." Wall Street Journal, May 1, 2013. Accessed May 5, 2021, https://www.wsj.com/articles/SB10001424127887324582004578456943867189804.

Solomon, Jonathan F. "Maritime Deception and Concealment: Concepts for Defeating Wide-Area Oceanic Surveillance-Reconnaissance-Strike Networks." Naval War College Review 66, no. 4 (2013): 87-116.

Space Exploration Technologies. "SpaceX Mission." Accessed March 24, 2021, https://www.spacex.com/mission/.

Steidl, Christian, Laurent Daniel, and Cenk Yildiran. "Shipbuilding Market Developments Q2 2018." Organization of Economic Cooperation and Development (OECD), May 15, 2018. Accessed February 25, 2021, http://www.oecd.org/sti/ind/shipbuilding-market-developments-Q2-2018.pdf.

Stockholm International Peace Research Institute. "SIPRI Military Expenditure Database." Accessed February 8, 2021, https://sipri.org/databases/milex.

Stokes, Mark, Gabriel Alvarado, Emily Weinstein, and Ian Easton. "China's Space and Counterspace Capabilities and Activities." U.S.-China Economic and Security Review Commission, March 30, 2020. Accessed February 10, 2021, https://www.uscc.gov/sites/default/files/2020-05/China_Space_and_Counterspace_Activities.pdf.

Tirpak, John. "B-21 Temporary Shelters Could Also Shelter B-2s." Air Force magazine, March 5, 2021. Accessed March 21, 2021, https://www.airforcemag.com/b-21-temporary-shelters--also-shelter-b-2s/.

—. "First of 17 B-1Bs Heads to the Boneyard." Air Force magazine, February 17, 2021.

Accessed February 21, 2021, https://www.airforcemag.com/first-of-17-b-1bs-heads-to-the-boneyard/.
—. "The Raider Comes out of the Black." Air Force magazine, February 19, 2021. Accessed March 21, 2021, https://www.airforcemag.com/article/the-raider-comes-out-of-the-black/.
—. "Schwartz, in Memoir, Says F-22 Was Traded for B-21 Bomber." Air Force magazine, April 26, 2018. Accessed February 21, 2021, https://www.airforcemag.com/schwartz-in-memoir-says-f-22-was-traded-for-b-21-bomber/.
United Nations Department of Economic and Social Affairs. "World Population Prospects 2019." China tab. Accessed April 23, 2021, https://population.un.org/wpp/Graphs/Probabilistic/POP/20-69/156.
U.S. Air Force. "F-15E Strike Eagle Fact Sheet." April 2019. Accessed May 7, 2021, https://www.af.mil/About-Us/Fact-Sheets/Display/Article/104499/f-15e-strike-eagle/.
—. "F-22 Raptor Fact Sheet." September 2015. Accessed May 7, 2021, https://www.af.mil/About-Us/Fact-Sheets/Display/Article/104506/f-22-raptor/.
—. A Report on Technology Horizons: A Vision for Air Force Science and Technology during 2010-2030. Washington, DC: U.S. Air Force, 2011.
U.S. Central Intelligence Agency. The World Factbook: China. Economy tab. Accessed January 12, 2021, https://www.cia.gov/the-world-factbook/countries/china/#economy.
U.S.-China Economic and Security Review Commission. The PRC in International Organizations. April 20, 2020. Accessed January 17, 2021, https://www.uscc.gov/prc-international-orgs.
—. 2010 Report to Congress of the U.S.-China Economic and Security Review Commission. November 2010. Accessed May 9, 2021, https://www.uscc.gov/sites/default/files/annual_reports/2010-Report-to-Congress.pdf.
—. 2011 Report to Congress of the U.S.-China Economic and Security Review Commission. November 2011. Accessed May 9, 2021, https://www.uscc.gov/sites/default/files/annual_reports/annual_report_full_11.pdf.
—. 2012 Report to Congress of the U.S.-China Economic and Security Review Commission. November 2012. Accessed May 9, 2021, https://www.uscc.gov/sites/default/files/annual_reports/2012-Report-to-Congress.pdf.
U.S. Department of Commerce, Bureau of Economic Analysis. China—Oil and Gas. Export.gov. July 30, 2019. Accessed January 13, 2021, https://www.export.gov/apex/article2?id=China-Oil-and-Gas.
—. Gross Domestic Product. Accessed January 15, 2021, https://www.bea.gov/data/gdp/gross-domestic-product.
—. International Trade in Goods and Services. Accessed January 15, 2021, https://www.bea.gov/data/intl-trade-investment/international-trade-goods-and-services.
U.S. Department of Defense. Annual Report to Congress: Military and Security Developments Involving the People's Republic of China 2011. Accessed May 5, 2021, https://dod.defense.gov/Portals/1/Documents/pubs/2011_CMPR_Final.pdf.
—. Annual Report to Congress: Military and Security Developments Involving the People's Republic of China 2013. Accessed January 15, 2021, http://www.defense.gov/pubs/

pdfs/2013_CMPR_Final.pdf.
—. Annual Report to Congress: Military and Security Developments Involving the People's Republic of China 2020. Accessed January 13, 2021, https://media.defense.gov/2020/Sep/01/2002488689/-1/-1/1/2020-DOD-CHINA-MILITARY-POWER-REPORT-FINAL.PDF.
—. Indo-Pacific Strategy Report: Preparedness, Partnerships, and Promoting a Networked Region. June 1, 2019. Accessed January 26, 2021, https://media.defense.gov/2019/Jul/01/2002152311/-1/-1/1/DEPARTMENT-OF-DEFENSE-INDO-PACIFIC-STRATEGY-REPORT-2019.PDF.
—. Joint Operational Access Concept, Version 1.0. 2012. Accessed May 9, 2021, https://dod.defense.gov/Portals/1/Documents/pubs/JOAC_Jan%202012_Signed.pdf.
—. Joint Publication 5-0: Joint Planning. December 1, 2020. Accessed March 9, 2021, https://www.jcs.mil/Portals/36/Documents/Doctrine/pubs/jp5_0.pdf?ver=ztDG06paGvpQRrLxThNZUw%3d%3d.
—. Program Acquisition Cost by Weapon System. Office of the Under Secretary of Defense (Comptroller)/Chief Financial Officer, U.S. Department of Defense. February 2020. Accessed February 8, 2021, https://comptroller.defense.gov/Portals/45/Documents/defbudget/fy2021/fy2021_Weapons.pdf.
—. Quadrennial Defense Review Report, 2001. Accessed January 29, 2021, https://archive.defense.gov/pubs/qdr2001.pdf.
—. Quadrennial Defense Review Report, 2006. Accessed May 7, 2021, https://archive..gov/pubs/pdfs/QDR20060203.pdf.
—. Quadrennial Defense Review Report, 2010. Accessed May 7, 2021, https://dod.defense.gov/Portals/1/features/defenseReviews/QDR/QDR_as_of_29JAN10_1600.pdf.
U.S. Department of Energy, U.S. Energy Information Administration. China Analysis. China Data tab. Accessed May 3, 2021, https://www.eia.gov/international/data/country/CHN.
—. East China Sea. September 17, 2014. Accessed January 14, 2021, https://www.eia.gov/international/analysis/regions-of-interest/East_China_Sea.
—. International Energy Outlook 2019. September 24, 2019. Tables A5, G2, and F13. Accessed January 23, 2021, https://www.eia.gov/outlooks/archive/ieo19/tables_ref.php.
—. South China Sea. October 15, 2019. Accessed January 14, 2021, https://www.eia.gov/international/analysis/regions-of-interest/South_China_Sea.
U.S. Department of Labor. Bureau of Labor Statistics. Employment Situation. Accessed January 15, 2021, https://www.bls.gov/news.release/empsit.toc.htm.
U.S. Department of State. Treaties in Force: A List of Treaties and Other International Agreements of the United States in Force on January 1, 2020. 2020. Accessed January 15, 2021, https://www.state.gov/treaties-in-force/.
—. Treaty between the United States of America and the Union of Soviet Socialist Republics on the Elimination of Their Intermediate-Range and Shorter-Range Missiles (INF Treaty). Accessed May 7, 2021, https://2009-2017.state.gov/t/avc/trty/102360.htm.
U.S. Department of the Navy and the U.S. Coast Guard. "Advantage at Sea: Prevailing with Integrated All-Domain Naval Power." December 2020. Accessed April 3, 2021, https://media.defense.gov/2020/Dec/17/2002553481/-1/-1/0/TRISERVICESTRATEGY.

PDF/TRISERVICESTRATEGY.PDF.
U.S. Government. National Security Strategy. December 2017. Accessed March 3, 2021, https://trumpwhitehouse.archives.gov/wp-content/uploads/2017/12/NSS-Final-12-18-2017-0905.pdf.
—. NSC 68: United States Objectives and Programs for National Security. April 14, 1950. Accessed May 12, 2021, https://fas.org/irp/offdocs/nsc-hst/nsc-68.htm.
U.S. Government Accountability Office. Defense Acquisitions Annual Assessment. June 2020. Accessed March 21, 2021, https://www.gao.gov/assets/gao-20-439.pdf.
U.S. Navy. America's Navy—About—Mission. U.S. Navy. Accessed January 27, 2021, https://www.navy.mil/About/Mission/.
—. "MQ-25A Stingray." Fact File, February 21, 2019. Accessed January 27, 2021, https://www.navy.mil/Resources/Fact-Files/Display-FactFiles/Article/2160662/mq-25a-stingray/.
—. "Tomahawk Cruise Missile." Fact File, April 26, 2018. Accessed January 28, 2021, https://www.navy.mil/Resources/Fact-Files/Display-FactFiles/Article/2169229/tomohawk-cruise-missile/.
U.S. Space Force. "Advanced Extremely High Frequency System Fact Sheet." March 22, 2017. Accessed October 28, 2021, https://www.spaceforce.mil/About-Us/Fact-Sheets/Article/2197713/advanced-extremely-high-frequency-system/.
VanHerck, Glen. "NORAD-USNORTHCOM Commander's Senate Armed Services Committee Statement." U.S. Northern Command, March 16, 2021. Accessed March 22, 2021, https://www.northcom.mil/Newsroom/Transcripts/Transcript/Article/2541921/norad-usnorthcom-commanders-senate-armed-services -committee-statement/.
Vick, Alan. Snakes in the Eagle's Nest: A History of Ground Attacks on Air Bases. Santa Monica, CA: RAND Corporation, 1995. Accessed May 6, 2021, https://www.rand.org/pubs/monograph_reports/MR553.html.
von Hippel, Frank. "Plutonium, Proliferation and Radioactive-Waste Politics in East Asia." Nonproliferation Policy Education Center, January 3, 2011. Accessed May 5, 2021, http://www.npolicy.org/article.php?aid=44&rt=~2~6~&key=proliferation%20japan&sec=article&author=.
Wang, Joyu, and Alastair Gale. "Does Taiwan's Military Stand a Chance against China? Few Think So." Wall Street Journal, October 26, 2021. Accessed October 26, 2021, https://www.wsj.com/articles/taiwan-military-readiness-china-threat-us-defense-11635174187?mod=articletype_trending_now_article_pos5.
Warden, John A., III. The Air Campaign: Planning for Combat. Washington DC: National Defense University Press, 1988. Accessed May 6, 2021, https://archive.org/details/DTIC_ADA259303/page/n7/mode/2up.
—. "Strategy and Airpower." Air and Space Power Journal 25, no. 1 (2011): 64-77.
Watts, Barry D. The Maturing Revolution in Military Affairs. Washington, DC: Center for Strategic and Budgetary Assessments, 2011. Accessed May 10, 2021, https://csbaonline.org/research/publications/the-maturing-revolution-in-military-affairs/.
Wei, Lingling. "China's Economic Recovery Belies a Lingering Productivity Challenge." Wall Street Journal, January 17, 2021. Accessed June 22, 2021, https://www.wsj.com/

articles/chinas-economic-recovery-belies-a-lingering-productivity-challenge-11610884800?mod=hp_lista_pos2.

—. "China's Xi Ramps Up Control of Private Sector. 'We Have No Choice but to Follow the Party.'" Wall Street Journal, December 10, 2020. Accessed January 18, 2021, https://www.wsj.com/articles/china-xi-clampdown-private-sector-communist-party-11607612531.

Wei, Lingling, and Bob Davis. "China's Message to America: We're an Equal Now." Wall Street Journal, April 12, 2021. Accessed April 26, 2021, https://www.wsj.com/articles/america-china-policy-biden-xi-11617896117?mod=searchresults_pos4&page=1.

White, Hugh. "The China Choice: A Bold Vision for U.S-China Relations." The Diplomat, August 17, 2012. Accessed May 5, 2021, https://thediplomat.com/2012/08/the-china-choice-a-bold-vision-for-u-s-china-relations/.

—. The China Choice: Why America Should Share Power. Collingswood, Australia: Black Inc., 2012.

Wicke, Russell. "Gen. Moseley: New Long-Range Bomber on Horizon for 2018." U.S. Air Force Air Combat Command Public Affairs, July 26, 2006. Accessed February 20, 2021, https://www.af.mil/News/Article-Display/Article/130296/gen-moseley-new-long-range-bomber-on-horizon-for-2018/.

Woodward, Bob. Obama's Wars. New York: Simon and Schuster, 2010.

World Nuclear Association. "Nuclear Power in South Korea." November 2020. Accessed January 21, 2021, https://world-nuclear.org/information-library/country-profiles/countries-o-s/south-korea.aspx#:~:text=Fuel%20cycle%20South%20Korea%20has%20always%20had%20an,(see%20section%20below%20on%20Korea-US%20Atomic%20Energy%20Agreement).

"X" (George F. Kennan). "The Sources of Soviet Conduct." Foreign Affairs, July 1947. Accessed May 12, 2021, https://www.foreignaffairs.com/articles/russian-federation/1947-07-01/sources-soviet-conduct.

Xi Jinping. "Secure a Decisive Victory in Building a Moderately Prosperous Society in All Respects and Strive for the Great Success of Socialism with Chinese Characteristics for a New Era." Report to the Nineteenth National Congress of the Communist Party of China, October 18, 2017. Xinhua. Accessed January 16, 2021, http://www.xinhuanet.com/english/download/Xi_Jinping's_report_at_19th_CPC_National_Congress.pdf.

Yap, Chui-Wei. "China's Fishing Fleet, the World's Largest, Drives Beijing's Global Ambitions." Wall Street Journal, April 21, 2021. Accessed April 26, 2021, https://www.wsj.com/articles/chinas-fishing-fleet-the-worlds-largest-drives-beijings-global-ambitions-11619015507?mod=searchresults_pos1&page=1.

Zhou, Christina, and Bang Xiao. "China's Social Credit System Is Pegged to Be Fully Operational by 2020—but What Will It Look Like?" Australian Broadcast Corporation, January 1, 2020. Accessed January 17, 2021, https://www.abc.net.au/news/2020-01-02/china